広告コミュニケーション研究ハンドブック

水野由多加・妹尾俊之・伊吹勇亮　編

有斐閣ブックス

まえがき

――広告のホリスティックな理解を求めて

本書は広告研究への多面的アプローチを概観し，各専門分野における知見を集成した論文集である。ここには広告をホリスティック（全体論的）に理解するためのガイドが示されている。日本で初めてとなるこうした試みに挑戦したのは，研究対象である「広告」の独特の性質のゆえである。

広告主（おもに企業）は，マーケティングの一環として「広告活動」を行う。成功した広告は短期的・直接的なセールス・プロモーションの成果を超えて，需要を創造し，市場構造を変え，さらに流行や生活文化を生み出し，社会規範に影響を及ぼしさえする。それは生活者と社会に広く共有される，メディアに媒介された「広告現象」となる。

しかし一方で，ターゲット・オーディエンスに無視されたり予想外の批判を呼んだり，と失敗も多い。「広告はヒットしたが，モノは売れなかった」というジレンマも潜む。

これらの成否はともに，不特定多数の人びとの心をつかむことによって態度変容と行動喚起を促そうとする，広告の働きかけの構造に由来する。人間は自ら意識するほど合理的でなく，情緒や潜在意識に左右されがちな存在であるから，企業の意図どおりには動かない。かれらの注目を集め，関心を喚起するためには，ひとかたならぬ創意工夫を必要とする。さまざまなドラマがここから生まれる。広告活動は一筋縄ではいかない。断片的な知識や硬直した視座からは，広告は理解できない。

こうした問題意識にもとづいて，本書は，幅広い専門分野における広告へのアプローチを学修するうえで欠かせない文献レビューとして集大成した。そのため各章の構成は，次の５つを基本とする。①その専門分野で広告をどう捉えているかの概観。②重要な先行研究，理論，研究のコンテクストの紹介。③それぞれの領域における広告研究の論点と課題。④同じく，可能性や将来展望。⑤できるかぎり詳細かつ簡潔に掲げた章末の文献リスト。

本書の全体は，大きく５つの部から成る。

第Ⅰ部「社会科学のなかの広告研究」では，広告研究の視野をより大きな学としての社会科学のなかに捉える。社会科学とは，自然科学と対置して考えたときの学問群であり，人間集団や社会の在り方をおもな研究対象とするものである。広告は，法学や経済学といった伝統的専門分野とは無関係と思われがちだが，これらを架橋する論理の回路を現代的に提示する（なお，本書の構成では国内の学界の文脈に鑑み，社会学は人文学のなかへ位置づけている)。

続く第Ⅱ部「人間科学のなかの広告研究」では，広告研究の厚い蓄積を紹介する。社会学部や文学部で人文学や社会学，あるいは心理学を専攻する学生たちには，広告は経営学部・商学部で扱うもの，という誤解（ないし表層的理解）が時に見られる。しかし，働きかける対象である人間への理解と洞察を欠いて広告は成り立たない。

第Ⅲ部は「広告の歴史的理解」と冠してまとめた。「温故知新」の言葉どおり，現代社会の広告の来し方を明確に認識する歴史は，行く末の指針として欠かすことができない。その知的な遠近法は，あらゆる立場に新鮮な示唆を提供するであろう。

第Ⅳ部は「マーケティング論と広告研究」としてまとめている。マーケティングからのアプローチは，広告研究のなかで社会学と並ぶ中心的方法である。ここではその源流から概要を確認し，研究の今後の展望を開くものになっている。

最後の第Ⅴ部「広告論の新地平」では，さまざまな観点からの知見をもとに，現代的な情報環境下，また情報社会認識・情報産業認識に照した新たな広告像を確認し，今だからこそ見えてくる「広告研究」の課題と展望を論究する。

こうして本書には，広告研究への多面的アプローチを集成した。その中心的想定読者は若い広告研究者とその指導者であり，次のような活用を念頭に置いている。

①大学学部の広告論ゼミ活動（特に卒業論文執筆）のテキストとして
②大学院進学に向けた研究計画作成の参考文献として
③大学院における修士論文・博士論文作成のテキストとして
④広告実務における新人教育のテキストとして

本書の構想は，日本広告学会の活動のなかから生まれた。編者の3人はいずれも同学会の理事であり，水野は副会長，妹尾は関西部会運営委員長，伊吹は同副委員長を務めている。3人が所属する関西部会は，少なくとも平成以降，毎年6回の研究会を開催している。これは水野に言わせれば，「世界で最も広告研究が盛んなのは関西」となる。本書はその研究成果を生かして企画された。18人の共著者のうち14人は学会員であり，ほかの4人もゲスト・スピーカーとして登壇するなど，親密な関係にある。

本書の編集と出版に際しては，有斐閣書籍編集第2部の櫻井堂雄氏，四竈佑介氏に大変お世話になった。記して厚く感謝する。何度も関西へ足を運んで下さり，京都を振り出しに，千里や新大阪で討議した日々が忘れがたい。

本書を通じて生きた広告を丸ごと捉えるホリスティックな理解が育まれ，それが広告研究と広告実務の豊穣な実りを支えることを期待してやまない。

2015年9月

水野由多加・妹尾俊之・伊吹勇亮

執筆者紹介（執筆順，◇は編者）

◇妹尾 俊之（せのお としゆき） 序章，第8章，第20章

元近畿大学経営学部教授

主要業績 『広告プランニング――レトリック理論による実践アプローチ』中央経済社，2011年。「物語広告論の構想」『日経広告研究所報』274: 2-7，2014年。

早川　貴（はやかわ たかし） 第1章

立命館大学政策科学部教授

主要業績 「品質シグナリング広告の消費者側シークエンスの実証――新制度派経済学による政策的意思決定のための補完的研究（1）」『戦略経営ジャーナル』1（1）: 63-75, 2011年。「広告の品質シグナル機能の不完全さとその補完に関する考察」『日経広告研究所報』233: 19-25, 2007年。

中田 邦博（なかた くにひろ） 第2章

龍谷大学大学院法務研究科教授

主要業績 『ヨーロッパ消費者法・広告規制法の動向と日本法』（共著）日本評論社，2011年。『プリメール民法1　民法入門・総則〔第3版〕』（共著）法律文化社，2008年。

◇伊吹 勇亮（いぶき ゆうすけ） 第3章，第20章

京都産業大学経営学部准教授

主要業績 『広報・PR論――パブリック・リレーションズの理論と実際』（共著）有斐閣，2014年。「トップ・クリエイターにとっての望ましいクリエイティブ・マネジメントに関する国際比較研究」（共著）『広告科学』58: 23-41，2013年。

山川 雅哲（やまかわ まさあき） 第4章

椙山女学園大学文化情報学部教授

主要業績 『メディアと人間――メディア情報学へのいざない』（分担執筆）ナカニシヤ出版，2014年。「消費者購買行動のための情報探索・発信に関する研究（Ⅱ）――乗用車の購買行動について」（共著）『流通研究』20: 23-54，2014年。

難波 功士（なんば こうじ）　第5章

関西学院大学社会学部教授

主要業績　『族の系譜学——ユース・サブカルチャーズの戦後史』青弓社，2007年。『「就活」の社会史——大学は出たけれど…』祥伝社，2014年。

池内 裕美（いけうち ひろみ）　第6章

関西大学社会学部教授

主要業績　「広告苦情の類型化と広告表現の許容範囲に関する実証的研究」（共著）『広告科学』55・56: 51-70，2012年。「人はなぜモノを溜め込むのか——ホーディング傾向尺度の作成とアニミズムとの関連性の検討」『社会心理学研究』30 (2): 86-98，2014年。

守　如子（もり なおこ）　第7章

関西大学社会学部准教授

主要業績　『女はポルノを読む——女性の性欲とフェミニズム』青弓社，2010年。『変革の鍵としてのジェンダー——歴史・政策・運動』（分担執筆）ミネルヴァ書房，2015年。

◇**水野 由多加**（みずの ゆたか）　第9章，第17章，第20章

関西大学社会学部教授

主要業績　『統合広告論——実践秩序へのアプローチ〔改訂版〕』ミネルヴァ書房，2014年。『広告表現 倫理と実務』（編著）宣伝会議，2009年。

大内 秀二郎（おおうち しゅうじろう）　第10章

近畿大学経営学部准教授

主要業績　『日本企業のアジア・マーケティング戦略』（分担執筆）同文舘出版，2014年。「日本の家電流通研究の現状と課題——批判的検討」『商経学叢』54 (3): 361-377，2008年。

山本 武利（やまもと たけとし）　第11章

NPO法人インテリジェンス研究所理事長（一橋大学・早稲田大学名誉教授）

主要業績　『広告の社会史』法政大学出版局，1984年。『GHQの検閲・諜報・宣伝工作』岩波書店，2013年。

竹内 幸絵（たけうち ゆきえ）　第12章

同志社大学社会学部教授

主要業績　『近代広告の誕生——ポスターがニューメディアだった頃』青土社，2011年。『メディア学の現在〔新訂第2版〕』（分担執筆）世界思想社，2015年。

佐藤 卓己（さとう たくみ） 第13章
京都大学大学院教育学研究科教授
主要業績 『輿論と世論——日本的民意の系譜学』新潮社，2008年。『〔増補〕大衆宣伝の神話——マルクスからヒトラーへのメディア史』筑摩書房，2014年。

陶山 計介（すやま けいすけ） 第14章
関西大学商学部教授
主要業績 『マーケティング戦略と需給斉合』中央経済社，1993年。『日本型ブランド優位戦略——「神話」から「アイデンティティ」へ』（共著）ダイヤモンド社，2000年。

後藤 こず恵（ごとう こずえ） 第15章
流通科学大学商学部准教授
主要業績 「小売店舗内外におけるブランド・コミュニケーションミックスと広告効果モデルの研究」（共著）『広告科学』52: 71-88, 2010年。「購買時点におけるブランド・コミュニケーション」『流通科学大学論集 流通・経営編』23 (2): 25-35, 2011年。

若林 靖永（わかばやし やすなが） 第16章
京都大学経営管理大学院教授
主要業績 『顧客志向のマス・マーケティング』同文舘出版，2003年。『2050年超高齢社会のコミュニティ構想』（共編）岩波書店，2015年。

鈴木 謙介（すずき けんすけ） 第18章
関西学院大学社会学部准教授
主要業績 『SQ——"かかわり"の知能指数』ディスカヴァー・トゥエンティワン，2011年。『ウェブ社会のゆくえ——〈多孔化〉した現実のなかで』NHK出版，2013年。

河島 伸子（かわしま のぶこ） 第19章
同志社大学経済学部教授
主要業績 『コンテンツ産業論——文化創造の経済・法・マネジメント』ミネルヴァ書房，2009年。"Advertising Agencies, Media and Consumer Market: The Changing Quality of TV Advertising in Japan," *Media, Culture & Society*, 28 (3): 393-410, 2006.

目　次

第2章　現代法学研究から見た広告規制　39

第3章　経営組織論からの広告理解　60

第4章　企業会計と広告　79

第Ⅱ部　人間科学のなかの広告研究

第5章　広告と社会学　103

第Ⅳ部　マーケティング論と広告研究

第V部 広告論の新地平

序章

ホリスティックな広告理解のために

妹尾 俊之

本書には，広告に対するホリスティックな理解を目指して，広告研究への多面的アプローチを収録した。このようなアプローチがなぜ可能なのか，序章ではいくつかの角度から探ってみよう。

1 広告の遍在と領域拡大——多面的アプローチの背景1

［1］ 遍在する広告

広告の現況

広告は遍在する。

日本の広告費[1]は，2014年暦年で6兆1522億円。そのうちマスメディア広告費が2兆9393億円，プロモーションメディア広告費が2兆1610億円，インターネット広告費が1兆519億円を占める。近年はインターネット広告費の成長が著しく，ラジオ広告費1272億円，雑誌広告費2500億円，新聞広告費6057億円をすでに上回って，テレビ広告費1兆9564億円のほぼ半分に達している。また，プロモーションメディア広告費[2]の細目は，折込広告4920億円，屋外広告3171億円，交通広告2054億円，POP（Point of Purchase）広告1965億円，などとなっている。

1日24時間，私たちの生活行動のあらゆる場面に広告は姿を現す。コミュニケーションは人びとへの接触から始まるため，目立つ場所での露出は広告の基本条件である。したがって，およそ人々に対して量的あるいは質的に影響を及ぼす接点が出現すれば，それは必ず広告メディア化され，かつ貪欲に活用される。マスメディアはもちろん，プロモーションメディア，ソーシャルメディア，その他，例外はない。

これは直接には広告収入がメディア産業の経済基盤を形成する事情に由来するが，広告主と生活者の支持がなければ長続きしない。

今日，一方で「広告が効かなくなった」，他方で「広告はうるさい」「広告は信用できない」といった広告批判に接することが増えた。しかし，広告主の意欲的な試みは絶えない。生活者の側でも，録画再生時のCM飛ばしの一方で，ソーシャルメディアで話題のCMを企業ホームページや動画投稿サイトで検索視聴する，といった新たな受容形態が生まれている。要は，今日の環境に適応できなくなった，陳腐な広告が淘汰されているのであって，これはいつの時代にもあった現象である。生命力ある広告は，遍在を止めない。

広告の歴史

マスメディアの活用によってマーケティングを遂行する広告は，20世紀初頭のアメリカで成立した（Fox 1984＝1985, Pope 1983＝1986, 堀田 2003）。それは日本を含めて世界中に影響を及ぼし，広告実務と広告研究の主流を形成している。

しかし，広告（ないし広告的行為）はそのはるか以前から存在した。広告の歴史はいたって古く，原型は紀元前にまで遡る（春山 1981，高桑 1994）。日本でも奈良時代の現物（木簡）が確認されている（八巻 2006）。

日本ではマーケティング以前にすでに2回，広告の“黄金期”が記録されている。

もともと日本には，「ひろめ（広目）」と呼ぶ，商いに関わるコミュニケーション文化が早くから発達していたが，とくに江戸時代中期以降，19世紀初頭の文化文政期（1804～29年）には，コンテンツとセールス・プロモーション行為が混然一体となったエンタテインメントが一世を風靡した。戯作者たちが制作する引札や錦絵・浮世絵，黄表紙・景物本などがそれである（増田編 1977，八巻 2006）。

明治維新後になると新聞，ついで雑誌のマスメディアが普及し，これらを用いて今日の原型となる広告活動が行われた。同時に，野立看板や町名札，電柱広告，広告塔，また街頭宣伝などがさかんに行われ（山本・津金澤 1992），現在でいうIMC（integrated marketing communications）を実践している。テレビという，絶大な社会的影響力をもつマスメディアが存在しなかった分，メディア・クリエイティビティが発揮されたともいえる。とくに1920年代，大正末から昭和のはじめにかけて広告文化は成熟し，開花した。そのもとで広告研究も緒についた。

戦争による空白期を経た後の1950年代後半，アメリカ型マーケティングが導入されたが，それはタイミングよくテレビの普及と時を同じくしていた。テレビCMの本格活用によって，1960年以降，広告は大量販売・大量消費を牽引するとともに，社会現象としても影響力を発揮してゆく（内川編1980）。とくに1980年代前半には大衆文化の雄ともてはやされた。

バブル経済が破綻した1990年代以降，長引く不況のもとで広告は二極化する。一方で短期的・直接的セールス・プロモーション志向の強化，他方で顧客との間の長期的かつ精神的な絆づくりを目指すブランディングからブランド価値共創への活用が試みられている。

広告はこのように時代の変化，とくにメディアの変化をくぐり抜け，表層を大きく変えながらもしぶとく生き抜いてきた。それは，コミュニケーション行為への意思が人間の本能的なものだからであろう。

[2]　広告の領域拡大

インターネットの影響　2000年代に入るとインターネットが急速に普及し，広告に影響を及ぼすようになった。

まずメディア接触のあり方が若い層を中心に変わった。

①メディアへの接触時間は，マスメディアが減少，ソーシャルメディアが増加

②テレビとともに，パソコンやスマートフォンなどの機器も操作する「トリプル・ウィンドウ」と呼ばれる視聴形態の定着

③テレビの話題をソーシャルメディアを介して同時に共有する，あらたなコミュニケーション形態の誕生

といった事象が報告されている。

また，インターネットを介した情報検索や購買は履歴を記録として残すため，このデータを活用する「行動ターゲティング」によって，既存顧客に対するセールス・プロモーションの精度を高めることが可能になった。プロモーションだけでなく，ウェブのプラットフォームがコンテンツそのものを自動生成する試みもなされている。あわせてビッグ・データの活用は，製品開発をはじめ幅広い領域に及ぶ。

さらに，CGM（consumer generated media）やSNS（social networking service）は生活者からの情報発信を日常化し，購買意思決定やブランド選択はじめ消費者行動を変革しつつある。

広告（あるいは広告的行為）の領域拡大

インターネットの普及，ソーシャルメディアの定着は，従来もっぱらマスメディアを舞台としていた企業の広告活動に大きな変化を及ぼしている。

とくに顕著なのはメディアの領域であり，「タッチ・ポイント」あるいは「コンタクト・ポイント」という呼称を用いて，幅広い顧客接点を広告メディア化する試みが続いている。その対象には，テレビ番組や新聞・雑誌の記事などのコンテンツそのもの，文化・スポーツ・展覧会などのイベント，クチコミや噂，インターネット上の種々の接点，従業員や販売員，また熱心なファンなど人間，ネーミングやパッケージングなど製品のブランド・デザインが含まれる。

クリエイティブもまたこれに伴って，テレビCMや新聞広告の企画・制作にとどまることなく，幅広い領域でその創造性を発揮しつつある。

これらの事象は，「広告」の定義の見直しを迫る本質的なものである。

この点で，カンヌ国際広告祭の名称変更は象徴的な出来事であった。年に1度，6月に開催される広告界最大のこのイベントは，斬新な試みに逸早くスポットを当てることでその後の広告活動に影響を及ぼしてきた。その正式名称は，2011年以降，“Cannes Lion International Advertising Festival”から“Cannes Lion International Festival of Creativity”へと変更された。顕彰の対象はコミュニケーション行為を介した課題の創造的解決策そのものであり，それが展開されたメディアの種類は問わないことを明示したのである。

「広告」をマスメディアに従属させて捉えるのなら，その影響力は以前より損なわれたかもしれない。しかし，歴史で概観したとおり，江戸期の街頭宣伝，戦前の新聞広告・雑誌広告，1960年代以降のテレビCM，そして近年におけるソーシャルメディア・マーケティングの台頭，と，主力メディアの変遷は，長い目で見ればむしろ広告の常態である。そこで「広告」を出稿メディアの形態から切り離し，「送り手（おもに企業）と受け手（おもに生活者）との間で行われる社会的コミュニケーション行為」と捉えれば，それは逆に未曾有の広がりと新たな活性を見せつつある。

とくにコミュニケーションのインタラクティブ化の動向が見逃せない。メールやSNSでのやりとりに加えて，ブログやツイッター，動画投稿サイトへの自作CMアップなど，CGMを媒介とする情報発信が日常化しているが，これらは生活者による広告的行為の実践と捉えることもできる（「アルファブロガー」や「ユーチューバー」は，企業の広告活動に起用されることもある）。

かつて一方的なマス広告の受動的消費者でしかなかった人びとは，1980年代頃から生活者としての主体性を高めていったが，いまやコミュニケーション行為においても主体として立ち現れてきたのである。主体的生活者との相互作用こそ，広告ないし広告的コミュニケーション行為の領域を拡大させる最大の原動力にほかならない。

2　広告の定義と広告観をめぐって――多面的アプローチの背景2

「広告」という日本語が初めて用いられたのは，1872（明治5）年，『横濱毎日新聞』紙上においてである（電通広告事典プロジェクトチーム編 2008）。この用語は，広告表現物（advertisement）と，それを含む広告活動（advertising）の双方を指示する。

広告の現状を反映して，広告の定義や広告観にも多様性が生まれている。

[1]　マスメディアを媒介手段とする広告主による情報伝播活動

アメリカマーケティング協会の定義　広告の定義では，アメリカ・マーケティング協会によるそれがまず引用・言及されることが多い。2015年6月現在，1995年の定義が基本的に踏襲されている[3)]。

> The placement of announcements and persuasive messages in time or space purchased in any of the mass media by business firms, nonprofit organizations, government agencies, and individuals who seek to inform and/or persuade members of a particular target market or audience about their products, services, organizations, or ideas.

すなわち，広告は告知と説得的メッセージの配置であり，次の5つの要素から構成される，という見解である。

①広告されるもの：製品，サービス，組織，アイデア
②目的：伝達，そして／あるいは説得
③対象：特定のターゲット市場，あるいはオーディエンス
④主体（広告主）：企業，非営利組織，政府機関，個人
⑤媒介手段：有料のマスメディアのタイムあるいはスペース

有料のマスメディアの使用

マーケティングの一環としての広告の定義は，有料のマスメディアの使用と，その前提となる広告主による管理・操作性を強調する。こうした広告観は，代表的な教科書である『新しい広告』（嶋村監修 2006）や『現代広告論』（岸ほか 2008），また代表的な事典である『マーケティング・コミュニケーション大辞典』（宣伝会議編 2006）や『電通広告事典』（電通広告事典プロジェクトチーム編 2008）に取り上げられて，最もなじみ深いものとなっている。

[2] 生活者や社会の意識の反映

広告のジャーナリズム機能

これに対して，「マーケティングは，人びとを消費者と規定したところからはじまることが気にくわない」と，真正面から噛みついたのは，名著『価値転轍器――シンボルとしての広告』（1969 年）の著者・山本明である。彼にとっての広告研究は，「あくまで生活者の立場に立って，広告の実技をふくめた理論を自分のものにするため」のものにほかならず，ここから広告のジャーナリズム機能に焦点を当ててゆく（山本 1983: 8, 14）。

天野祐吉は専門誌『広告批評』を主宰して，これを実践した。その意図は，「日常生活への人間的な批評が，それもこむずかしい批評ではなく，野次馬的なイキのいい批評が，僕たちの想像力を刺激し，共感を呼んでいく」という点にあった（天野 1986: 34）。

『広告批評』は 1979 年に創刊し，2009 年に通算 336 号で終刊した。

広告が社会に及ぼす影響

社会学の立場からの広告研究は，山本同様，もっぱら生活者の視点に立って広告が社会に及ぼす影響に注目する。

内田隆三は，「広告表現は個々の商品との関係を超えて，一つの自律した『言語活動』になっている」としたうえで，「この『夢』のような言語には，個々の『商品についての意識』と同時に『社会の無意識』が表現されている」という（内田 1997: 35）。

北田暁大は，「消費社会的と形容される歴史的現象への気づきのなかで，広告は，『買う（買わない）』という受け手の行為選択に圧力をかける装置としてその機能を特化させることから解放され，むしろ人びとの日常的な意味世界と商品世界を架橋するメディアとして認識されるにいたったわけである。つまり，『意味』

を備給する媒体として広告は時代の象徴の位置にまで押し出されることとなったのだ」と指摘する（北田 2000: 4）。

社会学と並んで社会科学の1つである文化人類学のパースペクティブから広告とブランドの研究を進めるG.マクラッケンは，広告を構成する基盤として情報と意味を挙げ，今日，後者が優位に立つことを論じている（McCracken 2005）。

[3]　コミュニケーション行為としての広告

メディアによる広告定義への批判　最近の特徴として，広告をマスメディアの枠のなかでのみ捉える理解に批判が相次いでいることが挙げられる。

たとえば，青木貞茂は手段であるメディアに広告を従属させるのは転倒した議論だと批判した（青木 2011）。また，水野由多加は「くまモンは広告か？」という問いを通じて，広告定義の再考を提起した（水野 2014b）。

コミュニケーション行為への注目　こうして近年の主流は，企業と生活者・社会のいずれかに偏ることなく，両者のインターフェイスを形成するコミュニケーション行為として広告を理解する視点となりつつある。

「広告とは『ある』ものではなく，社会的関係の中で広告に『なる』ものなのだ」という難波功士は，広告にあらたな定義を与える。それは，「広告主が，対価を支払った何らかの手段によって，受け手との共在の状況をつくりだし，その広告主が何かを伝えたり，何らかの行為や共感を得ようとしているのだという共通の前提――つまり広告フレイム――のもと，受け手に何かを伝えたり，何らかの行為・共感を得ようと接触を図る行為，そしてそこでの広告主の自己呈示（self-presentation）のすべて」というものである（難波 2000: 58）。

水野由多加は，「『広告』を『広告』足らしめることは，送り手の『意図』の存在と，受け手の『知識の構造に変化を与えること』の2点であり1点では繋ぎ止らない」とする（水野 2014a: 17）。

日本広告学会前会長の小林保彦は，メディアによらないコミュニケーション広告論が広告機能の本質だとし（小林 2005），とくに商道徳で顧客との関係性を重んじる日本の広告・宣伝におけるコミュニケーションの働きを指摘する（小林 2007，本書「第20章　広告研究のアイデンティティ問題」も参照）。

このように広告の定義ないし広告観にもまた，マーケティング一辺倒ではなく，多彩な視点が導入されている。

3 大学における広告教育の現状——多面的アプローチの背景 3

大学で開講されている広告関連の授業にも広がりが見られる。

[1] 日経広告研究所「第19回大学広告関連講座調査」結果から

データの出典

その実態について，本節では日経広告研究所が2009年7月から9月にかけて実施した「第19回大学広告関連講座調査」に基づく分析を行う。本調査は2006年の第18回以来3年ぶりに実施された。2015年4月現在，これが最新のデータである。

調査方法は郵送法（教員，または教務部・学部事務室宛）。調査結果は『日経広告研究所報』248号（2009年12月／2010年1月），1-85頁に掲載された。

広告関連講座の全体像

広告関連講座を開講している大学は246校の345学部で，総数は1778講座，科目の名称は1083種類に及ぶ。上位10タイトルは，マーケティング論（123），広告論（71），マーケティング（57），演習（33），マーケティング特論（24），消費者行動論（23），ゼミ・ゼミナール（20），国際マーケティング論（18），マス・コミュニケーション論（17），マーケティング・リサーチ（16），である（カッコ内は講座数）。

名称上位10の講座数は合計で402になる。そのなかに「マーケティング」の語を含む講座は238（59%）を占め，広告がおもにマーケティングの授業内で取り上げられていることを示している。

また，「広告論」同様，広告活動や広告現象の全体像を15回を基準に講義するものと推定される科目名にも，「現代広告論」「広告概論」などバリエーションが見られる。とくに「マーケティング・コミュニケーション（論）」「広告コミュニケーション（論）」など，「コミュニケーション」を強調する科目名が目立つ。

「総論」に対する「各論」に当たる科目も，広告表現（クリエイティブ）や広告計画を筆頭にさまざまに開講されている。

学校種類別分類

広告関連講座を開講している大学は，私立大学が82%と圧倒的に多く，国立大学7%，公立大学5%とは大差がある。その他には，私立短期大学，公立短期大学，株式会社立大学，私立大学院大学が

表序-1　広告論以外の広告講義科目（科目名バリエーションを含む）

科目名	実　数	構成比（%）	表記以外に含まれる内容
広告表現（クリエイティブ）	30	29	コピー，広告デザイン，CM，広告写真
広告計画	11	10	広告戦略，広告企画，広告プランニング，広告コンセプト，広告キャンペーン
広告文化論	11	10	広告批評，広告・消費文化論
広告心理	6	6	広告心理学，消費と広告の心理学
広告メディア論	6	6	広告媒体論，広告メディア研究
インターネット広告論	4	4	インターネットと広告
広告産業論	9	9	広告と産業，企業と広告，広告ビジネス論，広告関連企業研究，広告政策論，広告マネジメント
その他	28	27	
合　計	105	100	

（出所）「第19回大学広告関連講座調査」から独自集計。

各2% を占める。

おもな国立大学の学部授業を「講座一覧」で見ると，旧帝国大学7校のうち，東京大学・北海道大学・名古屋大学・大阪大学には講座が1つも記載されていない。京都大学は「メディア文化論」，東北大学は「市場戦略」と「マーケティング・リサーチ」，九州大学は芸術工学部の「グラフィック・デザイン」など，複数の講義や演習で取り上げられてはいるが，広告論そのものの授業は見当たらない。

広告論開講学部

「広告論」のほか，「現代広告論」「広告概論」「広告」「マーケティング・コミュニケーション（論）」「広告コミュニケーション（論）」「アドバタイジング（論）」「コミュニケーション・デザイン」の科目を開講している学部を見たのが表序-2である。

経営学部・商学部系が46% とほかを圧しており，経済学部を加えると55% に達する。しかし一方で45% はそれ以外の学部での開講であり，情報学部系・芸術学部系・社会学部系・文学部系と，それぞれのカリキュラムポリシーに沿って，

表序-2　広告論開講学部（科目名バリエーションを含む）

学部	実数	構成比（%）	表記以外に含まれる学部名称
経営学部系	56	46	商学部，経済経営学部，経営経済学部，経営情報学部，ビジネス学部，流通学部
経済学部系	11	9	政治経済学部
社会学部系	8	7	現代社会学部，産業社会学部
情報学部系	16	13	総合情報学部，社会情報学部，ビジネス情報学部，情報文化学部，国際情報学部，環境情報学部，コミュニケーション学部，メディアコミュニケーション学部，国際コミュニケーション学部
芸術学部系	11	9	造形学部，美術学部，芸術工学部，美術文化部
文学部系	9	7	文芸学部，学芸学部，人文学部
政策学部系	4	3	総合政策学部，文化政策学部
その他	6	5	現代文化学部，現代教養学部，食文化学部，医療福祉学部，スポーツ科学部
合　計	121	100	

（出所）「第19回大学広告関連講座調査」から独自集計。

広告は多彩に論じられているものと推測できる。

［2］　広告教育への視点

多面的な広告研究・多彩な広告教育　もともと遍在し，かつ領域を拡大させつつある広告の研究には多面的なアプローチがなされていること，また大学教育でも幅広い授業が展開されていることを見てきた。まとめれば，図序-1のようになろう。

教育における広告活用の意義　遍在する広告は，学生にとってもなじみ深い存在である。そのうえ，オーディエンスの興味を喚起するべく，わかりやすく具体的に，企業の側から加工度を高めて働きかけてきてくれる。広告は，広告活動においてはマーケティングや経営を，広告現象においては人間や社会を学修するうえで格好の素材を提供する。

広告論はもとより，さまざまな専門分野において，広告は学生の理解を深めるための手段としても活用できるのである。この点については，第20章「広告研

図序-1　広告研究への多面的アプローチの広告教育への活用

広告を目的とする研究（広告論）
経営学部・商学部
情報学部／芸術学部／社会学部／文学部

クリエイティブの対象拡大／メディアの多様化／セールス・プロモーションの新機軸

広告主（おもに企業）

広告活動

広告現象

生活者と社会

広告の遍在／広告の領域拡大／広告的行為の日常化

広告を手段とする研究

究のアイデンティティ問題」も参照されたい。

4　広告の魅力の考察

このように多面的アプローチがなされるのは，広告が研究者にとって魅力的な研究素材を提供する証である。その前提は，広告がセールス・プロモーションの直接のターゲットはもちろん，幅広いステークホルダーや生活者全般に影響を及ぼす点にある。

社会に共有された広告は，生活者にとっても研究者にとっても，独特の魅力を発揮する存在となる。この魅力はどのように醸し出されるのであろうか。

以下の考察では対象を，「社会的共有」の条件を省略して，たんに「広告」と表記する（実際にはセールス・プロモーションどころか，オーディエンスの認知さえ獲得できない「つまらない広告」が圧倒的に多い。しかし，これは別の問題である）。

[1] 社会・文化・時代を映し出す鏡

製品機能に対する価値の付加　広告の働きを論じる際，それを鏡になぞらえる比喩がよく用いられる。アメリカ広告産業の発展過程を論じた歴史家は，その著作に『ミラーメーカーズ』という表題を与えた（Fox 1984＝1985）。

広告の出発点はまず，USP（ユニーク・セリング・プロポジション，Reeves 1961＝2012）に代表されるように，企業のマーケティングの鏡としてセールス・プロモーション上の意図を伝達することであった。その前提は，技術革新にもとづく製品の基本価値がそのまま購買動機を形成することである。

しかし，機能的情報は時間の経過や競争による陳腐化が早い。そこで次の段階で，同質化した製品に付加価値を創造することが広告の課題となった。その有力な方法として最初に用いられたのが，ターゲット・オーディエンスの欲望に焦点を当て，それとの関係で製品を描くことであった。

製品開発が成し遂げた成果を情報として伝達するだけではなく，広告が独自の加工を施すことを強調するこのアプローチの意義は，江戸期と1920年代の2回，広告の“黄金期”を経験した日本では，マーケティングの本格導入直後から早くも論じられてきた。実務的には製品特性から便益を抽出する「コピー・プラットフォーム」（西尾 1963），理論的には生産の論理を情報の論理に転換させる「価値転轍器（てんてつき）」（山本 1969）がその先駆例である。

供給が需要をはるかに上回る今日，生活者発想はマーケティングの前提となった。しかも成熟市場の欲望は潜在的であるから，広告がそれを可視化して提案するインパクトは強い。コンシューマー・インサイトの意義がここにある（Fortini-Campbell 2001）。

文化や時代を映し出すアプローチは，生活者にとっての意味を創出し共有する広告の付加価値創造機能をさらに深化させる。たとえばウォークマンのそれが若者文化や音楽文化形成に寄与した（du Gay et al. 1997＝2000）ように，広告には人種や世代・年代，ジェンダーの文化が映し出されている。それが展開された時代特有の風潮も，たとえばキャッチフレーズや女性像の表象から鮮やかに浮かび上がってくる（深川 1991，島森 1998）。

価値の逆転と価値共創　重要なことは，ここに見られる価値の逆転現象である。広告の提案はもはや，「付加」価値のレベルを超える。とくに製品のコモディティ化が顕著な現在，オーディエンスに影響を及ぼす価値の根幹は製品の機能ではなく，広告が表象する意味へと移行した。したがって，ブランディングに広告は必須の条件となる。

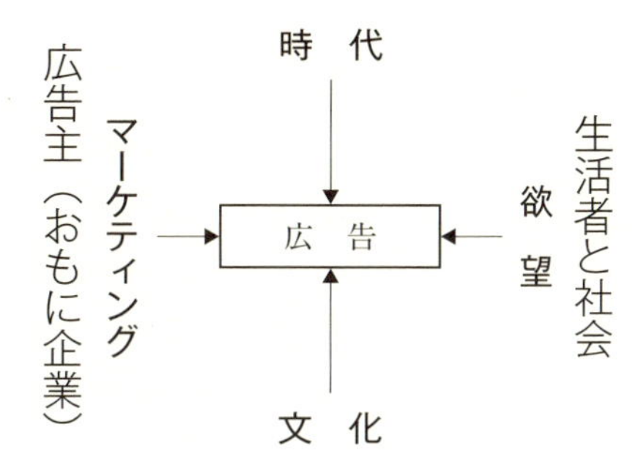

図序-2　鏡としての広告

ただし，その価値は広告活動に携わる広告主やプランナー，クリエイターたちが恣意的に創出するものではない。広告，とくにマスメディアを媒介とする広告は，企業に都合のいい情報の一方的な発信でしかないという批判は根強いが，誤解ないし偏見である。逆に，広告ほど受け手による受容の可能性を見極めたうえで実行されるコミュニケーション形態はほかに類を見ない。「鏡」のメタファー（隠喩）はこの関係を含意する。

広告プランニングは，前提，過程，さらに完了後の効果測定にいたるまで，複数の消費者調査と随伴する。その手法は，グループ・インタビューやコンシューマー・インサイトのために独特の工夫を凝らした定性調査（質的研究），アンケート用紙を用いる大規模なサンプリング・サーベイ，クリエイティブ・リサーチ，ベンチマーク・サーベイ，トラッキング・サーベイ（追跡調査），生活者モニター，など，目的に応じて多岐にわたる。こうして探り出した顧客や生活者の実態や意識に基づいて，広告は方向づけられる。

さらに，広告は１回だけの出稿で完結するものはむしろ例外で，多くは継続して展開される。したがって，たとえば春のキャンペーンの総括から夏のプランニングを始める，といったように，フィードバックが絶えず行われる。

ただし，「生活者志向」は「生活者迎合」とはまったく別物である。コンシューマー・インサイトの前提として送り手の高い志が存在しなければ，受け手の受容はありえない。

近年のキーワードである「価値共創」を，広告はこうして早くから実践してきた。

これが，広告が広い専門分野で研究の対象となる理由でもある。製品やマーケティングに加えて，生活者や社会や文化，時代など，あらゆるものを映し出す広告は，多くの専門分野に向けて格好の研究素材を提供する。

[2] カタルシス体験を創発するコミュニケーション行為

強力なコミュニケーション・パワー

広告の，ほかのコミュニケーション形態にはない，顕著かつ本質的な特性は，セールス・プロモーション目的から出発することである。ニュース報道やエンタテインメント，さらに芸術など一般のコミュニケーションは，オーディエンスの受容をそのゴールとする。しかし広告ではそれは手段でしかなく，そこからさらに態度変容や行動喚起へと影響の発展が課せられる。それはもちろん，容易なことではない。この構造が広告に特有の強力なコミュニケーション・パワーをもたらすのである。

その実践にはいくつかの特色がある。

そもそも広告にはエンタテインメント機能が不可欠である。企業からの売り込みに対する生活者の心理的バリアは高い。これを超えて生活者の注目を集め，関心を惹き，自己の意思による行動喚起に繋げるべく，広告は，詩や小説，ドラマ，映画など，さまざまな表現形式を参照しつつ，オーディエンスをもてなすことによって受容される働きかけを行う。

広告には何らかの発見がある。広告は新鮮で，意外性に富み，気づきや驚き，時には再認識をもたらす。それはUSPに始まり，用途をはじめとする生活提案，ターゲット変更やリ・ポジショニング，さらには表現上の工夫による心理的差異創出を含む。広告は陳腐化した日常から脱出する異化効果を発揮する。

広告はまた，あらたな次元への帰属を導く。広告主が意図する製品やブランドの使用を顧客が受容するのは，そこに能動的な意味を認めた場合である。資本主義のもとで広告は社会の安定的な秩序形成に関わると同時に，生活者のアイデンティティ形成に寄与する。

最も重要な点は，これらがコミュニケーションとして為されることである。コミュニケーションとは，物理的手段には依存せず，情報のやりとりを通じて，働きかける相手との間に合意を形成したり，価値を共創したりする試みである。理性だけではなく，情緒面での共感・共鳴が不可欠であり，感情移入が主題に対するオーディエンスの関与を高める。その成果こそが「自分ごと」化にほかならない。

カタルシス体験の創発

まとめると，よくできた広告は，カタルシス体験を創発するコミュニケーション行為なのである。カタルシスとは「魂の浄化」であり，悲劇を鑑賞した人びとがそれを通じて日常性から抜け出し，倫理的に高められる現象を指す（アリストテレース 1997）。しかし，ここではより広義に援用したい。すなわちそれは，広告表現物（advertisement）という，日常生活とはまったく異質の秩序を構築する高度な人工世界に触れ，没入した人びとが，それ以前にはなかった個人的あるいは社会的帰属にいたる劇的な価値転換から味わう感動体験にほかならない。

しかも，演劇，さらにはほかのコミュニケーション形態に対して，広告は2つ，特有の条件に制約される。

第一に，広告は生活者の側から目的をもって接する情報ではない。したがって，さまざまなメディア（ないしタッチポイント）を通じた偶然の出遭いを活用して働きかける広告には，事前条件からは予測・説明できない創発力の発揮が不可欠の条件となる。

もう1つは，広告に許される時間が極めて短いことである。テレビ CM の主力は 15 秒または 30 秒であり，グラフィック広告の場合は読む・読まないが一瞬で決まる。このもとでオーディエンスの心をつかむべく，広告表現はシンボリックな凝縮に腐心する。

創発力と凝縮力は相互に高め合う表裏一体のコミュニケーション・パワー源となり，広告独特の躍動感を形成し，生命力を発揮するのである。

[3]「広告を読まないで，どこに読むところがあるのだ！」

作家の佐藤春夫は 1925（大正 14）年に発表したエッセイで，バーナード・ショーのエピソードを引用して，新聞・雑誌で最もおもしろいものは，「真実に社会状態の鏡」である広告だと喝破した（佐藤 1978：105）。当時は，新聞・雑誌のマスメディアとしての隆盛を基盤に開花した，戦前における広告の黄金期であった。

以後 90 年，広告にはラジオ・テレビ CM が加わり，IMC が展開され，いま，さらにソーシャルメディアを見据えたクロスメディア・コミュニケーションがさかんに実践されている。現代は，生活者が主役の広告的行為が企業の広告活動と交歓する，未曾有の広告コミュニケーション社会である。

そこで最後に，先人の顰（ひそみ）に倣（なら）って挑発を試みよう。

「広告を取り上げないで，一体何を論じるつもりなのだ！」

■ 注

1）電通ウェブサイト「2014 年日本の広告費」，2015 年 6 月 24 日アクセス。

http://www.dentsu.co.jp/books/ad_nenpyo/

2） 生活空間や店舗空間を舞台とするプロモーションメディア広告は，「SP 広告（セールス・プロモーション広告）」とも呼ばれる（電通広告事典プロジェクトチーム編 2008）。最近は OOH（Out-of-Home Advertising）という呼称もよく用いられるようになった。

3） The American Marketing Association（AMA）ウェブサイト，2015 年 6 月 24 日アクセス。

https://www.ama.org/resources/Pages/Dictionary.aspx

■ 文献

青木貞茂（2010-11）「〈広告知〉あるいは人間学としての広告学」『日経広告研究所報』第 254 号～第 259 号連載。

天野祐吉（1986）『広告の本——人生はそれを模倣する』（ちくま文庫）筑摩書房（初刊は 1983 年）。

アリストテレース（1997）松本仁助・岡道男訳『詩学』（岩波文庫）岩波書店（原典は B.C. 384～322）。

内川芳美編著（1980）『日本広告発達史（下）』電通。

内田隆三（1997）『テレビ CM を読み解く』（講談社現代新書）講談社。

岸志津江・田中洋・嶋村和恵（2008）『現代広告論〔新版〕』有斐閣。

北田暁大（2000）『広告の誕生——近代メディア文化の歴史社会学』岩波書店。

小林保彦（2005）「広告人を考える」日経広告研究所編『平成 17 年版 広告に携わる人の総合講座』日経広告研究所，1-15。

小林保彦（2007）「企業コミュニケーション（経営戦略）と広告」日経広告研究所編『平成 19 年版 広告に携わる人の総合講座』日経広告研究所，1-22。

佐藤春夫（1978）『退屈読本（上）』（冨山房百科文庫）冨山房（初刊は 1926 年，新潮社刊）。

嶋村和恵監修（2006）『新しい広告』電通。

島森路子（1998）『広告のヒロインたち』（岩波新書）岩波書店。

宣伝会議編（2006）『マーケティング・コミュニケーション大辞典』宣伝会議。

高桑末秀（1994）『広告の世界史』日経広告研究所。

電通広告事典プロジェクトチーム編（2008）『電通広告事典』電通。

難波功士（2000）『「広告」への社会学』世界思想社。

西尾忠久（1963）『効果的なコピー作法』誠文堂新光社（復刻版は 1983 年）。

春山行夫（1981）『西洋広告文化史（上・下）』講談社。

深川英雄（1991）『キャッチフレーズの戦後史』（岩波新書）岩波書店。

堀田一善（2003）『マーケティング思想史の中の広告研究』日経広告研究所。

増田太次郎編（1977）『引札 繪びら 錦繪廣告——江戸から明治・大正へ』誠文堂新光社（復刻版は 2014 年，日本図書センター刊）。

水野由多加（2014a）『統合広告論——実践秩序へのアプローチ〔改訂版〕』ミネルヴァ書房

（初刊は 2004 年）。
水野由多加（2014b）「くまモンは広告か？――ゆるキャラ現象から見た広告と人間観の検討」『日経広告研究所報』第 276 号，10–17。
八巻俊雄（2006）『広告』（ものと人間の文化史 130）法政大学出版局。
山本明（1969）『価値転轍器――シンボルとしての広告』誠文堂新光社（1985 年，『シンボルとしての広告――価値転轍器〔復版〕』と改題，電通から再刊）。
山本明（1983）「広告研究とは何か」山本明・天野祐吉編『広告を学ぶ人のために』世界思想社，2–18。
山本武利・津金澤聰廣（1992）『日本の広告――人・時代・表現〔改装版〕』世界思想社（初刊は 1986 年，日本経済新聞社）。
du Gay, P. et al.（1997）*Doing Cultural Studies: The Story of the Sony Walkman*, Open University.（暮沢剛巳訳，2000，『実践カルチュラル・スタディーズ――ソニー・ウォークマンの戦略』大修館書店）
Fortini-Campbell, L.（2001）*Hitting the Sweet Spot: How Consumer Insights Can Inspire Better Marketing and Advertising,* New Edition, The Copy Workshop.
Fox, Stephen R.（1984）*The Mirror Makers: A History of American Advertising and Its Creators*, Univ. of Illinois Press.（小川彰訳，1985，『ミラーメーカーズ――黄金時代／改革の時代――フォックスの広告世相 100 年史』講談社）
McCracken, G.（2005）“Advertising: Meaning versus Information”, in *Culture and Consumption II: Markets, Meaning, and Brand Management*, Indiana University Press, 162–170.
Pope, D.（1983）*The Making of Modern Advertising*, Basic Books.（伊藤長正・大坪檀監訳，1986 年，『説得のビジネス――現代広告の誕生』電通）
Reeves, R.（1961）*Reality in Advertising*, Alfred A. Knoph.（近藤隆文訳，2012 年，『USP ユニーク・セリング・プロポジション――売上に直結させる絶対不変の法則』海と月社。初訳は箕浦弘二訳，1963 年，『宣伝術』新潮社）

第 I 部

社会科学のなかの広告研究

広告研究の 1 つの大きな潮流は，間違いなく，マーケティング研究の一要素としてのそれである。マーケティング研究は，もちろん，社会科学の 1 つであると位置づけることができる。しかし，第 I 部では，あえてマーケティング研究以外の社会科学のなかに位置づけられる広告研究を集めて，読者諸氏にお示しすることとしたい。もちろん，広告活動を企業のマーケティング活動の一環として把握することもできるが，それで広告活動や広告現象のすべての側面を説明できるわけではない。つまり，社会科学にその範囲を絞ったとしても，経済学・法学・経営学・会計学などの観点からも広告活動や広告現象を把握することができ，それぞれの立場からさまざまな分析が可能となるのである。「はじめに」の冒頭で本書が広告のホリスティック（全体論的）な理解のために編まれたものであることを宣言しているが，社会科学のなかの広告研究がマーケティング研究のなかだけにとどまることではないことを示すためにも，第 I 部ではあえて以下のようなラインナップを並べることとした。

第 1 章では，経済学の観点から，広告を把握する。経済学，特にミクロ経済学における最も基本的な概念は「均衡」である。社会的に最適な資源配分が完全市場における均衡を通じて達成されるという発想をベースにして考えるとき，広告とは均衡にどのような影響を与えるものであると把握され，そこからどのような政策的含意を導出するかということが，経済学の観点から広告を見るにあたっての基本的な問いである。20 世紀中葉に産業組織論で展開された議論をベースに，現代に至るまで，どのような研究が展開してきたのかが第 1 章では解説されている。日本でもときどき「広告税導入の是非」についての議論が巻き起こるが，このような議論を実りあるものにするためには，経済学的な観点からの広告把握は欠くべからざるものであろう。

第 2 章では，法学の観点から，広告を把握する。広告を経済学的に捉えるにあたって，その議論の場が産業組織論であったことは，広告として伝えられる情報が需要者と供給者との間で非対称的であることを示している。法学の観点からの広告把握においても，出発点は情報の非対称性である。現代社会においては，市場メカニズムの機能不全を防ぐために（経済法），また，被害を受けた消費者を救済するために（消費者法や民事法），さまざまな仕組みが整備されている。広告法研究は，これらのさまざまな仕組みがどのように整備され，また今後どのように整備されるべきか，さらには法律を補完する役割をもつ自主規制をどのように把握すべきか，これらの点を議論するものであり，第２章ではこの点についての整理がなされている。近年のインターネットの進展に伴う広告への不信感の増大を考えるにあたって，法学の観点からの広告研究はその議論の基盤をなしていると考えることができる。

第３章では，経営学，特に組織論の観点から，広告を把握する。情報の非対称性が経済学や法学の観点からの広告把握の原点だとすると，経営学の観点からの広告把握は，その非対称性の（特に供給側の）当事者が組織であることが，その出発点である。現実の広告活動においては，その主体として，またはそれをサポートする存在として，組織というものが存在しており，その組織が如何にあるべきかを考えることが経営学の観点からの広告把握の要諦である。第３章ではそのなかでも特に「広告主－広告会社関係」と「広告クリエイティブ・マネジメント」を取り出し，その議論の展開を整理している。組織が効率的かつ効果的に，さらには倫理的に広告活動を行うにはどうすればいいか，この点を考えるにあたってのベースを経営学は提供してくれるだろう。

第４章では，会計学の観点から，広告を把握する。広告活動は企業の販売促進活動の一環であり，広告費は企業会計においては販売促進費として解され，単年度で完結処理されうるものとして扱われてきた。しかし，広告の効果は単年度に限定されるものではなく，その意味では PL 上の費用としてのみ計上されるべきものではなく，BS 上の資産としても計上されるべきものであろう。そのためには，広告によって形成されたブランドがどのような価値をもっており，どれだけの資産であるのかを把握する必要が出てくる。第４章では，この点について詳しく解説がなされている。ブランドを資産として捉える考え方はブランド論では一般的な見解であるが，それを実質的に企業経営に還元するには，この章で展開されている議論を避けて通ることはできない。

第Ⅰ部のラインナップを概観するだけでも，社会科学のなかの広告研究が，マーケティング研究のなかにのみ存在しているわけではないことが理解いただけるであろう。広告研究の視野をより大きな学のなかに捉え，経済学や法学といった研究領域と広告の研究との間に論理的な回路を形成すること，それこそが第Ⅰ部が本書の冒頭に存在する意味である。

（伊吹勇亮）

第 1 章

現代経済学のなかの広告理解

早川　貴

1 経済学のなかの広告

「経済学」と「広告」の２つの単語の組み合わせに，いささか「遠い関係」を想定する読者は少なくないのではないだろうか。経済学といえばA.スミスの『国富論』，需要と供給を示す２つの線分が交差する市場の図式，あるいは数式の並んだ難解そうな理論や，毎夜ニュースで流れる証券取引所の映像など，およそ広告とは無関係な記憶とイメージが，筆者の頭にもまず喚起される。

実際，公共経済学，労働経済学，環境経済学などが経済学の応用分野として比較的よく知られる一方，広告経済学という名が私たちの耳目に触れることはまずない。「広告の経済学」と呼ばれる研究分野がないわけではないのだが，公共部門の活動や，労働問題，環境問題に比べると，広告活動やそれに関わる諸問題がいまだ経済学の主要なトピックとは考えられていない証拠だろう。しかしながら20世紀中葉には一度，広告はいまよりもずっと経済学の中心に近いところで論じられる対象となっていた。

J.ガルブレイスが1958年に著した『豊かな社会』のなかで，「依存効果」の概念を用いて展開した広告批判は，広告が経済学の立場から論考された例としては，おそらく，最も人口に膾炙（かいしゃ）したものだろう。豊かな社会では人々のもつ自然本来の欲望が容易に満たされてしまうため，企業は広告によって人々の欲望を本来必要のない対象や，本来必要でない水準にまで掻き立て，人々の欲望のありようそのものが広告をはじめとする生産者の活動に依存するようになる（依存効果）。すると，そうした不要不急の欲望を満たす商品のために資源が浪費され，社会的インフラなどのより重要な財の供給が本来あるべき水準よりも少なくなってしまう（Galbraith 1998＝2006）。ガルブレイスはこうした事態を憂い，広告に批判の矢を向けたのである。『豊かな社会』はよく読まれて幾度も版を重ね，ガルブレイスは2006年に永眠するまで生涯を通じてこの著書に改訂を加えたが，依存効果に立脚する広告批判がやむことはついになかった。広告を浪費的なイメージとともに捉える人々が少なくないのには，ガルブレイスの批判が少なからず影響しているように筆者には思われる。

ガルブレイスによる批判の当否はひとまず措くとして，彼の批判がもっている論理的・形式的な特徴は，経済学のなかで広告が取り扱われる際の基本的なマナーをよく示している。経済学による広告研究では，均衡――市場で向き合う需要と供給を示した2本の線分が交差する点として想起されるあの均衡である――が達成される過程で何が起き，達成された均衡状態がどんな性質をもつのかが考察の焦点となる。ガルブレイスによれば，豊かな社会では供給者の広告によって歪められた需要と，需要を歪めるプロセスを内包した供給の間で市場が均衡に達し，達成された均衡のもとでは本来不要な商品が過剰に供給され（社会的に必要な投資がめぐりめぐって過少にしか行われなくなるという意味で），社会的に好ましくない資源配分が実現される。市場機構には社会的に最適な資源配分を実現することが期待されているので，その本来の機能を損なわせている広告は，ガルブレイスから批判の対象とされるわけである。ガルブレイスはおなじみの図式や数式をあからさまに用いて見せはしないが，彼の広告批判の論理の基礎にも，他の多くの経済学者たちと同様，均衡を巡る考察が横たわっている。

広告の経済学では伝統的に，広告が市場に対してもつ「悪い」作用，または「良い」作用が，均衡状態の分析を通して考察されてきた。「悪い」作用とは市場機構による最適な資源配分を妨げるような作用，「良い」作用とは市場機構による最適な資源配分を助長するような作用である。経済学全体を俯瞰（ふかん）すれば「悪い」か「良い」かの評価の観点にはガルブレイスのような例も見られるものの，多くの場合，「悪い」「良い」の評価は広告が「競争抑制的」であるか「競争促進的」であるかということに，それぞれ等しい。これは，後述するように，経済学の諸分野のなかで伝統的に最も大きく広告を取り上げてきた産業組織論の分野で，市場での「競争」に対して広告が及ぼす抑制的あるいは促進的な作用が関心の焦点となってきたためである。

そして，広告は現在，「説得的」側面，「情報的」側面，「補完的」側面の３つの側面をもつものとして経済学では捉えられており，各側面での研究が相対的に独立に進んでいる[1)]。上で触れたような競争抑制的な作用は，広告で形成される名声等によって買い手の嗜好を反映する効用関数が変化し，買い手が特定の製品や企業にひきつけられる「説得的」側面として研究されている。また，競争促進的な作用は広告される製品について買い手にとって価値ある情報を広告が正しく伝播させる「情報的」側面として捉えられ，研究されている。

「補完的」側面とは，買い手の効用関数を変化させないという意味で「説得的」ではなく，買い手にとって価値ある情報を正しく伝えることもあるという意味で「情報的」でありえながらも，買い手を特定の製品や企業にひきつけうるという，広告のもつ第３の側面を捉えたものである。「補完的」側面の研究では，消費者が「製品を消費する過程」を消費者による「効用の生産過程」と見なし，広告を，その「生産過程に投入される製品」と補完的に作用して生産される効用の水準に影響を与えるものとして捉える。広告の「補完的」側面を直感的に例解すると(理論的な厳密さにはやや欠けるのだが)，まず消費者が高級自動車とその広告とをあわせて「プレステージ」という１つの商品として購入しているものと見なすことにして，自動車そのものとあわせて購入されている広告が「プレステージ」を高めるような作用をもつ場合には，それを広告の「補完的」側面として捉えるのである。

このように，広告という１つの現象に対して，同じ経済学のなかに３つの側面を扱う理論が併存しているのには理由がある。本章では扱いきれないが，経済学における広告研究は，理論研究としてのみならず統計的手法を用いた経験的研究としても進められてきた。その経験的研究の成果が，全体として間接的にだが，広告に複数の側面を見出すよう理論研究を導いたのである。20 世紀中葉以降，現代の「説得的」広告研究と「情報的」広告研究とにそれぞれ系譜をつなぐ２つの理論体系が産業組織論分野で対抗を続ける傍らで，それぞれの理論を実証的に支持しようとする研究が重ねられた。しかし「説得的」広告と「情報的」広告とは相矛盾する広告の作用を主張しながらも経験的支持という点では互角で，経験的には相互に排しえない関係に落ち着いた。経済学における広告研究は，こうした歴史的経緯と学問的状況から，理論的洗練を研究上のフロンティアとして発展する傾向を強くもっているように見える。３つの理論系統が鼎立する状況は，より高い説明力を求める理論研究の努力のなかから，「悪い」とも「良い」とも割り切れない「補完的」側面の理論が浮上してきたことで生じたといえよう。

現代の経済学のなかでの広告の取り扱われようは，次のようにまとめてよいだろう。広告はおもに，それが市場均衡の性質に及ぼす影響の理論的分析と経験的テストの対象として扱われる。そして，その影響が競争抑制的か競争促進的かに関わる「説得的」と「情報的」という相対的に長い伝統をもつ2つの側面に加え，「補完的」側面を加えた3つの側面から，理論的研究を中心として研究が展開しつつある，と。以下では，広告の経済学の展開を学説史の流れに沿って掘り下げながら，理解を深めてゆこう。

2 「広告の経済学」の基礎

[1] 新古典派経済学による広告の理論的把握

広告の経済学の歴史は，新古典派経済学の登場ともに始まるといってよいだろう。新古典派経済学の祖とされるA. マーシャル（Marshall 1919）は広告に，企業間における競争手段としての戦闘的役割（combative role）と，買い手への情報提供手段としての建設的役割（constructive role）の2つの性格が認められることを指摘している。マーシャルは，彼以前の素朴な広告是非論で繰り広げられていた雑多な議論を，広告がもつ経済的外部性の問題に収斂させ，広告に社会経済学的分析の余地があることを示した。マーシャルによるこの問題設定が，後の活発な議論を導く端緒となる。

マーシャルは，広告に二面的な性格を認めつつも，広告の浪費的性質を重視する傾向をもっていた。しかし，のちにE. H. チェンバリンが批判したように，完全情報下の完全競争理論と完全独占理論とに立脚する当時の経済理論は，企業行動としても社会現象としても，広告をその内部に十分に取り込めてはいなかった（Chamberlin 1933）。言い換えれば，広告はいまだ理論的な分析対象となりえていなかったのである。したがって，こんにちの私たちの目から見れば，広告の経済学にとっての理論的な課題は，マーシャルの言及の後でさえなお，広告を経済学体系のなかで客観的に論じるための理論的な形式を開発する，という課題であった。

チェンバリン（Chamberlin 1933）は，彼の独占的競争理論のなかで，「需要を増大させる固定費」という経済学的分析になじむ形式を広告に与えることで，広告の経済学の最初の課題に一応の解を示したといえるだろう。チェンバリンは企業の広告行動を販売費，価格，産出量等の変数で表現される利潤極大企業の合理的行動として経済学のなかに定着させることに成功している。独占的競争理論では，個別企業の広告活動は一般に広告費と同一視される固定的な販売費と，その増大につれて右上方シフトする，右下がりの個別需要曲線を組み合わせた図式によって表現される。チェンバリンはさらに販売費に収穫逓減を仮定することによって，この図式での広告支出の個別的・集計的均衡点を得ようとした。ここにはじめて，経済学流の条件つき最大化問題に適合した広告の理論モデルが素朴な幾何学的表現形式とともに生み出され，広告に関するフォーマルな研究の基礎が築かれたのである[2)]。

チェンバリンの理論モデルには以下のような特徴がある。まず，個別企業の広告支出は短期においては固定され，個別需要を増大させつつ埋没する。そして，広告支出によって増大する需要，すなわち広告による収穫は，支出額が少額では逓増的で，多額になるにつれてやがて逓減的になると想定される。個別企業の広告による収穫は，他企業の買い手を奪った結果によるものか，市場に新たに登場した買い手によるものかを区別できないため，戦闘的役割と建設的役割とは分離されることなく取り扱われざるをえない。後に，同じチェンバリンの広告理論モデルに立脚しつつ立場を異にする反トラスト政策論が争われる理由の1つは，ここに見出される。

また，チェンバリンは販売費を伴う均衡を導く際に企業の変数として品質を採用しなかったため，暗黙のうちに広告の情報提供手段としての性格を大幅に制限する結果となっている。チェンバリンが品質を変数として採用しなかったことは，品質一定を仮定するか，差別化が費用なしに可能であるかのいずれかを仮定したことに等しい効果をもつ。前者だとすれば，本来このモデルが製品差別化の理論として企図されたことと矛盾する。後者だとすれば，広告は差別化された製品の品質を一切伝えず，財の存在と価格だけを知らせることになる。ここではチェンバリン理論の詳細な再検討は行わないが，チェンバリンのモデルにおける市場情報の取り扱いの曖昧さは，彼以降の世代に研究課題を残した[3)]。

さらに，チェンバリンの独占的競争市場では企業の意思決定は他企業の意思決定を考慮せずに行われることが想定されており，広告支出に関する意思決定も同様である。それゆえ，結局，個別企業の行動モデルは独占均衡モデルと同型になる。後に，企業間の相互依存的意思決定を考慮するゲーム理論によって広告の経済分析が大きく書き換えられる理由は，ここにある。[4)]

以後，チェンバリンの理論モデルは，N.S.ブキャナン（Buchanan 1942）の貢献によって幾何学的な精緻化が進み，さらにR.ドーフマンとP.O.スタイナー（Dorfman and Steiner 1954）の貢献によって代数学的表現形式を備えることになる。ドーフマンとスタイナーによる広告支出最適化の数式モデルは，現在の経済学研究でも一般に個別企業による広告支出決定の基礎として用いられていることから，初期の理論化は，彼らによって完了されたものとみなしてよいだろう。

[2] 反トラスト政策論争を通じた理論の洗練

チェンバリンらの貢献によって広告の理論モデルが確立されるとともに，「広告は社会的浪費ではないか」というマーシャルの問題は「広告は反競争的か否か」という論点に収斂されて議論されるようになる。20世紀中葉の当時，広告に関心をもつ経済学者の多くは，アメリカの反トラスト政策に関心をもつ産業組織論の研究者たちだった。産業組織論では，市場が効率的な資源配分を達成しうるか否かという意味での「市場成果」が，重要な議論の焦点とされる。「市場成果」に対する広告の影響を分析しようとする際，チェンバリンらの広告理論モデルでは広告の戦闘的側面と情報的側面を分離して扱えないことから，上述のような論点の推移は必然的に生じたものと考えられる。そして，反トラスト政策を巡る立場の違いから生じたハーバード学派産業組織論とシカゴ学派産業組織論の論争が，広告の経済学理論を検証し，洗練するプロセスとなっていく。

ハーバード学派のJ.S.ベイン（Bain 1956），W.S.カマナーとT.A.ウィルソン（Comanor and Wilson 1974）らは，広告を反競争的な作用を強くもつ市場支配力の源泉と考えた。彼らの主張は「広告に市場情報として作用する側面があるとしても，実証的には市場支配力としての作用がトータルで勝るため，広告は単なる社会的浪費以上に有害である」と要約できるだろう。広告はそれが要する費用によって企業の最小最適規模を引き上げ，限界企業を淘汰する。他方で同時に，製品差別化を通じた参入障壁として作用することによって産業の集中を促し，売り手企業に独占利潤をもたらす。とすると広告は，競争を阻害して買い手の選択の幅を狭めると同時に売り手企業に高価格での販売を許し，買い手に直接的な不利益をもたらしつつ，社会全体としては資源配分の歪みをもたらすことになる。

これに対してシカゴ学派のG.J.スティグラー（Stigler 1968）らの主張では，広告の中心的な機能は買い手への情報提供にあるものとされる。彼らの主張は「広告に市場支配力として作用する側面があるとしても，広告の市場成果は市場情報として作用する側面がもつ拮抗的な効果と，そのために要する費用との比較によって合理的に考量されるべき」と要約できるだろう。シカゴ学派は，広告に競争抑制的な作用があることを認めながらも，そうした作用を合理的な分析の対象にならないものとして捨象し，チェンバリンらのモデルに沿って買い手による情報探索行動の理論モデルを立てることで，広告が買い手の選択の幅を広げるものであることを論証した。

長年にわたる論争は多数の経験的研究を伴って続いたが，経験的研究からは，いずれの主張を支持すべきかの決着は得られなかった。「広告は反競争的か否か」という論点についていえば，双方とも決定的な経験的支持を得ないまま，シカゴ学派による理論の洗練によって新しい論点が選択される環境が整う。

シカゴ学派によれば，仮に広告に産業の集中度を高める作用があるとしても，それはハーバード学派が考えたようには，競争が抑制されている証拠にはならない。ある産業・市場で競争が十分に機能しているか否かは，結局，その産業への新規参入が自由に行われるか否かに依存している。目下独占状態にある産業といえども，潜在的参入企業による電撃的参入の脅威がある限り，競争水準以上の価格を設定できないからである。とすると，産業の集中は必ずしも競争抑制の証拠とならない。また，広告支出が参入障壁として機能するとすれば，それは広告を手段とした製品差別化を直接の理由とするものではなく，広告支出にサンクコストとしての性質が認められることを理由とするものである。参入企業が十分な広告支出を行える場合，製品差別化は費用対効果が見合う範囲で合理的な競争手段としては機能しても，反競争的な参入障壁としては機能しない。

シカゴ学派の進めた理論の洗練によって，経済学における広告の「良い」「悪い」に関わる論点は，広告が「情報として機能するか否か」という，次の段階へと進む。広告の経済学は，情報の経済学の発展に後押しされながら，「内容いかんに拠らず情報として機能する」広告の理論を確立していく。

3 「情報の経済学」による広告理論の展開

[1] 「品質シグナル」としての広告

G. アカロフ（Akerlof 1970）によれば，取り引きされる商品について売り手が知っている情報と買い手が知っている情報の差異が著しいような市場，すなわち市場情報非対称が深刻な市場では，やがて取り引きそのものが成立しなくなる。市場情報非対称は，理論的には長く完全市場の仮定によって封じられていた考え方だが，現実にはかなり一般的な状況といえよう。P. ネルソン（Nelson 1970, 1974）は，程度の差こそあれ原理的にはあらゆる製品について情報非対称問題が起こりうることを示唆した。

ネルソンは，商品情報の探索主体として買い手を理論モデル化し，品質情報収集の手段として，製品を実際に購入して利用してみる「経験」と，購入以前に製品に関する情報を収集する「探索」の２つのカテゴリーを想定した。買い手がいずれの方法を選ぶかは，探索に要する時間，探索に要する費用，対象とする製品の品質のばらつき具合によって決まり，探索時間と探索費用が大きく，品質のばらつきが小さい商品ほど「経験」が選好され，その逆であるほど「探索」が選好される。

探索／経験のカテゴリーは商品の品質にも適用され，製品の色や形態など購入前の探索によってその内容が明らかに判明する品質は「探索品質」，食品の味や製品の耐久性のように購入後の利用経験を通じてはじめてその内容が明らかになる品質は「経験品質」と区分される。「経験品質」は，市場情報非対称問題の温床となる「隠れた品質」の代表的なものだが，直感的に理解されるように，純粋に探索品質のみで構成される商品はほとんどない。

ネルソンは，この探索／経験のフレームワークに拠りつつ，広告量が経験品質を測る情報源としても機能すると論じた。経験品質に関する情報を確実な信頼とともに広告で伝達することはできない。しかし，高品質な売り手は顧客の再購買を期待でき，逆に低品質な売り手は再購買を期待できないため，低品質な売り手ほど広告支出に対する売上の見返りが小さい。それゆえ売り手の合理性を仮定すれば，買い手にとって観察可能な広告量は経験品質を推定するための情報源として機能しうるのである。

[2] 「品質の生産費」と「信用品質」

R. シュマレンジー（Schmalensee 1978）は，ネルソンが製品の品質にかかわらず生産費を一様と仮定した点を批判し，広告が品質を反映しない場合に市場成果に与える影響を検討した。シュマレンジーは品質に関する買い手の知識が不完全な市場で，品質や広告支出に企業間で差がある場合の企業の広告支出と品質，シェア，利潤の関係一般を明らかにしている。

シュマレンジーは，品質，生産技術，広告支出の3つの独立変数で表現される売り手モデルと，広告感応度，品質感応度の2つの独立変数で表現される買い手モデルで理論を構成する。これらのうち品質と広告支出は企業によって異なるが，その他はすべての企業にとって共通で，価格は売り手と買い手双方にとって均衡において所与となる。買い手は，購入物の品質に比例して次回の再購買確率が高まるような，品質の確率変数としての再購買行動をとる主体と想定される。

シュマレンジーのネルソンとの重要な相違は，品質の生産費用が想定されている点とともに，信用品質（Darby and Karni 1973）を想定している点にもある。ネルソンの経験品質は買い手が1度の消費経験から知覚することができる品質だが，信用品質は通常の使用経験では知覚されず非常事態を通じてはじめて知覚される。シュマレンジーは買い手が1度の消費では品質を判断できないものと想定し，2度目以降の購買においても買い手が品質と広告の両方から影響を受ける理論モデルを構想している。

シュマレンジーの論証は，品質，広告支出，市場シェアの関係について，次のような結論を導く。

①広告に影響力がなく買い手が広告を完全に無視して行動する場合には品質とシェアは正の相関をもつ。

②買い手が広告支出に従属的に意思決定する場合，低品質の生産費が高品質の生産費よりも低ければ品質とシェアは負の相関をもち，低品質企業がより大きなシェアを得る。

②のケースは，信用品質については広告量が必ずしも品質を推定するための情報として機能しないことを含意している。信用品質は典型的には生命保険の品質として説明されることが多いが，自動車の衝突安全性や，建物の耐震・耐火性能，医療・法曹などの専門職能に関わる品質など，現実に多くの例を見出すことができる。

[3] 「費用型シグナリング広告」の理論

広告が経験品質のシグナルとして機能するというネルソンの主張に，代数的な形式を与えたのは，M. スペンスの学歴シグナリング・モデル（Spence 1973）を応用した，R. E. キールストロムと M. リオーダン（Kihlstrom and Riordan 1984）である。スペンスが扱った問題は，「学歴」が「労働者の生産性」という「隠れた品質」の指標として機能し，逆淘汰を抑止するメカニズムの解明であり，それが正しく機能する条件の解明であった。「労働者の生産性」という「隠れた品質」は，労働力の買い手としての企業から見れば，買い入れる労働力の「経験品質」に相当するものと想定できる。

スペンスの理論では，高生産性労働者と低生産性労働者では学歴シグナルの獲得に要するコストが異なり，「低生産性労働者の学歴獲得コスト＞高生産性労働者の学歴獲得コスト」と仮定される。この仮定のもとで報酬に学歴プレミアムを設定すれば，学歴シグナル獲得コストの違いゆえに低生産性労働者による学歴獲得行動が「コスト＞プレミアム」かつ，高生産性労働者による学歴獲得行動が「コスト＜プレミアム」となるような適当なプレミアムの水準が存在しうる。

採用したい労働者の生産性に対応する学歴獲得コストに対して，報酬の学歴プレミアムが適切な水準に設定されれば，学歴は労働者の生産性のシグナルとして機能する。学歴プレミアムが小さ過ぎれば（または学歴獲得コストが大き過ぎれば）生産性の高い労働者といえども学歴を獲得しようとはせず，プレミアムが大き過ぎれば（またはコストが小さ過ぎれば）生産性の低い労働者までもが学歴を獲得してしまうため，学歴は生産性のシグナルとして正しく機能しなくなる。

品質シグナルとしての広告の分析にスペンスの理論を応用しようとすると，広告の価格が売り手の品質にかかわらず一定であるという困難に直面する。キールストロムとリオーダンは，「シグナル獲得費用が異なる」というスペンスの仮定を「負担しうるシグナル獲得費用の上限が異なる」という条件に替え，「高品質企業の方がシグナル獲得費用の負担上限が高い」ことを仮定する。この仮定は高品質企業が少なくとも長期的には低品質企業を上回る利潤を享受すべきことを要求しており，ネルソンの主張を忠実になぞったものといえるだろう。

キールストロムとリオーダンの理論で広告が品質のシグナルとして機能するには，もう１つ，「高品質企業の限界生産費用が低品質企業のそれを下回っている」との仮定が重要な役割を果たす。この条件においても，キールストロムとリオーダンの理論はネルソンに忠実で，シュマレンジーの指摘した「品質の生産費用」

を考慮しないモデルとなっている。のみならず，この仮定はキールストロムとリオーダンの理論においては「高品質企業の方がシグナル獲得費用の負担上限が高い」ことと表裏一体の関係にある。

高品質企業の限界生産費よりも低品質企業の限界生産費が低いことを仮定して，キールストロムとリオーダンの論考過程をなぞると，結論は品質について逆転し，広告は低品質をシグナルする。高品質な商品を提供する企業が高価な投入を行って高コストとなる一方，買い手が品質の差違を十分に認識せず，したがって十分なプレミアムを支払わないために，高品質企業が低品質企業よりも低利潤となる事態は，現実には十分想定されるが，先に述べたシュマレンジーの批判は，そうしたケースをモデル化したものといえよう。シュマレンジーの批判はキールストロムとリオーダンの理論にもなお，達している。

[4] 「資産型シグナリング広告」の理論

P. M. イポリト（Ippolito 1990）は，シグナルとしての効果がシグナル獲得費用の差に依存しているスペンス型のモデルでは広告による品質シグナリングの論証には不十分として，広告に「ボンディング効果」の存在を想定し，逆淘汰問題ではなく道徳危険問題を回避するシグナリング機構として情報的広告の理論モデルを立てた。ボンディング（bonding）とは一般に，特定の条件下で喪失することになる資産を積み立てることで，イポリトの広告による品質シグナリング理論では広告主企業が低品質な商品を高品質と偽って販売したときに資産上のペナルティを被ることを意味している。

イポリトの理論とキールストロムとリオーダンの理論との大きな相違は，広告を資産として取り扱う点と品質の生産費用を考慮しうる点にある。広告支出を「のれん」（goodwill）という一種の資産購入代金とする見方はN. ナーラヴとK. J. アロー（Nerlove and Arrow 1962）によって1960年代に提案され，動学的理論研究においてその有用性を示している。イポリトはこの線に沿って，広告を資産とする見方を品質シグナリング広告理論に導入したのである。「のれん」のような広告資産の実体は，消費者の記憶や好意的態度であり，通常，時間とともに目減りするものと想定される。イポリトは，広告主が消費者に品質を偽らなかった後に保持できる広告資産と，偽った後に保持できる広告資産の差の現在価値を「ボンディング広告」と定義する。

品質の生産費用が考慮されるイポリトの理論では，高品質企業の生産費用は低品質企業の生産費用よりも大きい。品質を偽った広告主は，それゆえ，品質を偽らなかった場合に比べ，生産費用の差に応じた追加的な利潤を獲得できる。しかし一方，品質を偽った広告主は上述の「ボンディング広告」分の資産を失うことにもなる。とすると，品質を偽って得られる利益よりもボンディング広告として失われる資産が大きければ，品質を偽ることは広告主にとって経済的に割に合わない行動となるため，広告は高品質をシグナルするのである。

費用型シグナリング広告理論と資産型シグナリング理論との間には，仮定においても論理展開においても相当の相違があるが，論争的な状況は見られない。両者はむしろ，相互に補完し合いながら広告の情報的側面を説明し尽くし，この側面における理論研究を終結に導くような関係にあると解されるべきなのだろう。

4 経済学領域における広告研究の展望

開発された理論を経験的なテストに付すタイプの研究には，広告の経済学の分野から常に多くの課題が提供されているといってよいだろう。たとえば，品質シグナリング広告理論に対する経験的研究の蓄積は，医師や弁護士など専門職に対する広告規制や，医薬品や健康食品などの信用品質の広告に対する規制の合理性を検討するうえで，社会的にも重要な研究課題である。しかしながら，ここで経験的研究上の個別課題に本格的に言及することは，紙幅の制限もあり，困難である。以下では広告の経済学の理論が，今日向き合う課題と論点について，簡潔にまとめる。

[1] 補完的側面の広告理論からの展望

広告の補完的側面の理論もまた，ハーバード学派とシカゴ学派の論争の辺縁から，進化的に分岐した理論モデルの一系統と考えることができる。その発展の過程には，シカゴ学派のスティグラーとともに，経済学の分析手法を多様な人間行動に適用したことで知られるG.S.ベッカーの足跡が大きく残されている。

広告の補完的側面は，既述のとおり，いわば消費者が「製品を消費する過程」を消費者による「効用の生産過程」とみなし，広告を，その「生産過程に投入される製品」と補完的に作用して生産される効用の水準に影響を与えるものとして捉えるのだが，こうした捉え方の基礎は，スティグラーとベッカーによって確立されたものである（Stigler and Becker 1977）。

以下でスティグラーとベッカーの理論についてよりくわしく述べるにあたって，彼らの用語法に沿って補完的広告理論の設定を再確認しよう。買い手は費用を支払って市場から大型車のような「財」（good または product または，売り手の立場から output）を購入するものと想定され，売り手は費用を支払って「広告」（advertising）するものと想定される。買い手はさらに，財と広告を投入してプレステージのような「商品」（commodity）を生産し，その商品から効用を得る。ただし，買い手は自身の認識のうえではプレステージのような商品を市場から購入しているので，商品は財とは異なる市場を形成しているものと考えられる。たとえば，商品市場が競争的ならば同水準のプレステージの価格は同水準となるが，このとき，それぞれの財の市場で異なる価格となっている大型車と宝飾腕時計が同水準のプレステージでありうるならば，両者の価格差は広告の価値によって補われていると考えるわけである。

スティグラーとベッカーの研究の狙いは，「選好」（taste）を合理的分析の俎上に載せることにあった。心理的な要素を含む選好それ自体は，経済学の理論研究では合理的分析の対象とされないこと，常套的な言い回しを用いれば，外生的所与か行動仮定というブラックボックスのなかに封じ入れられることが普通である。彼らは，異なる人々同士の間でも異時点間においても，特定の財に対する選好それ自体を不変（stable）なものと仮定し，買い手による財の購買選択における差異を，商品を生産するための他の補完的投入要素（時間，知識など）の水準によって説明することで，選好の問題を一般的な価格理論で扱えるように再構成した。

広告の分析では，スティグラーとベッカーは，投入要素としての知識を売り手の広告と買い手の情報探索によって生産されるものと仮定し，広告される財の価値，広告の価値，商品の価値の３変数による価格の問題として選好の差異を説明する。彼らは，説得的広告理論が完全競争の仮定を離れることによって説明した広告による製品差別化と商品価値の向上を，商品市場の完全競争の仮定のもとで説明する。商品市場の完全競争下において，限界生産費か広告効果かいずれかの差異によって，製品価格と広告水準における差異を説明する。また，その論証によって，商品に対する需要の価格弾力性が高いほど，広告の限界収入は大きくなることを示した。

スティグラーとベッカーの努力は，目下のところ行動科学によってのみ説明されている現象に対してといえども，経済学的説明の可能性が開かれていることを端的に示すものであろう。基本的な概念規定に関わる理論開発は，困難な課題だが，達成されれば広告の経済学の概念的分析装置としての洗練の度合いに長足の進歩をもたらす見込みが大きい。

実際，ベッカーはスティグラーとの上述の論考を基礎として，娯楽的なテレビ番組とともに提供される広告など，広告が必ずしもそれ単体で消費者に露出されるわけではない現代の広告の実際のありようをK.M.マーフィーとともに論じている（Becker and Murphy 1993）。その試みはメディア市場の特性に明晰な経済学的構造を与え，近年の展開が著しい二面市場理論（von Ehrlich and Greiner 2013など）に発展の道を開いている。

［2］ 個別広告費最適化モデルからの展望

オペレーションズ・リサーチ分野で個別企業の広告支出最適化問題に取り組む研究系統は，チェンバリンらの貢献を基礎として，早い段階で分岐している。その代表的なものは，M.L.ヴィダールとH.B.ウォルフの理論（Vidale and Wolfe 1957），ならびに，ナーラヴとアローの理論（Nerlove and Arrow 1962）であろう。これらはいずれも，ドーフマンとスタイナーの理論モデル（Dorfman and Steiner 1954）を企業広告支出の動態的最適化問題に拡張する試みであり，前者は乗法モデルで，後者は加法モデルで，それぞれ広告の効果を捉えている。

これらの研究は，広告の経済学の初期の研究で確立された広告の数学的表現形式に示唆を受け，個別広告費の最適化という新しい問題にテクニカルに取り組んだものと見なすことができる。研究成果には目覚ましいものがあり，ナーラヴとアローの提唱した「のれん」（goodwill）概念は幅広く引用され，既述のとおり，広告の情報的側面の研究に鋭く貢献したイポリト（Ippolito 1990）にも影響を与えている。

広告の経済学の研究では，伝統的に静学的なアプローチが主流だが，動学的アプローチがより明晰に説明できる現象がありうることは，イポリトによる引用にも端的に現れている。

［3］ 二重市場モデルからの展望

反トラスト論争のなかで現れた一連の経験的研究の結果によりよく適合するよう，市場構造に工夫を加えた理論モデルとして，二重市場モデルが知られる。代表的な業績として，R.L.スタイナー（Steiner 1978），M.S.アルビオンとP.W.ファリス（Albion and Farris 1981）らが知られる。

理論モデルの形式上の特徴は市場を卸売市場と小売市場に複層化した点にあり，小売市場では競争抑制的に，卸売市場では競争促進的に作用する広告が想定される。チェンバリン流の広告理論を特殊ケースとして含んでおり，初期の広告理論モデルを最も色濃く継承しているといえよう。「広告は反競争的な活動か否か」という問題とともに，ハーバード学派とシカゴ学派の結論にも忠実で，双方の直系の後継理論ともいえよう。

二重市場モデルのように，市場機構自体の構造に関する仮定を理論に加え，理論モデルを市場の実像に近づけようとする努力は，狭い範囲ではあれ，多くの場合において理論の説明力を増すだろう。二面市場モデルの展開は，こうした努力のバリエーションとしての一面をもっている。

[4]　戦略的参入阻止投資ゲームとしての広告理論モデル

D. フューデンバーグと J. ティロール（Fudenberg and Tirole 1984）の「Fat - Cat モデル」など戦略的広告ゲーム理論として知られる広告理論は，「広告が競合企業の行動にいかなる影響を与えるか」という問題を探求している。彼らは結果的に「広告は反競争的か否か」という問題への回答を導いており，結論にはシカゴ学派の立場とは矛盾するものも含まれる。

理論上の特徴は，チェンバリンが明示的に禁じた寡占市場モデルの再登用と，企業間における情報の非対称性の導入である。Fat - Cat モデルでは企業の意思決定の相互依存性を仮定する複占市場モデルが再登用されているが，これはシカゴ学派に批判されたシロスの仮定の恣意性を排する働きをもっている。また，企業の個別広告支出に関する理論モデルをチェンバリンから継承しつつも，チェンバリンで仮定された企業間の対称性を情報非対称で廃し，広告を主として「企業が競争相手の意思決定に影響を与えるために用いる情報手段」と見なすことから，ハーバード学派とシカゴ学派とのいずれにも直接には与しない。

ゲーム理論に立脚する理論モデルは，既存企業による新規参入阻止など，取り組む問題と導く結論とにおいてはハーバード学派産業組織論に類しながら，論証から恣意性が排されて形式的に洗練されているのみならず，広告概念の規定においても大きな変化を示している。ゲーム理論は市場や産業の実態に即した理論モデルの構成に適しており，その適用は上述の他の諸モデルに立脚する研究展開のなかにも広く浸透している。

■ 注

1) K. バグウェル（Bagwell ed. 2001, Bagwell 2007）が，近年では最も網羅的に広告の経済学をレビューしているので参照されたい。本章の内容は，広範さにおいてはそれらにはるかに及ばないが，広告の情報的側面の研究に対する批判的検討と研究課題の展望とに相対的な特色がある。また奥村（2008）は，産業組織論分野における主流的な理論の展開過程を本章とは異なるスパンでより詳細に追っているので，あわせて参照されたい。本章では捨象した説得的広告理論の展開は，奥村（2008）で丹念に追われている。

2) チェンバリンの広告理論の一部は，マーケティングの祖とされる A. W. ショウによって提案されている（Shaw 1912）。ショウは個別需要曲線を右上方にシフトさせる需要創造活動として広告を捉えた最初の人物だったが，広告費と均衡を考慮しなかった。

3) L. アボット（Abbot 1953）によれば，チェンバリンの仮定のもとでは企業の品質は1点で集計的均衡に至る。品質における製品差別化が合理的に導かれないことは，チェンバリンによる品質問題の取り扱いの曖昧さを示しているといえよう。

4) チェンバリンは，売り手の意思決定が競合の行動を勘案して行われるほど売り手が少数になれば，常に協調による高利潤率が志向されることを明示的に仮定している。ゲーム理論の寡占モデルで想定されるような相互依存的意思決定行動は，独占的競争理論では明示的な禁則によって排除されているのである。

■ 文献

奥村保規（2008）『広告の経済分析――ミクロ経済学的アプローチ』三菱経済研究所。

Abbott, L. (1953) "Vertical Equilibrium under Pure Quality Competition," *American Economic Review*, 43 (5), 826-845.

Akerlof, G. (1970) "The Market for Lemons: Quality Uncertainty and the Market Mechanism," *The Quarterly Journal of Economics*, 84 (3), 488-500.

Albion, M. S. and P. W. Farris (1981) *The Advertising Controversy: Evidence on the Economic Effects of Advertising*, Auburn House Publishing Company.

Bagwell, K. (2007) "The Economics Analysis of Advertising," in M. Armstrong and R. Porter eds., *Handbook of Industrial Organization*, vol. 3, North Holland, 1701-1844.

Bagwell, K. ed. (2001) *The Economics of Advertising*, Edward Elgar Publishing.

Bain, J. S. (1956) *Industrial Organization*, John Wiley & Sons.

Becker, G. S. and K. M. Murphy (1993) "A Simple Theory of Advertising as a Good or Bad," *Quarterly Journal of Economics*, 108, 941-964.

Buchanan, N. S. (1942) "Advertising Expenditures," *Journal of Political Economy*, 50 (4), 537-557.

Carlton, D. W. and J. M. Perloff (1994) *Modern Industrial Organization*, 2nd ed. Harper Collins College Publishers.

Chamberlin, E. H. (1933) *The Theory of Monopolistic Competition*, Harvard University

Press.
Comanor, W. S. and T. A. Wilson (1974) *Advertising and Market Power*, Harvard University Press.
Darby, M. R. and E. Karni (1973) "Free Competition and the Optimal Amount of Fraud," *Journal of Law and Economics*, 16 (1), 67–88.
Dorfman, R. and P. O. Steiner (1954) "Optimal Advertising and Optimal Quality," *American Economic Review*, 44 (5), 826–836.
Fudenberg, D. and J. Tirole (1984) "The Fat-Cat Effect, the Puppy-Dog Ploy, and the Lean and Hungry Look," *American Economic Review*, 74 (2), 361–366.
Galbraith, J. K. (1998), *The Affluent Society*, 40th anniversary ed., Houghton Mifflin.（鈴木哲太郎訳，2006『ゆたかな社会〔決定版〕』〈岩波現代文庫〉岩波書店）
Glaister, S. (1974) "Advertising Policy and Return to Scale in Markets Where Information is Passed Between Individuals", *Economica*, 41 (May), 139–156.
Ippolito, P. M. (1990) "Bonding and Nonbonding Signals of Product Quality," *Journal of Business*, 63 (1), 41–60.
Kihlstrom, R. E. and M. Riordan (1984) "Advertising as a Signal," *Journal of Political Economy*, 92 (3), 427–450.
Marshall, A. (1919) *Industry and Trade: A Study of Industrial Technique and Business Organization and of their Influences on the Conditions of Various Classes and Nations*, Macmillan.
Milgrom, P. and J. Roberts (1986) "Price and Advertising Signals of Product Quality," *Journal of Political Economy*, 94 (4), 796–821.
Nelson, P. (1970) "Information and Consumer Behavior," *Journal of Political Economy*, 78 (2), 311–329.
Nelson, P. J. (1974) "Advertising as Information," *Journal of Political Economy*, 82 (4), 729–754.
Nerlove, N. and K. J. Arrow (1962) "Optimal Advertising Policy under Dynamic Conditions," *Economica*, 29 (114), 129–142.
Schmalensee, R. (1978) "A Model of Advertising and Product Quality," *Journal of Political Economy*, 86 (3), 485–503.
Shaw, A. W. (1912) "Some Problems in Market Distribution," *Quarterly Journal of Economics*, 26 (4), 703–765.
Spence, M. (1973) "Job Market Signaling," *Quarterly Journal of Economics*, 87 (3), 355–374.
Steiner R. L. (1978) "Marketing Productivity in Consumer Goods Industry: A Vertical Perspective," *Journal of Marketing*, 42 (1), 60–70.
Stigler, G. (1968) *The Organization of Industry*, Richard D. Irwin, Inc.
Stigler, G. J. and G. S. Becker (1977) "De Gustibus Non Est Disputandum," *American Eco-*

nomic Review, 67, 76–90.

Vidale, M. L. and H. B. Wolfe (1957), "An Operations-Research Study of Sales Response to Advertising," *Operations Research*, 5 (3), 370–381.

von Ehrlich, M. and T. Greiner (2013), "The Role of Online Platforms for Media Markets: Two-dimensional Spatial Competition in a Two-sided Market," *International Journal of Industrial Organization*, 31 (6), 723–737.

第 2 章

現代法学研究から見た広告規制

中田　邦博

1　消費者法の観点から

[1]　広告の意味

広告は，広告主からの他者への呼びかけであり，広告主（事業者）にとって，販売促進（セールス・プロモーション）活動として重要な意味を持つ。事業者は広告によって他者に自己の商品・役務を選択してもらうための情報を提供し，商品等の販売という目的を達成する。他方で，広告は，消費者（購入者）にとって，商品・サービスを選択・購入するための情報としても重要なものとなる。このような情報が資本主義経済において財貨を適切に分配するために不可欠の前提となることはよく知られている。もっとも，商品等の情報は事業者に集中しており，この意味で消費者との間において「情報の不均衡」が存在している。それのみならず，情報が不適切な，あるいは虚偽である場合には，商品や事業者に対する消費者の選別機能が働かないことになる（市場の機能不全）。正しい情報に基づいて消費者の自己決定が行われることで，消費者のニーズに対応できない事業者が市場から淘汰され，健全な市場が形成されるのである。広告という情報提供のあり方が問題とされるのは，それがこうした情報の均衡を前提とした市場メカニズムの維持に直結するからである。

現実の社会に目を向けると，広告・表示[1)]の問題については，食品表示や性能表示の偽装，誇張・誇大広告をめぐる事件が多発している。それらは，被害が少額で多数発生するという典型的な消費者「被害」の特徴を示しており，その抑止と救済が消費者問題としても議論の対象とされている。

[2] 広告と民事法的救済

虚偽の広告を信じて被害を被った消費者の救済も重要である。消費者の個別的救済については，民事法の領域においても法的な仕組みが用意されている（表示に関する民法上の救済の一つの例として，潮見ほか編 2014：20）。消費者が商品を購入するという行為は，法的には，事業者である売主と消費者である買主との間での合意である契約（たとえば，売買契約）という形式を通じて行われる。事業者側が行う広告や表示（たとえば，商品の効用や性能についての表示を想定されたい）に消費者は信頼を寄せるのである。法は，事業者をこの契約に拘束したり，消費者を契約から解放したり，消費者に損害賠償請求権を認めることなどによって，消費者の救済を図っている。しかしながら，不当表示による消費者被害は，たいてい少額多数被害の典型例であって，個々の消費者には，被害回復のために自己の費用と時間を費やして裁判所に訴えを提起するインセンティブがあるとは思えない。現在の民事訴訟制度を前提とするかぎり，被害をこうむった消費者を個別的に救済するには限界があり，違法行為を行った事業者の元に不当な利益がとどまるという状況が生じている。それゆえ，集団的消費者被害救済のための補完的なシステム（課徴金制度や，金銭的請求による利益剝奪など）が必要とされているのである。

[3] 広告法研究と本章の構成

広告法研究の一般的傾向として言えば，その時代の立法動向に左右されることが多い。初期の段階では独禁法の不公正取引方法や景表法に関する経済法的な観点からの研究が先行した。これに対して，近時はそれだけでなく，消費者法や民事法的な観点からの研究もさかんに行われている。こうした動きは，景表法改正に見られるように，消費者法的な観点からの広告表示規制の見直しにもつながっている[2)]。最近，集団的消費者被害救済の観点から，消費者団体への差止請求権や行政による課徴金賦課制度が導入されたが，これらはその例となる。

以下では，まずは広告の規制の法的な仕組みを説明する（第2・3節[3)]）。次に自主規制を取り上げ（第4節），そして，消費者の個別的な法的救済についても検討する（第5節[4)]）。

2　広告・表示の一般的規制

[1]　総　　説

一般的規制と個別的規制

日本では広告・表示を包括的に規制する単独の法律（たとえば，「広告・表示規制法」といった名称が付与されるような単一の法律）は存在していない。比較法的に見ても，そうした包括的な単行法は知られていない。広告に関する規律がさまざまな法律に分散しており，それらを１つの法律に統合することが容易ではないからであろう。しかしながら，このことは，広告を個別的に規制すれば足り，一般的に規制する法的規律が不要であることを意味しない。不正な広告を包括的に規制することはヨーロッパでも誤認惹起広告指令や不公正な取引方法の禁止という一般的な枠組みのなかで広く行われている。そこで，こうした観点も踏まえ，以下では，広告の法規制を概観するに際して，「一般規制」と「個別規制」とに分けて検討することにしよう（こうした観点の必要性については，鹿野 2011：214）。前者は，おもに，特定の業種や取引対象に限定せずに，いわば一般的に適用される規制であり，後者は，個別に特定の商品・サービスや販売方法のみに適用される規制である。

規制の方法

その前提として，本章で扱う広告・表示規制に関する法律の規制方法について簡単に説明しておく[5)]。

積極的規制型　この類型では，事業者は原則として，表示について一定の基準を守ることを法的に義務づけられ，また一定の表示をすることを義務づけられることになる（表示基準または広告表示義務）。これについては事業者に一定の作為が求められることから，積極的規制とされる。このタイプの規制方法を含む法律としては，食品表示法，食品衛生法，農林物資の規格化及び品質表示の適正化に関する法律（以下「JAS 法」という），健康増進法，家庭用品品質表示法等がある[6)]。

消極的規制型　虚偽・誇大となる表示を禁止するタイプの規制方法である。一般的な禁止規定を持つものとして，とくに重要なのは後述の景品表示法である。さらに，特定商取引に関する法律，食品衛生法，健康増進法等のほか各種事業法にもこうした型の個別規制が見られる[7)]。

許容的規制型　どのような表示を許すかという観点からの規制である。食品表示法に基づく規制によるものがこれにあたる。食品の包装容器に食品の機能（健康に与える効果）を表示できるのは，(a) 栄養機能食品（サプリメント），および (b) 特定保健用食品（トクホ）があり，さらに，新たに，(c)「機能性表示食品」が加わった。(a) は許可や承認は不要であるが，食品の成分についてのみ認められ，その表示内容が決められている。(b) は表示について消費者庁の許可または承認が必要であり，(c) については届出で足りることになっている。

その他の規制　自主規制は広告規制として機能する重要な「規制方法」であるが，これについては後述する。そのほか，広告をめぐる法律関係として広告主の不法行為責任，広告主と広告社（広告代理店）との広告契約，広告社と広告媒体社との契約なども重要であり，広い意味での広告法の対象となる[8)]。また，広告における表現方法に関わって，著作権法など知的財産権に関する法律も考慮する必要がある。しかしながら，これらの規制については紙幅の都合から取り上げないことにする。

設　例

本章で取り上げられることになる問題のいくつかを次の設例でイメージしてもらおう。

設例①ニセ牛缶事件　B 社が牛の肉が入っていると広告して販売していた牛缶において，実際に使われていたのは鯨肉であったことがわかった。A は，これを近くの食品店 C で牛肉入りの缶詰だと信じて購入しすでに消費していた。

設例②永久脱毛器事件　消費者である A は，事業者（広告主）である B の脱毛器に関する「1 分間でスピード脱毛できる。毛をつまむだけで簡単に永久脱毛できる」という広告の記載を読んで，これを信じて，B から脱毛器を購入する契約を締結した。ところが，実際には広告に記載されたような脱毛効果はなかった。

これらの事案を素材にして，どのような法律が関係してくるか，また，こうした広告・表示を行った B 社にはどのような法的な責任が生じるのか，また A はどのような法的救済を受けられるかを以下の叙述を参考に考えてみてほしい。本章の理解に資することとなろう。ちなみに，ごく簡単に問題の所在について指摘しておくと，設例①は，缶詰の表示が虚偽であって景表法が絡んでくる。設例②も優良誤認を生じさせるが，同時に，不実告知と評価できるものでもある。設例のいずれにおいても，B 社の行為は，法令違反行為として行政法的・経済法的規制に服する。また，A 自身には，こうした契約の効力を否定する民事法的な救済が与えられる可能性がある。

[2] 消費者基本法

消費者基本法は，消費者政策を促進するための重要な法律であり，広告の適正化も同法の基本施策の１つとされている（同法の簡単な説明として，中田・鹿野〈2013〉を参照）。同法は，消費者の「理念的」諸権利を掲げ（2条），国は消費者政策を推進する責務を有するものとしており（同3条），広告規制については，国は，消費者が商品の購入や使用，役務の利用に際して，その選択等を誤ることがないように，「商品及び役務について，品質等に関する広告その他の表示に関する制度を整備し，虚偽又は誇大な広告その他の表示を規制する等必要な施策を講ずるものと」した（同15条参照）。ここでは，消費者の選択権の実質的な保障という観点から国が虚偽・誇大広告に対する規制をすることが求められているのである。[9)]

[3] 独占禁止法

独占禁止法（私的独占の禁止及び公正取引の確保に関する法律）は，「公正かつ自由な競争を促進」することを第一次的な目的とする法律である（1条）。広告規制として機能するものとして，「不公正な取引方法の禁止」に関する規定（同法第4章）を見ておこう。

不公正な取引方法の禁止と排除措置命令

同法は，事業者に「不公正な取引方法」を禁止し（19条），その違反行為に対しては公正取引委員会が排除措置命令を行うことができるとする（同20条）。

「不公正な取引方法」のうち，広告に関しては，とりわけ，「ぎまん的顧客誘引」の規制が重要である（「一般指定」の8)。これは「自己の供給する商品又は役務の内容又は取引条件その他これらの取引に関する事項について，実際のもの又は競争者に係るものよりも著しく優良又は有利であると顧客に誤認させることにより，競争者の顧客を自己と取引するように不当に誘引すること」である。[10)] 広告においても，このような優良誤認または有利誤認を引き起こすものは禁止されることになり，その違反行為は，排除措置命令の対象となる。

同法によれば，独占禁止法違反行為があると思った者は，公正取引委員会に対してその事実を報告し，適当な措置をとるべきことを求めることができる（排除処置請求)。もっとも，この排除措置命令の手続き（同49条）は，機動性，迅速性に欠けることから，後述の景表法が1962年に（当時は特例法として）制定された。

被害者による差止請求および損害賠償請求

公正取引委員会による排除措置命令は，行政庁が行う行政処分としての性格を有する。これとは別に，独占禁止法には，被害者の民事法上の手段として損害賠償に関する規定および，差止めに関する規定がある。

損害賠償　独占禁止法は，違反事業者は，「被害者」（この場合，事業者に限定されておらず，消費者も対象となる）に対して，無過失の損害賠償責任を負うとしている（25条）。もっとも，同規定はあまり活用されておらず，むしろ民法に基づく損害賠償請求（不法行為による損害賠償請求）のほうが，より多く利用されている。

差止め　独占禁止法で禁止されている不公正な取引方法にかかる行為によって利益を侵害され又は侵害されるおそれがある者は，これにより著しい損害を生じ，又は生ずるおそれがある場合，その侵害する事業者若しくは事業団体に対して，侵害の停止または予防を請求することができる（同24条）。私人のイニシアティブによる被害拡大の防止を図ったものである。もっとも，この差止めの請求権者は，競争事業者に限定されておらず，消費者も含まれるが，消費者個々人の被害はたいてい些少であり，個人で訴えを提起することは考えにくい。そこで，本法において消費者団体による差止請求を認めるべきかについての議論があったが，その議論を受けて景表法の改正において後述のような形で導入されることになった（金井ほか 2015：553）。

［4］ 景表法

意　義

景表法（不当景品類及び不当表示防止法）は，商品及び役務の取引に関連する不当な景品類及び表示による顧客の誘引を防止するため，「一般消費者の利益を保護すること」を目的とする（1条）。同法は，1960年に発覚したニセ牛缶事件がそのきっかけとなり（中田・鹿野編 2013：267），独占禁止法の特別法として1962年に制定された法律である[11)]。前掲の設例①は同事件を参考にしたものであり，牛肉の大和煮と記載された缶詰にハエが入っていたとして保健所に持ち込まれて検査したところ，実際の中身は鯨肉であったという事案である。こうした不当表示は，後述の「優良誤認」として禁止される。

景表法は，あらゆる商品やサービスについて一般消費者の自主的かつ合理的な選択を阻害するような不当表示について業種を横断するかたちで規制している。この意味で行政による表示規制の「一般法」として位置づけることができる[12)]。なお，食品等の不当表示事件の頻発に対処するために，2014年11月改正法によって，不当表示を行った事業者に対して課徴金を賦課する制度が導入された（後述）。

規制対象としての不当な表示

景表法5条1項は，1号から3号に掲げる次のような不当な表示を禁止している。

(a) 優良誤認表示 商品の品質や性能，サービスの内容などについて，実際のものより上質であるかのように誤認させる表示（優良誤認表示）は禁止されている。すなわち，商品・役務の品質，規格その他の内容について，一般消費者に対し，実際のものよりも著しく優良であると示し，または事実に相違して，当該の事業者と競争関係にある他の事業者に係るものよりも，著しく優良であると示すことにより，不当に顧客を誘引し，公正な競争を阻害するおそれがあると認められる表示は，禁止されているのである（同法5条1項1号）。この場合の「著しく優良」とは，表示における「誇張／誇大」の程度が社会一般に許容されている程度を超えていることをいう。北欧行きの主催旅行の広告で「白夜」や「24時間沈まない太陽」という表現は，実際とは異なり，一般消費者の誤認を導くものとされた[13)]。

(b) 有利誤認表示 商品・役務の価格その他の取引条件について，実際のもの，または，当該事業者と競争関係にある他の事業者に係るものよりも，取引の相手方に著しく有利であると一般消費者に誤認されるため，不当に顧客を誘引し，公正な競争を阻害するおそれがあると認められる表示は，「有利誤認」表示として禁止される（同法5条1項2号）。たとえば，実勢を反映していない価格を参考価格として示し，当該商品やサービスの価格があたかも割引されているような誤認を消費者にもたらす表示（二重価格表示）などは，その典型例である。

(c) 消費者庁長官（内閣総理大臣）指定の不当表示 5条1項3号は，消費者庁長官に先の2つのほか特定の不当表示を指定する権限を与えている。この指定は，不当表示の典型類型を具体的なかたちで示すことに役立つ[14)]。

(d) 比較広告 日本では比較広告はあまり行われていない。他の事業者を中傷する可能性があるからである。他方で，比較広告は，一般消費者が商品を選択するにあたって同種の商品の品質や取引条件についての特徴を適切に比較するための具体的な情報を提供する可能性を有している。この意味で，消費者にとって望ましいものとなる。比較広告については，当該の比較広告が優良誤認や有利誤認に該当する場合には上記の当該規定が適用される。1987年には，比較広告の許容性を明確化するために，公取委による比較広告ガイドラインが公表された。

(e) 不実証広告規制 消費者庁長官は，ある表示が景表法5条1項1号の定める優良誤認の不当表示にあたるか否かを判断するために必要があると認めるときは，その表示をした事業者に対し，その表示の裏づけとなる合理的な根拠を示す資料の提出を求めることができる。この場合，事業者がその資料を提出しないとき（不実証広告）は，不当な表示と見なされる（同5条2項）[15]。違反行為を迅速に処理するために不可欠な規定である。

違反に対する制裁　景表法の禁止に違反する不当表示があるときは，消費者庁長官は，当該事業者に対して，その広告の廃棄や表示の差止めなどの措置命令を出すことができる（同法7条）。

消費者団体による差止請求制度　適格消費者団体は，事業者が，不特定かつ多数の一般消費者に対して，5条1項各号に定める優良誤認表示または有利誤認表示を現に行いまたは行うおそれがあるときは，当該事業者に対し，当該行為の停止もしくは予防またはそれに必要な措置をとることを請求できる（景表法30条）。もっとも，消費者団体による差止請求の場合，消費者庁長官による措置命令の場合と異なり，不実証広告についての立証緩和の規定（同7条2項）の適用がなく，立証上の問題が残っている。

課徴金制度　近時の景表法改正により，不当表示を行った事業者に経済的な不利益を課す課徴金制度が導入された（2014年11月27日公布。平成26年法律第118号）。同制度は，優良誤認表示（不実証広告規制が係る場合を含む）および有利誤認表示を対象として，課徴金を賦課するものである。賦課金額算定率は対象商品・役務の売上額の3％とされ，算定対象期間は3年間が上限とされた（景表法8条）。また，不当表示によって一般消費者が受けた被害の回復を促進するために，違反行為者が返金対象者に対する返金計画を実行した場合には，その返金相当額を課徴金額から減額する仕組みも設けている（同10条）。消費者被害の回復を促進する目的を有する規定である（泉水ほか2015：310）。

［5］　不正競争防止法

総　　説　不正競争防止法は，事業者間の公正な競争及びこれに関する国際約束の的確な実施を確保するため，不正競争を防止し，もって国民経済の健全な発展に寄与することを目的とする法律である（同法1条）。同法には，不正競争の差止めや不正競争に係る損害賠償という民事手段が定められている。この法律には広告に関係のある規定が含まれている。

品質等誤認惹起行為

広告との関係でとくに重要なのは,「品質等誤認惹起行為」の禁止である(不正競争防止法2条1項13号[16])。それによれば,商品・役務・その広告・取引に用いる書類・通信において,その商品の原産地,品質,内容,製造方法,用途・数量,その役務の質,内容,用途・数量について誤認させるような表示をする行為が禁止されている。こうした規律内容は,先の独占禁止法における不公正な取引方法や,景表法における不当表示規制の内容とも重なる。もっとも,不正競争行為が行われた場合に関して不正競争防止法の定める効果は,差止めと損害賠償であり,しかも,その請求権者は,その不正競争によって営業上の利益を侵害される競争事業者に限られており(同3条,4条),消費者の保護は直接の目的とされていない。この点で他の法律との違いがある[17]。他方で,不正競争防止法では,故意で(不正の目的をもって),前記の品質等誤認惹起行為(同2条1項13号)を行った者に対して刑事罰が科せられている(同21条2項1号)。最近,問題となったいくつかの食品偽装事件において,この規定を根拠として,警察による強制捜査が行われてきた。同法は,刑事的な制裁規定を備えており,違反行為に対する抑止的効果という観点から見て,悪質な不当表示・広告を排除する制度として重要な意義を有している[18]。

3 広告の個別規制

取引対象となる商品,サービスや取引形態などに応じて,それぞれ規制対象ごとに個別的に広告を規制する法律が数多く存在する[19]。

[1] 消費者の適正な選択の確保のための表示・広告規制

特定商取引法は,通信販売,連鎖販売取引,特定継続的役務提供,業務提供誘引販売取引について,取引内容を明らかにする等の目的で,一定の表示・広告を義務づける(11条,35条,53条)。また,誇大広告等の禁止にかかる規定を置いている(12条,36条,54条[20])。このなかで規律される広告は,消費者団体による差止請求の対象でもある(58条の4以下)。

信用取引や金融取引の分野においては,たとえば,貸金業法が,貸付条件の広告規制(同法14条,15条)および誇大広告の禁止(同16条)を定める。割賦販売法にも,後払い式割賦販売(同法3条4項),ローン提携販売(同29条の2第4項),

包括信用購入あっせん（同30条3項），個別信用購入あっせん（同35条の3の2第2項）の広告に関して，それぞれ表示しなければならない事項が定められている。金融商品取引法にも広告等の規制があり（37条），商品ファンド法にも広告等の規制が設けられている（15条）。不動産取引関連では，宅地建物取引業者による誇大広告等が禁止されている（宅建業法32条）。旅行については，旅行業法が広告表示事項を規定し（旅行業法12条の7），誇大広告の禁止に関する規定を置いている（12条の8）。

[2] 健康・安全の確保を目的とした表示・広告規制

消費者安全法

消費者安全法は，2009年に制定された法律である。同法2条5項3号は「虚偽の又は誇大な広告その他消費者の利益を不当に害し，また消費者の自主的かつ合理的な選択を阻害する行為」であって政令で定めるものが事業者によって行われた事態を「消費者事故等」に該当するものと定める。同法でもこのようなかたちで広告の問題が扱われており，消費者庁にはそれに関係する情報を収集し，また事業者に勧告を行い，命令を発する権限を与えている（同17条1項・2項）。

食　品

食品に関して，表示・広告は，消費者の適切な選択の確保という面だけでなく，健康や安全の確保という面においても，重要な意味を持つ。2003年食品安全基本法は包括的な食品の安全確保のための法律として制定された。そこでは，食品関連事業者に，その取り扱う食品その他の物に関する「正確かつ適切な情報の提供」が努力義務として課され（同法8条2項），国の責務として，食品の表示制度の適切な運用の確保や正確な情報伝達のための必要な措置を講ずべきことが掲げられている（同18条）。こうした基本法の方向性を受けて，食品に関する表示制度は，従来，とくに食品衛生法，農林物資の規格化及び品質表示の適正化に関する法律（JAS法），および健康増進法など複数の法令に分かれて規定が置かれていた。

しかし，食品表示に関する不祥事が頻発したこと，また同じ対象を指す用語の不統一や規定の仕方も複雑であった。そこで，消費者基本法の理念（同法2条1項）を踏まえて，食品衛生法，JAS法および健康増進法の食品の表示に関する規定を統合し，食品の表示に関する包括的かつ一元的な制度が創設された（規制範囲は同じ）。これが2013年に成立し，2015年4月1日に施行された食品表示法（平成25年6月28日法律第70号）である[21]。食品関連事業者等は，食品表示基準[22]に従った表示がされていない食品の販売をしてはならない（同法5条）とされた。こうした規制の実効性を確保するため，内閣総理大臣は，食品表示基準に違反した食品関連事業者に対し，一定の指示をすることができ，その指示にかかる措置をとるべきことを命令できるとされたのである（同法6条）。また，適格消費者団体は，著しく事実に相違する表示行為またそのおそれがある場合には，差止請求権を行使することができる（同11条）。

医療・医薬品　医療に関する広告は，人の生命身体に関わるサービスであること，また不当な広告により受け手が勧誘されやすく，その被害は他の分野に比べて著しいこと，また高度なサービスであり事前判断が困難であることなどを理由に，法定事項以外の広告をすることがかなり厳しく制限されていた。もっとも，競争促進や，患者への適切な情報提供とその選択支援の観点からこうした制限について一定の緩和も行われた。医療提供体制の確保および国民の健康維持の目的を有する医療法は，医業に関して法定事項（法律または告示により広告可能とされた事項）についてのみ広告を認め，それ以外の広告を禁止する（同法6条の5第1項参照）。法定事項の広告の内容も虚偽となってはならない（同第5項）。一定の違反行為には罰則も設けられている。医薬品医療機器等法[23]（旧薬事法。以下，薬機法と略す）が，「医薬品，医薬部外品，化粧品又は医療機器の名称，製造方法，効能，効果又は性能」に関する虚偽・誇大広告を禁止している（同法66条1項）。薬機法はそのほか，特定疾病用医薬品の広告を制限し（同67条），また，承認前の医薬品等について広告を禁止している（同68条）。同規定の違反については罰則がある（同85条，86条）。近時，医薬品や化粧品に関して，消費者の健康志向を利用した虚偽・誇大な広告が行われるケースが増えている。法令を十分に周知されることが必要となろう。

ガス用品，電気用品等　ガス用品，電気用品，液化石油ガス用品についても，製品の危険性に鑑み，それぞれ，製品の技術基準が定められており，その基準に適合していることの表示が要求され，その表示のある商品以外の販売が規制されている[24]。消費生活用製品安全法（消安法）は，その他の消費生活用品に関しても，「特定製品（特に一般消費者の生命または身体に対して危害を及ぼすおそれが多いものとして政令で定めるもの）」について同様の表示規制を加えている（同法2条2項，4条）。

[3]　迷惑広告メールの規制

広告規制の１つとして，迷惑メールの規制を挙げておく。広告メールとして多数の不必要なメールが送られてくることそれ自体が消費者に対する迷惑行為と評価することができる[25)]。それは消費者の経済的負担をも生じさせる。そこで，2002年には「特定電子メールの送信の適正化等に関する法律」が制定され，2005年の改正では，刑事罰も設けられることになった。そこでは，営利団体や個人事業者が自己又は他人の営業につき広告又は宣伝を行うための手段として送信するメールを「特定電子メール」と定義し（同法２条２号），国外発国内着のメールであっても規制の対象とされている。2008年改正による規制強化もあったが，なお実効性の観点からの問題点が残されている。特定商取引法（12条の3，12条の4）にも迷惑メールに関する規定がある。

4　自主規制

[1]　意　　義

広告の分野では，直接的な法的規制ではないが，事業者，事業者団体，またはそれ以外の第三者機関による自主規制があり，これまでも大きな役割を果たしてきた。事業者や事業者団体は，自らの広告・表示が法的規制や団体の規約に適合しているかを判断しなければならないが，具体的な問題について適合性を判断することが容易ではない場合もある。事業者は，こうした判断を第三者機関に求めることもある。これが自主規制である。もっとも，広告はメディアを通じて社会的に強い影響を及ぼすこともあり，その許容性については慎重な判断が求められることもある。また，広く倫理的な側面を考慮することも重要である。個別の業界ごとに具体的な自主規制基準の策定とその遵守が求められるが，国家として特殊性を考慮した基準を策定することは容易でなく，こうした手法が奨励されるのである。

[2]　業界の自主規制

法制度が自主規制を支援する場合がある。たとえば，景表法31条では，事業者または事業者団体は，一定の要件を満たす場合に公正取引委員会による認定を受けて，自主ルールとしての「公正競争規約」を締結または設定することができる（同法31条2項1〜4号）と定められている。事業者は，この認定された公正競争規約に参加し，その規約の内容を遵守して行為をする限りは，景表法や関連法令上問題とされることがなく，措置命令等が課されることもない（同31条5項）。公正競争規約の制定と遵守は自主規制の具体例とされる[26]。

[3]　広告媒体社の掲載基準

テレビ局や新聞社，出版社等の広告・宣伝媒体においては，それぞれが定める掲載基準がある。またそれらの業界団体も基準を策定していることが知られている[27]。

[4]　社団法人日本広告審査機構

日本広告審査機構（JARO）が行う裁定も自主規制として知られている[28]。同機構の事業目的は，公正な広告活動の推進を通じて，正しい企業活動の推進と消費者保護の役割を果たすことであるとされている。同機構は，会員企業からの問い合わせだけでなく，消費者からの苦情への対応を行っている[29]。もっとも，同機構は，企業会員の会費によって運営されており，消費者との関係で，その中立性が制度的に担保されているわけではない。広告審査は，本来は中立的な審査機関で行うことが適切であると思われるが，民間に委ねるとしても，公益性を考慮して，一定の財政的な支援が不可欠となろう。たとえば，イギリスなどでは，匿名の寄付や，事業者の広告行為に関わる収益から一定割合の税金を納めさせて独自の財源を確保して審査機関の中立性を高めたかたちで審査を実施している。こうした手法は自主規制としての広告審査の公正さを高めるための工夫となる。また，消費者団体に団体訴権を付与し，不当な広告の監視機能を制度的に担わせるのであれば，適切な財政的な支援をすることが検討されるべきであろう。

5　民事法上の救済手段

[1]　総　　説

消費者個人の個別的救済

消費者が不実の広告・表示によって誤認をして契約を締結するに至った場合，どのようにして救済することができるのであろうか[30]。いくつかの可能性を示すことにしよう。

不実の表示が契約内容にも取り込まれる場合，消費者の救済としては，債務不履行や瑕疵担保責任を追及することによって，完全履行請求（表示どおりの機能を持った商品の引き渡しなど），解除，損害賠償請求などが可能となる。こうした不当な広告が消費者（購入者）の購入決定プロセスに影響を与えていた場合，錯誤無効や詐欺取消し，消費者契約法上の不実告知に基づく取消しの主張も可能となる。以下では，この点について説明することにしよう。

［2］ 契約の履行

相手方の不実の広告や表示によって締結された契約をそのまま実現する方向性である。広告で表示された商品の性能等を前提として契約が締結された場合には，その表示された性能等が契約の内容になる可能性がある[31)]。その場合には，受領した商品の性能が広告に示されたものより劣っていたときには，まずは広告に示されたとおりの性能を持つ商品の引き渡し（契約の履行）を求めることができる。牛肉と表示されて販売されていたのに，実際には鯨肉であった場合に，それを牛肉に交換させるというやり方である（設例①では，牛肉の缶詰がなければ，こうした交換は困難となる）。このような形で契約の内容を実現することは，契約の本来的な効力であって，このことによって消費者の表示への信頼が保護され，円滑な取引が確保されるのである。

［3］ 契約の解除，無効と取消し

契約の本来的な実現ができない場合には，以下のようにして，契約の効力を否定して，代金の返還を請求する方法もある。債務不履行（民法 415 条[32)]）や瑕疵担保（同 570 条[33)]）の規定に基づいて，消費者は当該契約を解除することができる。この場合には，消費者は被った損害の賠償を請求することも可能である。さらに，消費者は，一定の要件のもとに，契約の取消し，無効の主張ができる。たとえば，広告等の記載に基づき誤認して契約をした消費者は，錯誤による契約の無効を主張し，代金を不当利得として返還請求することが考えられる（同 95 条）。設例②は，永久脱毛器事件を参考にしたものであり，同種の事案において，A の意思表示は要素の錯誤（同 95 条）に基づくものであったとして，契約は無効であるとした裁判例がある[34)]。また，こうした例では，民法上の詐欺による取消し（同 96 条）が考えられるが，実務上困難とされる詐欺の故意の立証が必要となる。これに対して，消費者契約法 4 条に基づく取消しの場合は，誤認が不当勧誘行為（不実告知，不利益事実の不告知，断定的判断の提供）に基づくものであれば，事業者の故意を立証することは必要とされない。したがって，設例②の永久脱毛という表示が事実と異なる場合には，それだけで，不実告知（客観的な事実と異なることを告げること）としての取消しが認められることになる。なお，消費者契約法では「契約の締結について勧誘をするに際し」て，不実告知等が行われたことが要件とされており，したがって，不実の広告が契約の締結プロセスとは無関係に行われていた場合には，取消しができないことになるという問題が指摘されている。

［4］ 損害賠償請求

売主自身が広告主の場合には，消費者としてはその売主に対して契約の無効・取消しを主張し，あるいは売主の債務不履行責任や瑕疵担保責任にもとづく損害賠償を請求することができる。しかし，売主（契約相手）以外の者（たとえばメーカー）が広告主である場合はそうした契約責任を追及することは難しい。そこで，広告主の責任を問う場合や，広告主以外の，広告推奨者の責任[35]や広告媒体業者の責任[36]を問う場合には，一般的な不法行為責任（民法 709 条）が根拠とされることになる[37]。なお，前述の課徴金賦課制度は，消費者が被った損害を事業者が自主的に賠償することを促進するものとなる。

6　今後の課題

広告規制は，経済法領域で立法として展開し，その後，民法や消費者法の観点からの広告規制の検討が進められ，近時は，競争政策の観点も踏まえて消費者の実効的な救済のあり方に関心が向けられている。そこでは，消費者保護の視点からの公法的な規制と私法的な規制が協働しているのである。日本の広告・表示規制は，近時大きな進展を見せているが，そこには，次のような課題があると思われる（鹿野 2011：213）。

第一に，広告規制に関連する法規が多数存在しており，その相互の関係が体系的に整理されないまま，見通しが悪くなっていることである。広告・表示規制の内容は，食品表示について近時，あらためて意識されたように，消費者のみならず，事業者や法律専門家にとっても不透明でわかりにくいものになってしまっている。それにより，法遵守コストも増加していることも共通の理解となった。すでに検討したように，独占禁止法，景品表示法，および不正競争防止法といった一般的な規制法のレベルでも，それらの要件と効果は体系的に整序されているとはいえない。

第二に，広告は，現在の市場メカニズムでは，一方で事業者の事業活動のために行われているものであるが，他方で，それは消費者に対して「商品・サービスについての適切かつ正確な情報を提供するもの」であることが求められる。広告がこうした適切な情報を提供しているかどうかという観点に基づいて，これまでの広告・表示の規制とその方法（審査方法も含めて）を再検討する必要がある。これに関して日本では，外国に比べて広告規制の及ぶ範囲が狭いという問題が指摘されている。このような問題点を解消するために，広告・表示規制法といったかたちの包括的立法が構想されてもよいのではなかろうか。

第三に，実体法と手続法の規律を適切に組み合わせることによって，消費者の権利を実効化することが必要となる。実体法に消費者の権利が書き込まれても，その権利を実現する手続き的な仕組みや支援が不完全では，絵に描いた餅となってしまう。それは「権利」ではないのである。消費者個人が個別の不当な広告・表示によって被害をこうむった場合に，個別に訴えを提起させるのは時間・費用のコストからして現実的ではない。消費者団体が消費者の権利を集団的に実現できるシステムを実効化しておくことが必要となる[38)]。

今後は，広告規制の分野においても，消費者保護の要請をどのように取り込むかが重要な課題となろう。インターネットによる取引は世界規模で進行している。そこでは，競争政策を担う市場法（経済法）と消費者保護法の理念を調和させることが重要となる。このような意味でも，広告法研究においては世界的な動向を踏まえた比較法的な研究[39)]作業の進展が求められているのである。

■ 注

1）広告と表示との区別については議論がある。これを区別しない立場は，広告は，一般に，事業者が顧客を誘引するために，自己の商品・役務（サービス）を広く世間に知らせることをいい，「表示」とは，何らかのことがらを他人に知らせるための手段であり，「広告」もこれに含まれるとする。この「表示」の概念は広告のそれよりも広いものとなる。他方で，両者を区別する立場は，商品のラベルや，タグに記載された商品の品質，成分量などの文言は，具体的であって，一般的な表現や印象によって行われる，抽象的な「広告」とは異なるものとする。この立場は，広告の場合と表示の場合とで，それらを規制する基準を別にする可能性を持つ。しかし，法規制という観点からは，広告であれ表示であれ，それによって伝達される情報が消費者に誤認を与え，消費者の自主的かつ合理的な選択を阻害するおそれがある場合には，いずれにせよ規制の対象とされるべきである。そうだとすれば，それらを明確に区別する意義は乏しいのである。なお，景表法2条4項の「広告その他の表示」とするのは，広告を表示の例示とする用法による。さしあたり，南（2013: 270）を参照。

2) 民事法研究会（2010: 4）に収録された特集「広告と消費者法」に関する諸論稿は広告規制の現況を伝えるものである。

3) 消費者法の観点からの重要な文献として，向田（1980: 131），松本（2010: 185），中田・鹿野編（2013），鹿野（2011: 213），斉藤（2014: 246）を参照。

4) 広告規制の歴史的展開を紹介する文献として，JARO設立30周年記念『JAROのあゆみ』所収の鈴木深雪「広告の法的規制の展開」を参照。同書についてはJAROのウェブサイト（http://jaro.or.jp/jaro30/p01.html）に掲載。

5) 広告・表示に対する規制については，各法律や個別の規定の目的によって，規制の対象，またその違反行為に対する措置の内容等の違いがみられることに留意すべきである。

6) たとえば，JAS法第19条の13は，飲食料品の品質に関する表示（名称，原料や材料，保存の方法，原産地等の表示事項や表示方法等）について製造業者等が守るべき基準（遵守事項）を定める。

7) 「食品」の表示については，これまで複数の法律の規律があり，その関係が複雑となっていたが，それらが整理されて食品表示法に統合されたのである。

8) 広告をめぐる法律問題として重要なのは，広告を行う事業者（広告主）と広告の受け手となる消費者との間の契約関係だけではない。広告契約，つまり広告媒体社，広告主，広告業者（広告代理店ないし広告社）間での法律関係の理解も重要である。これらは取引慣行によって決まることも多いが，その契約の内容や構造の分析も重要な研究対象である。また。広告の受け手が，契約関係に立つ広告主のみならず，広告媒体社，広告業者，さらに推奨者（宣伝に参加した芸能人など）の民事責任を追及する傾向もみられる。こうした広告契約上の紛争や，虚偽広告に関する消費者紛争についての先駆的な私法的研究としては，長尾（1988）がある。さらに，最近のものとして，高嶌（2011: 238）。

9) なお，同法はいわゆる「基本法」であって事業者や消費者の具体的な権利義務について直接な法的効果を伴うものではなく，消費者の「権利」とされていても，それは理念的なものであり，消費者が裁判上実現できるような権利として規定されているわけではない。

10) いわゆるマルチ商法が対象となった。ベルギー・ダイヤモンド損害賠償請求事件・東京高判平5・3・29。

11) 景表法は，独占禁止法の禁止する不公正な取引方法である「ぎまん的顧客誘引」（前述・一般指定8），および「不当な利益による顧客誘引」（一般指定9）の禁止を実効化するために，制定された。景表法について金井ほか（2015: 367）を参照。

12) 景表法は，2009年9月に消費者庁が設置されたことで，公正取引委員会から消費者庁に移管されることになった。消費者庁移管後，景表法の運用が十分でないことの問題点に関しては，中田・鹿野編（2013: 58）を参照。

13）日本交通公社事件・審判審決平 3・11・21。

14）こうした指定の代表例として，①「無果汁の清涼飲料水等」②「商品の原産国」③「消費者信用の融資費用」④「不動産のおとり広告」⑤「おとり広告」⑥「優良老人ホーム」などに関する不当表示がある。

15）本規定は，広告の不実性の立証困難を大幅に緩和し，実効性確保に資するものである。なお，「不当景品類及び不当表示防止法第 4 条第 2 項［現行法 5 条 2 項］の運用指針」（不実証広告ガイドライン）が公表されている（2003 年 11 月 23 日）。

16）「品質等誤認惹起行為」は，不正競争防止法が「不正競争行為として掲げる 15 の行為類型」（同法 2 条 1 項）の 1 つである。

17）この点で，日本の不正競争防止法は消費者保護を目的としていないとされており，その救済手段は，独占禁止法や景表法とも異なっている。消費者保護を明示的にその目的にするのは，2004 年に改正されたドイツ不正競争防止法であり，消費者団体の差止請求権および利得剝奪請求権を認める。同法の詳細については，最近のものとして，中田（2011: 297）を参照。さらに，宗田（2006a）もこうした動きを紹介している。

18）以上のほか，刑事的規制に属するものとして，軽犯罪法 1 条 34 号が，「公衆に対して物を販売し，若しくは頒布し，又は役務を提供するにあたり，人を欺き，又は誤解させるような事実を挙げて広告をした者」は，これを拘留または科料に処すると規定する。また，無一文の土地を価値あるものとして売りつける原野商法などの広告について宣伝行為等で加担する行為が刑法上の「詐欺罪」（刑法 246 条）に該当する場合もありうる。

19）個別の業法における広告規制については，とくに伊従・矢部編（2009: 140）に詳しい。実務的な観点から，日本広告審査機構（2014）も個別ケースを紹介し，その規制内容について解説している。下津ほか（2010: 4）は，消費者庁が所轄する法律の表示規制を概説する。

20）通信販売における広告記載に関する事項で重要なのは，返品特約の有無に関する表示である。特商法は，カタログやホームページで返品特約に関しての記載がなかった場合，消費者は商品の引き渡しを受けた日から起算して 8 日間は，契約の解除または撤回を行うことができると規定している（15 条の 2 第 1 項）。特別の解除権が付与されるのである。

21）食品表示法は，販売の用に供する食品に関する表示について，基準の策定その他の必要な事項を定めることにより，その適正を確保し，もって一般消費者の利益の増進を図るとともに，食品衛生法，農林物資の規格化及び品質表示の適正化に関する法律（JAS 法），及び健康増進法と相まって，国民の健康の保護及び増進並びに食品の生産及び流通の円滑化並びに消費者の需要に即した食品の生産の振興に寄与することを目的とする。

22）食品表示基準を策定する権限が内閣総理大臣に付与された（4 条）。その範囲は，名称，アレルゲン，保存の方法，消費期限，原材料，添加物，栄養成分の量および熱量，原産地その他食品関連事業者等が表示すべき事項などである。

23）正式名称は，「医薬品，医療機器等の品質，有効性および安全性の確保等に関する法律」（平成 25 年法律第 84 号）である。

24）ガス事業法（39 条の 3），電気用品安全法（27 条），液化石油ガスの保安の確保及び取引の適正化に関する法律（液石法）(39条)。

25） 比較法的な分析を含んだ包括的な研究として宗田（2006b）がある。

26） 表示に関する事項に関する公正競争規約については消費者庁のウェブサイト（http://www.caa.go.jp/representation/keihyo/kiyaku/ichiran.html）を参照。たとえば，社団法人日本通信販売協会の各種のガイドライン（http://www.jadma,org/）なども参照。

27） たとえば，社団法人日本新聞協会の「新聞広告掲載基準」，社団法人日本広告業協会「広告倫理綱領」などもある。ただし，それ自体として実効性ある具体的基準であるかどうかは疑わしい。

28） 自主規制の分析については，長尾治助の一連の著作が重要である。とりわけ，長尾編（1995）より「広告審査の重要性」。比較法的な検討についても同書を参照。さらに，同書より「規制緩和と広告自主規制の課題」。また，長尾（1988: 83）を参照。なお，JAROウェブサイト掲載の簗瀬和男「広告の自主規制とコンプライアンス」も参照。

29） JAROの組織と活動については，そのウェブサイト（http: /www.jaro.or.jp/）を参照。消費者からの苦情処理の状況については，林（2010: 12）を参照。

30） 鹿野（2011: 232），長尾（1991: 53, 85）を参照。また，都総合法律事務所編（1998: 190），日本弁護士連合会編（2014: 264），さらに，櫻井（1995: 63）参照。

31） 日本民法には明文の規定はないが，合意の範囲に取り込まれた場合には物の瑕疵となることに疑いはない。この点，ドイツ民法434条1項3号は，広告において売主および製造者，その履行補助者が公然と行った言明もまた買主が期待してよい性質となると定める。ただし，売主がこれを知らなかったこと，また知ることができなかったことを立証すれば，責任を免れる。ドイツ民法では，広告で示された物の性質は，契約上合意された性質として，それを満たさない場合には，「物の瑕疵」となることが明文で規定されているのである。日本民法にも，このような推定規定があってしかるべきであろう。

32） 最判平成8年11月12日判時1585号21頁は，債務不履行による解除を認めた事案である。

33） 大判昭和8年1月14日民集12巻2号71頁参照。

34） 大阪地判昭和56年9月21日判タ465号153頁。こうした事案には，当時はともかく，現在では，期間制限の制約はあるものの，消費者契約法4条1項の不実告知の規定を適用して解決することが十分に可能である。広告や表示が製品の性質として契約の内容となっていると見ることもでき，売主の契約不履行に基づき解除することも可能であろう。

35） 広告推奨者の民事責任については，都総合法律事務所編（1998: 281），長尾（1988: 223）参照。さらに，長尾編（1995: 221）も参照。

36） 大阪高判平成6年9月30日判時1516号87頁，東京地判平成元年12月25日判タ731号208頁。長尾（1988: 173）。

37） 不法行為責任のほか，製品の欠陥によって拡大損害が発生した場合の損害賠償責任を規定する製造物責任法も表示という観点からは重要な規制の1つである。製品の広告・表示内容に不備があった場合において，それが「欠陥」とされれば，製造物責任法に基づいて製造者が同法上の責任を負う場合がある。消費者が利用するにあたって適切な説明や注意書きがなかった場合に問題のある利用がなされ，損害が生じる場合である。また，製造者でなくても，そのように表示した者がその同様の責任を負う場合もある。また，製品の回収などに関わるリコールの指示などを懈怠することも事後的な表示義務違反として「欠陥」として捉えることができる。

38) この方向性を強化するものとして，「消費者の財産的被害の集団的な回復のための民事の裁判手続の特例に関する法律」（平成25年法律第96号）が公布されている。

39) EU法レベルでの広告規制としては，とりわけ，1984年「誤認惹起広告指令」(84/450/EEC)，1997年「比較広告指令」(97/55/EC)，さらに消費者との関係では不公正取引方法指令（2005/29/EC）が重要である。これらの最近の動向については，鹿野（2011: 253, 419）の諸論文が参考になる。さらに，Reich et al.（2014: 67）は，最新の動向を伝える。やや古いが，向田（1992: 35），長尾編（1995: 274）も参照。広告規制に関しては長尾編（1990: 218）がある。

■ 文献

伊従寛・矢部丈太郎編（2009）『広告表示規制法』青林書院。

金井貴嗣・川濱昇・泉水文雄（2015）『独占禁止法〔第5版〕』弘文堂。

斉藤雅弘（2014）「表示広告と消費者」日本弁護士連合会編『消費者法講義〔第4版〕』日本評論社。

櫻井圀郎（1995）『広告の法的意味――広告の経済的効果と消費者保護』勁草書房。

潮見佳男・中田邦博・松岡久和編（2014）『18歳からはじめる民法〔第2版〕』法律文化社。

鹿野菜穂子（2011）「日本における広告規制と消費者の保護」中田邦博・鹿野菜穂子編『ヨーロッパ消費者法・広告規制法の動向と日本法』日本評論社。

下津秀幸・立石裕則・黒木理恵・平中隆司（2010）「表示・広告をめぐる法規制」『現代消費者法』第6号，4-11。

泉水文雄・土佐和生・宮井雅明・林秀弥（2015）『経済法』有斐閣。

宗田貴行（2006a）『団体訴訟の新展開』慶應義塾大学出版会。

宗田貴行（2006b）『迷惑メール規制法概説』レクシスネクシス・ジャパン。

高嶌英弘（2011）「広告の民事責任に関する従来の裁判例」中田邦博・鹿野菜穂子編『ヨーロッパ消費者法・広告規制法の動向と日本法』日本評論社。

都総合法律事務所編（1998）『広告の法理――紛争と法的責任』民事法研究会。

長尾治助（1988）『広告と法――契約と不法行為責任の考察』日本評論社。

長尾治助編（1990）『アドバタイジング・ロー――広告の判例と法規制の課題』商事法務研究会。

長尾治助（1991）『広告表示の法的トラブル――自主規制と民事責任』日経広告研究所。

長尾治助編（1995）『広告の審査と規制――自己責任時代の広告の適正化』日経広告研究所。

中田邦博（2011）「ドイツにおける広告規制」中田邦博・鹿野菜穂子編『ヨーロッパ消費者法・広告規制法の動向と日本法』日本評論社。

中田邦博・鹿野菜穂子編（2013）『基本講義消費者法』日本評論社。
日本広告審査機構（2014）『広告法務Q & A ――150の声をもとに解説した広告規制の基礎』宣伝会議。
日本弁護士連合会編（2014）『消費者法講義〔第4版〕』日本評論社。
林功（2010）「JAROに寄せられる広告の苦情と処理の概況」『現代消費者法』第6号，12-19。
松本恒雄（2010）「表示の適正化」『消費者法判例百選』（別冊ジュリスト第200号）有斐閣。
南雅晴（2013）「広告・表示と消費者」中田邦博・鹿野菜穂子編『基本講義消費者法』日本評論社。
民事法研究会（2010）『現代消費者法』第6号（特集 広告と消費者法）。
向田直範（1980）「消費者保護と広告規制」『経済法学会年報』第1号，131-152。
向田直範（1992）「ECにおける最近の広告規制問題」『公正取引』第502号，35。
Reich, N., H.-W. Micklitz, P. Rott and K. Tonner（2014）*European Consumer Law,* 2nd ed., Intersentia.

第3章

経営組織論からの広告理解

伊吹　勇亮

1　分析の視角

[1]　広告における組織

広告活動は，多くの場合，個人ではなく組織が主体（広告主）となって行われる。それはたとえば企業であり，大学や病院であり，政治団体である。規模によっては，当該組織の内部に広告を担当する部署（宣伝部門）が存在する。また，広告主単独で広告活動を完遂できることは稀であり，「メディアを通じて広く知らしめる」ということが広告の定義の１つの要件とするならば，そこには媒体社という組織が関係する。また，広告のエキスパートとして広告主の諸活動をサポートする広告会社という組織や，おもに広告物の制作を担当する制作会社という組織が，広告活動の実施に関わってくる。

広告活動という機能だけを取り出して考えるときには，そこに組織の存在は仮定されないが，現実の広告活動においては，その主体として，またはそれをサポートする存在として，組織というものが厳然として存在する。ここに，経営組織論の観点から広告を理解するという余地が存在することとなる。

本章では，広告活動がさまざまな組織による活動であるということに着目し，その基本的な分析視角および代表的な研究について概観したい。

[2]　経営組織論とは何か

経営組織論とは，世のあらゆる組織を研究の視野に入れ，組織が効率的かつ効果的に運用されるためにはどのようにすればよいかを考える，経営学の一分野である（桑田・田尾 2010）。経営組織論にはいくつかのサブ分野があり，大きくはミクロ組織論，マクロ組織論，組織間関係論，産業論などがある。本項では，まず，これらの理論分野を概観する。

ミクロ組織論（micro-organizational theory）とは，組織行動論（organizational behavior）とも呼ばれ，「組織内で活動するヒト」を分析対象としている。具体的にはリーダーシップ論やモチベーション論がこの理論分野のなかに包含される。たとえば，広告主において他部門から広告宣伝部門に異動してきた人に対してどのようにモチベーションを上げる施策をとればいいかについての研究は，ミクロ組織論の観点による広告研究である。

それに対しマクロ組織論（macro-organizational theory）とは，組織設計論（organizational design）とも呼ばれ，組織そのものを分析対象としている。組織構造や組織文化といった組織全体に影響を及ぼすものから，組織内部におけるコミュニケーションといった組織を成り立たせるための方法についてまでがその射程範囲に入る。また，A. D. チャンドラーの有名な命題「組織は戦略に従う」を考えると（Chandler 1962），経営戦略についてもマクロ組織論の一種として捉えることができる。たとえば，広告会社における営業部門と制作部門のコミュニケーションの促進策に関する研究は，マクロ組織論の観点による広告研究である。

ミクロ組織論やマクロ組織論が単一の組織やそのなかで活動するヒトに焦点を当てているのに対し，組織間関係論（inter-organizational relationships theory）は独立する２つの組織の間の関係を分析対象としている（赤岡 1981，山倉 1993）。第２節で取り上げる「広告主－広告会社関係」が組織間関係の例である。研究によって，広告主を主体としつつ組織間関係を見るもの，広告会社を主体としつつ組織間関係を見るもの，両者を総体として見るものなどが考えられる。また，広告業協会に代表される同業者組合のように組織が構成要員である組織，すなわち組織間組織についても，組織間関係論の研究対象となる。産業論は，個別の組織や個別の組織同士の関係（おもに二者関係）ではなく，産業全体を分析対象として研究を行うものである。

表3-1　経営組織論から見た広告理解のための分析視角

	広告主	広告会社	広告媒体	制作会社
ミクロ組織論				
マクロ組織論				
組織間関係論				
産業論				

[3]「経営組織論からの広告理解」のための分析視角

これまで述べてきたように，広告活動にはさまざまな組織が関与しており，また，経営組織論にはさまざまなサブ分野が存在している。「経営組織論からの広告理解」のための分析視角を整理するために，それらを一覧のかたちにしたのが表3-1である。1列目に経営組織論のおもなサブ分野が，1行目に広告活動に関与するおもな組織が，それぞれ表記されている。

表3-1には合計16のセルがあるが，どのセルも同程度に研究の蓄積があるとはいいがたい。とくに制作会社についての研究は国内外問わずほとんどないといっても過言ではない。また，全体としても，たとえば広告効果に関する研究などと比較すると，まだそれほど多くの研究が蓄積されてきた分野であるとはいいがたい（伊吹2004，2006b，2007，岸谷2004，仁科2002，森内2004）。また，数少ない研究においても，経営組織論における議論の蓄積が応用されているとはいえない研究がほとんどである（この点については第4節で検討する）。

そのようななかで，国内外ともに比較的研究の蓄積が豊富にあるのは「広告主－広告会社関係」である。そこで第2節では「広告主－広告会社関係」についての国内外の代表的な研究を概観する。また，S. L. サッサーとS. コスロウによるレビュー（Sasser and Koslow 2008）を契機として近年研究の蓄積がなされている研究分野として「広告クリエイティブ・マネジメント」が挙げられる。第3節では，おもに【広告会社×ミクロ組織論】と【広告会社×マクロ組織論】のセルに分類される広告クリエイティブ・マネジメント研究について考察する。最後の第4節では，今後の研究発展が期待される分野や，経営組織論の観点で分析した他産業の研究との比較の観点を持つことの重要性，そして経営組織論の発展にこの分野の研究が貢献するために必要な要件について，議論を展開する。

2 広告主－広告会社関係

本節では，経営組織論からの広告理解において比較的研究の蓄積のある，「広告主－広告会社関係」に着目した議論を概観する。

なお，本論に入る前に，用語の統一について言及しておく。「広告主－広告会社関係」に関して，英語では“client-agency relationship”，“agency-client relationship”，“advertiser-agency relationship”，“agency-advertiser relationship”といった表記が，日本語でも「広告会社－広告主関係」といった表記が見られ，広告主と広告会社の2者の間の関係性を示す用語は統一されていない。本章では「広告主－広告会社関係」という表記を用いるが，この表記は上記の各表記との意味の違いを表すものではない。また，厳密には“client”と“advertiser”は語感の異なる単語であるが，本章では同義語として扱うこととしたい。

[1] 「広告主－広告会社関係」に関する議論

伊吹（2006a）は広告産業に関する議論を整理するなかで，「広告主－広告会社関係」にも触れている。伊吹（2006a）が独立した研究群であるとしていたものも併せ再整理を行うと，「広告主－広告会社関係」に関する研究には次の7つの研究領域があると考えられる。すなわち，（Ⅰ）広告会社の存立根拠，（Ⅱ）「広告主－広告会社関係」の記述（現在・歴史），（Ⅲ）広告主による広告会社選択および関係の維持，（Ⅳ）広告主と広告会社との間での目標共有，（Ⅴ）広告主と広告会社との役割分担，（Ⅵ）情報化が「広告主－広告会社関係」に与える影響，（Ⅶ）広告会社への報酬制度，である。このうち，日本にも代表的な論者がいる分野としては，Ⅱ（小林保彦）とⅦ（小泉秀昭）が挙げられる。この2つについては別に項を立てて詳説することとし，本項では残りの5つについてその内容を概観する。

まず，「広告主－広告会社関係」を考えるにあたっての基礎的な要件であるⅠから見ていきたい。広告会社の存立根拠に関しての研究としては西村（1994）が挙げられる。広告会社はおもに「広告スペース販売の仲介」と「広告物の制作」という2つの役割を担っているが，西村は前者に着目し，商業の存立根拠を示す議論をもとに，広告会社が存立する根拠として取引数単純化の原理と情報縮約・

斉合の原理という2つのメリットが存在することを述べている。なぜ広告会社は存在するのか，という基本的な問いに答える研究は，管見の限り，この研究をおいてほかにない。この議論の特徴は，広告に関するほかの議論においては自明とされている広告会社の存立根拠に鋭いメスを入れている点である。つまり，この研究においては，取引数単純化の原理や情報縮約・斉合の原理が成り立たない状況に広告産業がおかれたとき，広告会社は存在しなくなる可能性がある，ということが暗に指摘されているのである。昨今のメディア環境の激変が広告会社の存立根拠にどのような影響を及ぼすかについて，Ⅵとも関係する点であり，今後の議論が待たれる領域である。

「広告主－広告会社関係」で中心的な議論はⅢである。広告主がいかに広告会社を選択し，またどのような場合に広告会社の切り替えを行うか，逆に広告会社はどのようにして広告主との関係を維持するかということは，当該広告会社のビジネスがうまくいくかどうかということを決定づける要因であり，従前より多くの議論が展開されている。メディア・バイイング・サービスが一般化している欧米においては，広告クリエイティビティの高さが広告会社を選択する際の一般的な基準であると考えられるが，たとえばL. L. ヘンク（Henke 1995）は長期的な広告主－広告会社関係のもとではクリエイティブ能力よりもむしろほかのサービスを提供する能力を重視することを示すなど，多様な要因の指摘もなされている。

「広告主－広告会社関係」が成立していることを前提として，それがどのようなときに効果的な広告活動に結びつくのかを検討した研究がⅣやⅤである。前者については，広告主と広告会社との間での目標共有がなされているほど効果的な広告活動ができることは想像にかたくないが，どのようにすれば目標共有ができるのかという点について，コミュニケーションのありようやロイヤルティを鍵として検討した研究がいくつか存在する（たとえばBeltramini and Pitta〈1991〉やMichell and Sanders〈1995〉など）。また，広告主と広告会社との役割分担が適切かつ明確であることもまた，効果的な広告活動の実施の前提条件として挙げられるだろう（Beard 1996, 1999）。

なお，Ⅲ・Ⅳ・Ⅴについては，いくつかのレビュー文献も存在する（たとえばWaller〈2004〉やWethey〈2007〉など）。より詳細に調べたい読者はそちらを参照されたい。また，この分野において多数の研究を行っている研究者として，P. C. N. ミッチェル（Michell）を挙げることができる。

2000年前後に話題となったトピックとしてⅥがある。伊吹（2004）は広告産業に関わる情報化には広告メディアとしてインターネットを利用することを意味する「情報の産業化」と既存業務が情報化することを意味する「産業の情報化」があるとしているが，前者について検討したものとしてW. W. カサイエ（Kassaye 1997）やA. J. ブッシュとV. D. ブッシュ（Bush and Bush 2000）が，後者について検討したものとして伊吹（2004, 2007）が挙げられる。とくにブッシュとブッシュによる研究では，インターネット広告の分野では，従来広告会社が担っていた業務が他企業（コンピューター・デザイン会社など）に代替されたり，広告主によって内部化されたりする可能性をいち早く示しており，この現象は現在でも進行中であるといえるだろう。

[2] 日本における広告取引の特徴

「広告主－広告会社関係」研究のⅡ，すなわち，日本における広告取引の歴史と現状を，欧米のそれと照らし合わせながら検討した研究としては，小林保彦の一連の著作を挙げることができる（小林 1995, 1998a, 1998b, 1998c, 1998d）。とくに小林（1998b）は，日本の広告会社は広告取次店，広告代理店，広告会社，コミュニケーション会社の順で，つねにその業務内容を拡大する方向で業態変化をしてきていることを明らかにしているが，このことは2つのインプリケーションを示している。

1つは，日本の広告会社は（小林の言葉を借りると）すでに広告会社ではなく，欧米の広告代理店とはそのビジネス・モデルに大きな違いがある。よって，欧米における「広告主－広告会社関係」の議論をそのまま日本に持ってきて適用するということは難しく，欧米の研究を参考にしながらも日本独自の理論発展を期する必要がある，という点である（伊吹 2006a）。このことは，ひいては，日本の広告会社が海外でどのような展開をするかという点についての議論が（たとえば唐澤〈2012〉など），欧米の議論とは別のかたちで存在しうることを示唆している。

もう1つは，そもそも広告の定義そのものが日本と欧米では異なる可能性があるということを示している，という点である。これはその後，小林（2010）で示されたように，日本型広告とアメリカ型広告ではその範囲が違うという議論に繋がっている（小林〈2010〉については第20章であらためて取り上げる）。この考え方は水野（2014）の広告の定義に関する問題の投げかけなどにも通じるものであり，さらにいえば本書そのものがこの考え方を背景として各章における議論が展開されているといってもいいだろう。

[3]　広告会社への報酬制度

「広告主‐広告会社関係」研究のⅦとして挙げられる広告会社への報酬制度についての研究も，日本に代表的な論者がいるといいうる領域である。

広告会社への報酬制度については，大きく分けて２つのアプローチがある。1つは，経済学におけるエージェンシー理論（プリンシパル‐エージェント理論とも呼ばれる）をベースとして，どのような報酬制度を設計すればよいかということを議論するものである（Ellis and Johnson 1993, Spake et al. 1999, Davis and Prince 2010）。広告活動においては，広告主が広告会社に対して自社の利益につながる活動を委任することになるが，広告主の意向に反して広告会社が自らの利益のために行動するという問題が発生しうる。この問題を回避するためにはどのようなインセンティブ設計をすればよいかについて，おもに報酬制度の観点から考えるというのが，この１つめのアプローチである。エージェンシー理論という確固たる理論をベースに議論を展開するため，どちらかというと演繹的な議論の展開がなされる。

もう１つのアプローチは，逆に，帰納的なアプローチを採用するものである。すなわち，広告主が設定する報酬制度の実態を調査・分析することをベースに，現状の説明と今後の方向性について検討するものである。この点について日本だけでなく欧米の動向もにらみながら研究を進めているのが，小泉秀昭である（小泉 2000，2001a，2001b，2003，2007）。彼はフィー制とコミッション制という基本的な報酬制度を軸としながらも，その２つの割合が時代とともに変化していること，この２つの組み合わせや，まったく新しいかたちの報酬制度も誕生していることなどを，実態調査をベースに明らかにしている。この分野の研究にはほかにも田中（2005）などがある。

3　広告クリエイティブ・マネジメント

本節では，組織論からの広告理解という点において近年研究の蓄積が進んでいる広告クリエイティブ・マネジメントについての議論を整理する。欧米ならびに日本の研究を紹介する前に，まず，広告クリエイティブ・マネジメントとは何かということから議論したい。

[1] 広告クリエイティブ・マネジメントとは何か

伊吹・川戸 (2012) では広告クリエイティブ・マネジメントを広告会社の持続的成長を実現するための「優れた広告をより効率的に創り上げるための組織的な環境づくり」であるとしている。広告会社も営利企業であり，利益を確保するために同業他社との厳しい競争のなかで競争優位の源泉となるような資源を確保し，それを活用することが求められることはいうまでもない。インターネットの発展に伴いメディアのコモディティ化が進み，同時にグローバル化が進んでいる昨今においては，利益を確保するための差別化要因として広告枠の確保の力を想定することには限界があり，クリエイティブの力による差別化が広告会社に求められているといえる。そこで重要になってくるのが，広告クリエイティブ・マネジメントである。

ここでいうマネジメントとは，直訳的な「管理」というニュアンスではなく，「環境づくり」となっているところに注目されたい。これは，アートとサイエンスの融合とも称される広告活動において，おもにアートの部分を担う広告クリエイターが自由な発想から革新的なアイデアを生み出すにあたっては，たとえば自由裁量度の高さの確保が必要だからである。つまり，広告クリエイティブにおいて求められるマネジメントとは，クリエイターを管理するというよりはむしろ，クリエイターがのびのびと仕事ができるような，つまり仕事上の成果を出しやすいような職場環境を作り出すことが求められているといえる。なお，自由裁量度を含めた，クリエイティビティをもたらす要素についての研究は，広告に限定されないものとしてはアマビルらの研究 (Amabile et al. 1996) が，広告にその焦点を絞った研究としてはアマビルらの研究を下敷きとした W. ヴァーベクらの研究 (Verbeke et al. 2008) や伊吹・川戸 (2012) がある。

また，広告会社が持続的に発展するためには，そのマネジメントが「組織的」である必要がある。言い換えると，広告会社が保持しておくべきクリエイティブの能力は「組織能力」である必要がある，ということである。クリエイターが成果を出しやすい環境づくりや，そもそも優秀なクリエイターを自社にとどめておくためのリテンション施策などを含め，組織構造・人事制度・環境整備などの多方面において組織として対応している必要がある。

なお，本節で取り上げるのは「広告会社の」広告クリエイティブ・マネジメントについての議論が主であるが，「広告主の」側にも広告クリエイティブ・マネジメントは存在している。本節第3項でも紹介するが，組織能力の観点から「広告主の」広告クリエイティブ・マネジメントについて検討した研究としては川戸ほか（2011）が挙げられる。また，広告クリエイティブ・マネジメントについての研究は，基本的にはある広告会社の施策，あるいはそこで働く広告クリエイターの特性などに注目するものであり，その意味では第1節で挙げた分析視角のマトリクスではマクロ組織論・ミクロ組織論と広告会社・広告主・制作会社が交わるセルに属することになる。しかし，会社の垣根を越えたプロジェクト・チームが結成されることは，とくにフリーのクリエイターを登用する場合などに多く見られ，その際には組織間関係論が意識された研究がなされることが期待される（管見の限りではここに焦点を絞った研究は見当たらない）。

[2] 欧米における研究動向

本章第1節でも述べたとおり，欧米における広告クリエイティブ・マネジメント研究を語るうえで，サッサーとコスロウの2008年の論文（Sasser and Koslow 2008）は避けて通ることのできないレビュー論文である。同論文は *Journal of Advertising* 誌の広告クリエイティブ特集号の巻頭論文であり，同号のスペシャル・エディターを務めた2人の共著である。同論文で彼女らは1972年から2008年までの期間の主要広告研究ジャーナル3誌および主要マーケティング研究ジャーナル4誌を対象とし，そこにどれだけの広告クリエイティブに関する研究論文が掲載されているかを調べており，結果，66本の研究論文が認められるとしている。彼女らはそれらを「広告制作志向か，消費者反応志向か」「実務家による知見の披瀝か，理論的研究か，実証的研究か」「人（とくに制作者）に着目したものか（person），広告制作環境に着目したものか（place），アイデア開発過程に着目したものか（process）」という3つの軸に沿って分類を行っている。広告クリエイティブ・マネジメント研究は，このうち，place研究の一部であるとみなすことができる。place研究は66本中の26本を占めており，広告クリエイティブ・マネジメントに関するものでは，広告主における広告制作環境に関する研究，広告会社における制作環境に関する研究，広告主と広告会社の関係に関する研究などが含まれている。

さて，サッサーとコスロウによるレビューに基づいて考えると，広告クリエイターを取り巻く環境とクリエイティブ成果との関係について議論を展開する広告クリエイティブ・マネジメント研究には大きく3つの流れがあると考えられる。

1つめは，広告会社内での職種間によるクリエイティブ観の違いの影響や

(Hirschman 1989, Koslow et al. 2003, Hackley and Kover 2007)，広告主のマーケター（ないしは宣伝担当者）が与える影響について（Koslow et al. 2006）検討するものである。この分野ではスペシャル・エディターを務めたコスロウやサッサーが中心的な論者であるといえる。広告クリエイティブが当該広告会社内でどのような位置づけにあり，クリエイター以外の人間が広告クリエイティブという業務をどのように評価しているかは，クリエイターの仕事のしやすさに影響を与えるであろう。また，広告主があらたな戦略アイデアの探求に前向きであったり，広告アイデア開発に時間をかけることを許したりすれば，広告がよりクリエイティブなものとなるであろう。

2つめは広告クリエイティブとリスク・テイキング志向や明確なクリエイティブ哲学との関係を見るものである（West 1993, 1999, West and Ford 2001）。この分野の中心的な論者はD. ウエストであり，サッサーとコスロウによると，レビュー範囲のなかで広告クリエイティブについての研究論文を最も多く著した研究者である。彼の一連の研究では従業員が適切なリスクをとればとるほど広告のクリエイティビティが高くなるという考えに基づき，明確なクリエイティブ哲学を持っている広告会社ほどその従業員はリスクをとるということを明らかにしている。

これら2つの研究の流れに比べ，より直接的かつ網羅的に広告会社におけるクリエイティブをとりまく環境に着目した3つめの流れの研究に，先にも挙げたヴァーベクらの研究（Verbeke et al. 2008）がある。彼らはアマビルら（Amabile et al. 1996）が提示したKEYSというフレームワークに則り，広告会社のクリエイティブを取り巻く環境とクリエイティブ成果との関係について考察している。調査の結果，広告クリエイティブの高さに影響を与える要因として，「組織による激励」が正の影響を，「チーム内でのサポート」「十分な資源」「業務のプレッシャーの少なさ」が負の影響を与えることが確認されている。しかし，この結果は下敷きにした研究であるアマビルらのものと整合的であるとは必ずしもいえず，彼らの研究を日本の状況に応用した伊吹・川戸（2012）とも整合的であるとはいえない。この点だけを取り上げても，研究の蓄積がなされてきているとはいえ，この分野がまだまだ発展途上であることは明白であり，より詳細な要因の追求や国家間の文化差やビジネス環境差も考慮した研究の出現が待たれる。

なお，それが広告会社の利益に（少なくとも欧米では）つながるということを前提に，成果変数として広告のクリエイティビティの高さが用いられるが，これをどのように測定するかということについても議論は分かれている。J. エル・ムラドとウエストは「心理統計学的評価」「専門家による評価」「生物統計学的評価」の3つが大きく分けて存在しているとしているが（El-Murad and West 2004），それ以外にも「広告会社の規模」や「自己評価」が成果変数として考えられる（伊吹・川戸 2012）。たとえば日本においては，広告枠取引をメディア・バイイング専門業者が行うのではなく広告会社自らが行うことから，広告会社の利益と広告クリエイティビティの高さが直結しているとは考えにくいが，このようにビジネス環境に応じて，あるいは状況に応じて，成果変数を選択せねばならず，この点についても確たる結論は出ていないことには注意が必要である。

[3] 日本における研究動向

川戸ほか（2011）がレビューしているように，多くの日本における広告クリエイティブの「研究」は，雑誌記事や単行本というかたちでの，成功した広告キャンペーンの事例報告や著名な広告クリエイターたちの広告クリエイティブ哲学と彼らのアイデア開発方法の紹介が主体であり，いずれもアカデミックな研究とはいいがたいものである（例外としては，たとえば植条〈1993〉のように，トップ・クリエイターが広告研究者に転身したうえでものした，クリエイティブの方法論について記したいくつかの著作がある）。ただし，近年では，たとえば佐藤達郎が現代における広告表現のクリエイティビティについての論考を多くものしている（佐藤 2008a, 2008b，2009，2010，2012）。広告賞受賞作などを題材にしつつも（独りよがりではない）帰納的な議論を展開しようとしており，アカデミックな研究に近づいてきているとはいえる。

このような状況のなか，日本で広告クリエイティブ・マネジメントを正面から捉えた研究には，大きく分けて2つのものがある。1つは，小林保彦を中心とするアカウント・プランニングに関する研究群である（小林 1992，1993，1998d，2004，小林・野口 1999a，1999b，菅原 2000，妹尾 2001，伊吹 2006b）。アカウント・プランニングは小林（1992）によって日本に紹介され，その後紹介者が中心となって精力的に研究が進められ，小林編（2004）によって日本での展開手法については1つのまとまった方向性が示された。その後，「組織制度としてアカウント・プランニングを導入する」という観点から，よりクリエイティブ・マネジメントに近い立場での研究が出るなどしたが（伊吹 2006b），日本におけるアカウント・プランニングの受容が「一種の流行」としてなされたこともあり，その後この点に関する研究は下火となっている。

もう1つは，川戸和英や伊吹勇亮といった研究者を中心とした，組織能力の観点を強く意識した一連の研究群である（川戸ほか 2011，伊吹・川戸 2012，川村ほか 2013）。川戸ほか（2011）は広告主のクリエイティブ・マネジメントについて，伊吹・川戸（2012）は非大規模広告会社のクリエイティブ・マネジメントについて，川村ほか（2013）はトップ・クリエイターが考える人材育成方法について，それぞれ事例調査に基づいて命題を提示したりアンケート調査に基づいて仮説検証を行ったりしている。いずれも広告クリエイティブを組織的にマネジメントすることが必要で，その際には組織能力をいかに高めるかということが鍵となる，という点で共通の認識を有しているが，体系的な研究群になっているとまではいえず，今後の研究の発展が待たれる分野である。

4 「経営組織論からの広告理解」の今後

[1] 研究発展の方法

本章の締めくくりとして，第4節では，今後のこの分野の研究発展について議論する。

研究が発展するためにはいくつかの方法が考えられる。まず，社会の新たな動きに対応した研究を行うことが考えられる。たとえば，インターネット，特にソーシャル・メディアの隆盛に伴い，自身が広告の受信者でありかつ口コミの拡散者である「広告媒体として組織化された生活者」に対して，企業は，あるいは広告会社は，どのような組織や戦略をもって対峙していくかを考える必要がある（詳細は第18章を参照のこと）。また，インターネット発展の負の側面である非倫理的な広告手法（ステルス・マーケティングなど）にどう対処していくかについても検討が必要である。後者は，「広告を通じて社会をよくする」という視点を広告関係者が持ちうるか否かという問題として捉えることができるが，このことは経営組織論や経営戦略論との関係でいうと，組織の社会的責任（corporate social responsibility）の議論との接続を考える必要があることを意味している（薗部 2010）。

次に，他の分野で研究されている事象と広告における事象とを比較する，あるいは他の分野で蓄積された理論を広告活動に適用する，といったことが考えられる。この点については，次項で，自動車産業における「下請け」と「広告会社－制作会社関係」との比較の可能性を例に挙げて検討する。

最後に，理論の発展とはなにを指すのかということをあらためて考えることを通じて，この分野の研究が発展するための大きな方向性について検討することが考えられる。広告研究は応用分野であるため，多種多様な専門分野からその知見を「借りて」きて，その広告における適用を考えることが主たる活動となる。しかし「広告活動も他の諸活動と同じようにある種の組織的活動であるから，経営組織論の知見が適用されうる」という考えを超えて，たとえば広告分野にしか適用できない経営組織論の理論はありうるかということについて考察を加えられることは少ない。このことは，広告活動の位置づけを相対化することで，広告活動の特殊性は一般化できるかもしれず，他の分野での諸活動に応用することができるかもしれないということを自ら放棄していることを示している。これでは，「借り手」である広告分野における（狭い適用範囲での）理論の発展は望めるが，経営組織論という「貸し手」の理論の発展への直接的貢献は望めない。将来「経営組織論からの広告理解」を超えた「広告理解に基づく経営組織論の発展」を見据えた研究が出てくると，広告研究の魅力は格段に上がるのではないだろうかと夢想する。

［2］　他産業の研究との比較

広告活動における事象と他産業における類似事象を比較検討することは，広告活動の特殊性を示すことができる可能性があることとともに，他産業における事象を説明するにあたって有用であった理論を広告活動においても適用できるかどうかを確認する機会となることを意味している。これらはいずれも広告研究の発展に資するものと考えられる。ここでは，「経営組織論からの広告理解」を発展させるために，自動車産業における「下請け」と「広告会社－制作会社関係」との比較の可能性について考えてみたい。

経営学，とりわけ日本の経営学は自動車産業と家電産業をその対象として発展してきたと言っても過言ではない（日置 2000）。自動車産業を対象とした研究には，生産管理論，研究開発マネジメント論など，さまざまなものがあるが，そのうちの1つとして自動車産業における企業間関係，すなわち「下請け」や「サプライヤー・システム」と呼ばれるものを対象とした一連の研究群が存在する（藤本ほか 1998）。この研究群には（a）重層性や垂直系列化など，実態調査に基づく構造理解に関するもの（佐藤 1988，下谷 1993。広くは有澤〈1957〉に代表される「二重構造論」を含む），（b）取引コスト論に基づいて市場取引と内部組織化の中間形態として系列化や下請け構造を理解しようとするもの（Williamson 1975，今井ほか 1982），（c）長期継続取引などに注目して，組織間関係における信頼の構築や学習を理解しようとするもの（浅沼 1997，西口 2000）などが挙げられる。

広告クリエイティブの実践において広く見られる「広告会社－制作会社関係」も，経済産業省が2007年に『広告業界における下請適正取引等の推進のためのガイドライン』を提示していることからもわかるとおり，「下請け」の1つである。であるならば，上記（a）（b）（c）に存在するさまざまな研究成果を広告産業の下請け構造に当てはめてそれを分析することも可能であり，広告産業の構造理解のためには有意義であると考えられる。たとえば，ある広告会社が下請けの制作会社として常に特定の会社と取引をしているとき，どのように相互の信頼関係が構築されているか，また社会環境の変化に組織間関係全体としてどのように対処しているかを考える際には，自動車産業における研究の知見を適用したり，自動車産業と広告産業を比較したりするということが，十分に検討されてしかるべきであろう。

ただし，自動車産業の場合，組立製造者（アセンブリー・メーカー）は元請け事業者ではなく親事業者であるのに対し（自動車産業においても一次サプライヤーと二次サプライヤーの関係においてはこれと異なり，一次サプライヤーが元請けとなる〈李 2000〉），広告産業の場合，広告会社が元請け会社，制作会社が下請け会社となっている場合が多い。このことは，製造している製品やサービスがそもそも異なるという点と併せ，自動車産業での議論が無条件に広告産業にも当てはまるわけではないことを示している。

ここでは自動車産業における「下請け」と「広告会社－制作会社関係」との比較の可能性について考えてみたが，日本の自動車産業をベースにした研究には，他にもさまざまなものがある。たとえば，近年では藤本（2003）により提唱された「表の競争力・裏の競争力・ものづくり組織能力」という考え方が注目されている。これは経営戦略論におけるリソース・ベースド・ビューやダイナミック・ケイパビリティ論と関係の深い考え方であるが，これらの議論を広告主や広告会社の競争優位の源泉と絡めて捉える考え方もまた，興味深いものとなるであろう（伊吹 2008，川戸ほか 2011）。自動車産業以外にも，組織間関係の議論における重要概念である境界連結者（boundary spanner）はAE（アカウント・エグゼクティブ：広告会社における営業担当者）の役割を分析する際に用いることができるであろうし（Allen 1977，山倉 1993），クリエイターの人材育成においては熟練労働における技能伝承に関する研究（松本 2003，西尾 2007）や知識労働者の人的資源管理に関する研究（三崎 2004，開本 2006，三輪 2011）などが参考になるだろう。これらの理論と広告における実態とを交流させる試みがこれから多く出現することを期待したい。

■ 文献

赤岡功（1981）「組織間関係論の対象と方法」『組織科学』第 15 巻第 4 号，4-13。
浅沼萬里（1997）『日本の企業組織革新的適応のメカニズム――長期取引関係の構造と機能』東洋経済新報社。
有澤廣巳（1957）「日本における雇用問題の基本的考え方」日本生産性本部編『日本の経済構造と雇用問題』日本生産性本部。
伊吹勇亮（2004）「広告 EDI と新聞広告取引の変容」柴山哲也編『日本のジャーナリズムとは何か――情報革命下で漂流する第四の権力』ミネルヴァ書房。
伊吹勇亮（2006a）「90 年代以降の広告産業論――到達点と課題」『長岡大学生涯学習センター研究実践報告』第 5 号（通巻第 9 号），61-70。
伊吹勇亮（2006b）「組織システムとしてのアカウント・プランニング――広告会社の競争優位確立戦略」『広告科学』第 47 集，101-112。
伊吹勇亮（2007）「取引 EDI をめぐる広告会社の戦略的行動――経営戦略論の広告産業での展開に向けて」『長岡大学研究論叢』第 5 号，19-33。
伊吹勇亮（2008）「動態的な競争優位の源泉とはなにか――広告における『常勝』の解明に向けて」『長岡大学生涯学習研究年報』第 2 号（通算第 11 号），77-82。
伊吹勇亮・川戸和英（2012）『非大規模広告会社のクリエイティブ・マネジメント』公益財団法人吉田秀雄記念事業財団助成研究報告書。
今井賢一・伊丹敬之・小池和男（1982）『内部組織の経済学』東洋経済新報社。
植条則夫（1993）『広告コピー概論』宣伝会議。
唐澤龍也（2012）「日系広告会社の国境を越える知識移転の戦略的課題――アサツーディ・ケイの中国オペレーションの事例を中心に」『広告科学』第 57 集，47-59。
川戸和英・伊吹勇亮・川村洋次・妹尾俊之（2011）「広告クリエイティブ・マネジメントの成功要因と組織能力の探求」『広告科学』第 54 集，99-115。
川村洋次・川戸和英・佐藤達郎・伊吹勇亮（2013）「トップ・クリエイターにとっての望ましいクリエイティブ・マネジメントに関する国際比較研究」『広告科学』第 58 集，23-41。
岸谷和広（2004）「広告主と広告会社の組織間関係の再検討――Agency-Client Perspective を起点として」『日経広告研究所報』第 213 号，8-13。
桑田耕太郎・田尾雅夫（2010）『組織論〔補訂版〕』有斐閣。
小泉秀昭（2000）「広告会社の報酬制度の現状（日本および米国）」『青山社会科学紀要』第 29 巻第 1 号，49-72。
小泉秀昭（2001a）「米国における広告会社の報酬制度の研究」『青山社会科学紀要』第 29 巻

第 2 号，83-115。
小泉秀昭（2001b）「広告会社の報酬制度に関する研究」『日経広告研究所報』第 198 号，9-15。
小泉秀昭（2003）「日本における広告会社への報酬制度の現状と今後の方向性――欧米 7 カ国の実態調査とその比較分析」『青山社会科学紀要』第 31 巻第 2 号，1-27。
小泉秀昭（2007）「広告取引に関する現状と課題――広告会社への報酬に関する欧米の研究と我が国の実態調査」『立命館産業社会論集』第 42 巻第 4 号，107-121。
小林保彦（1992）「アカウントプランナー論――これからの広告会社の企画活性化を探る」『青山経営論集』第 27 巻第 3 号，37-50。
小林保彦（1993）「アカウントプランナー制度とこれからの広告会社の組織」『青山経営論集』第 28 巻第 1 号，87-102。
小林保彦（1995）「日本の広告取引構造」『青山経営論集』第 29 巻第 4 号，49-71。
小林保彦（1998a）「広告会社取引構造の変化（米英）」『青山経営論集』第 32 巻第 4 号，1-25。
小林保彦（1998b）「広告会社取引構造の変化（日本）」『青山経営論集』第 33 巻第 1 号，1-69。
小林保彦（1998c）「日本の広告取引構造のグローバル化」『青山経営論集』第 33 巻第 3 号，25-37。
小林保彦（1998d）『広告ビジネスの構造と展開――アカウントプランニング革新』日経広告研究所。
小林保彦編（2004）『アカウントプランニング思考』日経広告研究所。
小林保彦（2010）「広告の根源機能とゆくえを考える」日経広告研究所編『基礎から学べる広告の総合講座 2011』日経広告研究所，13。
小林保彦・野口嘉一（1999a）「デジタル，ポストモダン，そしてアカウントプランニング（上）」『日経広告研究所報』第 186 号，2-6。
小林保彦・野口嘉一（1999b）「デジタル，ポストモダン，そしてアカウントプランニング（下）」『日経広告研究所報』第 187 号，26-31。
佐藤達郎（2008a）「シンプル・メッセージ&リッチ・コンテンツの法則――カンヌ入賞作に見る『優れたクリエイティブ』の成立要件」『日経広告研究所報』第 239 号，18-25。
佐藤達郎（2008b）「広告クリエイティブの，フロンティアを探る。――“広告クリエイティブ”から“ブランデッド・コンテンツ”へ」『広告科学』第 49 集，1-14。
佐藤達郎（2009）「広告コミュニケーションは，WILL 中心型へ。――はじめにブランドの“意志＝WILL”ありき」『広告科学』第 51 集，1-16。
佐藤達郎（2010）「“非広告型広告”という方法論――広告らしいカタチをしていないことの，意味と優位性」『広告科学』第 53 集，1-14。
佐藤達郎（2012）「“広告表現におけるクリエイティビティ”の現在――ソーシャル・クリエイティビティ，そして一回性と真正性」『広告科学』第 57 集，1-16。
佐藤義信（1988）『トヨタグループの戦略と実証分析』白桃書房。

下谷政弘（1993）『日本の系列と企業グループ――その歴史と理論』有斐閣。
菅原正博（2000）「次世代型広告会社のメディア・サプライチェーンと IMC 戦略――システム的考察」『広告科学』第 41 集，1-13。
妹尾俊之（2001）「アカウント・プランニング・システムの日本での効果的定着に向けて」『日本広告学会第 32 回全国大会報告論文要旨集』16-23。
薗部靖史（2010）「企業の社会貢献活動によるプロモーション戦略――消費者調査結果より」『高千穂論叢』第 45 巻第 1 号，1-25。
田中洋（2005）「米国広告取引関係の変容――報酬制度の変化は何をもたらしたか」『日経広告研究所報』第 222 号，2-8。
西尾久美子（2007）『京都花街の経営学』東洋経済新報社。
西口敏宏（2000）『戦略的アウトソーシングの進化』東京大学出版会。
仁科貞文（2002）「広告研究の系譜」『AD STUDIES』第 2 号，29-30。
西村恭子（1994）『広告会社の機能に関する研究』財団法人吉田秀雄記念事業財団助成研究報告書。
日置弘一郎（2000）『経営学原理』エコノミスト社。
開本浩矢（2006）『研究開発の組織行動――研究開発技術者の業績をいかに向上させるか』中央経済社。
藤本隆宏（2003）『能力構築競争――日本の自動車産業はなぜ強いのか』（中公新書）中央公論新社。
藤本隆宏・西口敏宏・伊藤秀史編（1998）『リーディングスサプライヤー・システム――新しい企業間関係を創る』有斐閣。
松本雄一（2003）『組織と技能――技能伝承の組織論』白桃書房。
三崎秀央（2004）『研究開発従事者のマネジメント』中央経済社。
水野由多加（2014）「くまモンは広告か？――ゆるキャラ現象から見た広告と人間観の検討」『日経広告研究所報』第 276 号，10-17。
三輪卓己（2011）『知識労働者のキャリア発達――キャリア思考・自律的学習・組織間移動』中央経済社。
森内豊四（2004）「実務よりみた広告教育・研究の課題」『日経広告研究所報』第 213 号，40-45。
山倉健嗣（1993）『組織間関係――企業間ネットワークの変革に向けて』有斐閣。
李在鎬（2000）「2 次サプライヤーにおける Process 重視論の再検討――アイシン精機の部品仕入先の事例」『日本経営学会誌』第 5 号，14-24。
Allen, T. J. (1977) *Managing the Flow of Technology: Technology Transfer and the Dissemination of Technological Information within the R&D Organization*, MIT Press.（中村信夫訳，1984『“技術の流れ”管理法――研究開発のコミュニケーション』開発社）
Amabile, T. M., R. Conti, H. Coon, J. Lazenby and M. Herron (1996) “Assessing the Work Environment for Creativity,” *Academy of Management Journal*, 39 (5), 1154-1184.
Beard, F. K. (1996) “Marketing Client Role Ambiguity as a Resource of Dissatisfaction in

Client-Ad Agency Relationships," *Journal of Advertising Research*, 36 (4), 9-20.

Beard, F. K. (1999) "Client Role Ambiguity and Satisfaction in Client-Ad Agency Relationships, "*Journal of Advertising Research*, 39 (2), 69-78.

Beltramini, R. F. and D. A. Pitta (1991) "Underlying Dimensions and Communications Strategies of the Advertising Agency-Client Relationship," *International Journal of Advertising*, 10 (2), 151-159.

Bush, A. J. and V. D. Bush (2000) "Potential Challenges the Internet Brings to the Agency-Advertiser Relationship," *Journal of Advertising Research*, 40 (4), 7-16.

Chandler, Jr., A. D. (1962) *Strategy and Structure: Chapters in the History of the Industrial Enterprise*, MIT Press.（有賀裕子訳，2004『組織は戦略に従う』ダイヤモンド社）

Davis, M. and M. Prince (2010) "Advertising Agency Compensation, Client Evaluation and Switching Costs: An Extension of Agency Theory," *Journal of Current Issues & Research in Advertising*, 32 (1), 13-31.

Ellis, R. S., and L. W. Johnson (1993) "Agency Theory as a Framework for Advertising Agency Compensation Decisions," *Journal of Advertising Research*, 33 (5), 76-80.

El-Murad, J. and D. C. West (2004) "The Definition and Measurement of Creativity: What Do We Know? " *Journal of Advertising Research*, 44 (3), 188-201.

Hackley, C. and A. J. Kover (2007) "The Trouble with Creatives: Negotiating Creative Identity in Advertising Agencies," *International Journal of Advertising*, 26 (1), 63-78.

Henke, L. L. (1995) "A Longitudinal Analysis of the Ad Agency-Client Relationship," *Journal of Advertising Research*, 35 (2), 24-30.

Hirschman, E. C. (1989) "Role-Based Models of Advertising Creation and Production," *Journal of Advertising*, 18 (4), 42-53.

Kassaye, W. W. (1997) "The Effect of the World Wide Web on Agency-Advertiser Relationships," *International Journal of Advertising*, 16 (2), 85-103.

Koslow, S., S. L. Sasser and E. A. Riordan (2003) "What is Creative to Whom and Why?: Perceptions in Advertising Agencies," *Journal of Advertising Research*, 43 (2), 96-110.

Koslow, S., S. L. Sasser and E. A. Riordan (2006) "Do Marketers Get the Advertising They Need or the Advertising They Deserve? Agency Views of How Clients Influence Creativity," *Journal of Advertising*, 35 (3), 85-105.

Michell, P. C. N. and N. H. Sanders (1995) "Loyalty in Agency-Client Relations," *Journal of Advertising Research*, 35 (2), 9-22

Sasser, S. L. and S. Koslow (2008) "Desperately Seeking Advertising Creativity," *Journal of Advertising*, 37 (4), 5-19.

Spake, D. F., G. D'Souza, T. N. Crutchfield and R. M. Morgan (1999) "Advertising Agency Compensation," *Journal of Advertising*, 28 (3), 53-72.

Verbeke, W., P. H. Franses, A. le Branc and N. van Ruiten (2008) "Finding the KEYS to

Creativity in Ad Agencies: Using Climate, Dispersion, and Size to Examine Award Performance," *Journal of Advertising*, 37 (4), 121-130.

Waller, D. S. (2004) "Developing an Account-Management Lifecycle for Advertising Agency-Client Relationships," *Marketing Intelligence & Planning*, 22 (1), 95-112.

West, D. C. (1993) "Cross-National Creative Personalities, Processes, and Agency Philosophies," *Journal of Advertising Research*, 33 (5), 53-62.

West, D. C. (1999) "360° of Creative Risk," *Journal of Advertising Research*, 39 (1), 39-50.

West, D. and J. Ford (2001) "Advertising Agency Philosophies and Employee Risk Taking," *Journal of Advertising*, 30 (1), 77-91.

Wethey, D. (2007) "Client-Agency Relationships," in G. J. Tellis and T. Ambler eds., *The SAGE Handbook of Advertising*, Sage.

Williamson, O. E. (1975) *Markets and Hierarchies, Analysis and Antitrust Implications: A Study in the Economics of Internal Organization*, Free Press.（浅沼萬里・岩崎晃訳, 1980『市場と企業組織』日本評論社）

第 **4** 章

企業会計と広告

山川　雅哲

はじめに

財務会計上では広告関連費用すなわち広告，PR・広報，宣伝，狭義のSP（セールス・プロモーション）などは，販売促進費用として費用計上され（当然ながら企業管理会計においても同一であるのが望ましいのだが），「費用」すなわち利益を減ずる項目の一部としてすべて一括に会計処理されてきた。つまり管理会計上ではそのすべてが収益・費用観に基づく単年度の企業活動のなかで完結処理されうる会計要素として扱われてきたのである。

しかしながらこの単純に一括された会計処理には疑問が残る。広告活動には資本の運用先として資産化され長期的な収益の根源となる部分はないのかという疑問である。企業の広告活動を分析すると，その全体は生活者とのコミュニケーション活動と捉えられるが，その内容によって2つの種類に分けられると考えるのが妥当なのである。

1つは従来の考え方である販促キャンペーン型の広告のように告知型で，急速に知名度を上げ短期間の売上アップを目的とする，明快にすべてがその期中に処理すべき販促費用とする部分である。もう1つはブランド・コミュニケーションのように長期にわたってそのメッセージに込められたブランド観を築きあげ，それを生活者と共有するという部分である。後者はいわば企業にとっては無形資産としてオンバランス（計上）されるべきではないかとするいわば資産負債観に基づくアプローチとも考えられる。

つまり企業会計における広告費処理に残された問題はブランドという「暖簾またはグッドウィル[1)]」の概念に極めて近い，財務会計上では古くて新しいテーマなのである。従来ブランドは暖簾と同様無形資産の認識要素は満たしているもののその測定，評価手法については未解決の会計上のテーマの1つとして放置されてきて，合併や買収時に営業権として純資産価値との差額としてはじめてオンバランス化されてきたのである。

本章では現在マーケティング上では重要な経営資産として扱われているブランドを，買入・自己創設の区別なく，企業会計上でも広告コミュニケーションの一定の成果をブランド資産として取り扱おうとする考え方に即して，その研究の現状を概観することを目的としている。

1990年代にこの財務会計制度の不備に端を発したイギリスのブランド論争（brand debate）は，その後「自己創設ブランドの計上を禁止，買入ブランドについては非償却（毎年の減損調査の実施）とする」ことでイギリスにおける財務諸表上の決着はついたが，これをもって財務・管理会計上の国際的合意がとれたとはいえない。現に，先進国間においても買入ブランド資産の償却・非償却は統一されておらず，国際間のM&Aへの積極性の観点からは後退的といわざるをえない。

この現状は，基本的にはブランド研究が従来主としてマーケティング部門によるブランド構築（brand building）に向けられ，その価値評価（brand valuating）もマーケティング資産としての評価（たとえば市場におけるポジショニングなど）が企業内で優先されてきた結果ともいえる。企業の所有する無形資産の一部として財務会計上の「認識」は十分可能であっても，その「測定」方法に現状開発されている手法では統計上の信頼度（95%）を担保できない，さらにその結果の「評価」については恣意性を完全には排除できないという現ブランド研究のジレンマが見られるのである。

これらの現状を踏まえて本章では，ブランドの資産評価について会計上の認識・測定・評価について概説し，現在開発されている測定手法について紹介することを主旨とする。

1　ブランド価値評価方法の検討

［1］　測定手法の開発における前提

ブランド価値評価の必要性

ブランドは，会計上では従来その価値の一部が商標として認識され，その取得原価が無形資産として計上可能とされていたにとどまる。

前述のようにブランドの会計上の資産認識を妨げる事由はイギリス・ブランド論争における論点として，さらには無形資産全体の課題として以下のように集約される（白石 2003)。

①分離可能性（識別可能：identifiable）の解釈

②評価基準の多様性

③「非償却・減損処理」の問題

④伝統的会計観（収益費用観）のもとでのブランド（内部創出，買取）の会計処理

これらの課題が従来の収益費用観に基づく原価主義会計においては会計情報として限界をもつのは明白であるが，会計情報の目的が情報提供機能に拡大されていることからも，無形資産の企業価値に占める重要性を現状のまま放置させてよいはずはない。

まず問題となるのは何をもってブランドとするのか，現行ではブランド概念は多様のまま議論されており統一された概念の規定が必要である。

さらに，その価値評価は市場における取引価格（ロイヤルティなどの一部取引を除き）に基づくものではなく，顧客の心理的関与の状況を基本評価とする顧客の情緒的価値に基づいたものである。これはブランド価値の特性を表しているが，そのために貨幣換算を認識要件とする会計の対象外となっていた。しかしながら，状況は一変しつつある。IT の進化により企業内の管理会計レベルは格段の進歩を遂げており投資効率の把握要請はすでに一定の成果を収めた生産レベルから販売・マーケティングレベルへと移行しつつある。ブランドへの投資効率の把握は従来のマーケティング的な相対評価ではなく，経営資産への投資効率の把握という会計上の貨幣評価が求められる状況が発生しているのである。

ブランド価値測定における蓋然性把握と恣意性の排除

ブランド資産の貨幣価値評価を試みる際，企業内の経営情報として考えた場合にまず求められるのは緻密で正確さを第一とする情報ではなく，投資のプライオリティを決定する経営情報としての確実性であると考えてもよいのではないだろうか。

これを第一の仮定とすれば次には測定手法における情報の質が問題となる。得られる情報の恣意性の排除を最大の課題とすれば，使用される情報は公開財務情報が最適であることは自明であり，その場合使用できる情報が限定的となること

もやむをえない条件となる。

［2］ 測定手法の分類評価

本章では上記2つの仮定と条件を前提にブランド価値の測定手法の開発を目指すのであるが，まずは測定手法を列挙，分類評価し，そのうえで最もふさわしい手法を選ぶこととする。

①マーケティング・アプローチ（質問調査法）

消費者ベースのブランド資産の評価測定でブランドに対して消費者がもつブランド知識（ブランド認知とブランド・イメージ）の差別化効果を測定する（青木ほか編 1996）。相対的あるいは心理的評価が中心であり貨幣評価を目的としないので，この手法を採択することは本章の主旨とは異なるが，その成果を概念上測定手法に採り入れることは可能である。

まず，間接アプローチから見る。これは，ブランド知識の測定結果を消費者ベースのブランド資産の潜在的資産評価に使用するものである。ブランド知識のどんな面が消費者ベースのブランド資産の創造に有効かを分析する。ブラインドテスト，コピーテストなどがこれに当てはまる。次に，直接アプローチがある。これは，企業が行う異なったマーケティング・プログラムに対する，消費者がもつブランド知識の効果を評価するものである。差別的反応の本質を決定するのに有効なもので，コンジョイント（トレード・オフ）分析がこれに含まれる。

②ミックス型アプローチ（マーケティング情報→会計データ）

このアプローチでは，消費者ベースのブランド評価を，指数化（スコア化）データとして財務データとの相関を多変量解析などにより探り，貨幣価値化する。多くの開発手法がこの方法を採用しているが，消費者ベースのデータの解釈や財務データへの転換に際して，恣意性が相当程度混入するのは避けられないため，この手法の採用も難しい。

③会計型アプローチ（財務データ法）

このアプローチでは，財務情報によってブランドの資産価値を推定する。使用データを会計情報のみとするため，それによる計測結果がどこまでブランドの資産評価として把握できるかが問題となる。残差アプローチ（マクロ・アプローチ）と独立評価アプローチ（ミクロ・アプローチ）に大別される。

残差アプローチとは，株価時価総額などをもって企業価値を推定するもので，これからオン・バランス純資産簿価を控除し残差を企業ブランド価値とする。独立評価アプローチでは，ブランドを独立に抽出し，売上高のような特定財務指標によって個別ブランド価値を推定する。独立評価アプローチは他の資産評価と同様に，市場化アプローチ，コスト・アプローチ，インカム・アプローチにわかれる。

2 ブランド資産測定モデルについて

[1] 測定モデルの会計上の開発目的と方向性

ブランドが注視されるのは，企業価値創造におけるバリュー・ドライバーとして企業経営上ではすでに重要な経営資源化しているブランドが，投資情報として企業評価の一部となり始めたことが要因となっている。

その価値評価について，外部報告会計の資産測定においては，まず客観的な財務データのみで算定できることが結果の信頼性を担保する前提となる。さらにその測定手法による結果が会計情報として理論上あるいは実務上の汎用性と有用性をもてば外部報告会計として機能しうると考えられる。

そのため，以下に展開する開発モデルでは財務データのみを使用し買入，内部創出の区別なくブランドの資産価値を評価することを目的とする。

価値評価の対象はブランドの資産価値である。ブランドの概念は商標をもってブランドとする狭義の概念もあるが，本章ではその基本的機能である①「識別性」に加えて商標の法的概念には求められていない，②「信頼性」と③「象徴性」を加味した無形資産の集合体ととらえる，いわば「広義のブランド概念」を想定している。

[2] ブランドの本質としてのロイヤルティ分析

ブランドの本質を捉えるうえで重要なことは，その価値の本質が他の無形財とも異なって，顧客との関係性のうえに成り立つ情緒的価値にあることを理解することである。すなわち顧客と企業に共有されるブランドのイメージ価値が顧客の行動心理としてロイヤルティを持ったときにブランドの価値が表面化するといえる。このロイヤルティは顧客購買心理の２つの視点で分析される。１つは，価格プレミアムの受け入れでその総量は営業循環を通じて収益構造に組み込まれ会計上の超過収益として認識される。もう１つは，反復購入（リピート購入）という購買形態となるがこの会計的把握はきわめて難しい課題である。マーケティング分析ではリピート購入の差はベイズの定理により結果的にシェアの違いとなるとされる。C. J. サイモンと M. W. サリバン（Simon and Sullivan 1993）はブランド価値と株価の相関の実証研究を報告している。さらにPIMS（profit impact of market strategies：市場戦略の利益効果）のデータは先行開発企業の有利性を収益力とシェアの両面で示している。つまりシェアで説明されるリピート購入という購買習慣は，会計的には安定したシェアの保持による超過収益における継続期間の長さの保証という概念で捉えることができよう。すなわちブランド資産の測定において将来キャッシュフローの推定に際しブランド起因のリスク・プレミアムの反映として把握されると考えられよう。このようにブランドの本質としてのロイヤルティ概念は会計的にはブランド起因の価格プレミアムとリスク・プレミアムに分解・昇華することで把握が可能となると分析した。

［3］　超過利益による２つのブランド概念

ブランドの資産価値評価は企業活動の営業循環過程を通じて達成されるブランド起因の超過利益として把握されるが，ここでの測定手法はその将来価値の総量を割引現在価値として予測し資本還元することで求めるDCF（discounted cash flow）手法によるものとする。

超過利益について損益法等式によって整理してみると「利益＝収益－費用」と説明することができる。そこから利益の増大要件には，①「収益の増加」②「費用の減少」③「その両方」が挙げられるが，①の「収益の増加」は売上の増加を意味しており，「売上＝1個あたりの販売価格×販売個数」であることから，当然ながら要件は「1個当たりの販売価格の上昇」「販売総個数の増加」となる。

市場において一般的には，1個当たりの販売価格の上昇を可能とするのはその商品に価格プレミアム力がある場合であり，販売個数の増大を可能とするのはその商品に価格競争力がある場合である。価格プレミアムは即，超過利益の源泉となるが，販売個数の増大は1個あたりの費用の減少と結びついて規模の利益を生み出したときはじめて，超過利益が生まれると考えられる。上記を総合すると，ブランドを超過利益の源泉として捉えた場合，その源泉は大別して2つに分類できる。

1つは販売レベルでの価格競争力を保ちつつ製造加工レベルにおいて生まれる超過利益で，PIMSデータにより検証されている市場への先行参入などによる生産効率の向上（作業の慣れなどによる）を指し，概して売上原価の削減もしくは低位安定により高い市場シェアを獲得し規模の利益を実現する。ペネトレーション価格と広告によるイメージ形成を通じて参入障壁と価格競争力を維持することが可能となり当該市場のプライス・リーダーとなることで結果的に超過利益を生み出すとされる。これは近代の大量消費社会において企業のレピュテーションを背景としたマスプロ商品に代表される，いわば新しいブランド概念に基づくブランドと把握できる。多くの場合その価値はマス広告による商品イメージによって形成され商品選択時においては慣れに起因する，いわば弱い強制力としてのロイヤルティをブランドの基本価値とする。

もう１つは販売レベルにおいて商標に付加された独特なイメージにより，顧客心理に強いコミットメント状況を創出することで競合商品よりも高い顧客価値を生み出し，プレミアム価格の実現を通じて超過利益の獲得に貢献する。ブランドとしては従来の概念でブランド本来の特別な価値をもった商品群を指し，ファッション，趣味などの嗜好性の高い市場を対象としている場合が多い。ここではブランド概念を広義のものとすることで，プレミアム・ブランド観[2)]（商標を核とした販売レベルにおける超過利益要因）とマーケティング・ブランド観（企業レピュテーションを背景とした製造加工レベルにおける超過利益要因）のいずれをもブランド起因の超過利益と捉えることとする。当然ながらその価値評価にはそれぞれのブランド概念を反映した測定手法が必要であり，異なる手法を用いての測定が要求されている。

[4]　価格プレミアムと超過利益獲得力の継続性の分析

資産価値と２つの超過利益獲得力の関係

ブランドの資産価値の源泉は企業にもたらす超過収益力と捉えられる。ブランドに投資される支出を上回る収益があり，経済的利益が獲得されればブランドへの投資効果が認められることになり企業価値を増殖させることとなる。それらの実証研究はサイモンとサリバン（Simon and Sullivan 1993），E. M. バースら（Barth et al. 1998），C. シーサムラジュ（Seethamraju 2003）などによって検証，報告されている。

ブランド力と競争均衡

本章で展開・解説するモデルについては原則的にインカム・アプローチを採用するが，ブランド価値が過去の投資の現在評価という側面をもつことから，将来の期待超過利益の推定が極めて困難な面をもつという理解がまず必要となる。

さらにブランドについては流動性の極めて低い資産であるため，相対的に高いリスクを受け入れざるをえず，資本コストはほかの有形資産に比し高く推定することとなる。ブランドは適切な維持管理によってゴーイング・コンサーン（継続企業）として企業資産の永続性を保つことが可能であり，非償却資産として競争均衡の原理の例外にあると考えられる。ただし顧客ベースという資産特性からその価値の維持には常に高いリスクを内包しておりターミナル・イヤー[3)]を長期に設定することは危険である。

とくに超過利益の生成過程の違いにより2つに分類されたブランド資産のうち，マーケティング・ブランド観に分類されるブランド群は，基本的には企業のレピュテーション価値のうえに立脚したブランド群なので，ブランドとしての顧客との関係性は弱い。この場合は，競争均衡を免れるほどのブランドの特殊性はもちえないが，企業のレピュテーション評価は保守的であり，シェアの大きい企業のレピュテーションは相対的に有利となるので，それに立脚したブランド価値は小さいものの長期に継続可能である。

ブランド資産価値の測定手法の評価についての留意すべき事項

ブランドの経済的寿命の推定が極めて難しい理由は，ブランドが過去の投資の産物であり現在の投資は必ずしも将来の収益力を保障するものではないということ，にもかかわらず現在および将来の投資によってのみその価値が維持発展されるという特徴をもつ資産であることによる。すなわちブランドの主要素としての商標価値は容易に変化することが予想される。よって予測可能期間を最大3年以内の短期としその後はターミナル・バリューをもって永続するという推定が可能という見解に立つこととし，割引率調整法により割引現在価値を求められる。

その場合，本章ではブランドのロイヤルティの構成要因として価格プレミアムとリピート購入を想定したが，当該ブランドリピート購入率の市場平均値との相対評価を，割引率に加算されるブランド特有のリスク・プレミアムとして反映させることを提案したい。この場合リピート購入率の把握が重要となるが，マインド・シェア分析や市場でのシェア・データ分析を基本とした相対的な指数化によりリスクへの反映を図る。

当該ブランドの基準となる超過利益の将来価値の割引現在価値を上記の前提で求めると概念としては以下のようになる。

ブランド価値＝

明示的な予測期間におけるキャッシュ・フローの現在価値

＋

明示的な予測期間以降におけるキャッシュ・フローの現在価値

★キャッシュ・フロー……ブランド起因の推定分の超過利益

これまで見てきたようにブランドの資産評価における統一測定式の策定を妨げる要因はブランドのもつ関係資産としての特殊性，すなわち①ブランド起因の超過利益に価格プレミアムによる場合と市場シェア重視による場合の二面性があること，②投資リスクが大きく超過利益の継続期間の推定が難しいこと，が明らかになった。

さらに恣意性を排除するために会計情報のみを使用した客観的で簡便な実用性という制約条件を加えると測定式は1つではなくブランドの各ステージ別の測定式を用意することが必要となると考えられる。

3 現在公表されているブランド資産測定モデルの分析

ブランド評価については，従来はマーケティング分野の研究課題であり，そこでは市場ポジショニングの相対的な評価や，顧客のブランド接触実態の定性分析，指数化された定量分析などが中心であった。会計における評価測定は貨幣による評価が前提となっているので，会計上の資産認識には上述のマーケティング手法による評価ではなく，会計情報のみを使用した会計アプローチか従来の研究成果であるマーケティング情報を貨幣換算された会計情報に転換するミックス・アプローチが必要となる。

[1] 会計型アプローチ

経済産業省モデルの概略　経済産業省のブランド価値評価研究会はブランド価値評価モデルを公表している（広瀬ほか 2003：55-79）。このモデルは，公開会計情報のみを利用した点で恣意性を極力排除しようとする測定手法であり，その独自性を評価すべき手法である。DCF（discounted cash flow＝キャッシュフローの割引現在価値）モデルを使用するが，従来型CAPM（capital asset pricing model：資本資産評価モデル）に基づく割引利子率の決定による将来キャッシュ・フローの推定ではなく，期待キャッシュ・フロー・アプローチに基づき，将来キャッシュ・フローの推定を過去5期の平均値とすることで分子の生起確率の恣意性を排除すべく，確実性等価キャッシュ・フローに換算する手法を用いている。

ブランド価値の構成要素をブランド概念に基づき以下の3つのファクターとし，各々をドライバーとする関数で掛け合わせてブランド価値を算定する（広瀬ほか 2003：81-112）。

①価格優位性（プレステージ・ドライバー：PD）

超過キャッシュ・フローの予測

PD＝超過利益率×ブランド起因率×当社売上原価

＝[{(当社売上高／当社売上原価－基準企業売上高／基準企業売上原価)×当社広告宣伝費(ブランド管理費用)比率}の過去5期平均]×当社売上原価

②安定的顧客（ロイヤルティ・ドライバー：LD）

キャッシュ・フローの確実性

LD＝(売上原価μ－売上原価σ)／売上原価μ

（注）μおよびσは，過去5期の売上原価データにより算出。μは5期売上原価の平均値，σは5期売上原価の標準偏差

③拡張力（エクスパンション・ドライバー：ED）

海外や異業種への拡張力

ED＝海外売上高成長率および本業以外のセグメント売上高成長率の平均

＝1/2（平均海外売上高成長率＋平均非本業セグメント売上高成長率）

（注）それぞれの指標において，最低値を1とする

以上を数式化すると

ブランド価値評価モデル

$$\mathrm{BV} = f(PD, LD, ED, r) = \frac{PD}{r} \times LD \times ED$$

となる。

ブランドは，資産評価に顧客による評価が入り込むいわば顧客との「関係性」を強くもつ資産特性から，本来的には顧客評価をいかに貨幣価値に転換するかが測定上の最大の課題となるのであるが，同モデルでは顧客評価を企業の営業活動の結果として財務諸表上に報告される数字を基本として展開することで恣意性の排除には成功している。

問題は，それらの数字を用いて計測されたアウトプットがブランド価値として公正価値であるとの評価を得られるかどうかである。

経済産業省モデルのまとめ

経済産業省モデルは公開されている財務省の情報のみを用いてブランド資産を計測しようという試みであるが，その前提であるブランドを企業として捉える発想はのれん価値との識別性の困難さや超過利益への誤認へとつながる危険性をもつ。ブランドは商品（サービス）の差別化要因としてその重要性が確認できる。コーポレート・ブランドの実体はブレアの分類によるコーポレート・レピュテーションとほとんど同一と考えられるので，コーポレート・レピュテーションを基本としたブランドの全体価値とすべきと思われる。

次に，3つのドライバーの設定とその扱いに関して，プレステージ・ドライバーとエクスパンション・ドライバーについては前述の未分化の問題がありロイヤルティ・ドライバーについての財務諸表情報からの推定方法は今後の研究課題となろう。

ロイヤルティに関しては，ブランド起因の超過利益の総額としての側面はプレステージ・ドライバーによりほぼその全体を捕捉していると考えられるので，その推定が全体価値を決定すると考える。もう1つの側面である反復購入度に関しては割引利子率を決定する際のブランド特有のリスク・プレミアムとしてリスク化する方法が考えられるが，その決定には恣意性・主観性が混入することも避けられないだろう。

ただし経済産業省モデルにおいては，プレステージ・ドライバーによる超過利益の総体はブランド起因以外の要素も含まれていると分析できる。

超過利益の源泉は大別して2つに分類できる。1つは特許などの研究・開発による超過利益で，概して売上原価の削減もしくは低位安定に寄与することが多い（製品・製法特許に代表される）。もう1つはブランド起因の超過利益でプレミアム価格の形成を通じて高販売価格維持に貢献する。

ブランド起因の超過利益は以上の分析を通じて少なくとも会計理論上測定可能

となる。現実的には，たとえば製造業においてはOEM生産による販売価格と自社ブランドによる販売価格の差が，製品1単位あたりの超過利益となるのは容易に推測できる。

生産過程の原価削減の努力成果はブランド起因による結果ばかりではなく，他要因も含まれていると推測できるので，その要素によるコスト削減要素貢献分は超過利益全体のなかから削減されなければならない。その大きさは同種商品の売上原価1単位あたりの競合社との価格差を比較することで推定することはできると考えられるのである。

OEM生産がなされていない場合は，自社内の比較が困難となるため他の測定方法を用いることになるが，超過利益置換法[4)]（permutation of excess earnings approach）もその1つとなりうる。

[2]　ミックス型アプローチ

インターブランド・メソッド（interbrand method）は，イギリス・インターブランド社（ブランドコンサルティング会社）により開発された評価モデルである（オリバー編 1993：134-151）。実務上の一定評価を得ている唯一の手法でありその独自性は評価できるが，マーケティング手法による恣意性を払拭できていないなどの限界がある。利益倍数システムと呼ばれる（適切な倍数をブランドの利益に掛け合わせる）モデルの特徴はブランド役割係数とブランド・スコアの考え方にある（山本・森 2002：189）。

ブランド資産＝ブランド利益×ブランド力のスコア化による倍数

ブランド役割係数：企業全体の経済的利益[5)]のうちブランドをもつことによる超過利益の割合。

ブランド・スコア：ブランドの強度（0～100）を7つの要因（国際性，ブランドに対するサポート，市場の動向，競争環境，市場でのリーダーシップ，安定性，法的な保護）でスコア化する。

これらを算定するためのキーファクターは次の3つである。

①ブランドの利益（またはキャッシュ・フロー）

②ブランドの競争力（これを基準に倍数または割引率を決定）

③ブランド収益率に適用される倍数（または割引率）

決定プロセスの3つのステップを順に見ると，

①将来の超過利益の推定

セグメンテーション：評価対象単位のセグメントを決定する。

無形資産の利益寄与の計算

超過利益＝税引後営業利益－資本コスト

②ブランド起因部分の抽出

ブランド役割係数：扱い商品別にブランド起因率をあらかじめ決定する。

③ブランドの強さを考慮した割引率の適用による現在価値の推定

ブランド・スコアによる倍数の決定は以下のように進める。

ブランド利益の算出にあたりその利益性評価で考慮すべき要因として，①ブランドの利益性のすべてがブランド価値の評価に適用されるわけではなく，ブランド特性に左右されない利益要因は除外される。②ブランド価値は単に当年度利益によってのみ評価されるべきではない。利益の平準化のために3カ年のウェート加重された平均利益を計上する。③さらに，利子の除外，ノン・ブランド利益の除外，インフレ率の設定，ウェート配分（前述），貸倒引当金の検討（将来可能性利益とウェート平均利益に大きなギャップが生じた場合），税の設定（税引き後利益を対象としている）を検討する。④投下資本の振り分けによる非ブランド利益の算出と除外。ブランド対ノンブランド利益の配分率の設定においては，ブランド製品を生産する際生産手段をレンタルにした場合のチャージ料が目安となる。

利益倍数とは，市場におけるブランド・パワーを金額化するために設定される係数で，ブランド・パワーは将来の利益フローに直接影響を及ぼす。インターブランド社は経験と実績からブランド・パワーとブランド価値の関係をSカーブ（正規分布図）によって説明している。

利益倍数の決定には無リスク利子率（長期国債：3%）をもとに完全なブランドを33.3倍として各業界ごとに業界平均の株価収益率（PER）をもとにリスクを考慮した利益倍数の最大値が決定される。すなわち利益率の高い分野では利益倍数の最大値は高くなり利益率の低い分野では利益率は低くなる。リスクを考慮した場合のブランドの最高利益倍数率は25倍（3%×25＝75%）となる。

ブランドに起因する加重平均利益にSカーブによって決定された利益倍率を掛け合わせることで当該ブランドの資産評価とする。

利益倍数法の目指すところはブランド価値を構成する主要な要素（財務的，マーケティング的，法的）の同時評価であるとしているが，ブランドの強弱の評価手法（ブランド力のスコア化）に恣意性が見られ，スコアから適用する利益倍数の決定方法すなわち割引利子率との関係がブラックボックス化している。よってブランド・マネジメントを主体とするコンサルテーション手法として評価できても財務会計的には上記の理由により公正価値の測定というオン・バランスの条件を満たさないのではないかと思われる。

［3］ SORGEM評価システム

SORGEM評価システム（SORGEM valuation system）は，M.ヌッセンバウムによるブランド起因将来キャッシュ・フローの割引現在価値の測定に基づくブランド価値評価手法である（KATO communications 1993）。

このアプローチでは，ブランドの価値は当該ブランドによってもたらされる将来キャッシュ・フローのリスク削減能力を無期限にわたって推定することで計算される。当該ブランドが強いほど割引率のリスク・プレミアムは低くなる。将来キャッシュ・フロー・ベースのブランド価値評価の基本的な問題点は割引率の選択決定である。ここではこの問題をブランドの「戦略的監査」概念を導入して解決している。ブランドを戦略的に評価することで資本市場で個別に上乗せされたリスク・プレミアムに従いリスクの大きさを評価，その調整リスク・レートを基本に割引される。

戦略的監査

戦略的監査（strategic audit）は2段階の実施からなる。第一段階は当該ブランドの属する市場におけるブランドの重要度を評価することである。第二段階はこの市場における当該ブランドの地位を価値評価することである。

市場の価値評価付けは以下の評価をも一緒に行う。

・市場の成長ポテンシャル

・供給者の地位の不安定度（製品が技術革新や価格の低下により凌駕されるという点で）

・当該市場における買収者の買収決定（敏感度）におけるブランドの重要度

すなわちブランド力の各種の側面は以下のように分析されうる。消費者の評価はその製品が消費者の心のなかにいかに知られているかによって測られる。自発的な理解度，マインドシェア，想起率，当該ブランドの消費者が抱く特別な性格としての「個性」などである。

割引率

スコア結果は集められ同一市場におけるほかのブランドとの位置関係やブランドが使用されているその他の市場と当該市場との関係を指標化するために平均化される。

これらは結合され，当該ブランドに似つかわしいリスクが推定される。リスク評価は5つのカテゴリーにリスクを分類する。これは資本市場で用いる企業の自己資本収益率に適合する。市場で普及している収益率は無リスク利子率とリスク・プレミアムを結合しているより高い利子率とを分析する。

あるブランドがA0リスクと評価された場合，そのブランドに用いられる割引率は市場で最も低い負債利子率（多分無リスク利子率より2%ほど高い利子率）として扱われることを意味している。

ブランド収益

次のステージはブランド起因の期待収益を推定することである。ある企業におけるブランド起因の付加価値は基本的には3つの分野から生じる。

①第一は，価格効果。企業のもっているプレミアム価格。

②第二は，ボリューム効果。これによって企業は価格減価なしでより多くの量を売ることができ，それから生じる収益増大効果を指す。

③第三には，費用効果。販促費用が量に比例しては増加しないことを指す。

ブランド起因に特定される収益は3つの源泉から計算される。

・販売価格における格差。純粋販促費用

・ライセンス収入

・製品帰属の全収益の一部

この第三の収益要素は当該企業の使用資本の通常収益を上回る，製品稼得利益として定義される。この総量をカウントするには企業はその事業における使用資産の価値を計算しなければならない。これらには物理的な資産ばかりではなく流通ネットワーク，技術的優位性，レンタル・コストなどの無形資産も含まれるのである。事実，当該事業が保有しているであろう一般的なのれんからブランド価値を区別するためには，これらのすべての無形資産要素を勘定に入れることが必要となる。

使用資本の総量を計算したら，期待収益は当該企業の資本利益率か加重平均資本利益率のいずれかを参考にして計算される。

ブランド価値の計算

ブランドからの収益（超過価格，ライセンス，超過利益のシェア）は戦略的に評価付けされた割引率を使用して現在価値に割引かれなければならない。割引を実施する予測期間は一般的には企業における通常の計画期間（5年程度）となろう。もしその割引率がリスク／不確実性の要素を反映しているのであれば無限の期間で割り引くことはできるが，現在価値の有効な差異は割引率によって大きくなるようなものではない。

[4] ブランド・エコノミクス・モデル

ブランド・エコノミクス・モデル（brand economics model）は，スタン・スチュアート社とY&R社の共同開発による手法（EVAとBAVの融合モデル）であり（バージェセン 2002），①対象セグメント別のEVAの推定，②BAV分析，③ブランドによるEVAの算出，④ブランドβの算出，⑤ブランド価値の計算，の5ステップから推定する（山本・森 2002：191）。

Y&R社のデータ・ベース（ブランド・アセット・バリュエーター，brand asset valuator：BAV）を利用して，ブランドの健全性指標（市場ポジショニング）を4つの観点，①差別性（differentiation），②適切性（relevance），③尊重（esteem），④認知・理解（knowledge）から分析する。

①，②の複合指標を「ブランドの潜在成長力」，③，④を「ブランドの現在能力」としてこの2軸で各ブランドをポジショニングし，この指標をEVA（経済的付加価値）により収益性や市場価値に結びつける。

ブランドのEVAはブランドによるリターンがそれに関わる費用を上回るプレミアム部分とされ，ブランドが生み出すNOPAT（net operating profit after tax：税引後営業利益）からブランド投下資本にかかる費用を差し引くことで計算される。

EVAの価値はCOV（current operations value：ブランドの現行事業価値，現EVAが将来にわたって永続するとした場合の価値）とFGV（future growth value：将来成長価値，成長や拡張で新たに生み出すことが可能なEVAの価値）とに区別される。

ブランド価値の評価，その価値を高めるための戦略提案，戦略の業績に対するインパクトの分析，といったブランドに関連した一連のサービスを「ブランド・エコノミクス」（brand economics）という名称で呼び，提供している。

ブランド・エコノミクスのアプローチは，ブランド戦略が事業利益や利益率，価値の成長などにどのような影響を及ぼすかを明確にする。この手法を活用することで，ブランド・ポートフォリオの最適化や，ブランド拡張の機会とリスクの把握をより効果的に行うことが可能となる。ブランド・エコノミクスにおける価値評価はBAVにより把握されるブランドの健全性の変化と，EVAにより把握される企業の経済的パフォーマンスの変化との相関性を見ることでモデル化しているが，その相関性の程度は明らかにされていない。ブランド・エコノミクスはCB価値の評価ではなく，PB価値の評価によるブランド・マネジメントを目的とした手法といえる。

［5］ CBバリュエーター・モデル

CBバリュエーター・モデル（corporate brand valuator model）は，伊藤邦雄と日本経済新聞社の共同開発によるコーポレート・ブランドの評価モデルであり（伊藤・日本経済新聞広告局編 2002：34-47），コーポレート・ブランドの価値はCB Advantage（CBスコア）とCB Leverage（CB倍数）から構成される。

CB Advantage（CBスコア）は優良な顧客，従業員，株主といったステークホルダーをどれほど多く，かつ長期間にわたってひきつけ，つなぎとめることができているかを示す。顧客スコア，従業員スコア，株主スコアから構成され，各々のスコアはプレミアム，認知，忠誠度の3軸をベースに指標化を行う。プレミアムは財務データ，認知と忠誠は企業イメージ調査のデータにより算出される（業界ベースの偏差値）。

CBスコアをCB Leverage（CB倍数）すなわちCB活用力とCB活用機会の概念によってコーポレート・ブランド価値に転換させる。CB活用力はCBを効果的にキャッシュ・フローへ転換する力を指し，ROA（return on assets：事業資産営業利益率）の水準，ROAとCBスコアの関連性の高低によって規定される。CB活用機会は前述の転換事業機会が業界ごとに異なる点を推定するものである。

以上の概略を解説すると以下のようになる（伊藤 2002：43-47）。

「3つの統合」 第一は，企業の主たるステークホルダーである顧客，従業員，株主のそれぞれから見たブランド・イメージを総合的に捉えて，1つのCBスコアに統合することである。第二は，質問調査法と財務データ法を統合したものであり，CBバリュエーターは「ブランド・イメージ－財務効果－企業価値」という統合モデルを志向するものである。第三は，バランスシートからのアプローチと損益計算書からのアプローチを統合したものである。

CB価値測定の5ステップ CBバリュエーターは，「CBスコア」「CB活用力」「CB活用機会」の3要素から構成され，5つのステップを経てCB価値を算定するものである。

第一ステップは，各ステークホルダーごとに「プレミアム」「認知」「忠誠」を測定することである。プレミアムは財務データ，認知と忠誠は企業イメージ調査を軸に算出する。

顧客スコアでは，プレミアム指標に売上高営業利益率を採用する。これは顧客プレミアムが高いほど，価格プレミアムが高くなるという想定に立っているためである。

認知指標には好感度を採用した。これは当該指標と売上高規模との関連性が高かったためである。つまり人々に好感をもたれている企業ブランドは，売上高規模も大きくなっていると考えられる。

忠誠指標は4つのサブステップから構成される。第一サブステップでは，財務比率とイメージ25項目について関連性を綿密詳細に分析する。第二サブステップでは，第一サブステップで算出した相関係数行列を活用して，イメージ・ランキング表を作成する。第三サブステップでは，今後高く評価されるようになるであろうイメージ項目を，アナリストや業界関係者に対してヒアリングを行い，その結果を加味している。第四サブステップでは，第二と，第三サブステップを通じて忠誠と関連性の深いイメージ項目をピックアップし，当該分析を主成分分析で1指標に合成・統合する。

第二ステップでは，顧客，従業員，株主ごとのスコアを求めるために，各ステークホルダーごとにプレミアム，認知，忠誠の各指標を乗ずる。

第三ステップでは，こうして算出された顧客スコア，従業員スコア，株主スコアをそれぞれ加算してCBスコアを算出する。

CBスコアは当該企業がステークホルダーに対してどれほど優れた企業イメージを植え付けられているかを表す総合指標である。ただし，CBスコアが高くてもコーポレート・ブランド価値が高いとは限らない。つまり，一定のCBスコアをキャッシュ・フロー（利益）に結びつける能力が低ければ，コーポレート・ブランド価値は増大しない。

コーポレート・ブランド価値はCBスコアのみならず，それをキャッシュ・フローに転換する能力に依存するのである。これを「CB活用力」と呼ぶ。

第四ステップでは，CBスコアをコーポレート・ブランド価値に転換するためにCB活用力を算定する。CB活用力は以下の2つのファクターによって規定される。

1つは事業資産営業利益率（ROA）の水準，いま1つはROAとCBスコアの関連性の高低である。オン・バランス化されていないコーポレート・ブランドを源泉とする利益が大きいほど，ROA は高くなる。そのため ROA が低い水準にある企業は CB スコアをディスカウントし，逆に ROA が高い水準にある企業はブランドを効果的に活用できているとして評価する。

もう１つ，ROA と CB スコアの関連性については，過去の長期間のデータをもとに算定する。コーポレート・ブランドの魅力の増減が ROA の上昇・低下に結びつく程度が高いということは，コーポレート・ブランドの魅力を資本効果ないしキャッシュ・フローの創出に効果的に結びつけることができていることを意味する。

第五ステップでは，CB スコアをコーポレート・ブランドに転換するためのもう１つの要素を算出する。CB スコア，CB 活用力が高くてもコーポレート・ブランド価値が高いとは限らない。コーポレート・ブランドをキャッシュ・フローに転換するための事業機会が，業界ごとに異なるためである。こうした機会を「CB 活用機会」と呼ぶ。

CB 活用機会は各業界で同じ値となる。最終的に回帰分析を通じて企業の無形資産（＝株式時価総額－バランスシート上の純資産）と CB スコア，CB 活用力の関連性からコーポレート・ブランド価値を推定するアプローチをとった。

このように，第四および第五ステップで求められた CB 活用力と CB 活用機会を，「CB leverage」（CB 倍数）と呼ぶ。

CB バリュエーター・モデルのまとめ

上述してきた手法は，バランスシートの純資産と株式時価総額から導き出した無形価値を軸に，コーポレート・ブランド価値を推定している。この意味でバランスシート法と呼ぶことができる。ただ注意すべきはバランスシート法のみを活用した場合には，株式時価総額の変動の影響を受ける可能性がある点である。

そこで，損益計算書の数値を軸にコーポレート・ブランド価値を推定する損益計算書法も併用することにしている。損益計算書法ではコーポレート・ブランドを源泉とする利益からコーポレート・ブランド価値を推計する。本モデルでは，税引き後営業利益（NOPAT）や CB スコアからコーポレート・ブランド価値を推定するアプローチをとった。損益計算書法により算出された数値で補完させることでコーポレート・ブランド価値算出の堅牢さを高めることができる。

CB バリュエーターをいかに活用するか

基本的にはマーケティング手法とのミックス型測定手法であり，測定サブステップにおけるヒアリング，質問表などに恣意性が混在する可能性がある。

本章では広告における企業会計の問題をブランドの測定・評価の視点から現在開発されている測定手法の評価に限定して記した。すなわちブランドのような測定・評価の困難な無形財はオン・バランス要件を満たさないゆえ会計上放置されてきた経緯があるのは前述した。しかしながらとくに先進国においてはすでにブランドは重要な経営資源の一部であり，企業経営上ではまさにそう扱われているにもかかわらず測定・評価において研究が進まないのは財務・管理両会計上の不備を示す一例である。さらには評価の手法を市場の評価にのみ限定しそれらの会計上の資産性を追求してこなかったのはマーケティング研究の怠慢といっても過言ではない。

広告の概念が企業経営課題としての統合マーケティング・コミュニケーション上の重要な機能として拡大評価されつつある。さらにインタラクティブ・メディアが日常化するなか，広告環境自体も激変している。企業のブランディングはこれらの激変するコミュニケーション環境下，生活者と企業をつなぐ信頼のツールとして重要性を増すばかりといえよう。1990年代に入りようやくこの学際的な分野に研究の光が当たり始めたのは素晴らしいことだが，その成果ははるか先にぼんやり見えてきたにすぎない。今後はこの分野がさらに研究が進み，正当な企業評価の一助になることを願うばかりである。

■ 注

1）日本における同分野の研究は，高瀬荘太郎（1930）『暖簾の研究』，同（1933）『グッドウィルの研究』から始まると考えてよい。

2）KATO Communications（1993：22）では，文中プレミアム価格の実現に対して，marketing brand view と premium brand view に分類し marketing brand view に立つほうがブランド価値評価が難しいとしている。

3）この場合，ターミナル・イヤーはブランド起因のキャッシュ・フローの生成が個別予測可能な期間の最終年度を指す。以降は単純に仮定された一定の割引率に基づく将来キャッシュ・フローの現在価値としてのターミナル・バリューとなる。

4）商標権をもつ企業の利益から，商標権をもたない同種の企業を基準としてその利益を差し引いたものを当該商標の利益とする。

5）経済的利益（economic profit）はEVAを指し，会計上の利益が負債適用者の期待のみを認識するのに対し，経済的利益は全資本提供者の期待を認識して計算される。

■ 文献

青木幸弘・陶山計介・中田善啓編（1996）『戦略的ブランド管理の展開』中央経済社。

伊藤邦雄（2002）「コーポレート・ブランドの評価と戦略モデル」『DIAMOND ハーバード・ビジネス・レビュー』（2002 年 7 月号）27（3），ダイヤモンド社，43-47。

伊藤邦雄・日本経済新聞広告局編（2002）『企業事例に学ぶ実践・コーポレートブランド経営』日本経済新聞社。

オリバー，テレンス編（1993）『ブランド価値評価の実務――経営戦略としてのブランド管理と運用』（福家成夫訳）ダイヤモンド社。

白石和孝（2003）『イギリスの暖簾と無形資産の会計』税務経理協会。

高瀬荘太郎（1930）『暖簾の研究』森山書店。

高瀬荘太郎（1933）『グッドウィルの研究』森山書店。

バージェセン，ミッシュ（2002）「ブランドエコノミクス―― EVA と BAV の融合モデル」『DIAMOND ハーバード・ビジネス・レビュー』（2002 年 7 月号）27（3），ダイヤモンド社，54-79。

広瀬義州著・知的財産総合研究所編（2003）『ブランドの考え方』中央経済社。

山川雅哲（2006）「ブランド会計の研究」（博士学位請求論文）。

山本大輔・森智世（2002）『知的資産の価値評価』東洋経済新報社。

Barth, E. M., M. B. Clement, G. Foster and R. Kasznik（1998）“Brand Values and Capital Market Valuation.” *Review of Accounting Studies,* 3: 41-68.

KATO Communications（1993）*Accounting for Brands*, FT Business Enterprises.

Seethamraju, C.（2003）“The Value Relevance of Trademarks,” in J. Hand and B. Lev eds., *Intangible Assets*: *Values, Measures, and Risks*, Oxford University Press, 228-247.

Simon, C. J. and M. W. Sullivan（1993）“The Measurement and Determinants of Brand Equity: A Financial Approach,” *Marketing Science,* 12（1）, 28-52.

Stobart, P. ed.（1994）*Brand Power*, Macmillan.（岡田依里訳，1996『ブランド・パワー――最強の国際商標』日本経済評論社）

第 II 部

人間科学のなかの広告研究

第Ⅱ部では，日本においては文学部のなかに置かれることの多かった，人文学・社会学・心理学などのいわゆる「人間科学」のなかにおいて，広告研究がどのようになされてきたかを読者諸氏にお示しする。学生との普段の会話のなかで，広告とは商学部や経営学部で扱うものであるという，表層的な理解がなされていることが多いことに気づく。第Ⅳ部で提示するマーケティング研究，さらには第Ⅰ部で提示した社会科学のなかに，広告研究の一部が置かれることは間違ってはいない。しかし，それだけで広告のホリスティックな理解ができるかというと，そうではない。広告活動や広告現象を多面的に把握するには，人間科学の知見は大変有益な示唆を与えてくれるのである。

第５章では，社会学，特にマス・コミュニケーション研究の観点から，広告を把握する。社会において広告はどのような機能・役割を果たしているのかを考えることが，社会学の観点からの広告把握の基本である。この章では，社会学の諸学説を規範的パラダイムと解釈的パラダイムとに，マス・コミュニケーション研究の諸学説を経験学派と批判学派とに，それぞれ区分し，それぞれの立場でどのような広告に関する研究がなされてきたかを整理している。また同時に，広告とは何かを問うだけではなく，広告の分析を通じて何かを問うこともまた，広告の研究であることが明示されている。私たちが生きる社会と広告との関係を多面的に理解するとはどういうことかを，第５章は否応なく私たちに突きつけてくれるだろう。

第６章では，社会心理学の観点から，広告を把握する。「社会的な環境のなかで生じる人間行動と，その背後にある心的過程の法則を探求する学問」である社会心理学は，そもそも学問として，広告をその大きな題材として取り上げてきた。逆に，広告実務において広告効果の把握は欠かすことのできない業務であるが，その理論的支柱の多くはこの学問分野の成果に依存している。第６章では，このように切っても切れない関係である広告と社会心理学との結びつきについて，研究発展の時系列に沿って，また重要概念の提示をベースに，整理している。広告が消費者の心理に働きかけるものであることを考えると，この分野の知見は広告理解に必要不可欠な一側面であると言えるだろう。

第７章では，ジェンダー研究の観点から，広告を把握する。文化的・社会的な性別とも呼ばれるジェンダーに関する研究そのものが学際的な学問領域であるが，ジェンダーがどのように広告で取り上げられてきたかを考えることは，さらに複雑な学問的理解を要求する。広告のメッセージが性別役割分業のステレオタイプ化や性（特に女性性）の商品化を促進するなど，ジェンダーが広告表現と密接に関わっているなかで，第７章では研究のみならず運動の側面からも，この分野における議論の整理を試みている。2015年のカンヌライオンズで「マツコロイド」が賞を獲得するなど，現実面でも理論面でも発展著しいこの分野についての基本をおさえることに役立つであろう。

第８章では，物語論の観点から，広告を把握する。中長期的なブランド価値の創造を狙った広告においては，物語が重要な役割を担っていることが多い。物語広告の理論的基盤である記号論や物語論がどのように発展してきたか，またそれらがどのように広告に応用されてきたかについて，第８章では広告クリエイティブ制作への応用を視野に入れて議論されている。インターネットの発展に伴い情報爆発が常態化している現代において，物語で企業と顧客との間の関係性を担保することはもはや避けがたく，この章の記述はそのための処方箋を提供するための分析視角を明らかにしていると言える。

第９章では，コミュニケーション論の観点から，広告を把握する。コミュニケーション研究，とりわけマス・コミュニケーション研究については，第５章でも触れられているが，第９章ではそのなかでも「オピニオン・リーダー」「議題設定機能」「疑似環境」という３つの鍵概念の解説と，その広告活動ないしは広告現象への応用を議論している。現代のメディア環境が広告と広報の垣根を消滅させたと言われるようになって久しいが（広報はコミュニケーション論と表裏一体の関係にあるジャーナリズム論との関係が深い），このような状況下における広告活動を理解するためには，広告活動を広告コミュニケーション活動として捉え直し，コミュニケーション論の知見をその分析に活かすことが有用であろう。

以上のラインナップを概観すると，広告研究を社会科学のなかだけにとどめておくことなどできないことが，一目瞭然でわかるだろう。広告のホリスティック（全体論的）な理解のために編まれた本書においては，「広告を目的とする研究」も「広告を手段とする研究」も，いずれも「広告の研究」の１つなのである。

（伊吹勇亮）

第 5 章

広告と社会学

難波 功士

1 そもそも「社会学」とは

[1] 規範的パラダイムと解釈的パラダイム

広範な事象を，多様な手法で扱う社会学。その学説を整理するための，さまざまなアイデアが出されてきたが，ここではまず「規範的（normative）パラダイム／解釈的（interpretive）パラダイム」という区分を採用しておきたい。

『社会学事典』には，両パラダイムの解説として「規範的パラダイムは，行為の意味を，ある社会システムの成員間に共有された規範的ルールの表出として捉える立場であり，パーソンズらの構造機能主義に代表される。それに対して，解釈的パラダイムは，行為者自身がその行為に付与する『主観的意味』に注目し，行為を不断の意味解釈過程として捉える立場であり，シュッツらの現象学的社会学，エスノメソドロジー，シンボリック相互作用論に代表される」（見田ほか編 1994：192）とある。

規範的パラダイムの発想に立てば，個に先立って社会全体が存在しており，その全体を覆う「規範的ルール」に従って，個々人の行為はなされ，その意味は確定されるということになる。こうしたアプローチは，方法論的集合主義とも呼ばれ，その源流はフランスの社会学者 E. デュルケームに求められることが多い。この場合，研究者は社会に外在する視点から，その規範的ルールを観察・記述する者となり，こうした立場からの研究は，巨視的・俯瞰的な視点から社会全域を見渡すマクロソシオロジーとなる傾向がある。

一方，解釈的パラダイムでは，個に先立つ全体は想定されておらず，個々人の集積が社会を形成していくとイメージされている。そして，行為の意味はその都度，行為者たちによって決められるものと想定されている。こちらは方法論的個人主義とも称され，その源流はドイツの社会学者 M. ウェーバーとなる。そしてウェーバーの理解社会学に，ひとまず「意識に直接現れたもの，直感されたものに対し絶対性を認める」とした現象学（哲学）の方法を取り入れたのが，A. シュッツの現象学的社会学であり，彼の影響のもと，アメリカで解釈的パラダイムは展開を遂げていく。この流派においては，研究者は社会に内在し，研究対象のかたわらで，その時々におけるルールの共有・構築を観察・記述する者とされることが多い。

規範派は解釈的パラダイムを，ややネガティブなニュアンスを込めて微視的社会学（ミクロソシオロジー）と呼ぶことがあり，一方解釈派からすれば，規範的パラダイムは誇大理論（グランドセオリー）に過ぎないということになる。また，規範派から解釈派に対しては，主観的であり，科学の名に値しないとの批判がよせられることがある。一方解釈派は，規範派は個別具体的な社会のリアリティに迫りえていないと応じたりもする。

もちろん，この二項対立の図式で整理がつくほど，話は単純ではない。両者を統合しようとする試みはさまざまになされてきたし，今もそのためのアイデアは提出され続けている。研究者の多くは，鳥瞰的に（鳥の目になって）社会を見渡すことと，いわば「虫の視点」から地上の事象をさまざまに検討することとを並行して行い，それら両者の間を往還し続けるのが常だろう。

だが「規範的／解釈的」という区分は，広告への社会学からのアプローチを整理するうえで，依然有効のようにも思われる。ここでは規範派からの一例として，宮台（2010）の「消費の機能分析」を挙げておきたい。周知のように，宮台社会学の根底には，T. パーソンズらの構造機能主義を発展させた N. ルーマンの社会システム理論がある。個と全体の動態的な関係を取り込んだ，より洗練されたシステム理論を駆使して，1980 年代の若者たちの消費行動を，宮台はそれこそシステマティック（体系的）に解明しようと試みている。

他方，解釈派の例を挙げるとするならば，アメリカの哲学者 G. H. ミードに端を発する「シンボリック相互作用論（インタラクショニズム）」などにその理論的基礎を求めた武井（2015）の「解釈的マーケティング」がある。シンボリック相互作用論とは，人々の相互行為（インタラクション）のあり方をその実際に即して，具体的に検討していこうとする態度くらいに，ここでは大まかに理解しておきたい。この立場からすれば，個々の相互行為に意味を与えるのは，あくまでもその相互行為の当事者であり，その状況への参加者たちなのである。そうした解釈的パラダイムの議論が，消費者行動研究へと援用されているわけだ。

もう1つ，マーケティングないし消費者行動論へと，社会学が援用された例を挙げるならば，中西（2014）のA.ギデンズをベースとした議論がある。ギデンズは，構造化（structuration）や再帰性（reflexivity）といった概念を軸に，規範派／解釈派，もしくは「行為者（エージェント）／構造（ストラクチャー）」の二項対立を乗り越えようとしたイギリスの社会学者である。たしかに，広告という行為も，広告主が自身（の製品）を「これは○○である」と自己言及し，受け手ないし消費者の反応を再帰的に組み込みながら，自身のあり方を仮構し変容させていく一連のプロセスである。同書では，ブランドの再帰性の事例として「無印良品（Muji）」が挙げられている。ある商品群を無印（良品）と名づけ，「わけあって安い」をキャッチフレーズに掲げて発売し，その後時代とともに，また海外へと展開するなかで，カスタマーないしユーザーからのフィードバックを組み入れつつ，そのあり方を修正・調整させてきたというのである。

[2]　エスノメソドロジーと広告

このように社会学の一部は，マーケティングないし広告研究へと影響を及ぼしている。なかでも注目すべきは，「エスノメソドロジー」からの広告論である。

さらにもう1冊，『現代社会学事典』から「規範的パラダイム／解釈的パラダイム」の項を引いておくと，

> 規範的パラダイムの代表がパーソンズ，T.の構造機能主義であり，解釈的パラダイムはエスノメソドロジーが典型である。すなわちパーソンズは，相互行為を規範に支配されたものと見なし，確定した意味を伴った相互行為にもとづいて演繹的な理論化が可能であるとする。これに対してエスノメソドロジーは，行為や表現のインデックス性に注目する。インデックス性とは，どんな相互行為の意味もそれが生起するコンテクスト（文脈）に依存しているということであり，当該文脈に参加する行為者たちは「状況の定義」をそのつど共同で達成しなくてはならない。そして一度達成された状況の定義も，文脈の変化につれてまた再定義される。つまり規範は相互行為中の解釈作業を通して作り出

されるのである。（大澤ほか編 2012：260）

エスノは「人々の」であり，メソドロジーは「方法論」。アメリカの社会学者 H. ガーフィンケルは，人々が日々どのような方法にもとづきもろもろの行為を遂行しているのか，とりわけその諸実践において「何を当たり前のこととしているのか」に注視するエスノメソドロジーを創始した。そしてエスノメソドロジストたちは，日常生活における「自明とされているもの」をあぶりだすために，会話分析と呼ばれる，精緻でインテンシィブな相互行為の記述方法を発達させてきている。

エスノメソドロジーの立場からの広告研究においては，「広告なるものがそこに自明にある」という前提そのものが疑われ，「1つの広告作品（テキスト）については，それは前提的に（本質として）『広告』であるのではなくて，そのテキストの構成に沿った人々の社会的な実践によって日常的な概念の結びつきが達成されるかぎりにおいて，はじめてそれが『広告である』という理解が生じてくる」（是永 2004：174）とされる[1]。「いや，広告は広告だし，誰もがそんなことをいちいち考えてはいない」との反応も当然あることだろう。しかし一見，迂遠で衒学的（ペダンティック）に思える議論ではあるが，広告概念それ自体を問い直すことは，いわゆるマス4媒体（テレビ・ラジオ・新聞・雑誌）以外のメディアの台頭のなか，コンテンツと広告との境が曖昧になっている現状を考えると，時宜にかなった指摘とも言えるだろう。

広告（概念）を所与のものとせず，相互行為の参与者たちによって「それは広告である」「そこで行われている行為は広告である」と同定（アイデンティファイ）されるプロセスに着目し，広告を「状況の定義」問題として考える視点は，難波（2000a）や北田（2008）といった歴史社会学的な広告研究においても展開されている。ともかくここでは，「何が広告であるかを自明とする広告研究」への疑問や批判を，広告研究に携わろうとする者は，看過すべきでないことを強調しておきたい（前田ほか編 2007）。

2 批判的広告研究の系譜

[1] マス・コミュニケーション研究の2つの流れ

次に，社会学から少し視点をずらし，マス・コミュニケーション研究という学問分野（ディシプリン）について考えてみたい。

マスコミ研究においても，社会学の規範派／解釈派と同様，その研究のスタンスが，相異なる2つの流れに整理されることがある。経験学派（empirical school）と批判学派（critical school）という区分がそれで，前者が価値中立的な立場から，マス・コミュニケーションに関わる事象を実証的に調査・分析していくのに対して，後者はマスコミ（と社会）の現状に批判的な立場からスタートする。大雑把な傾向として，前者の学問的背景には社会心理学などより定量的な研究分野が，後者の背後には社会哲学などより人文学的な知がひかえていることが多い。また前者は，概してマスコミによる直接的な効果・影響の把握に重点をおくのに対し，後者はそのコミュニケーションがなされた社会的・文化的な背景や文脈を問題とする傾向が強い。

前者の場合，その知見をマスコミの送り手側が利用することも多く，後者からすれば，そうした学問研究は体制に与（くみ）するものだ，ということになる。広告研究にひきよせて考えれば，批判学派から経験学派へは，「大量生産・大量消費を前提とする資本主義社会を肯定し，その歯車の1つである大量伝達（マスコミュニケーション）に寄与するための学問だ」との批判が加えられてきた。「現状の社会を，ないしは社会の現状を根本から問い直す」という姿勢こそが，批判学派が批判的（クリティカル）たるゆえんなのであろう。その批判が正当なものであるか否かは，本書の読者それぞれが，さまざまな文献にあたり，広告や社会について考えを深めていくなかで判断していってほしいが，とりあえずここでは，他の章ではあまりとりあげられないであろう，広告に対する批判的研究の系譜を紹介しておきたい。

もちろん経験学派／批判学派も，あくまでも整理のための対比である。経験的広告研究を代表する論者が，より多様なスタンスからの広告論集を編んだ例もある（真鍋編 2006）。また広告研究同様，マスコミ研究も「研究する対象ありき」の学問分野であるため，研究対象（マスコミ）へのアプローチ方法も研究者によってさまざまであり，その研究のバックボーンも多種多様である。以下とりあげる先行研究も，「より広い意味での社会学」のなかからのセレクトである。

[2]　消費の社会学

マルクス主義の影響の色濃い批判学派では，資本主義社会におけるマスコミは，人々を統治・支配するための，体制側のツールと化した「文化産業」「意識産業」であると非難されてきた。フランス語圏で言うならば，L. アルセチュールや R. バルト，J. ボードリヤールといった思想家たちが，広告（＝虚偽意識）批判の論者として有名である。彼らは，規範的パラダイムの源流とされるデュルケームからも多くを引き継いでおり，「個に還元されえない全体がある」という発想を共有している。こうしたデュルケミアンの系譜に連なる文化人類学者 C. レヴィ＝ストロースは，F. ソシュールの構造言語学の影響下，その社会全体に遍在する何ものかを「構造」としてとらえた。アルチュセールらは，そうしたフランス構造主義の流れをくむ思想家・評論家たちでもある。

ボードリヤールは，現代の消費社会においては，商品とその広告とは混然として不可分なものであり，まず商品があってそれに広告が付加されるといった前後関係にはないと考えていた（Baudrillard 1968＝1980）。そしてボードリヤールは，現代社会において私たちは，個々に自発的・自律的に消費を行っているわけではないとも主張した。世界各地の婚姻システムに共通する構造として，レヴィ＝ストロースが抽出した親族関係の仕組みのように，先進諸国の消費行動も，何らかの構造のもと行われているというのである。

> 親族体系が最終的には血縁関係や家系つまり自然的条件によってではなく，任意の分類規則にもとづくのと同様に，消費の体系は最終的には欲求と享受にもとづくのではなくて，記号（記号としてのモノ）と差異のコードにもとづいている。……財や差異化された記号としてのモノの流通・購買・販売・取得は今日ではわれわれの言語活動でありコードであって，それによって社会全体が伝達しあい語りあっている。これが消費の構造でありその言語である。個人的欲求と享受はこの言語に比較すれば話し言葉的効果でしかない。（Baudrillard 1970＝1979：97-98）

要するに，今日消費とは，その深層において人々への強制としてあり，個々の広告表現は，そうした強制の構造の，個別の現れだというのである。たしかに，私たちの欲求が，まったく他からの示唆や他との比較，つまり他者の存在なしに生み出されているとは思えない。商品や消費への私たちの欲求が，広告などマーケティングの技術によってつくりだされたものではないと，確信をもって語ることの困難は，誰もが多少なりとは感じているところであろう。

より精緻な広告分析を残したバルトにしても，すべての広告には，その文字や図像が発するメッセージとは別に，何らかの意味作用を行う次元をともなう構造が，共通して潜在していると考えていた（Barthes 1985＝1988）。広告とはあたかも氷山のようなものであり，水面上に出ている目に見える部分（広告表現の構成要素である文字・図像など）が示すものだけにとどまらず，何らかのメッセージが共示（connotation）されているのだという。

こうしたボードリヤールやバルトらの指摘は，1980年代の日本社会においては一定の現実味を帯びていた。たしかに当時は，商品の性能や品質はおおむね一定のレベルに達し，機能による差異化やそのストレートな訴求はもはや無意味だ（誰もそれを求めていない）とされ，意味深なコピーやビジュアルが広告に溢れていた。広告表現の巧みさ，視覚的な美しさ，ガジェット的なおもしろさによって差異化をはかり，売上を伸ばそうとする商品が話題となっていた（稲増 1985，稲増・山田 1994）。こうした消費社会論の日本での展開として，社会学では内田（1987）がある。

またボードリヤールは，M.マクルーハンのメディア論や，D.ブーアスティンの疑似イベント論などを引きながら，ハイパー化するメディアのもとでのリアリティの変容という見地からも広告を論じている。1980～90年代のメディア環境とボードリヤールの議論とは共振しており，ある種の説得力を有していたこともたしかである（Poster 1990＝2001）。

フランス構造主義を源泉とする消費社会論以外では，十全な展開をみてはいないが，桜井洋の消費ゲーム論の試みも注目に値する。桜井によれば，L.ヴィトゲンシュタインの「言語ゲーム」概念は，人々の社会的活動すべてを指すものであり，「言語ゲームの本質は，それがその根拠をもたないという点にある」「言語ゲームにおいてその言葉が実際どのように用いられているか，という，その言葉の具体的な働き以外に，言葉の意味なるものがあるわけではない」（桜井 1987：274）。そして，消費という言語ゲームの実践において，広告はヒントとなるものであり，その商品の購入によってゲームへと参加するための糸口なのだという。

ここで興味深いのは，桜井が西武流通（セゾン）グループ，なかでも当時その傘下にあったファッションビル「パルコ」に事例を求めている点である。1970～80年代のセゾングループの特異な広告展開・事業展開は，当時の消費社会のありようをリードする存在であり，多くの社会学者がその検討を試みてきた（上野1991，難波2000a，2010，北田2011）。

だが，セゾンの失速と軌を一にするかのように，1980年代半ばあたりから広告や消費社会を語る論調に変化が生じてくる。記号としての商品，神話の構造にもとづく消費といった言説よりも，消費のありようが，その人の出身ないし所属階層によって左右されるとの論が優勢となっていく（小沢1989）。フランスの社会学者P. ブルデューが，階級の違いによる文化資本の多寡が，その人の趣味嗜好を大きく左右することを明らかにし，日本の研究者に影響を与え始めたのもこの頃である。またブルデューには，広告写真に関する論考や住居の社会学的研究において住宅広告を分析対象とした著作もある（Bourdieu et al. 1965＝1990，Bourdieu 2000＝2006）。

そして2000年代に入り，日本社会の現実は，人々の注目を，消費よりも生産，余暇よりも労働へと向けさせていく。やがて消費社会論は，時代の焦点でも，世の中の関心事でもなくなっていった（間々田2000，難波2003a）。

[3] カルチュラル・スタディーズ

イギリスではマルクス主義の伝統のうえにマスコミ批判，広告批判の作業が続けられていた（難波2000b，2003b）。その代表的論客であるS. ホールは，構造言語学のタームを駆使したバルトたちの広告分析を批判し，広告の受け手の解釈作業を重視した「エンコーディング－デコーディング（encoding-decoding）」図式を提出した[2)]。ホールらを中心としたカルチュラル・スタディーズからの消費ないし広告研究としては，浅見克彦（2002）などの理論的検討や，ソニー・ウォークマンのプロダクトデザインや広告の戦略を視野に入れつつ，それを消費する側の解釈や使用の多様性を論じたホールらの研究がある（du Gay et al. 1997＝2000）。

また1980年代以降，これまでの合理的・合目的的な広告のあり方から逸脱したような表現戦略をとる企業も現れ，なかには既存の広告や消費社会への批判をも組み込んだ広告展開をとる作り手・送り手たちも現れた。そうした新たな動きを括るキーワードとして「ポストモダン」の語が用いられ（カルドネル2009），具体的にはボディショップ，ベネトン，ナイキなどの広告展開が言及されることが多い（Kaplan 1999＝2000）。とりわけナイキは，これまでの広告やマーケティングの常識を破るさまざまな手法によって，世界中の若者たちの間で，時代の先端を行く，クールな自分たちのブランドというポジションを築いていった。R. ゴールドマンらは，そうしたナイキの戦略を，クールさを通して商品を売る巧みな戦術として批判的にとらえている（Goldman and Papson 1996, 1998）。

カルチュラル・スタディーズの諸研究は，広告をはじめ，ポピュラー・カルチャーないしマス・カルチャーのコンテンツとその享受のされ方を精査することで，一見アーティスティックであったり，エンタテインメントに徹しているような広告表現であったとしても，そこに何らかの権力関係（ポリティクス）を見いだそうとする。広告の送り手と受け手，商品の供給者と消費者との関係は，いくら後者の側に解釈・選択の余地が担保されていようとも，高額な広告費を負担可能であり，人々への影響力を行使しうる側と，行使される側という非対称的な関係であることを指摘する。カルチュラル・スタディーズが，表象の政治学（ポリティクス）とされるゆえんである。

もちろん，こうした文化・芸術に潜む権力関係だけではなく，もっとわかりやすいかたちで政治と広告とは結びついている。政治的なプロパガンダ（宣伝）が，広告を通してなされることへの研究も，政治学（ポリティカル・サイエンス）をバックボーンとするマスコミ研究においてなされてきた（李 2011）。政治的な主張や企業理念が，あたかも一個のプロダクトであるかのように開発され，世の中にプレゼンテーションされていく過程についても研究が始まっている（Goldman and Papson 2011，平林 2014）。

3　「広告」を研究するのか，「広告」を通じて研究するのか

[1]　広告のクロスカルチュラルな研究

広告研究の整理の軸として，最後に「広告とは何か（どうあるのか）を問う／広告の分析を通じて何かを問う」を提示しておきたい。これまで取り上げた研究の多くは，この社会において広告とはどのような機能・役割を果たしているかを考えるものであった。もちろんここで挙げた3つ目の二項図式にしても，あくまでも整理のためのものであり，きれいに両者に分けられるものではない。広告を資料として用いて，この社会の何らかの側面を明らかにしようとするなかで，広告というもの自体の特質が浮き彫りになってくることもあるだろう。

広告の分析を通じて問われる「何か」として，最も多く見受けられるのは，この社会を覆うジェンダー・バイアスであるが，その詳細は第7章に委ねることに

したい[3]。ここでは，ジェンダーと並んでよく広告（を資料として用いた）研究のテーマとなることの多い，他国民・他民族の表象に関してふれておきたい。この領域での代表的な成果としては，萩原滋らのものがある（萩原 1996，萩原・国広編 2004）。広告の国際比較研究のまとまったサーベイとして石井（2006）や，内容分析の手順の紹介でもある日吉（2009）なども参考になろう[4]。

広告における他民族・他文化表象の分析事例として，ここでは山中（2005）を紹介しておこう。この論文では，日本のテレビ CM において「ハワイ」がどのように描かれてきたかが，歴史的に検討されている。その結果，かつての CM に映し出されたハワイには，「一九世紀以降，欧米社会において連綿と受け継がれてきた『太平洋の楽園』イメージの影響」が強く認められていたが，1990 年代以降「ハワイ先住民文化の高揚を反映して，ハワイ人の文化要素を肯定的かつ効果的に取り込んだ観光誘致 CM」が登場し，さらにはさまざまな企業の広告において「スローライフをイメージさせるハワイ人の文化要素の利用」がみられるようになったという（山中 2005：123-4）。

もちろんこの論文では，そうしたハワイ文化の表象が，どのように受容されてきたかまでは語られていない。しかし，広告において他民族・他文化をいかに表象しているか（表象しあっているか）の検討を通じて，それぞれの広告が制作・流通・受容された社会や文化の特質が明かされうる可能性を，この論文は示している。こうした研究の積み重ねのなかから，広告とは何を描くものであり，ひいては何であるのか（何をしているのか）が，帰納的に導き出されていくのであろう。

[2] 内容分析（コンテンツ・アナリシス）から文脈分析（コンテクスト・アナリシス）へ

広告表現の定量的な把握は，内容分析として経験学派のマスコミ研究において進展してきており，「広告内容の分析を通じて当該社会の異民族観を問う」といったタイプの研究は一定の成果をあげてきた。しかし，前述の氷山の比喩を用いれば，水面上にあるテクスト（文字）やイメージ（図像）などだけで広告コミュニケーションは完結しているわけではない。広告内には明示的に表出はされていない意味（の次元）をバルトは論じたわけだが，その水面下のメッセージは，バルトら記号学者ないし神話学者が読み取るのではなく，今日においては広告の受け手たちの多様な解釈実践を通じて，その広告の「含意」として汲み取られ，構築されていくものなのである[5]。

サンプルとして集められた広告内の表現要素をカウントすることは，誰が行ってもおおむね同様な結果となるであろう。だが，その広告が水面下で行っている意味作用を把握しようとすると，ある広告が「誰（どの広告主ないしブランド）によって，どういった人々に対し，何時，どんなメディアを介して」なされ，特定の時代・地域・社会に生きるある受け手たちが，どのようにその広告の含意を解釈したかを再現し，追体験していかなければならない。広告内に表出された表現要素（内容）のみならず，その広告をめぐる多様なファクターを含み込んだ，当該広告がなされた社会的・文化的な文脈の検討が必要なのである。

こうした，いわば広告の文脈分析の理論的検討は，桜井の消費ゲーム論や，広告を言語行為ととらえる辻（1999）などによってなされてきた。そして日本の社会学におけるセゾン研究や，カルチュラル・スタディーズにおけるウォークマンやナイキの分析など，モノグラフも生み出されてきた。だが，実務の要請に応えようとする広告効果研究・消費者行動研究に比べ，まだまだ社会学的な広告の内容分析・文脈分析は，量・質ともに低調であることは否めない。

[3] 資料体としての広告

最後に，広告とは何か（その社会において何だと思われているか）を研究する場合でも，広告を資料に用いて何かを明らかにしようとする際にも，重要なのは広告のアーカイブ化とそのオープン・データユースであることを強調しておきたい。

山田編（2007）は，ACC（全日本シーエム放送連盟）賞を受賞したテレビ CM のアーカイブ化にともなう共同研究の成果である。一方，高野・難波編（2010）は，1950 年代から多くのテレビ CM を作り続けてきた制作会社の作品集にもとづく論集である。こうしたアーカイブは，広告史研究のベースとなるとともに[6]，当時の社会を研究するうえでも重要なインフラストラクチャーとなっている。たとえば同書では，昭和 30 年代の CM 手法と今日のそれとの違いが明かされるとともに，当時のファッションや家事のあり方，理想の若者像などが CM を素材に語られていく。また CM の多くは，何らかの音楽とともにあり，CM アーカイブにもとづき，ポピュラー音楽の変容をたどることも可能である（林ほか 1984，小川ほか 2005）。文化資源学という学問分野の広がりが，広告の社会学の基盤整備にも不可欠なのである（高野 2007）。

以上，「規範的／解釈的」「経験的／批判的」「広告自体の／広告を素材とした」という 3 つの整理の軸を設けながら，社会学からの広告研究を見てきた。消費社会論全盛の頃のような，広告さえ論じていれば社会を見渡せたことになるといった信憑は薄れたにせよ，まだまだ広告は現代社会論の重要なテーマである点を強調しておきたい。もちろん広告という複雑な事象は，簡単な整理や理解を受けつけるものではない。そして広告概念は，さらに拡散を続けてもいる。だが，だからこそ広告研究は，まだまだおもしろいとも言える。大胆な着想と緻密な資料収集・分析を両輪に，広告の社会学が進んでいくことを期待したい。

■ 注

1） 好井（2010）はエスノメソドロジーの立場から，CM を題材に男／女や家族に関して，人々が何を自明な常識としているかを論じている。

2） ホールの批判は，バルトらの広告の記号論的読解だけではなく，経験学派の定量的な「内容分析」に対しても向けられていた。もちろんマスコミ研究における内容分析も，それほど単純なものではない。アメリカの社会学者 R. マートンは，映画やラジオにおけるプロパガンダ研究の際，メッセージの内容分析とともに反応分析の必要を指摘している（Merton 1949＝1961）。

3） テレビ CM を素材に身体の変容を論じた内田（1997），家電広告をもとにナショナリズムの変遷を描いた吉見（1998），広告を題材に「反省」の比較ないし歴史社会学を展開した北田（2005）など。

4） T. ホールデンや P. ピヤなども，精力的に広告の国際比較に取り組んでいる。

5） decoding とタイトルにある Williamson（1978＝1985）の場合も，解読（デコード）するのは広告の受け手ではなく，著者のウィリアムソンである点に注意。

6） 広告制作者の社会学を考えるうえでも，基礎資料の整備は急務である（難波 2007，加島 2014）。

■ 文献

浅見克彦（2002）『消費・戯れ・権力――カルチュラル・スタディーズの視座からの文化＝経済システム批判』社会評論社。

李津娥（2011）『政治広告の研究――アピール戦略と受容過程』新曜社。

石井健一（2006）「広告の内容分析」真鍋一史編『広告の文化論――その知的関心への誘い』日経広告研究所。

稲増龍夫（1985）「商品の記号論」仲村祥一・中野収編『大衆の文化――日常生活の心情をさぐる』有斐閣。

稲増龍夫・山田一成（1994）「社会的コミュニケーションとしての広告」木下冨雄・吉田民人編『記号と情報の行動科学』福村出版。

上野千鶴子（1991）「イメージの市場」上野千鶴子・中村達也・田村明・橋本寿朗・三浦雅士『セゾンの発想――マーケットへの訴求』リブロポート。

内田隆三（1987）『消費社会と権力』岩波書店。

内田隆三（1997）『テレビ CM を読み解く』（講談社現代新書），講談社。
大澤真幸・吉見俊哉・鷲田清一編，見田宗介編集顧問（2012）『現代社会学事典』，弘文堂。
小川博司・粟谷佳司・葉口英子（2005）『メディア時代の広告と音楽――変容する CM と音楽化社会』新曜社。
小沢雅子（1989）『新・階層消費の時代――所得格差の拡大とその影響』（朝日文庫）朝日新聞社（初刊 1985，日本経済新聞社）。
加島卓（2014）『〈広告制作者〉の歴史社会学――近代日本における個人と組織をめぐる揺らぎ』せりか書房。
カルドネル，シルヴァン（2009）「欧米における CM 表現様式の変化」佐々木英昭・松居竜五編『芸術・メディアのカルチュラル・スタディーズ』ミネルヴァ書房。
北田暁大（2005）『嗤う日本の「ナショナリズム」』日本放送出版協会。
北田暁大（2008）『広告の誕生――近代メディア文化の歴史社会学』（岩波現代文庫）岩波書店（初刊 2000，岩波書店）。
北田暁大（2011）『〔増補〕広告都市・東京――その誕生と死』（ちくま学芸文庫）筑摩書房（初刊 2002，廣済堂出版）。
高野光平（2007）「CM――映像文化の歴史的成立」佐藤健二・吉見俊哉編『文化の社会学』有斐閣。
高野光平・難波功士編（2010）『テレビ・コマーシャルの考古学――昭和 30 年代のメディアと文化』世界思想社。
是永論（2004）「メディア分析」山崎敬一編『実践エスノメソドロジー入門』有斐閣。
桜井洋（1987）「消費ゲームと現代社会」山岸健編『日常生活と社会理論――社会学の視点』慶應通信。
武井寿（2015）『意味解釈のマーケティング――人間の学としての探究』白桃書房。
辻大介（1999）「商品としてのことば」庄司博史編『ことばの二〇世紀』ドメス出版。
中西眞知子（2014）『再帰性と市場――グローバル市場と再帰的に変化する人間と社会』ミネルヴァ書房。
難波功士（2000a）『「広告」への社会学』世界思想社。
難波功士（2000b）「『広告』を文化研究することとは」吉見俊哉編『メディア・スタディーズ』せりか書房。
難波功士（2003a）「消費社会論」『子犬に語る社会学・入門』洋泉社。
難波功士（2003b）「広告のカルチュラル・スタディーズ」津金澤聡廣・佐藤卓己編『広報・広告・プロパガンダ』ミネルヴァ書房。
難波功士（2007）「コマーシャルの転回点としての 70 年代」長谷正人・太田省一編『テレビだョ！全員集合――自作自演の 1970 年代』青弓社。
難波功士（2010）『広告のクロノロジー――マスメディアの世紀を超えて』世界思想社。
萩原滋（1996）「日本のテレビ CM における外国要素の役割」川竹和夫・杉山明子編『メディアの伝える外国イメージ』圭文社。
萩原滋・国広陽子編（2004）『テレビと外国イメージ――メディア・ステレオタイピング研

究』勁草書房。
林進・小川博司・吉井篤子（1984）『消費社会の広告と音楽――イメージ志向の感性文化』有斐閣。
日吉昭彦（2009）「エスニシティの表象と「外国人」イメージ」藤田真文・岡井崇之編『プロセスが見えるメディア分析入門――コンテンツから日常を問い直す』世界思想社。
平林紀子（2014）『マーケティング・デモクラシー――世論と向き合う現代米国政治の戦略技術』春風社。
前田泰樹・水川喜文・岡田光弘編（2007）『エスノメソドロジー――人びとの実践から学ぶ』新曜社。
真鍋一史編（2006）『広告の文化論――その知的関心への誘い』日経広告研究所。
間々田孝夫（2000）『消費社会論』有斐閣。
見田宗介・栗原彬・田中義久編（1994）『社会学事典』弘文堂。
宮台真司（2010）『システムの社会理論――宮台真司初期思考集成』勁草書房。
山田奨治編（2007）『文化としてのテレビ・コマーシャル』世界思想社。
山中速人（2005）「テレビ CM におけるハワイの文化表象の展開」飯田卓・原知章編『電子メディアを飼いならす――異文化を橋渡すフィールド研究の視座』せりか書房。
好井裕明（2010）「女／男であること」串田秀也・好井裕明編『エスノメソドロジーを学ぶ人のために』世界思想社。
吉見俊哉（1998）「『メイド・イン・ジャパン』――戦後日本における「電子立国」神話の起源」嶋田厚ほか編『デザイン・テクノロジー・市場』東京大学出版会。
Barthes, R.（1985）L'aventure sémiologique, Éditions du Seuil.（花輪光訳，1988『記号学の冒険』みすず書房）
Baudrillard, J.（1968）Le systéme des objects, Éditions Gallimard.（宇波彰訳，1980『物の体系――記号の消費』法政大学出版局）
Baudrillard, J.（1970）La société de consummation: ses mythes, ses structures, Éditions Gallimard.（今村仁司・塚原史訳，1979『消費社会の神話と構造』紀伊國屋書店）
Bourdieu, P.（2000）Les structuresociales de l'économie, Éditions du Seuil.（山田鋭夫・渡辺純子訳，2006『住宅市場の社会経済学』藤原書店）
Bourdieu, P. et al.（1965）Un art moyen: essai sur les usages sociaux de la photographie, Éditions de Minuit.（山縣熙・山縣直子訳，1990『写真論』法政大学出版局）
du Gay, P. et al.（1997）Doing Cultural Studies: The Story of the Sony Walkman, The Open University.（暮沢剛巳訳，2000『実践カルチュラル・スタディーズ――ソニー・ウォークマンの戦略』大修館書店）
Goldman, R. and S. Papson（1996）Sign Wars: The Cluttered Landscape of Advertising, The Guilford press.
Goldman, R. and S. Papson（1998）NIKE Culture: The Sign of the Swoosh, Sage.
Goldman, R. and S. Papson（2011）Landscapes of Capital: Representing Time, Space and Globalization in Corporate Advertising, Polity press.

Kaplan, C. (1999) "A World without Boundaries", L. Bloom (ed.) With Other Eyes: Looking at Race and Gender in Visual Culture, The University of Minnesota press.（堀田碧訳，2000「境界なき世界」L. ブルーム編『視覚文化におけるジェンダーと人種――他者の眼から問う』彩樹社）

Merton, R. K. (1949) Social Theory and Social Structure: Toward the Codification of Theory and Research, The Free press.（森東吾ほか訳，1961『社会理論と社会構造』みすず書房）

Poster, M. (1990) The Mode of Information: Poststructualism and Social Context, Polity press.（室井尚・吉岡洋訳，2001『情報様式論』〈岩波現代文庫〉，岩波書店。初刊 1991）

Williamson, J. (1978) Decoding Advertisements: Ideology and Meaning in Advertising, Marion Boyars.（山崎カヲル・三神弘子訳，1985『広告の記号論 I・II――記号生成過程とイデオロギー』柘植書房）

第 6 章

広告と社会心理学

池内 裕美

はじめに

広告をたびたび目にするうちに，いつのまにかその商品が好きになり，結局購入してしまった経験はないだろうか。買い物のように一見きわめて個人的な行動でも，私たちは知らず知らずのうちに多くの社会的な影響を受けている。本章では，社会的影響源の1つである広告に対し，心理学や社会心理学ではどのような研究がなされ，いかなる成果が得られてきたのかについて取り上げる。まず第1節で社会心理学と広告研究の関係について概説する。そして，心理学の概念や理論が活用された広告研究を「心理学的広告研究」と称し，その潮流を時代に沿って紹介する。その際，おもな広告効果モデルについても，心理学の応用研究といった立場から簡単に概説する。次いで第2節では，本章のタイトルでもある「社会心理学」の領域で見出された主要な研究成果に焦点を当てる。そして最後の第3節では，広告研究や広告実務における心理学的アプローチの課題と展望について論じたい。

1 広告研究と心理学の諸領域

[1] 社会心理学における広告の位置づけ

社会心理学とは，心理学の1領域であり，ひと言でいうと「社会的な環境のなかで生じる人間行動と，その背後にある心的過程の法則を探求する学問」といえる。具体的な研究課題としては，社会的状況下における個人の行動や対人行動，組織における集団行動，流行やパニックに見られる集合行動，さらには文化や社会制度に規定された人間行動などが挙げられる。ゆえに社会心理学は，私たちの生活環境を構成するほぼすべての要素と関わっているといえる。

こうした要素の１つである広告は，大きな社会的影響力をもつがゆえに，古くから社会心理学の研究対象となってきた。しかし厳密には，広告の効果を測定したり，より良き広告表現を追究したりといった，広告そのものに正面から取り組む研究（ここでは「広告研究」と呼ぶ）というよりは，社会心理学の領域で提唱された既存理論や研究手法の有用性の検証のために，広告が１つの題材として用いられてきたというほうが正しいだろう。これは見方を変えると社会心理学は，広告研究の発展や実務的な問題解決において，有益な理論や法則を提供する立場にあったともいえる。また広告の効果研究の発展は，広告を知覚的刺激の１つとして捉えた基礎心理学（とくに認知心理学）の貢献によるところも大きい。そして社会心理学自体もまた，基礎心理学の諸領域ときわめて密接に関連している。よって次項では，社会心理学にとどまらず，より広い視点から広告に関する心理学的研究を時系列的に概観する。以下に取り上げる内容の理解や知識をさらに深めるには，消費心理や広告心理に関する杉本編（1997，2012，2013），田中・丸岡（1991），仁科ほか（2007）の著書が参考になる。

[2]　広告に関する心理学的研究の潮流

①1900〜1920 年代：心理学的アプローチの黎明期

広告論の成立における画期的な研究として，まず W. D. スコットの研究が挙げられる。とくに1908 年に発刊された『広告心理学』（*The Psychology of Advertising*）は，広告論を学問的原理として見たほぼ最初の本であり，その特徴と貢献は心理学を広告論に適用したことにつきる。そこでは，すでに広告効果における記憶維持の重要性や，感情や美的感覚に訴えることの必要性などが論じられており，さらに調査法についても言及していることから広告効果測定法発達の端緒を与えたといわれている（Scott 1908）。

その後，1920 年代に入ると D. スターチが *Principles of Advertising* を著し，消費者要因・表現要因・媒体要因が広告への注意や製品への興味，記憶などに与える影響について，実証的データをもとに説明している（Starch 1923）。またちょうどその頃，行動主義心理学[1)]の提唱者である J. B. ワトソンが学界から広告会社に転身し，広告業界に心理学の理論や研究手法を導入し，大きな成果をあげている（杉本編 2012）。たとえば，効果的な説得手法の１つに，人々の恐怖感を高めることにより行動を引き起こす「恐怖喚起コミュニケーション」(詳細は次節)があるが，ワトソンは商業広告で恐怖訴求を活用し，実務においてもその有益性を実証している。

②1950年代：サブリミナル広告の脅威と説得的コミュニケーションの全盛期

時代は少し飛ぶが1950年代になると，行動主義への反動から広告研究においても無意識下で処理される「サブリミナル広告 (subliminal advertising)」に関心が寄せられるようになった。サブリミナルとは，心理学の用語で「潜在意識」や「識閾下」を意味する。したがってサブリミナル広告とは，通常の視覚や聴覚では捉えることのできないレベルでメッセージや映像を提示する，いわば視聴者の潜在意識に働きかける広告といえる。

この手法が一躍脚光を浴びたきっかけは，1957年にアメリカの映画館でJ. M. ヴィカリとF. セイヤーが行った閾下知覚実験による。この実験では，映画「ピクニック」のなかに観客が知覚できない1/3000秒の速さで,「ポップコーンを食べろ」「コカ・コーラを飲め」というメッセージを繰り返し忍ばせたところ，ポップコーンの売上が約58%，コカ・コーラの売上が約18% 増加したという (Albarracín and Vargas 2010)。その後，1962年にヴィカリは上記の実験がすべてねつ造であることを自白し，サブリミナル広告の効果は幻想となった。しかし，当時の人々を無意識のうちに自分の行動がコントロールされるかもしれないという大きな不安に陥れたことから，今もなおセンセーショナルな実験の1つとして語り継がれている。

また，1950年代から60年代は，社会心理学の領域で説得的コミュニケーションに関する研究が非常に栄えた時期でもある。提唱された理論や法則の多くは，そのまま広告効果の検討に適用できることから，広告研究にも大きな影響を与えた。その主導的立場といえるC. I. ホブランドの実験研究をはじめ，代表的な関連研究については，次節でくわしく取り上げよう。

③1960年代：関与度の相違を想定した広告効果モデルの提唱

1960年代になると，広告研究においても，より実証性の高い体系的な科学的研究が行われるようになった。これは科学としての心理学が，仮説検証型の研究を重要視したことに由来する。とくにこの時代は，オペレーションズ・リサーチ (OR) や統計学などが広告研究にも用いられ，科学的な広告効果測定への関心が高まり，さまざまな広告効果モデルが提唱された。たとえば，印刷広告に接触した際の合理的な意思決定を想定した「AIDMAモデル[2]」や

「DAGMARモデル[3]」といった，高関与下の効果階層モデルがその代表といえる。

しかし，印刷広告からテレビCMが主要な広告媒体になるにつれ，高関与を前提とした従来のモデルでは現象の説明に限界が生じ，低関与を想定したモデルを提唱する必要性が出てきた。そこで登場したのが，H.E.クラグマンの「低関与学習モデル」である（Krugman 1965）。クラグマンは，テレビCMは印刷媒体の広告に比べて受け手の関心が低く，内容に対して特別な注意を払わないといった低関与な状態で視聴されるため，態度変容までの効果はもたらさないことを明らかにした。そして，「広告認知→（試買）→（使用経験）→理解→満足→態度→愛顧」といった広告効果プロセスを提唱した（仁科ほか2007）。

さらにクラグマンは，低関与学習では商品の認知や購入意図に変化をもたらすには，当該刺激（たとえばテレビCMや商品自体）に3回は接触する必要があるとした。また，社会心理学者のR.B.ザイアンスは，対象に対する態度が中立である場合，接触回数が多いほど好意を抱くようになることを実験により見出した（Zajonc 1968）。これは「単純接触効果（mere exposure effect）」といわれる現象であり，後続する多くの研究においても同様の結果が認められている。

④1970年代：
情報処理パラダイムの登場

1970年代になると，心理学において認知研究や認知科学への関心が高まり，人間をコンピュータに類似した1つの情報処理システムとみなす情報処理パラダイムが導入され始めた。それに伴い広告研究でも，記憶や思考，推論といった高次の情報処理過程に関する認知心理学的アプローチへの関心が高まるようになった。

たとえばE.T.ヒギンズらは，既述のサブリミナル効果に近い現象として「プライミング効果（priming effect）」の有効性を確認している（Higgins et al. 1977）。プライミング効果とは，先行する刺激（プライム刺激）に接することで特定の知識や概念が活性化され，その後の情報処理に影響を及ぼすことをいう。彼らの実験は，直接広告を対象としたものではなく，先に与えられた性格特性語が，後にプロフィールのみを見せられた架空の人物に対する印象形成に影響を及ぼすことを実証したものであった。その後，広告研究においてもプライミング現象は注目されるようになり，なかでもかなり後になるがP.M.ハーの実験がよく知られている（Herr 1989）。実験参加者は，価格帯の異なる車のブランド名が提示された後，まったく別の車の広告を見て，その価格を評価するよう求められた。その結果，広告に記載された情報が曖昧な場合，高価格のプライム刺激が与えられた人はより高値を，低価格のプライム刺激が与えられた人はより安値を付けることが示唆された。なお，この研究は情報処理の文脈だけでなく，サブリミナル広告の有効性が議論される際にも，その可能性を示唆するものとして取り上げられることも多い。

⑤1980年代：社会心理学における態度研究の興隆

1980年代になると，広告に対する態度や態度変容といった観点に関心が集まるようになった。態度は，多くの社会心理学者がさまざまに定義しているが，共通部分を取り出すと「対象に対して接近するか，回避するかを決める行動の準備状態」となり，社会心理学における最も重要な仮説的構成概念の1つといえる。それゆえ広告研究においても，態度や態度変容に関する社会心理学の理論が数多く活用されたが，その1つに「精緻化見込みモデル」がある。

R. E. ペティとJ. T. カシオッポは，情報の受け手の態度変容過程を統一的に説明する理論として「精緻化見込みモデル（elaboration likelihood model：ELM）」を提唱した（Petty and Cacioppo 1986）。このモデルでは，受け手が情報を得たときに，それらの論拠をどの程度注意深く検討（精緻化）するかによって態度変容のプロセスが異なってくる。具体的にいうと，精緻化の程度には受け手が情報について積極的に考えたいという「動機づけ」の程度と，情報を処理する受け手の「能力」の程度が関係しているという。このように受け手の情報処理能力と情報処理への動機によって処理経路が異なることを示していることから，上述の「情報処理パラダイム」の一研究としても捉えられている。

なお，両者の水準がともに高い場合は，メッセージについて積極的な処理がなされ，中心的ルートによる態度変容が生じる。たとえばパソコンの購入に際し，カタログを集めて比較したり，ネットで口コミサイトを検索したりして，CPUやメモリなど1つひとつの商品属性に関する情報を綿密に検討した場合，中心的な態度変容が行われたと考えられる。この場合の態度変容は，持続的であり説得への抵抗も強い。しかし動機づけと能力のいずれか一方が低い場合は，メッセージに付随する周辺的な手がかり（専門性や魅力などメッセージ以外の要因）によって態度変容が生じる。これを周辺ルートによる態度変容という。たとえば，知識があまりないため，“好きなタレントがCMに出ているから”という単純な理由でパソコンを選んだ場合などが当てはまる。この精緻化見込みモデルは，「いかなる消費者にどのように広告すればよいのか」といった示唆を与えてくれるため，広告コミュニケーション研究においても積極的に応用されている。

また，1980年代は「広告への態度モデル」（Attitude towards advertising：Aadモデル），あるいは「情緒モデル」と呼ばれる広告効果モデルが提唱された。本モデルは，広告に対して好印象を抱くことにより，商品自体も好きになるといったプロセス，すなわち「広告認知→広告好意→ブランド好意→購買」といったプロセスを想定しており，単純接触効果や条件づけの原理が背景にある（仁科ほか2007）。これは，商品に対する関与が低い消費者を想定した，テレビCM時代における典型的な広告効果モデルの1つといえる。

⑥1980年代後半～90年代：認知社会心理学の台頭

1980年代後半になると，社会心理学では認知社会心理学という領域が発展し，認知と感情の相互作用に関する研究が精力的に進められた。とくに「気分一致効果（mood congruence effect）[4]」に関する研究が多くなされ，G. H. バウワー（Bower）の「感情のネットワーク理論」，N. シュワルツ（Schwartz）の「感情情報機能説」，J. P. フォーガス（Forgas）の「感情混入モデル」などが提唱された（各理論については，池上・遠藤〈2008〉が詳しい）。

最近では，とくにヒギンズ（Higgins 1997）の「制御焦点理論（regulatory focus theory）」が，広告研究においても広く関心がもたれている。制御焦点理論は，「人間は基本的に快を求めて，不快を避ける」といった快楽原理に基づいており，そうした目標（快を求めるか，不快を避けるか）に対する焦点の当て方の違いが，人々の自己制御システムに影響を与えるという理論である。より具体的には，目標とする焦点には「促進焦点」と「予防焦点」の2つがあり，促進焦点の強い人は利得獲得（ポジティブな結果の有無）に，予防焦点の強い人は損失回避（ネガティブな結果の有無）に注目しやすいと考えられている。例示すると，禁煙を志す際，健康増進（促進焦点）と病気の予防（予防焦点）のいずれに注目するかで，その後の反応が異なるということである。この理論も，どのようなメッセージがいかなる消費者に効果的なのかを説明できることから，ヒギンズの発表以降，広告研究においても大きく注目されている。

⑦2000年代以降：認知神経科学からの影響と情報処理研究の拡張

「21世紀は脳の時代」といわれるように，2000年代に入ると心理学では認知科学的なアプローチをさらに発展させて，精神機能を脳の働きと結びつけて研究しようとする認知神経科学的な研究が試みられるようになった。認知神経科学（cognitive neuroscience）とは，心理学と神経科学の両方から生まれた分野であり，心理・認知的機能の基盤となる神経回路の解明を目指した学問といえる。脳活動で例示すると，与えられた刺激や情報によって，脳のどの部分が活性化するのかを見ることにより，心の働き，とくに潜在意識を理解しようというのである。

こうした認知神経科学の発展への貢献には，fMRI（機能的核磁気共鳴画像法）やEEG（脳波測定）といった脳のイメージング技術の進歩によるところが大きい。fMRIは，刺激を提示して脳の血流の変化を計測する装置であり，EEGは，変化のある視覚刺激を提示し，リアルタイムで脳波の変化を測定する装置である。これらは，生体反応調査のなかでも世界中で最も使われている測定手法である（小野寺 2013）。近年，広告研究においても脳活動の計測や，心拍や心電図といった生理指標などの生体反応調査を通して，消費者の無意識的な選択や行動への接近が試みられている（第3節でよりくわしく取り上げる）。

多くの研究者が脳活動に関心を持つきっかけともなった研究に，P. R. モンタギューらが行ったコカ・コーラとペプシ・コーラの選好に関する実験がある。彼らは，各ブランドの支持者にブランド名を伏せた場合と教えた場合で飲用させ，脳の活動がどのように異なるかをfMRIで計測した。その結果，ペプシ・コーラの支持者は味で，コカ・コーラの支持者は“コカ・コーラ”というブランド・イメージで選んでいることを見出した（McClure et al. 2004）。なお，認知神経科学的なアプローチを広告戦略や新商品開発に応用する試みは，とくに「ニューロマーケティング」と呼ばれる。ニューロマーケティングの広告研究への応用例や広告業界への導入事例については，M. リンドストローム（Lindstrom 2008）や守口・竹村編（2012）などが参考になる。

一方，広告効果研究においては，2000年代に入ると情報処理研究がさらに拡張され，仁科編（2001）の「インテグレーションモデル」に代表される統合的なモデルが考案され始めた。インテグレーションモデルとは，消費者が広告に接触して購買に至るまでの広告効果プロセスを，広告側の4種類の情報内容（広告情報，ブランド情報，ニーズ情報，購買行動情報）と，消費者側の3種類の心理的反応（認知，評価，記憶）に分け，その相互関係を整理したものである（図6-1）。本モデルは，各段階での反応がその後の情報処理とどのように関連しているのかを示唆しており，購買行動を含む統合的なモデルとして高く評価されている。

そのほか，2000年代半ばになると，従来のマスメディア広告に代わってインターネット広告を想定した広告効果モデルも提唱され始めた。その代表例は，電通が2004年に発表した「AISASモデル」(注意〈Attention〉→関心〈Interest〉→検索〈Search〉→購買〈Action〉→情報共有〈Share〉)である。このモデルは，商品に関心をもった消費者が検索サービスで情報を集め，購買後，SNSや口コミサイトなどに感想を投稿して，他者と情報共有するといったプロセスを表している。なお，より最新のモデルとしては，同じく電通が2011年に発表した「SIPSモデル」(共感〈Sympathize〉→確認〈Identify〉→参加〈Participate〉→共有・拡散〈Share and Spread〉)がある。これはとくに，人と人とのつながりで成り立つソーシャル・メディア（Twitterや Facebookなど）が主流となる時代の消費者行動を意図したモデルといえる。

2 広告に関する社会心理学研究の概観

[1] 説得的コミュニケーションと態度変容

①説得的コミュニケーションとは

ここからは社会心理学の領域に焦点を当て，広告研究に影響を与えた古典的ではあるが主要な研究成果を紹介する。社会心理学における重要な研究テーマの1つに「説得的コミュニケーション（persuasive communication)」がある。これは受け手を納得させたうえで，態度や行動を唱導方向に変化させることを意図したコミュニケーションであり，1950〜60年代を中心に多くの研究が報告された。具体的には，効果的な説得手法を探るべく，メッセージの送り手や受け手の特性，メッセージの内容や提示方法といった視点から検討されている。社会心理学における説得研究全般を概観するには，深田編（2002）が参考になる。

②送り手の違いが及ぼす効果：信憑性

まずメッセージの送り手に関する古典的な研究の1つにホブランドとW.ワイス（Hovland and Weiss 1951）がある。彼らは，同一メッセージを送り手のみを変えて提示し，それにより受け手の態度がどのように変容するかを検討した。その結果，人は信憑性（credibility）の高い情報源からメッセージを受け取ると，唱導内容の方向に態度が変わりやすいことを見出した。同様の現象は，その後も多くの研究において繰り返し確認されている。ちなみに「信憑性」とは，「専門性（expertness)」と「信頼性（reliability)」から成り立っている。スポーツドリンクの広告に有名選手がよく登場するのは，信憑性による説得効果を狙ったものといえる。

図 6-1　インテグレーションモデル

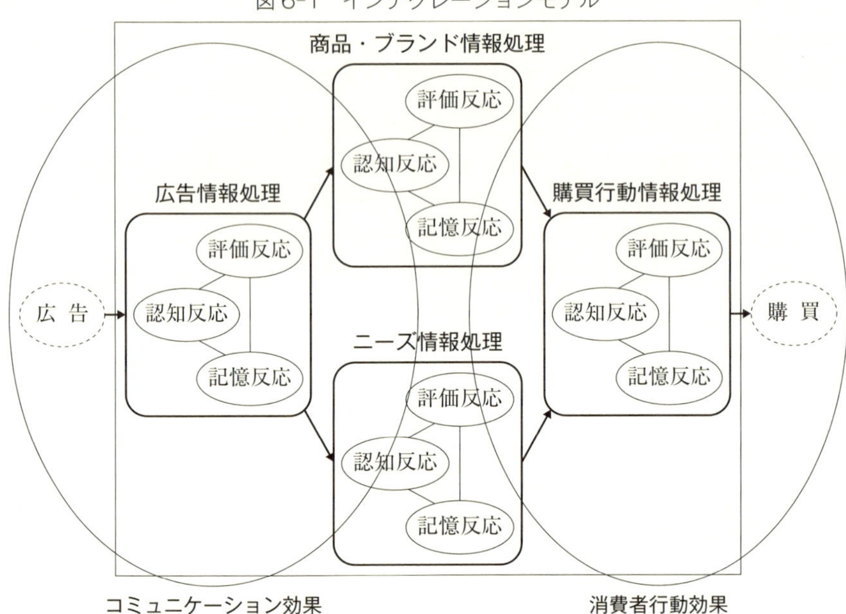

（出所） 仁科編（2001: 32）より。

③受け手の違いが及ぼす効果：
説得意図の捉え方

送り手に対する信頼性は，受け手要因，すなわち受け手側の特性や状況によっても変わってくる。E. ウォルスターと L. フェスティンガーは，受け手は送り手が受け手の存在を気にせず自由に意見を述べていると感じた場合，受け手への説得を意図していると感じた場合に比べて，その唱導方向に態度を変えやすいことを実証した（Walster and Festinger 1962）。これは換言すると，送り手の説得意図や説得による利益が明らかなときは，コミュニケーションは効果を減じる可能性があることを示唆している。しかし広告ほど説得意図があからさまなコミュニケーションはないため，説得意図を隠した「パブリシティ[5)]」や，一般の消費者が自らの使用体験や感想を述べる技法などが登場したと考えられる。

④メッセージの提示方法による効果：
一面提示と両面提示

コミュニケーションの効果は，メッセージの内容や提示方法自体によっても異なる。広告メッセージの提示方法には，大きく分けて「一面提示（one-sided message）」と「両面提示（two-sided message）」

がある。一面提示とは，商品やサービスの長所だけを主張するコミュニケーションであり，両面提示とは，長所だけでなく短所も含めて提示するコミュニケーションである。広告研究では，これらの効果について古くから検討が試みられ，その多くは本来の態度が説得方向と同じ人（当該商品に対して元々好意的であった人）や教育水準の低い人には一面提示が，説得方向と反対の態度をもつ人（当該商品に対して元々非好意的であった人）や教育水準の高い人には両面提示が効果的であることなどを示唆している（たとえば，Hovland et al. 1949）。日常目にする広告の大半は一面提示であるが，「値段は少し高めだが，その分品質は保証します」といった類の広告は，両面提示の効果を応用したものといえる。

⑤説得される理由：承諾の心理

そもそも人はなぜ説得に応じるのであろうか。この点については，社会心理学者のR. B. チャルディーニ（Cialdini 2009）の説得と承諾に関する研究が有益な示唆を与えてくれる。チャルディーニは，他者からの要請を受け入れるか否かに影響する心理学の原理として，①返報性，②コミットメントと一貫性，③社会的証明，④好意，⑤権威，⑥希少性の6つを挙げた（詳細は表6-1に記載）。

これらは対人間の影響をもとに提唱された原理であるが，広告研究や広告実務においても参考になる部分が大きいため，しばしば応用されている。たとえば，店頭広告（POP広告）において「よく売れています！」や「期間限定」といったフレーズが頻繁に用いられるのは，社会的証明や希少性の原理にもとづいているといえる。また，先述の一般消費者が登場する広告や有名人による広告が好まれる理由は，社会的証明や好意などの原理からそれぞれ説明できる。

[2]　説得の失敗

①心理的リアクタンス理論

このように商品の売上や好感度を高めるために，さまざまな説得的コミュニケーションの技法が広告研究や広告実務に活用されている。しかし，それはいつも成功するとはかぎらない。時には消費者にメッセージが届かなかったり，さらには逆の方向に態度変容を導いたりする場合もある。ここでは「説得の失敗」と称し，広告がもたらすマイナスの効果について考察する。

説得的コミュニケーションに関する研究では，送り手の説得意図が受け手に明確に認識された場合，態度変容が生じにくかったり，唱導方向とは逆の態度形成（ブーメラン効果）が生じたりすることが見出されている。こうした説得に対して

表6-1　承諾に影響を及ぼす心理学の原理と活用例

心理学の原理	内　容	広告や販売促進における具体的な活用例
返報性	他者から何かを与えられたら，お返しをしなければならない気持ちになる。	無料の試供品や試食品を配布する。
コミットメントと一貫性	自分の言葉，信念，態度，行為を一貫したものにしたいという欲求をもっている。	お試しセットを安価で販売する。
社会的証明	ある状況で何を信じて，どのように振る舞うべきかを判断するとき，周りの人の行動を基準として用いる。	「よく売れています」や「支持率 No. 1」などの POP を付ける。 一般の消費者が，購入後の感想を広告のなかで述べる。
好　意	好意を感じている相手から何か頼まれると，承諾する傾向がある。	有名人（人気タレント）を広告に利用する。 魅力的な販売員をおく。
権　威	権威ある人からの要求には屈しやすい。	専門家の地位や肩書きを広告に利用する。
希少性	手に入りにくくなると，その機会をより貴重なものと見なす。	「数量限定」や「期間限定」といった限定商品である点をアピールする。

（出所）　Cialdini（2009）をもとに筆者が作成。

反発する現象が生じる理由は，J. W. ブレームの「心理的リアクタンス理論」によって説明される（Brehm 1966）。人は，基本的に自由であることを求め，自分の態度や行動は誰にも拘束されず自分自身で決定したいと思っている。それゆえ他者からの説得によって，自由や自立が脅かされると，自由の回復を目指す動機づけが受け手に生じる。これが心理的リアクタンス（psychological reactance）と呼ばれる現象であり，自由への脅威が大きいほどリアクタンスも大きくなることが知られている。つまり，広告による過剰な推奨は，逆効果につながると考えられる。

②比較広告

受け手が不快感情を抱きやすい広告手法の1つに，競合ブランドと比較しながら自社ブランドの優位性をアピールする「比較広告（comparative advertising）」がある。アメリカでは1970年代頃から比較広告が用いられ始めると，その有効性に関して多くの研究がなされた。一方，日本では他社商品への批判や攻撃の要素を含む比較広告は，日本人の国民性に反するという指摘から，長年にわたり使用が制限されてきた。しかし1987年に公正取引委員会が「比較広告ガイドライン」を発表することで事実上の解禁となり，研究も開始された（e.g. 石橋・中谷内 1991，濱 1991）。そして，比較広告は受け手の反感を招き，広告自体や当該ブランド，さらには企業への印象を悪化させるが，その一方で注目度が高まるといった利点があることも確認されている。たとえば長年にわたるペプシ・コーラとコカ・コーラの戦いや，Mac と Windows のユーモラスな性能比較のように，メディアで取り上げられるといった話題性効果も期待できる。しかし，日本ではいまだにネガティブな印象が強いためか，比較広告の手法が用いられることはきわめて少なく，研究もあまり進展していないのが現状である。

③山場 CM と一段落 CM　広告の提示順序や提示のタイミングなども，受け手の態度や感情に影響を及ぼすことが知られている。たとえば，日本ではドキュメンタリーやバラエティー，ドラマなど番組のカテゴリーを問わず，「ここぞ」という，いままさにその続きを見たいという直前に CM を入れる手法がよく用いられる。こうした CM を榊博文らは「山場 CM」と名付け，話が一段落し落ち着いたところで提示される「一段落 CM」と併せて，それら CM 手法に対する意識や態度を調査している（榊ほか 2003）。そもそも山場 CM は，途中でチャンネルを変えさせないことを意図したテレビ局側の提示手法といえる。しかし，榊らの調査結果では，多くの視聴者が山場 CM にきわめて強い不快感を抱くばかりか，山場 CM を提示する番組や商品への好感度も低くなることが示唆された。なお，榊は2010年にも同様の調査を実施し，山場 CM への精神的不快感がよりいっそう顕著になっていることに加え，「続きは web で」という表現も山場 CM と同様の印象をもって受けとられていることを認めている（榊 2011）。

④恐怖喚起コミュニケーション　広告の否定的側面に注目した研究では，概して不快感情がマイナスの結果，すなわち購買意図を減じることが示唆されている。しかし，受け手に負の感情を抱かせることが，必ずしも購買意図の減少につながるとは限らない。受け手の不快感情を利用して，広告効果を高めるコミュニケーションの古典的な手法に，「恐怖喚起コミュニケーション（fear-arousing communication）」がある。これは消費者を脅し，不安にさせることによって態度を変容させる手法であり，脅しの強さと説得効果の関係について多くの研究がなされている。たとえばこの研究分野で最も成果を挙げてい

る研究者の１人，H. レーヴェンサールは，両者の関係について恐怖の程度が強すぎても効果が減じること，その恐怖に対する明確な対処法が示されているならば，喚起される恐怖が強ければ強いほど説得効果は高くなることなどを見出している（Leventhal 1970）。恐怖喚起コミュニケーションの活用例としては，ガンになったときを想定してのガン保険の CM や，パイプに髪の毛が詰まったときのパイプクリーナーの CM などが挙げられる。

⑤広告苦情の現状

精神的不快感を生じる広告は，苦情の的になりやすい。事実，直前の広告事例は，いずれも視聴者から多くの苦情が寄せられている。たとえばパイプクリーナーの例でいうと，「映像が気持ち悪い」といった映像表現に加えて，「食事時に流さないで欲しい」といった放送時間帯についても，苦情の対象となっている。こうした広告苦情や広告に対する不快感については，池内・前田（2012）の実証研究がある。池内らは，実際に JARO（日本広告審査機構）に寄せられた苦情データを用いて，不快感を誘うフレーズや映像表現の分析を行った。その結果，消費者は概して，差別的表現やモラルが欠如した表現，自己の抱える何らかの問題と関連した表現，恐怖や不安など精神的不快を誘う表現，さらに聴覚や視覚等に不快感を与える表現などに対して苦情を訴えやすいことを見出している。

なお，広告に対する苦情や不快感を対象とした当該研究は，広告倫理に関する一研究としても位置づけられる。消費者の不快感や苦情を生じやすい広告表現をあらかじめ知ることは，広告の品質管理や健全な発展といった広告倫理の目的を考えるうえで，重要な示唆を与えてくれる。しかし，こうした広告倫理に関する研究は，その重要性に反して研究数自体が非常に少ないのが現状である。

3　心理学的広告研究の課題と展望——無意識への接近

[1]　心理学の限界と課題

以上，概観したように約１世紀にわたって，心理学，とりわけ社会心理学は，広告研究の礎となる数多くの理論や法則を提供してきた。とくに態度や説得的コミュニケーションに関する知見は，広告効果の測定に大きな影響を及ぼすゆえ，きわめて重要かつ有効なものといえる。しかし，これら心理学の研究成果は，基本的に実験室での実験や質問紙調査から蓄積されたものであるため，事実の完全な反映という点では限界がある。たとえば，実験室実験は人工的な環境下で実施されるため，現実場面の行動と乖離が生じたり，実験しているということ自体が参加者の行動を歪めたりする可能性が挙げられる。第1節で紹介した制御焦点理論も，いまだ実験室実験や質問紙実験の域を出ておらず，そのあたりが実務への応用の壁にもなっている。また質問紙調査では，回答者は態度対象に対して社会的に望ましいとされる回答を行う傾向にある。さらに回答者は回答を内省に依存するゆえ，内省不可能な態度や無意識的な行動については測定が難しいといった問題点も挙げられる。

人は自分の態度や行動を完全に理解し，自覚しているわけではなく，むしろその多くは無意識的，感情的になされている。したがって，これからの心理学的広告研究においては，こうした無自覚の感情や行動をどのように測定し，いかに解釈していくかが1つの課題となろう。近年の心理学や社会心理学では，すでに意識的判断を経由しない測定法により，人の無意識に迫る試みがなされている。ここでは，そのなかでもとくに関心を集めている潜在的態度測定と認知神経科学的アプローチ（脳活動の計測）を取り上げ，広告研究や広告実務への応用可能性について論考する。

[2] これからの研究アプローチ

①新たな態度測定法への期待

社会心理学者のA.G.グリーンウォールドら（Greenwald et al. 1998）は，従来の自己報告式尺度に代わる態度測度として，「潜在的連合テスト（implicit association test：IAT）」を考案した。IATは，さまざまな対象に対する潜在的態度（意識できないが所有している態度）を測定できるプログラムであり，ある事柄（人種や国家など）と感情的評価（良い－悪い，好き－嫌いなど）との結びつきの強さを測るようになっている。より具体的には，対となるターゲット概念（例：男性／女性）と，肯定的・否定的評価をもった概念ラベル（例：良い／悪い）とを2つずつ組み合わせ，コンピュータの画面上の左右いずれかに配置する（例：左に「男性・良い」／右に「女性・悪い」）。そして実験参加者は，画面中央に次々と提示される刺激語（例：美しい，失敗，楽しい，未練）や画像（例：さまざまな男性または女性の顔写真）が，左右いずれの概念カテゴリーに適合するのかを迅速かつ的確に判断し，分類する（図6-2）。このテストは，試行数の異なる複数のセッションからなり，左右の組み合わせを変えたセッションもある（例：左に「女性・良い」／右に「男性・悪い」）。そして，

図 6-2　IAT 課題の模式図の一例

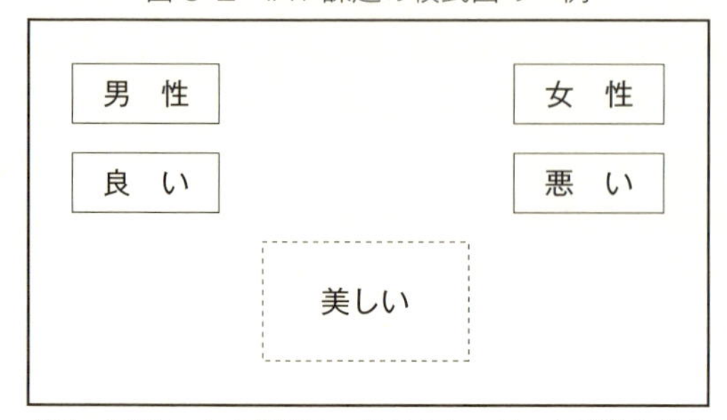

（注）「美しい」の位置に，左右のターゲット刺激や概念ラベルと関連するさまざまな刺激語や画像が現れ，左右いずれの概念カテゴリーに適合するかを判断する。

各セッション時の分類に要する反応潜時は，参加者が独自に有している概念間の連合強度を反映しているという考えから，反応潜時をもとにターゲット概念（例：男性／女性）に対する態度が間接的に測定できるとされる。たとえば，「女性・良い」の組み合わせがあるセッション時よりも，「男性・良い」の組み合わせがあるセッション時の方が，出現する刺激語や画像を素早く分類できたならば，女性よりも男性を肯定的に見なす個人的な態度傾向を有していることになる（より詳しい手続きは，林〈2011〉などが参考となる）。

このIATが発表されてから，とくに海外の社会心理学者を中心におびただしい数の研究がなされ，さまざまな対象に対する潜在的態度の測定が試みられている。準備や手続きに手間がかかる，短時間で生じる態度変容については説明できないなどの問題点はあるものの，IATは行動の予測において従来の自己報告式尺度を補完する，きわめて有力な態度指標になりうるといえる。したがって態度と行動の乖離を最小限にとどめたい広告実務においても，広告表現やブランドに対する潜在的態度を測る一手段として，将来的に応用されることが期待できる。

②認知神経科学的アプローチの活用（脳活動の計測）

脳活動の主たる測定手法には，第1節でも触れたfMRIやEEGがあり，現在，社会心理学においても潜在意識に迫る新たな研究法として注目されている。

こうした認知神経科学的アプローチを広告研究に応用することにより，次の3つの利点があるといえる。まず，上述した実験や調査に伴う問題点が克服できる。また，広告視聴時の刻々と変化する感情を，リアルタイムに捉えることができる。さらにこれまで効果測定が難しいとされてきた広告手法において，有効性の確認が期待できる。たとえばその1つに，長らく効果の有無が疑問視されてきた「プロダクト・プレイスメント」が挙げられる。プロダクト・プレイスメントとは，映画やテレビ番組，テレビゲームなどのなかに商品を登場させることにより，広告と意識されることなく，その商品の認知やイメージを高めることを狙う広告手法である。リンドストローム（Lindstrom 2008）は，脳スキャンを行った自らの調査結果をもとに，プロダクト・プレイスメントの有効性と限界について言及している。

脳活動の計測は，脳という神秘的な世界に触れるゆえ，あたかも未開の地を開拓したかのような印象を与えてくれる。しかし広告研究への安易な活用には，少なからず注意が必要である。たとえばfMRIで測定しているのは，刺激に伴う血流の局所的な増加であり，EEGの場合は，脳の神経活動に伴う電位変化である。広告実務や広告研究において重要となるのは，広告を見た際になぜその部位が活性化したのかという，両者の相関を生み出すメカニズムの解釈であろう。しかし脳活動の計測からは，観測可能な現象以外は説明できないため，その解釈は結局のところ研究者の主観に委ねられることになる。そうなると研究者が“結果を見たいように見る”といった「確証バイアス（confirmation bias）」が生じたり，刺激と反応（脳活動）との関連性を確認したことで，その現象を説明したつもりになったりするという危険性がある。また，倫理的な問題も指摘されることが多い。参加者には，脳を計測されることにより，心が操られてしまうことへの不安や，身体への影響に対する危惧が少なからず生じる。装置自体は，非侵襲的であり身体への安全性が確認されているものの，参加者に与える心理的負担を考えると，活用の際は倫理面も含めた慎重な対応が必要であろう。

こうした新たな研究アプローチは，広告研究においてはまだ黎明期といえ，多くの課題や限界をはらんでいる。しかし，それらを理解したうえで活用すると，広告研究や広告実務に大きな貢献をもたらすことが期待できるだろう。また，第1節でも触れたように，2000年代以降になると従来の広告に加えソーシャル・メディアが台頭し，購買に至るまでのメディア接触パターンがより一層複雑化している。こうした現状においては，消費者の行動や心理を捉えるに当たり，実験室実験を得意とする従来の心理学的研究手法では，限界があると思われる。心理学が今後も広告研究や広告実務への貢献を目指すなら，複数のメディアに同時に，または継時的に接触する消費者のメディア接触行動をどのように捉え，効果測定するかの検討が不可欠となろう。いずれにせよ心理学的広告研究はいま，新たな局面にさしかかり，今後のさらなる研究蓄積が待たれるところである。

■ 注

1) 刺激に対する反応として行動を捉え，客観的に観察可能な行動のみを研究対象とする心理学のことをいう。

2) AIDMAモデルとは，広告によって喚起される消費者の心理的・行動的反応を，注意（Attention）→興味（Interest）→欲求（Desire）→記憶（Memory）→行動（Action）の各段階に分けて説明したものである。1925年にアメリカのE. K. ストロングが提唱した「AIDAの法則」に，1955年にタウンゼント兄弟が「M（Memory）」を加えたとされている（岸 2004）。

3) DAGMARモデルとは，1961年にR. H. コーリーによって提唱された広告効果測定技法の1つである。具体的には，広告に対する消費者の反応を，未知（Unawareness）→認知（Awareness）→理解（Comprehension）→確信（Conviction）→行動（Action）の5段階として捉え，それぞれの段階ごとに広告目標を設定し，どの程度目標が達成できたかを管理するモデルである。なお，DAGMARとは“Defining Advertising Goals for Measured Advertising Results”の略である。第17章も参照。

4) 特定の気分が生じたときに，その気分と一致する記憶や判断，行動が促進される現象のことをいう。

5) 商品やサービスなどの自社情報が，ニュースや記事として報道されるようメディアに働きかける宣伝活動のことである。

■ 文献

池内裕美・前田洋光（2012）「広告苦情の類型化と広告表現の許容範囲に関する実証的研究」『広告科学』第55・56集合併号，51-70。

池上知子・遠藤由美（2008）『グラフィック社会心理学〔第2版〕』サイエンス社。

石橋優子・中谷内一也（1991）「比較広告効果についての検討――説得的コミュニケーションの一技法として」『社会心理学研究』第6巻第2号，71-79。

小野寺健司（2013）「ニューロマーケティング」杉本徹雄編『マーケティングと広告の心理学』朝倉書店，187-202。

岸志津江（2004）「広告研究における消費者理解（上）」『日経広告研究所報』第215号，2-9。

榊博文（2011）「テレビCM，山場CM，一段落CMに対する視聴者の態度」『日経広告研究所報』第255号，19-26。

榊博文・今井美樹・岡田美咲・出羽かおり（2003）「番組内CM提示のタイミングが視聴者の態度に及ぼす影響（上）」『日経広告研究所報』第211号，2-9。

杉本徹雄編（1997）『消費者理解のための心理学』福村出版。

杉本徹雄編（2012）『新・消費者理解のための心理学』福村出版。

杉本徹雄編（2013）『マーケティングと広告の心理学』朝倉書店。

田中洋・丸岡吉人（1991）『新広告心理』電通。

仁科貞文編（2001）『広告効果論――情報処理パラダイムからのアプローチ』電通。

仁科貞文・田中洋・丸岡吉人（2007）『広告心理』電通。
濱保久（1991）「商品・企業イメージに及ぼす比較広告の相互作用効果」『心理学研究』第62巻第1号，39-45。
林幹也（2011）「社会心理学における現在の態度研究とその展望」『明星大学心理学年報』第29号，65-72。
深田博己編（2002）『説得心理学ハンドブック――説得コミュニケーション研究の最前線』北大路書房。
守口剛・竹村和久編（2012）『消費者行動論――購買心理からニューロマーケティングまで』八千代出版。
Albarracín, D. and P. Vargas (2010) "Attitudes and Persuasion: From Biology to Social Responses to Persuasive Intent," in S. T. Fiske, D. T. Gilbert and G. Lindzey, (eds.), *Handbook of Social Psychology*, Vol. 1, 5th ed., Hoboken, John Wiley & Sons, 394-427.
Brehm, J. W. (1966) *A Theory of Psychological Reactance*. Academic Press.
Cialdini, R. B. (2009) *Influence: Science and Practice*, 5th ed. Pearson Education.（社会行動研究会訳，2014『影響力の武器〔第3版〕――なぜ，人は動かされるのか』誠信書房）
Greenwald, A. G., D. E. McGhee and J. L. K. Schwartz (1998) "Measuring Individual Differences in Implicit Cognition: The Implicit Association Test," *Journal of Personality and Social Psychology*, 74 (6), 1464-1480.
Herr, P. M. (1989) "Priming Price: Prior Knowledge and Context Effects," *Journal of Consumer Research*, 16, 67-75.
Higgins, E. T. (1997) "Beyond Pleasure and Pain," *American Psychologist*, 52 (12), 1280-1300.
Higgins, E. T., W. S. Rholes and C. R. Jones (1977) "Category Accessibility and Impression Formation," *Journal of Experimental Social Psychology*, 13 (2), 141-154.
Hovland, C. I. and W. Weiss (1951) "The Influence of Source Credibility on Communication Effectiveness," *Public Opinion Quarterly*, 15 (4), 635-650.
Hovland, C. I., A. A. Lumsdaine and F. D. Sheffield (1949) *Experiments on Mass Communication*, Princeton University Press.
Krugman, H. E. (1965) "The Impact of Television Advertising: Learning Without Involvement," *Public Opinion Quarterly*, 29 (3), 349-356.
Leventhal, H. (1970) "Findings and Theory in the Study of Fear Communications," in L. Berkowitz ed., *Advances in Experimental Social Psychology*, vol. 5, Academic Press, 119-186.
Lindstrom, M. (2008) *Buy-ology: Truth and Lies about Why We Buy*, Crown Business.（千葉敏生訳，2008『買い物する脳――驚くべきニューロマーケティングの世界』早川書房）
McClure, S. M., J. Li, D. Tomlin, K. S. Cypert, L. M. Montague and P. R. Montague (2004) "Neural Correlates of Behavioral Preference for Culturally Familiar Drinks," *Neuron*, 44 (2), 379-387.

Petty, R. E. and J. T. Cacioppo (1986) *Communication and Persuasion: Central and Peripheral Routes to Attitude Change*, Springer-Verlag.

Scott, W. D. (1908) *The Psychology of Advertising: A Simple Exposition of the Principles of Psychology in Their Relation to Successful Advertising*, Small, Maynard. (Reprinted. Thoemmes Press, 1998)

Starch, D. (1923) *Principles of Advertising*, A. W. Shaw Company. (Reprinted. Garland Pub., 1985)

Walster, E., and L. Festinger (1962) "The Effectiveness of 'Overheard' Persuasive Communications," *Journal of Abnormal and Social Psychology*, 65 (6), 395-402.

Zajonc, R. B. (1968) "Attitudinal Effects of Mere Exposure," *Journal of Personality and Social Psychology*, 9 (2, Part2), 1-27.

第7章

ジェンダー研究と広告表現

守　如子

1　広告のなかの男女の描かれ方の変化

[1]　ジェンダーとは何か

広告のなかに描かれる男女をみて，時代の変化を感じることはないだろうか。たとえば，滝島は，「かつては男の証しだったビールやウイスキーを，いまは若い女性が飲むのは当たり前」，車の広告といえば1970年代にはアクション・スターがドライビング・テクニックを駆使して走らせるものだったが，「今日では女性が『しなやかに』運転するようになっている」と指摘している（石川・滝島編 2000: 5）。

広告のなかの男女像にみられるように，「男性性」「女性性」（具体的にいうと「男／女は～であるべき」という考え方や，男性と女性のライフスタイルの特性など）は，時代によって変化する。こういった現象をとらえるために有用なのが「ジェンダー（gender）」という概念である。

ジェンダーとは，社会的文化的な性差・性別を指す。ジェンダー概念が作りだされたのは，「性別に関連する現象を，生物学的な『自明性』と見なしてしまうのではなく，考察の『主題』となしうる社会現象として見るために，生物学的性別を意味する概念（セックス）とは異なる概念が必要」（江原・山崎編 2006: 4）とされたためである。ジェンダー概念は，性別に関する現象が，時代や地域によって変化する，多様性・多義性をもつものであることを示している。

[2]　広告表現の変化と女性の生き方

ジェンダーと広告はどのような関係にあるのだろうか。たとえば，李（2012）は，広告は限られたスペースや短い時間で伝えるため，誰もが理解できる典型的な男女のイメージやステレオタイプなどを使うことが多く，こうした広告の特徴がジェンダーについての社会的観念の再生産に影響する可能性があることを指摘している。ここではまず，広告分析を通じてジェンダーの「変化」をみる研究から，ジェンダーと広告の関係を考えてみたい。関沢（2007）は，広告における「女性たちを表す言葉」を分析することで，女性のアイデンティティの歴史的な変化を明らかにした。具体的には，ウェブ上の検索システム「コピラ」（東京コピーライターズクラブ）を用いて，1963〜2004年までの『コピー年鑑』に収録された広告を対象に，「奥さん・奥さま」「母」「妻」「彼女」「女・女性」という言葉を検索している。結果をまとめてみよう。1960年代に，最も出現率が高いのは「奥さん・奥さま」という言葉であった。

「前略，左キキの奥様　あなたの働く左手のためにお台所用品を特製しました」（1966年，伊勢丹）

この時期には，広告の送り手が，「家事を担当する主婦」である受け手に呼びかける場合に，「奥さま」という言葉を採用していることが多かった。

「奥さま」という言葉は，徐々に出現率を下げ，1980年代半ばには最下位になる。同時期に3位に浮上してくるのが，60年代に最下位であった「妻」という言葉である。

「外から，うちで待っているひとに，これから帰ると電話することを，カエルコールといいます。ルルル ルルル ルルル ルルル 妻はいないようです。妻たちの声：カエルコール，ありがとう。♪：NTT」（1986年，NTT）

公的な「表」に対する「奥」に起源をもつ「奥さん・奥さま」に比べて，「夫の配偶者」を示す「妻」という言葉は，家事をする存在であったとしても，対等な印象を与えると関沢は述べる。

「母」という言葉は，つねに2位を占めている。ただし，その使われ方は時代によって変化していた。

「赤ちゃんが夜泣きして困っているお母様へ」（1966年，西武百貨店）

「遊んでいるお母さんが，好きですか。働いているお母さんが，好きですか」（1985年，サントリー）

「母がきれいだと歳をとるのが，こわくない」（2001年，西武）

広告のメッセージは，1960年代では幼い子をもつ「若い母親」に向けたものが主流であったが，徐々に「年配の母親」をもつ子ども世代に向けたものへと移行していく。また，70年代以降においては，育児以外に世界を広げていく「母」の像が浮かんでくる。

そして，現在最も出現率が高いのが「女・女性」である。1970年代に「奥さま」「母」を一気に抜いて1位になった。この言葉も，時代によってその使われ方が顕著に変化している。

「女らしさをたいせつに」（1964年，帝人）

「死ぬまで女でいたいのです」（1976年，パルコ）

1960年代には「女」という言葉は「女らしさ」という伝統的なジェンダーのあり方を表すために使用されていたが，70年代には女であることを正面から肯定する言葉として使用されるようになる。

「忙しさも，男女平等だよ。とらばーゆ。」（1985年，リクルート）

「……だから今『女がボクシングなんて…』と言われたら私はどうすると思う？　そう　闘う，私は闘う　IMPOSSIBLE IS NOTHING」（2004年，アディダスジャパン）

「ひとつも悩みがなさそうな女が映っていた。あ，これ私か。ずっと裸。たまに浴衣。ANA's湯ごもり九州」（2003年，全日本空輸）

1985年の男女雇用機会均等法の成立をはさんで，労働など，さらに広い文脈で使用されていく。また，1970年代以降の「女」という言葉を使った表現にみられるもう1つの特徴は，「闘う，私は闘う」といった女性の怒りや，「女でいたい」「ひとつも悩みがなさそうな女」といった欲望の表明や欲望の解放が見られる点である。

関沢は，個々の変化以上に注目すべきこととして，「女・女性」の存在感の高まりに比して，「奥さま」「妻」「母」といった言葉の影が総体的に薄くなったことを指摘している。広告のなかの〈女性〉が，家事や育児を担当する「奥さま」や「母」から，性別役割分業によって定義されるのではない，単なる「女」に変化してきたことをみてとることができるだろう。

[3]　主婦の誕生と憧れの「奥さま」

関沢の広告分析を社会状況と照らし合わせてみよう。

1960年代，広告の送り手は「奥さま」や「お母様」という言葉を用いて「家事を担当する主婦」である受け手に呼びかけていた。テレビの変遷と女性の関係を分析した国広陽子（2012）は，この時期，①テレビ番組「奥さまスタジオ小川宏ショー」（フジ，1965年〜）などが「主婦」に呼びかけ続けたこと，②「夫は仕事・妻は家庭」という性別分業家族を描くアメリカ製ドラマ「パパは何でも知っている」（日本テレビ，1958〜59年）などがアメリカの白人中流家庭の物質的豊かさとともに，幸せで理想的な主婦のモデルを提供したことを指摘している。この時期，広告だけでなく，さまざまなマスメディアが，女性たちに「奥さま」と呼びかけ，主婦アイデンティティを強化していたことは興味深い。

ここで注意しておきたいことが，家族社会学の落合恵美子（2004）が述べるように，女は昔から主婦だったわけではないという点である。女性の世代別年齢別女子労働力曲線のグラフを見てみよう（図7-1）。グラフのM字の底が最も深くなる，結婚・出産・育児期に仕事を辞めて家事に専念するような生き方が最も一般化したのは，1946〜50年生まれのいわゆる「団塊の世代」を中心とした世代であることがわかる。「団塊の世代」以前の既婚女性たちは，「農家の嫁」や「自営業のおかみさん」として家族とともに働いているものだった。産業構造が転換して，サラリーマンを中心とする社会に変わり，その妻である女性たちはたいてい専業主婦になったため，女性は「主婦化」したのである。

落合は，主婦のルーツを大正期の「おくさん」に求めている。第一次世界大戦後の好況期，都市では会社員，教師など，「俸給生活者」が大量に生み出された。「新中間層」と呼ばれる彼らは，都市郊外にひらかれた住宅地に住み，職場まで通勤するという，新しい生活様式を創出した。このような職場と家庭の分離があってはじめて，妻は夫の留守を守る「おくさん」と呼ばれる存在になったのである。

大正期の郊外中流家庭には「女中」という名の家事使用人が雇われていた。戦後，主婦が多数派を占めるようになるにつれて家事使用人は姿を消し，さまざまな電気器具が「お手伝いさん」の代わりをするようになったと落合は指摘する。

原（2012: 49-52）によると，日本に先駆けて女性の主婦化がすすんだアメリカでは，第一次世界大戦以降，家電品が脚光を浴びると同時に，広告から家政婦の姿が消え，家事を煩わしいものではなく主婦の無償の愛情表現であるとする神話が前面化したという。日本では，1950年代後半に家電産業が大量の広告を流していく。吉見（2010）は，「三種の神器」（電気洗濯機・電気冷蔵庫・白黒テレビを指す）という表現が，戦後家族の自己イメージにとっての家電製品の重要性を示し

図 7-1　出生コーホート別年齢別女子労働力率

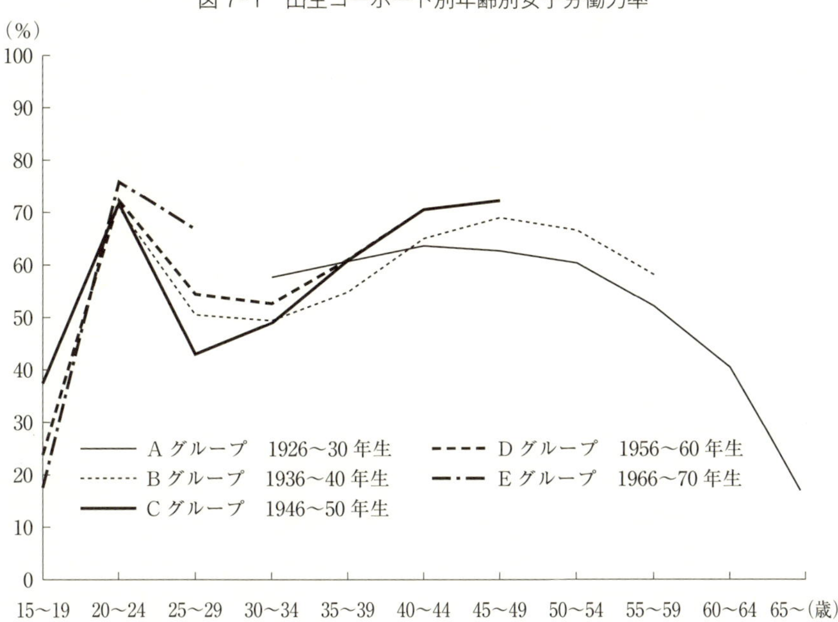

（資料）　総務省統計局「労働力調査」。
（出所）　落合（2004: 17）に一部加筆。

ていることを論じている。たとえば，57 年の松下の広告では，冷蔵庫や洗濯機など，さまざまな家電製品に囲まれた高峰秀子の笑顔と，「一品ずつそろえて，奥様の笑顔！」というキャッチフレーズがあった。「50 年代半ば以降の家電製品の広告では，まさしく主婦こそが電化された家庭空間の技術を使いこなし，経営する『主体』として名指されていった」と吉見は指摘している（吉見 2010: 186）。

このようにみると，1960 年代までの広告にみられる「奥さま」という呼びかけは，多くの女性にとって，さまざまな重労働から解放され，家庭を経営する「主体」としての主婦になるという，憧れの暮らしをイメージさせるものだったといえるだろう。

団塊の世代の女性たちが結婚をしていくのが 1970 年代初頭から半ばにかけてのことになる。主婦が一般化した時代に入って，もはや「奥さま」は憧れの対象ではなくなってしまう。

国広（2012）は，70 年代後半から 80 年代前半のドラマ「岸辺のアルバム」

（TBS，1977年），「積木くずし」（TBS，1983年）などが性別役割分業型家族に内在する問題（親子の断絶，夫婦の愛情の不確かさなど）を描き，主婦的ライフスタイルの葛藤状況を渦中で生きている女性たちに評価されたことを指摘している。

広告においても同様の状況が見える。島森（1998）は，防虫剤（キンチョー）の「タンスにゴン」CMの「亭主元気で留守がいい」（1986年）や，ちあきなおみの孤独な1人泣き（1989年）が，主婦たちの投げやりなムードを描きだしていることを指摘する。「経済的余裕ができ，ひまもあり，情報や知識が増え……主婦はたくさんのものを手に入れ」た。けれど，「女は本当に幸せになったのか。そしてこれは，同時に男に向けても発せられるべき質問なのかもしれない」（島森 1998: 148-149）。80年代以降の広告は，もはや「主婦」を単に理想化された憧れとして描くことができなくなった時代の産物なのだろう。

社会状況と照らし合わせてみると，現実の女性たちの変化にともなって，広告表現が変化してきたことがわかる。ただし，広告に使われる「典型的な男女のイメージ」とは，現実の男女のあり方そのものを直接反映しているだけではないようだ。

国際比較研究でも同様のことが指摘されている。「広告表現とジェンダー」研究は各国で行われているが（李 2012を参照），ピヤ（2008）は，タイと日本の1970～90年代の広告の変化を比較することで，興味深い知見を提示している。日本では女性の労働力率や地位にあまり変化はみられないのに，テレビ広告においては働く女性が登場する傾向が高まっていた。タイでは，女性の労働力率や地位は高いにもかかわらず，広告は専業主婦志向を示していた。ピヤは，広告におけるジェンダーイメージは，現実の直接の反映というよりも，理想的な働き方のイメージの影響が大きいのではないかという視点を提起している。

2　広告とジェンダー研究

[1]　性別役割分業ステレオタイプと性の商品化

広告とジェンダー研究で最も多くみられる研究は広告に描かれる男女像の分析である（鈴木 2009，村松 1997，石川・滝島編 2000など）。ここではテレビ広告におけるジェンダー描写を実証的に分析した研究として，延島明恵（1998）を紹介したい。1日に放映されたテレビ広告のうち，成人男女が主人公である401本を分析した結果は次のようなものであった。

第一に，登場人物の性別比に特徴がみられた。広告の主人公は女性主人公が男性主人公よりも多い一方，ナレーターは男性が女性を大きく上回っていた。女性主人公が多いのは，女性向け広告が多いことと関係している。現在の消費社会において，主たる消費者は女性とみなされているからである。他方で男性のナレーターが多いのは，広告主たちが男性の声は女性の声よりも権威的であると信じているからではないかと延島は述べている。また，主人公の年齢構成についていうと，女性主人公に関しては，20代が占める割合が非常に高かった。広告で重視されているのは，若い女性であった。

第二の特徴が，広告が男女を異なった形で描写している点である。広告の主人公の服装についていうと，女性はカジュアルな服装やエプロン姿が多く，男性はスーツ姿が多かった。女性は主婦にふさわしい服装，男性は仕事をする服装をして画面に登場していることがわかる。主人公の登場場面も，家庭で登場するのは女性が多く，職場で登場するのは男性が多かった。また，男性主人公は成人男女と，女性主人公は子どもと一緒に登場することが多かった。①「男は仕事，女は家事・育児」という性役割観が広告の世界に反映されていることがわかる。

また，②性の商品化に関わる問題もみられた。水着姿や下着姿の女性は男性に比べて頻繁に登場していた。カメラワークとアングルでは，男性よりも女性の方が身体の一部をクローズアップされたり，上からのぞきこむ形で撮影されていた。テレビ広告が，性の商品化を助長するような描写を行っていることに延島は警鐘をならしている。

この研究のように，広告においては①性別役割分業のステレオタイプが多く描かれていること，②女性の性を商品化する描写が行われていることは，さまざまな研究において指摘されてきた。

[2]　性別役割分業表現の変化

広告内容のこのような傾向は変化しつつあるのだろうか。吉田清彦（1998）は，テレビコマーシャルのなかの家族像の変遷を次のように分析している。従来は「定型的性別役割分業家族」ばかりが描かれていた。「女は家の中で家事，男は外で仕事」だけでなく，「女は料理を作る人，男は食べる人」や，「男が病気，女は看病」「男は主人公，女はわき役」「男はスポーツ，女は応援」「娘が妻役や母役」「男の子は腕白で，汚し役」……などが具体例とともに示されている。ところが，男女雇用機会均等法を境に，日本の家族 CM が変わり始めたという。最初に登場したのが「家事をする男」である。たとえば，「ライオン・チャーミーグリーン」（台所用合成洗剤／1985 年）では，キッチンで，若いカップルが肩を並べて食器を拭いている映像が使われた。次いで「働く女」が登場した。たとえば，「興和新薬・キューピーコーワゴールド」（栄養補助食品）の主人公はこれまで男性だったが，1987 年に女性の主人公を採用した。ただし，そこで描かれた内容は次のようなものだった。

仕事から帰ってきた女性が，「ねえ，今日，外で食事しよお？　もう疲れちゃって，今から作る元気ないの。お願い。明日から，ちゃんと作るから」と言うと「こんなときの疲れに，キューピーコーワゴールドはよく効きますよ」という男性のナレーションが入る。

吉田は，「家事は本来女がするもの」「男は仕事が主，女が仕事をしたければ，家事も仕事も」という考えが残っていて，先に帰った夫が食事の支度をしてもよさそうなのに，この CM の作り手はそういうことに思いもよらないと批判する。

1990 年代に入ると，デーモン小暮が父親を演じる「フジカラー・写るんです」（使い捨てカメラ／92 年）などの，父親と子どものほのぼのとした触れ合いを描く「ほのぼのパパ」CM が話題になった。

吉田は，このような CM が話題になったということは，父親と子どもの触れ合いを描いた CM が，それまで，いかに少なかったかということの証明でもあると述べている。

以上の分析を通じて，吉田は「数としての全体で見れば，まだまだ定型的な性別役割家族の方が多く見られる」が，「新しい家族像がさまざまに模索されはじめてきている」と述べる（吉田 1998: 159）。

[3]「見られる女性」と美容広告

テレビ CM で描かれる女性の性の商品化は女性たちにどのように受け止められているのだろうか。その疑問を考えるために，女性たちが主たる受け手である女性雑誌の広告に目を向けてみたい。女性雑誌は，男性雑誌に比べて広告の比重が高いことが論じられてきた（諸橋 1993 など）。たとえば，井上輝子（2001）は，女性雑誌は純粋な広告だけでなく，「一見すると記事ページにみえつつ，販売店や商品の価格等の情報が掲載されていて広告機能を果たしている『広告記事』」が占める割合が非常に高いこと，広告や広告記事で目立つ商品は，服飾用品と化粧品，エステ，美容整形関係が多いことを指摘している（井上 2001: 136）。女性を「見られる存在」として描くテレビ CM に呼応して，女性雑誌の広告が女性たちに自分の見た目に磨きをかけることを促しているかのようだ。

諸橋（2009）は，ダイエットブームが社会問題化しはじめる前後の 1986 年の女性雑誌 30 誌を分析し，そこに掲載されている痩身（ダイエット）・整形広告を分析している。その結果，30 誌合計で 395 件におよぶ痩身・整形広告がみられた。雑誌ジャンル別にみると『女性自身』『微笑』などの女性週刊誌で最も多く，平均件数は 43.6 件，全ページに対する広告掲載比率は 15.2% に達している。次いで『JJ』『an・an』などのファッション誌の平均掲載比率が 4.5% であった。

諸橋は掲載率が最も高い『女性自身』の痩身・整形関連広告を詳しく分析している。部位別にみると，眼・鼻だちの修正，ダイエット，しわ伸ばし，二重瞼化，ヒップ・腕・足などの部分痩せ……など，頭の先から足の先まで全身にわたる「改良」のアイテムが網羅されていた。諸橋は「いまや身体は人工的に矯正し得る／つくり得るもの」になってしまったと述べる（諸橋 2009: 64）。

広告の主要な女性登場モデルについては，46.6% が日本人であり，33.3% が白人系の欧米モデルであった。白人モデルは目指されるべきものとして登場しているが，日本人モデルは不満・コンプレックス（ずん胴，一重瞼など）を克服すべき者または克服した者として描かれていた。また，モデルの年齢についていえば，20 代が過半数を占めた。諸橋は，広告が，若く美しい白人が美の基準であると提示することによって，読者女性たちに欠如性（白くないこと，若くみえないこと）をあおっていることを批判している。

広告で使われることばにも特徴がみられる。最多のことばが「グングン痩せる」「10 日間で」「1 日わずか 10 分」といった速効性・短期性をコンセプトとするもので，39.4% を占めていた。次いで，「着るだけで」「眠りながらラクラク減量」「誰でも簡単」などの簡便性をうたったものが 30.7% であった。若くて西欧的という一元的でステレオタイプな身体を手間をかけずに獲得できるという広告のことばが，女性読者のコンプレックスと「ものぐささ」をくすぐっているのである。男性のまなざしに等しい美の基準を，痩身・整形広告が培養し，レッテル張りをしていると諸橋は結論づける。

広告を含むマスメディアが「女性は美しき性である」という「美しさの神話」を流布することによって，女性たちの自己嫌悪や不安を生み出していると批判したのが N. ウルフ（Wolf 1991＝1994）と R. フリードマン（Freedman 1986＝1994）である。たとえば，フリードマンは美容産業とその広告について次のように述べている。

これらの産業は，自分の容姿に対する自信のなさを食い物にして繁栄している。売り上げを伸ばすためには，その製品に対する購買意欲をそそるだけではなく，それを使わなければ自分は魅力的になれないと，女性に思わせなければならない。……広告は，正常な女性の身体を問題視するような風潮を生み出す。……彼女がどんなに一生懸命，人に受け入れられるようになろうと努力しようと，彼女は永遠に未完成で不完全なままだ。彼女がどんなに美しくなり，いい匂いになろうとも，いつも必ず何かが欠けているのだ。(Freedman 1986＝1994: 76-77)

[4] 「見られる男性」の出現と女性の主体性

ただし「美しさの神話」の問題を考えるにあたって，私たちは2つのことに注意する必要がある。その1つは，近年においては，この問題は女性だけのものではなくなりつつあるという点である。前川（2012）は，「見られる男性」の出現について論じている。1986年に『Men's non-no』『Fineboys』など男性向けファッション雑誌が創刊された。この頃，『明星（Myojo）』の表紙が女性アイドルから男性アイドルへ変化し，記事内容にはジャニーズアイドルの水着写真が掲載されるようになった。1990年代には男性同士の性愛を描く女性向けの作品「ボーイズラブ」が販売されるようになった。……現在においては，さまざまなメディアが男性を「見られる存在」にしているのである。

このような状況に呼応して，男性向け美容広告にも表現の変化が見られる。若者男性誌『POPEYE』1980年1月号に掲載されたリップクリーム（SPALDING）の広告のキャッチコピーは「冬が，唇を直撃する」であった。登場する男性は，眉や髭が濃く，ほりが深く，視線も鋭く，「男らしさ」を前面に押し出している。〈男性たるもの，万が一のときしかリップクリームなど使ってはならない〉といっているかのようだ。他方，同誌1990年4月号に掲載された洗顔料（ビオレ）の広告では，「顔を洗って出直しといで！　そう言った彼女は僕にビオレソフトスクラブをくれた」というキャッチコピーが使われており，女性から見られる存在であることを意識する男性像を描きだしていた。男性が見た目を要求されるようになった背景には，男女の視線の対等化のみならず，第3次産業の増加に伴い，対人コミュニケーション能力の一貫として，男性にもルックスが求められるようになってきたことも関係しているのかもしれない（中野 2014）。

もう1つは，「美しさの神話」という議論が女性たちの主体性を見過ごしてしまうという問題である。西倉（2003）は，フリードマンやウルフが「美の神話」の虚構性を暴き，それを解体することに力点をおくあまりに，ダイエットや美容整形などの行為を社会的抑圧によって押しつけられた「間違ったもの」かのように描いてしまうことを批判し，女性たち自身の経験や認識の主体的側面をくみ取っていく作業の必要性を主張している。調査においても，女性たちが美容整形を考える理由は，異性などの「他者の視線」ではなく「自己満足のため」であったことが明らかにされている（谷本 2008）。

見た目を気にすることは，自分の見た目にたいする不安を増幅させるというネガティブな側面もうみだすが，ファッションや美容を楽しんだり，自己のアイデンティティを主体的にコントロールする力をえるというポジティブな側面ももつことに注意を払う必要があるだろう。

3 フェミニズム運動による広告批判

［1］ 広告とジェンダーをめぐる社会運動

「広告とジェンダー」研究が行われた背景に，社会運動の存在があったことを見逃すことはできない。その中心的活動を担ったのが，「行動する女たちの会」（1975〜96年）である（行動する会記録編集委員会編 1999）。国際婦人年をきっかけに結成されたこの会は，性差別社会の変革を目指して，家庭，学校，職場，メディアなどあらゆる場を変えるための活動を行った。会は，マスメディアの性差別的な表現が，人々の性別をめぐる考え方に多大な影響を与えていると考え，批判運動を展開していった。

「行動する女たちの会」がメディア批判のターゲットにしたものの1つが，広告であった。そこで批判された広告表現には2種類のものがある。第一に，性別役割分業を描く広告である。1975年にハウス食品「シャンメン」のテレビCM「私つくる人，ボク食べる人」を批判し，話題を呼んだ。第二が，「ポルノ」広告である。たとえば，1984年に講談社『モーニング』の車内広告「チチも愛読。ハシからハシまで大人のコミック」（箸で乳首をつままれた女性の胸部アップ写真）に抗議した。会の運動のなかでも有名なのは1987年の「アンチポルノ・ステッカー」運動である。当時，電車内やオフィスにも，ヌードや水着の女性を使うポスターが溢れかえっていた。会は「怒・女たちのアンチ・ポルノ・キャンペーン」と書かれたステッカーを配布し，個々人が問題だと感じたポスターにそのステッカーを貼っていくという活動を展開した。

「行動する女たちの会」以外の活動として，1984年に発足した「コマーシャルの中の男女役割を問い直す会」が開催したコマーシャルコンテストを挙げることができる。このコンテストは，「なかなか好感コマーシャル」と「そろそろやめてコマーシャル」のトップテンを選び，その結果を「会報」として冊子にまとめ，広告製作者や企業にも送り届けて，作り手側の意見を求めるものであった（吉田1998）。運動に携わった小川真知子（1992）は，コンテストを通じて感じたCMの性差別性を，性別役割分業意識の根強さと，裸と性的イメージの氾濫とまとめている。

このようにみると，広告とジェンダー研究と同様に，フェミニズム運動もまた，広告が①性別役割分業のステレオタイプを多く描いていること，②女性の性を商品化する描写を行っていることを批判してきた。社会運動による批判が，実証的な研究につながっているのである。

[2] 批判運動をいかに考えるか

私たちは，広告に対するこのような運動をいかに捉えるべきなのだろうか。

フェミニズム運動が広告を性差別的であると批判するとき，「表現の自由」との関係がしばしば取り沙汰される。行動する女たちの会の運動に対しても，新聞や雑誌上で批判が繰り返された。規制が進むと「表現の自由」を束縛することになるのに，女性たちは「そういうことをわかっていない」と。本当に批判運動は「表現の自由」を束縛するものなのだろうか。

まず，批判運動は規制を求めていたのではないことに注意したい。行動する女たちの会は，法的規制にはむしろ反対していた。規制強化は「何が性差別であるか」を論じる自由をも損なう危険性があると捉えていたためである。

そして，私たちはフェミニズム運動がなぜそのような運動を展開したのかに注目する必要がある。「アンチポルノ・ステッカー」運動をふりかえり，船橋（1994）は，ほとんどの広告が男性制作者によって作られていて，彼らは性差別的な広告を見て不愉快に思う女がいることがわかっていなかったので，自分たちのノーという意思表示としてステッカーを貼ることを提案したと述べている。その結果，当該企業の人権室長と会って語りあうなど，広告の送り手との間のパイプを作ることができたという。また，「コマーシャルの中の男女役割を問い直す会」のコンテストも，「CMの送り手と対話・交流の場を持ちたい」（小川 1992）という思いから行われた，「作る側，送る側と見る側との恒常的な意見の交換」の試み（吉田 1998）であった。つまり，広告に対するさまざまな運動は，送り手との対話を拓くための受け手の戦略であったといえるだろう。

少数者が批判運動によって対話を拓こうとすることは，「表現の自由」にとって重要な位置を占めている。異議申し立てとの対話によって，よりよい社会に向けた変革が可能になるからである。伊藤（2006）は，メディアに対しての異議申し立ては，「表現の自由」という観点から積極的に評価されるべきことであるのに，その理解が足りず，言論弾圧と同列に論じるような主張さえあったことを批判している。「表現の自由」の意義は，「議論によって社会の問題について人々の合意を生み出す」ことにあることを私たちは忘れてはならない。

批判運動が起こったとき，広告を送り出す側は，批判を受け止め，応答する責任がある。それは，速やかにその広告を差し止めるというような過度な自己規制を行うことではない。批判運動を行う側も，誠意ある対応を求めるがあまり，「せっかちに」表現の撤廃を求めてしまうことがあるが，運動の本来の目的は「なぜ問題なのかを討論する」ことにある（船橋 1994）。開かれた議論の場の確保こそが重要であることを忘れずにいたい。

4 広告表現と再生産されるジェンダー

フェミニズム運動や「広告とジェンダー」研究が積み重ねられる一方，性別役割分業のステレオタイプ描写や，女性の性を商品化する広告表現は現在においても少なくない。なぜ，そのような表現が描き続けられるのだろうか。延島（1998）は視聴者がどのようなジェンダー描写を期待しているのかという視聴者意識研究がなされていないことを指摘している。これからは，広告表現の内容分析にとどまらず，広告表現の生産・消費など，さまざまな側面を視野にいれたジェンダー研究が必要とされるだろう。そのような研究に向けて，以下ではいくつかの視点を提起しておきたい。

まず，表現の生産について考えてみよう。力武（2005）は，次のような広告制作現場の声を紹介している。

> 広告の役割は，今日よりもさらに良い明日，つまりほんの少し未来の生活環境を提示することにあります。したがって，情報の送り手がジェンダーに敏感であれば，CM・広告というメディアは現実の男女の有り様・関係性を少しだけズラして提示することで社会を変えていく可能性をもっています。しかし，……広告が提示する生活風景が現実とかけ離れていては，違和感を与えてしまい，多くの人の共感がストレートにえられず，広告の効果もあがりません……。また，広告代理店は……広告依頼主・商品生産者の意向を忠実にコンセプト化しなければならないので，そこにジェンダー・バイアスや固定観念などが投影されることもいなめませんね。（力武 2005: 316）

広告が作られる過程において，誰のどのような意向にもとづいて，どのような典型的なジェンダーイメージが選択されたり，どのような現実の一歩先の男女のありようの提示が試みられたりしているのかを研究していくことが必要だろう。

次に，広告の消費については，2つのことを述べておきたい。

第一に，「広告のターゲットにされるのは誰か」に関わる点である。これまで述べてきたように，女性は主たる消費者とされ，さまざまな女性向けの広告が作られてきた。『主婦の友』などの婦人雑誌が消費行為を促す効果があるメディアと見なされ，広告出稿が急速に伸長していったのは1920年代後半のことだった（石田 2015 など）。北田（2008）は，この時期，女性が消費行為に責任をもつ家庭経済の主体とされると同時に，広告の誘惑に翻弄され，無尽蔵な消費への欲望に衝き動かされる他動的な存在として，道徳的非難や好奇のまなざしの対象になっていったことを論じている。

現在においては，市場のセグメント化が進むにつれて，LGBT（セクシュアル・マイノリティ）市場をターゲットにした広告も出現している（同性カップルにむけた結婚式場の広告や，LGBT イベントへの協賛など）。LGBT 市場への注目がセクシュアル・マイノリティの社会的地位の向上に寄与するとする意見もみられるが，「消費志向的なゲイのライフスタイル」というイメージがもたらす負の側面――消費にアクセスしにくい人々の周縁化など――に学問的な注目が集まっている（河口 2003，清水 2013）。広告のターゲットになることは社会的地位の向上なのか市場に利用されてしまうだけなのか……，その問題点についても私たちは意識的でなければならない。

第二に，運動や研究が「性差別である」と批判した広告表現が，他の女性には問題ないと受け止められることも多いにありうるという点である。表現とは多様な読みが可能なものであるし，人々のジェンダーに対する考え方も多様なものであるからだ。単に多様であるというよりも，ジェンダーは私たちにとって強固で抜け出しにくい「循環性」をもつものであるから，その構築性が意識されにくいというほうがより正確かもしれない。

ジェンダーの構築は「循環論」になっていることを丁寧に論じたのが，江原由美子（2001）である。たとえば，なぜ女性は，強制されているわけでもないのに，夫には育児負担をさせずに自分だけで育児を引き受けてしまうのか。その原因は，多くの女性が男性のほうが稼ぎ手としての将来性が高いと予想してしまうこと（職場の性差別）と，男性は仕事をしていないとき自尊心を失いやすく，女性は育児できないときに後悔や罪悪感にさいなまれやすいこと（性別役割分業に基づく感情）にある。けれども，女性が育児を１人で引き受ける選択をすることは，職場の性差別と家庭における性別分業を生み出す最大要因になってしまう。つまり，職場の性差別と家庭内の性別分業に基づいて，女性たちは育児を引き受けるが，その結果，職場の性差別と家庭内の性別分業を再生産してしまうわけである。けれども，こうした循環性について私たちは普段意識することはない。循環性について意識されないまま，性差や性別的特徴についての表象がつくられ，さらにメディアや学問が偏った性別に関する知を流布していくと江原は述べる。

循環性について意識されない場合には，メディアが表現するジェンダー表現は，単に「普通のこと」としてしか受け止められることはないだろう。性別役割分業や女性の性の商品化を描く広告を否定的に捉えない女性が多いのは，当然のことなのである。事実，広告苦情の研究は，「夫が妻の命令で……させられている姿は，男性の尊厳を踏みにじっている」といった男性からの「性差別」という苦情が多かった（女性にはそのような特徴は見られなかった）ことを指摘している（池内・前田 2012）。既存の権力を侵害される場合には人は敏感になるが，そうではない場合には意識されることは少ないのである。

E. ゴフマンの *Gender Advertisements*（Goffman 1976）にならって，いち早く広告における隠れたジェンダーのメッセージを分析した上野（2009〈初刊 1982〉）は，広告表現は現実の一部を誇張し，別の一部を隠蔽していること，現実の変化を予感し，変化を領導する役割も果たしていることを指摘している。どのようなメカニズムのなかで広告はどのような男女像を表現しているのか，その表現は変化しているのかしていないのかを，私たちは見据えていく必要があるだろう。

■ 文献

李津娥（2012）「広告・消費・ジェンダー」国広陽子・東京女子大学女性学研究所編『メディアとジェンダー』勁草書房。

池内裕美・前田洋光（2012）「広告苦情の類型化と広告表現の許容範囲に関する実証的研究」『広告科学』第55・56集，51-70。

石川弘義・滝島英男編（2000）『広告からよむ女と男――ジェンダーとセクシュアリティ』雄山閣出版。

石田あゆう（2015）『戦時婦人雑誌の広告メディア論』青弓社。

伊藤高史（2006）『「表現の自由」の社会学――差別的表現と管理社会をめぐる分析』八千代出版。

井上輝子（2001）「ジェンダーとメディア――雑誌の誌面を解読する」鈴木みどり編『メディア・リテラシーの現在と未来』世界思想社。

上野千鶴子（2009）『セクシィ・ギャルの大研究――女の読み方・読まれ方・読ませ方』（岩波現代文庫，初刊1982），岩波書店。

江原由美子（2001）『ジェンダー秩序』勁草書房。

江原由美子・山崎敬一編（2006）『ジェンダーと社会理論』有斐閣。

小川真知子（1992）「テレビコマーシャルを斬る」加藤春恵子・津金澤聰廣編『女性とメディア』世界思想社。

落合恵美子（2004）『21世紀家族へ〔第3版〕』有斐閣。

河口和也（2003）『クィア・スタディーズ』岩波書店。

北田暁大（2008）『広告の誕生――近代メディア文化の歴史社会学』（岩波現代文庫，初刊2000）岩波書店。

国広陽子（2012）「テレビ娯楽の変遷と女性」国広陽子・東京女子大学女性学研究所編『メディアとジェンダー』勁草書房。

行動する会記録集編集委員会編（1999）『行動する女たちが拓いた道――メキシコからニューヨークへ』未來社。

島森路子（1998）『広告のヒロインたち』（岩波新書）岩波書店。

清水晶子（2013）「『ちゃんと正しい方向にむかってる』――クィア・ポリティクスの現在」三浦玲一・早坂静編『ジェンダーと「自由」』彩流社。

鈴木みどり（2009）「現実をつくりだす装置・イメージCM」天野正子ほか編『〔新編〕日本のフェミニズム7 表現とメディア』岩波書店。

関沢英彦（2007）「広告における女性たち」『コミュニケーション科学』第25号，29-58。

谷本奈穂（2008）『美容整形と化粧の社会学――プラスティックな身体』新曜社。

中野隼（2014）「男はなぜ美しくなりたいのか」（関西大学社会学部守ゼミ卒業論文）。
西倉実季（2003）「ジレンマに向き合う――外見の美醜を語るフェミニズムのために」『女性学』第10号，130-150。
延島明恵（1998）「日本のテレビ広告におけるジェンダー描写」『広告科学』第36号，1-14。
原克（2012）『白物家電の神話――モダンライフの表象文化論』青土社。
ピヤ，ポンサピタックサンティ（2008）「テレビ広告におけるジェンダーの役割の変容――日本とタイの比較から」『日本ジェンダー研究』。
船橋邦子（1994）「『ポルノグラフィー』をどうみるか――性表現とフェミニズム」（インタビュー・高松久子）『インパクション 84 挑発するセクシュアリティ』インパクト出版会。
前川直哉（2012）「『見られる男性・見る女性』の系譜――絡みあう二次元と三次元」『ユリイカ』12月号，青土社，138-144。
村松泰子（1997）「テレビCMのジェンダー分析――映像言語と価値観を解読する」鈴木みどり編『メディア・リテラシーを学ぶ人のために』世界思想社。
諸橋泰樹（1993）『雑誌文化の中の女性学』明石書店。
諸橋泰樹（2009）『メディアリテラシーとジェンダー――構成された情報とつくられる性のイメージ』現代書館。
吉田清彦（1998）「テレビコマーシャルの中の家族像の変遷」村松泰子・H. ゴスマン編『メディアがつくるジェンダー――日独の男女・家族像を読みとく』新曜社。
吉見俊哉（2010）「テレビを抱きしめる戦後」吉見俊哉・土屋礼子編『大衆文化とメディア』（叢書現代のメディアとジャーナリズム 4）ミネルヴァ書房。
力武由美（2005）「広告は男女共同参画推進の媒体となりうるか」北九州市立男女共同参画センター“ムーブ”編『ジェンダー白書 3 女性とメディア』明石書店。
Freedman, R.（1986）*Beauty Bound*, D. C. Heath and Company.（常田景子訳，1994『美しさという神話』新宿書房）
Goffman, E.（1976）, *Gender Advertisements*, Harper.
Wolf, N.（1991）*The Beauty Myth: How Images of Beauty Are Used Against Women*, William Morrow and Company.（曽田和子訳，1994『美の陰謀――女たちの見えない敵』TBSブリタニカ）

第 **8** 章

広告への物語論的アプローチ

妹尾　俊之

1　広告クリエイティブの考察

[1]　はじめに

物語広告への注目

最近のテレビ CM の意欲的取り組みの 1 つに，オーディエンスの肯定的パーセプション（知覚）形成を目指して，ブランドをモチーフとするドラマを長期にわたって提供するアプローチがある（妹尾 2015）。

テレビ CM によく用いられるスタイルに，商品情報をタレントなどが語りかける「ストレートトーク」，商品の優位性を実証して見せる「デモンストレーション」，商品をリアルな日常生活のなかに置いて描く「スライス・オブ・ライフ」，同じく虚構のドラマのなかで描く「ドラマ型」がある。1953 年の放送開始以来，テレビ CM の基盤は，大きな流れとしては，製品（送り手）のファクトから生活者（受け手）のパーセプションへと移行してきた。全日本シーエム放送連盟（ACC）が年 1 回開催する「ACC CM FESTIVAL」のグランプリ企画のスタイルを見ると，21 世紀に入ってからの直近 13 年間の 14 企画（2012 年度は 2 企画同時受賞）中，10 企画はドラマ型と解読できる。フィクション，あるいはドキュメンタリーのドラマ性によってオーディエンスの受容を強化する試みが今日の特徴なのである。

長期にわたるシリーズ化も近年の傾向である。繰り返し接触による飽きを回避

表 8-1　ACC CM FESTIVAL テレビ CM 部門グランプリ作品

年度	企　業	商　品	作品名	CM スタイル
2001	日本コカコーラ	ジョージア	《明日があるさ》30 秒×4	ドラマ（シリーズ展開）
2002	キユーピー	キユーピーマヨネーズ	《料理は高速へ》15 秒×3	デモンストレーション
2003	サントリー	燃焼系アミノ式	《グッバイ，運動。》15 秒×3	デモンストレーション
2004	ネスレジャパングループ	ネスカフェ	「朝のリレー・空」60 秒	スライス・オブ・ライフ
2005	日本コカコーラ	FANTA	《そうだったらいいのにな》15 秒×3	ドラマ（シリーズ展開）
2006	ライフ	ライフカード	《カードの切り方が人生だ》30 秒×4	ドラマ（フィクション）
2007	日立マクセル	マクセル DVD	《ずっとずっと。》60 秒×2，120 秒×2	ドラマ（ドキュメンタリー）
2008	ソフトバンクモバイル	ホワイト家族	《ホワイト家族》30 秒×4	ドラマ（シリーズ展開）
2009	サントリーホールディングス	BOSS	《宇宙人ジョーンズ》60 秒×2，30 秒×2	ドラマ（シリーズ展開）
2010	梅の花	梅の花	《夜の梅の花》30 秒×3	ドラマ（フィクション）
2011	九州旅客鉄道	九州新幹線	九州新幹線全線開業「総集篇」180 秒	ドラマ（ドキュメンタリー）
2012	本田技研工業	企　業	「負けるもんか（プロダクト）」60 秒	デモンストレーションとスライス・オブ・ライフの混合
2012	トヨタ自動車	企　業	《ReBORN》60 秒×8	ドラマ（シリーズ展開）
2013	ナイキジャパン	ナイキベースボール	「宣誓」60 秒	ドラマ（ドキュメンタリータッチのフィクション）

（注）「作品名」は単独企画，《作品名》は複数企画の総称を示す。CM スタイルの内容は筆者が分類した。
（出所）『ACC CM FESTIVAL 入賞作品』各年版（VTR／DVD）より作成。

することを目的に企画のバージョン違いを制作することはむしろ常套手段だが，それを越えて，より長期にわたる展開を念頭に周到な構成を持つ企画バリエーション展開がなされている。とくに「宇宙人ジョーンズ」は 2006 年以降，「ホワイト家族」は 2007 年以降，すでに 10 年近く継続しており，「ReBORN」もこれに続く発展性を秘めている（2015 年 1 月現在）。

これらのブランド CM シリーズは次の 3 点の共通要素を持ち，その中核に物語が据えられている。

①製品より人間的ドラマにウエイト（虚構性）。

②長期にわたるシリーズ展開（時間的継続性）。

③テレビ CM を通じたブランディングと価値共創の成果を，OOH（out of home advertising）とソーシャルメディアなどを活用するメディア・クリエイティビティを通じて，セールス・プロモーションに応用するための仕組みづ

くり（空間的発展性）。

本章ではこのような，クリエイティブに端を発する広告コミュニケーション・スタイルの創意工夫の実践を「物語広告」と暫定的に定義する。

インターネットの普及によって，広告は二極化が進行している。一方で購買履歴をはじめとする顧客データの精緻な蓄積を活用したセールス・プロモーション，他方ではブランディング，さらにはブランド価値共創への働き掛けである。ドラマ型CMから物語広告への発展は，後者の実践にほかならない。

本章は広告クリエイティブに焦点を当て，その構造分析と企画のために物語論の応用を提案する。市場が成熟した今日，広告活動の対象は製品からパーセプションへ移行した。物語は，人間が混沌とした環境を秩序立てて知覚し認識するための装置である。ブランドを表象する物語は，クロスメディア環境のもとで価値共創を働きかける広告コミュニケーションの核を形成する。

物語広告のようなコミュニケーション行為は，日本文化の伝統に根差している。それは，インターネットを媒介とするセールス・プロモーションが発展するなか，今後の広告固有の役割を示唆するものとなろう。

[2] 広告クリエイティブ研究へのアプローチ特性

コアコンピタンス・クリエイティブ

広告表現物の企画・制作に関わるクリエイティブは，オーディエンスの注目と関心を高めるために創造的な知恵・工夫を施す。このことが広告活動と広告現象の両面でクリエイティブに特別の位置づけを与える。

広告主企業のクリエイティブへの期待は，マーケティングやメディア，セールス・プロモーションなどの他要素を圧して高い（日経広告研究所 2013）。それはしばしば生活文化や社会的価値規範など社会現象にも影響を及ぼす。時代風潮や特定文化の価値観を反映した広告表現物は表象文化の研究に欠かせない。

クリエイティブは経済的にも社会的にも，広告特有のコミュニケーション・パワーの最大の源泉である。

クリエイターの経験則解明

広告の2側面のうち，科学性を重んじるマーケティングとメディアの領域では実証研究や理論化が進み，膨大なデータの蓄積を駆使した精緻なアプローチが実践されている。これに対してクリエイティブの企画・制作は，芸術的ないし職人技的であり，依然として属人的な才能に委ねられている。広告研究においてもクリエイティブ領域では，特定のクリエイターが自己の仕事に即して工夫の過程を語る経験則アプローチが主流であり，とくに専門誌『広告批評』（1979年創刊，2009年終刊）が多くの記録を残した（最後の成果として，天野編2012）。

特別の才能が認められたクリエイターが実例に即して語るクリエイティブ論は実務的示唆を含むが，一方で個人的経験はドグマに陥りやすいという批判も根強い（たとえばRossiter and Percy 1998＝2000）。

理論化・方法論化への取り組み　1990年代半ば以降に研究と実践が進んだアカウント・プランニングは，クリエイティブの方法論へ踏み込んだ（小林1998，小林編2004）。それは，①深層心理にまで踏み込んでブランドを使用する意味を探るコンシューマー・インサイトを出発点に，②項目を定めたクリエイティブ・ブリーフによってメッセージを設定した後，③異質の価値を重んじる広告会社のスタッフ（クリエイターのほかに，広告主担当の営業，生活者理解に長けたアカウントプランナー）の討議を介してアイデアに磨きをかける，という構造を持つ。

同時期に並行して，D.アーカーやK.L.ケラー，J.N.カプフェレなどの理論から進展したブランド・マーケティングも，同様の狙いと手法を内包する（理論は第15章を参照。実務的方法は，博報堂ブランドコンサルティング2009a，2009b）。

これらの先駆が，①モノの使用価値より象徴価値重視，②記号論の応用による広告クリエイティブ分析と企画の方法論化，を主張した1980年代の広告記号論である（ADSEC編1984, 1988）。物語論は記号論の1つの実践として発展した。

物語論を取り入れる狙い　広告の機能はまず情報の伝達であり，次に製品購買への説得が加わった。成熟期の今日ではさらに，あるいはより優先的に，意味や価値を交歓するコミュニケーション機能が欠かせない。だが，コミュニケーションは一筋縄ではいかない。カルチュラル・スタディーズの中心的理論家であるS.ホールは，送り手のエンコーディング（encoding，記号化）に対する受け手のデコーディング（decoding，解読）をそれぞれ独自の主体的意味形成過程として強調した（Hall 1980）。

オーディエンスの気持ちをつかむことで態度変容から行動喚起への契機作りを狙う広告クリエイティブは，ホールのモデルに当てはめれば，デコーディングを見極めたエンコーディングのアート，すなわち芸術的側面が際立つ技術と位置づけられる。そのためには，文学や芸術学をはじめとする人間科学（あるいは人文学）の知が欠かせない。物語論の応用は，その1つの試みにほかならない。

2　物語論の形成と発展

[1]　広告記号論の貢献

言語論的転回とコミュニケーション固有の意義

20世紀初頭，記号論（あるいは記号学）がもたらした「言語論的転回」という衝撃は，広告研究にとっても重要なものである。

モノは，（常識に反して）所与の存在ではない。現実のなかの特定部分を言葉が切り取り，意味を付与することで初めて可視化される概念なのである。認識はモノそれ自体からではなく，相対的な差異のシステムである言葉を介した記号によって形成される（土田ほか 1996，高田 2010）。この視点に立つと，広告（とくにクリエイティブ）の役割が180度転換する。広告は製品情報の単なる伝達ではなく，逆に広告が分節した表象こそがオーディエンスの認識を形成し，惹きつける価値を構築する。

広告記号論はこうした問題意識のもと，広告が表現する深層の意味を分析する「意味作用の記号論」，さらに広告表現に結実する意味の合成・開発・制作を追求する「意味生成の記号論」の研究を推進した（青木 1993）。

広告記号論は短期のブームに終わったが，その見識は中心的研究者であった青木貞茂が博報堂のブランド開発の方法論へと発展させたことにより（青木 1994，1997），実務的には1990年代後半以降，むしろクリエイティブの主流の1つを形成するようになった。

神話作用から物語論へ

広告記号論は，広告の神話作用を解明した（Langholz-Leymore 1975＝1985, Williamson 1978＝1985）。

神話は事物を基礎づける力であり，原初の超自然的現実に立ち帰って神聖性に威信を与え，伝統の強化と文化の連続性を保証する（大林 1966）。私たちの日常は神話によって意味と存在意義が与えられ，秩序立てられている（Barthes 1957＝1967, Lévi-Strauss 1958＝1972）。

ブランドと顧客との関係樹立と深化に際して，広告はこうした神話作用を発揮する。フォルクスワーゲン（西尾編 1963，西尾 2008）やマルボロ，日本のキューピーマヨネーズがその典型的事例である。

ブランド神話をうたう広告は，グラフィックメディア活用を基本とする。広告表現の枠組みを示すその意義はCMプランナーも強調しており（小田桐・岡 2005），その重要性は今後も変わらない。しかし，生活者の環境認識手段は，電波メディア，さらにはインターネットへウエイトを移し，広告メディアもテレビCMとクロスメディア・コミュニケーションが主力となっている。そのもとでの神話作用を考えるとき，注目されるのが，動きと関係性をより強調する物語である。

ただし，神話と物語は別個の存在ではなく，機能や領域は重なり合う。神話は語られることによってその社会で共有され，次世代へと伝承されてゆくし，物語のなかでもより長期的生命を得るのは，中核に神話作用を秘めたものである。

[2] 物語論のコンセプトと系譜

環境を意味ある存在として知覚する装置・物語

物語論（narratology）は，ストーリーの展開や登場人物の配置といった表層要素の言説分析を通じて文化の深層を探り出す試みである（ここで「言説」は，フランス語のディスクール discours，英語の discourse に相当する）。これも記号論や神話作用と同じく，構造主義の活動のなかで注目を集めた。

太古からの神話や昔話，伝説から，現在の小説，演劇，映画，テレビドラマ，マンガ・アニメーション，ゲーム，さらにクチコミ・噂話に至るまで，私たちはさまざまな物語形態に親しみ，多彩な登場人物たちが活躍する多様なストーリー展開を楽しんでいる。しかし，多くの人々が受容する物語は表層的なバラエティの奥に共通する普遍性を持ち，文化の深層に潜む根源的な価値規範を反映している。換言すれば，人間の心をつかむ物語は，文化の深層を捉ええたものに限られる。

こうして物語は，私たちが取り巻く混沌たる世界環境を秩序立て，意味ある存在として知覚し，理解するために欠かせない装置となる（Adam 1999＝2004，高田 2010）。

機能や行為に注目した物語の構造分析

物語論の端緒はV.プロップの『昔話の形態学』にある。彼はロシアの昔話を比較分析した結果，数多くの変わる要素のなかにあって，登場人物が何を行うかを示す「機能」は変わらない，という革新的な発見を得た。機能を物語の恒常的定項と捉えることによって，あらゆる昔話は7人の登場人物から成る31の機能として構造化できる（Propp 1958＝1987）。

構造主義を代表する思想家であるR.バルトがこれを発展させた。彼はまず，

『物語の構造分析』で物語を「機能」「行為」「物語行為」の3つの記述レベルに分けてモデル化した。機能は内容，すなわち言うことであり，継起性と因果性によって核を形成する「駆軸機能体」と，補足的ながら聞き手との接触を維持する「触媒」から成る。前者は核の論理的連続である「シークェンス」として命名され，それらがピラミッド状に組み合わされて構造化される。行為は登場人物の行為圏への参与によって定義され，行為圏は類型的であるから，分類が可能となる（Barthes 1966＝1979）。彼はさらに『S/Z』において，バルザックの小説に即した詳細な構造分析を実践して見せた（Barthes 1970＝1973）。

物語構造分析手法の完成者と評されるA. J. グレマスの著作は，理論篇に当たる『構造意味論』（Greimas 1966＝1988）とそれを発展させた『意味について』（Greimas 1970＝1992）の2著が翻訳されている。ただ，難解であるうえ，考察を絶えず発展させている事情もあるため，まずは赤羽（1992）に就くことを薦めたい。

グレマスの顕著な功績に，意味作用の基本構造を考察するための「記号論的四角形」モデルおよび登場人物分析を集約した「神話的行為項モデル」の構築がある。言述として表出された物語は，これらを通じて，語り論的・擬人的な表層レベルから基本的・論理的な深層レベルへと還元される。

グレマスにとって物語の核は，「行為による変換」である。すなわち，冒頭で主体と対象を分離する現働化があり，途中に試練を経て，両者が接合する実現がなされる。この考察はさらに，主体に対抗する反主体の概念の導入によって，よりダイナミックなモデルに発展してゆく。

さらに，『物語のディスクール』（Genette 1972＝1985）は，物語の形式的側面に焦点を当て，修辞学的方法論として体系化した大著である。

［3］　物語論の応用

消費社会における記号価値の表象

かつて『物語消費論』（大塚 1989），『物語マーケティング』（福田 1990）と，広告研究で物語論が注目されたことがある。きっかけはロッテ・ビックリマンチョコのおまけシールであった。1枚1枚のシールにオリジナルの物語が断片的に示されているため，全貌を探りたい顧客がチョコレートよりおまけ（物語）目当てで購買する逆転現象が起きたのである。ここでの物語は，「消費されるためにはモノは記号にならなければならない」（Baudrillard 1968＝1980）という記号価値を表象するものであった。

ブランド価値共創の
パーセプションの中核へ

それから4半世紀，広告をめぐって大きな環境変化を経た現在，物語論は新たな応用の可能性を秘めて立ち現われてきた。物語は，錯綜したクロスメディア環境においてブランド価値共創を働きかける際，オーディエンスのパーセプションを形成し，発展・深化する中核機能を担う。

3 広告コミュニケーションを介した社会的現実の共創

[1] 新たな役割

広告環境の変化

日本の経済成長力は長期的低落を続けている。名目経済成長率は1960～70年代の2桁成長が79年以降1桁に，さらに93年以降は高くても1%台で，しばしばマイナスに転じる状況が続いている[1)]。マクロに見て市場は，80年代を挟んで，成長から成熟へ転じた。

このもと，広告環境の変化は企業と生活者間における情報力の逆転に凝縮されよう。その背景要因として，一方で製品のコモディティ化，他方で主体性を確立した生活者のマーケティング・リテラシー向上，さらに，両者を媒介するメディアとして生活者が発信に関わるCGMやCGC（consumer generated media/contents）の定着・日常化，が挙げられる。

ファクトからパーセプション（知覚）へ

需要が供給を上回る成長市場では，技術革新を生かした新製品による新規顧客開拓がマーケティングの中心であった。広告は告知に基盤を置き，新製品の登場と名前，特性・便益の伝達によってトライアルユースやブランドチェンジを促すトリガーの役割を担った。情報優位性は企業が握っており，クリエイティブでは独自の売り込み文句であるUSP（Reeves 1961＝2012），メディアでは購買に結びつく効果的・効率的な情報伝達を目指す有効フリークエンシー・プランニングが多く用いられた。

成熟市場では需給の逆転に伴い，製品は技術的機能的に同質化して差別化が困難になるとともに，新製品より既存製品のウエイトが高まった結果，働きかける対象は既存顧客中心になる，という2つの重要な変化が起きた。こうして，製品をめぐるファクトよりも，生活者がそれをどう受容するかというパーセプションがクローズアップされてくる。
企業の広告活動には大別して，短期的直接的なセールス・プロモーションと，より長期的な（信頼や愛着といった）顧客との関係づくりの2側面があるが，生活者側が情報優位性を握る環境のもとでは，後者の肯定的パーセプションの形成を目指すブランド広告の役割が大きくなる。今日の広告は，物理的現実の情報伝達を行うだけではない。生活者にとっての意味を表象し，さらには共創する，すなわち社会的現実を創造・共有するコミュニケーション行為として，企業と生活者のインターフェイスを担っているのである。
物語広告への注目には，こうしたコンテクストが考えられる。

[2] 物語広告への今日的注目

物語広告の基礎理論 物語論は，次の3点を明らかにしてきた。①私たちは物語を介して，混沌とした環境を秩序立てて知覚・認識する。②物語は，表出・表層・深層の3層で構造化される。表出レベルで無数のバリエーションを持つ物語は，機能と登場人物に注目して深層構造を探ると，実はごく限られた枠組みへと還元される。③こうした物語構造は，分析と創造のための方法論を提供する。

物語広告の新しい理論 2010年代に入って，物語広告は新たな注目を集めている。なかでも熱心な論者であるC.チャン（台湾・国立政治大学教授）は，物語が強い情緒的反応を喚起することから，物語広告独特の機能として，①象徴的意味づけによる現在化，②エンタテインメントを通じたより肯定的，より好意的な関与，③代理感覚を通じた製品経験，の3点を挙げ，鍵となる理論的コンセプトは，いずれも物語への典型的反応である精神的シミュレーションと転移（transportation）だとする（Chang 2012)。
“transportation”は今日ではもっぱら「輸送」の意味に用いられるが，もとはコミュニケーションと同義であったという。ここでは広告の一般的な説得に比べ，ストーリーへの没入を通じて，注目・作用・想像など，より精神的関与を高める度合いを意味する。
これに焦点を当てたtransportation-imagery modelは，精緻化見込みモデルでは説明できない広告の説得効果を解き明かす試みである。トランスポーテーションによって物語世界に没頭した人間は，中心ルートまたは周辺ルートに単純には従わない。それは，物語を介した説得が潜在意識に働きかけ，反応を引き出すからである（Zheng and Phelps 2012）。

さらにダーレンら（Dahlén et. al. 2010）は，ブランドの物語（brand narrative）をマーケティング・コミュニケーションの中核に据えることを提唱する。「ブランド」は，製品の特性や機能的便益を，シンボルやパーソナリティ，情緒的便益・自己表現的便益などに拡張することで成立するが，ブランド・ナラティブは，そのブランドを取り巻くコミュニケーション行為がブランドの突出性（salience）の寿命を延ばす，とするモデルである（同書：252）。それは具体的には，①企業が創るブランドの意味，②顧客が関わる意味，③メディアが媒介する意味，から成る３つの神話と，①市場や製品が創るブランド・エクイティ，②顧客が創る顧客エクイティ，③競争上の強さである市場ポジション，の３つの強さを指す。

「突出性」はケラーの「顧客ベースのブランド・エクイティ」の出発点であり，このモデルでは何らかの突出した要素がブランド価値形成と，顧客との関係樹立の原動力となることが示されている（Keller 2007＝2010）。しかし製品そのものに根拠を置く突出性は，直接には顧客の繰り返し使用により，長期的には技術環境や競合環境の変化により，陳腐化する一方である。これに代わって物語が作る突出性は，工夫次第で鮮度を保つことが可能となる。

［3］　物語原型：物語広告の基盤１

受容されやすい物語原型　物語には，人間が受け容れ易い原型（narrative prototypes）が存在する（Chang 2012）。パーセプションを対象とする広告コミュニケーションを考察するうえで，これは非常に重要な論点である。そして，チャンは具体的内容にまでは踏み込んでいないが，物語論には物語原型とキャラクター原型について豊富な知見が蓄積されており，クリエイティブの分析と企画に応用できる。

まず物語原型であるが，そのポイントは２点ある。

①それは３つの要素に還元できる。

②そこには外界と人間の内面との相互作用が投影されている。

物語原型の普遍的３要素　昔話や神話など，時代を超えて語り継がれてきた物語は，普遍的構造を有する。

プロップが還元した昔話の31の機能は，「1. 留守」「8. 欠如」から「11. 出立」に至り，「16. 闘い」によって「19. 不幸・欠如の解消」の成果を挙げ，「20. 帰還」「31. 結婚」で完結する（Propp 1958＝1987）。

これをグレマスは，「①主人公（主体）が登場，②試練を経て，③欲望の対象を手に入れる」と大幅に凝縮してモデル化した（赤羽 1992）。

アメリカの神話学者であるJ.キャンベルの主著『千の顔をもつ英雄』の表題は，1つの英雄神話が多くのバリエーションを持つことを表している。彼が見出した原質神話の核心は，「①英雄は危険を冒してまでも日常世界から超自然的領域に赴く。②そこで超人的力に遭遇，決定的勝利を収める。③英雄は従う者に恩恵を与える力を得て，冒険から帰還する」というものである（Campbell 1949＝1984）。

キャンベル神話学は『スターウォーズ』以来，自覚的な方法論としてハリウッド映画の制作に取り入れられ（Campbell and Moyers 1988＝2010），「①出立・離別，②試練・通過儀礼，③帰還」の3幕を構成する12章に簡略化されている（Voglar 1998＝2002）。

日本でもユング派心理学者の河合隼雄が，英雄神話の構造を「①英雄の誕生，②怪物退治，③宝物（あるいは女性）の獲得」と要約した（河合 2002）。

このとおり，普遍的な物語原型は3つの基本要素から構成される。

①何らかの問題を意識した者が主人公となって日常から旅立つ（問題の自覚）。

②異界で試練に遭遇し，闘う（試練）。

③価値ある物を獲得，成長を遂げて日常に帰還する（解決）。

内外の相互作用　キャンベルの原質神話は，通過儀礼の公式「①分離，②過渡（リミナリティ＝境界状態），③統合」（van Gennep 1909＝2012）を拡大したものである。通過儀礼とは，象徴的に可視化した儀式を通じて，個人の内面的成長過程を共同体内部で共有する行為である。

キャンベル同様ユング心理学に拠るE.ノイマンは，大著『意識の起源史』において，神話には人間の意識や人格発達の過程が投影されていると捉えた（Neumann 1971＝2006）。英雄とは，無意識から分離した意識が自立，人格化した存在なのである（河合 2002）。

このように，物語の普遍性の一因はこれを受容する人間の内面に求められるのである。

[4]　キャラクター原型：物語広告の基盤2

6ないし7人のキャラクター原型　機能（行為）を具体的に遂行する登場人物にもキャラクター原型が存在する。

これも端緒はプロップであり，彼は昔話の登場人物を，①敵対者，②贈与者，③助手，④王女（探し求められる人物）とその父，⑤派遣者，⑥主人公，⑦ニセ主人公，の7種類に類型化した（Propp 1958＝1987）。

演劇の世界では，劇的諸機能と具体的諸人物が，①主題としてのヴェクトル的力，②価値の人間的代表，③（善を割り当てる）審判者，④善の潜在的獲得者，⑤敵対者，⑥加担者，の6つに類型化されている（Souriau 1950＝1969）。

表 8-2　キャラクター原型

プロップ	スーリオ	グレマス
主人公	主題的力	主　体
王女と父	価　値	客体（対象）
贈与者	審判者	送り手
	獲得者	受け手
助　手	加担者	補助者
敵対者	敵対者	反対者

（注）プロップの「派遣者」は主人公の派遣に関わるのみであるから「助手」に，「ニセ主人公」は不当な要求を特有の機能とすることから「敵対者」に，それぞれ重なる。

グレマスの「神話的行為項モデル」は，これらの先行モデルを集約したものである。②客体（対象）は①主体の願望の対象であり，③送り手の④受け手に向けた伝達の対象でもある。それは主体に援助をもたらす⑤補助者と，障害を作り出す⑥反対者の投影によって変調される。

3人の論者による類型化は，表 8-2 にまとめたとおり大半が共通する。こうしたキャラクターの配置によって，物語の機能は具体的に可視化されてゆく。

普遍的無意識に潜むアーキタイプ

また，ユング心理学のアーキタイプ（archetype）も普遍的キャラクター像を提供する。

アーキタイプは個人レベルを超える普遍的無意識に潜む，意識では把握しえない仮説的概念であり，自我は「原始心像」と呼ぶイメージとして把握する（Jung 1964＝1975，河合 1967，1977）。個人の夢に現れるアーキタイプは，キャンベルやノイマンが分析したように神話に投影され，人間に共通する表象にもなっている。代表的なアーキタイプを表 8-3 に示す。

ハリウッド映画では物語論とユング心理学を参照して，①ヒーロー（英雄），②メンター（賢者），③シュレスホールド・ガーディアン（門番），④ヘラルド（使者），⑤シェイプシフター（変化する者），⑥シャドウ（影・悪者），⑦トリックスター（いたずら者），という7つの典型的キャラクターを配している（Voglar 1998＝2002）。

表 8-3　ユング心理学の原型

元型イメージ	内　容
自　我	人間の行為や意識の主体。
自　己	心全体の統合の中心に仮定される存在。
老賢者	自己の人格化。超人間的姿を示す。
始源児	自己の人格化。未来への生成の可能性を強調。
グレートマザー	すべてを包み込む「母なるもの」。肯定・否定の両面がある。
影（シャドウ）	統合された人格の「生きられなかった半面」。普遍的影は人類に共通する悪の概念に近い。
トリックスター	破壊＝いたずら者と建設＝英雄の両面を持つ。
ペルソナ	外界に向けて社会的役割を示す「仮面」。
アニマ	男性の女性的側面の人格化。肯定・否定の両面がある。エロス的要素の発展による 4 つの像。①生物的アニマ，②ロマンチックアニマ，③霊的アニマ，④叡智のアニマ。
アニムス	女性の男性的側面の人格化。肯定・否定の両面がある。ロゴス的要素の発展による 4 つの像。①力のアニムス，②行為のアニムス，③言葉のアニムス，④意味のアニムス。

（出所）　河合（1967, 1977）より作成。

[5]　広告クリエイティブへの応用

こうした物語原型やキャラクター原型は，実際に展開されたテレビ CM に見出すことができる（ただし，クリエイターや広告主がどの程度自覚的に関わっているかは定かでない）。

ACC グランプリ作品から例を引くと，「サントリー燃焼系アミノ式《グッバイ運動》シリーズ」は「こんな運動，しなくても」のタグラインのもと，次の構造を持つ。

①ターゲットである都市生活者は運動不足に陥りがちであり，健康に悪い（問題の自覚）。

②とても真似できない奇想天外な運動の情景の提示（試練）。

③激しい運動に代えて，燃焼系アミノ式の飲用を提案する（解決）。

「FANTA《そうだったらいいのにな》シリーズ」の場合，タグライン「そうじゃないから，ファンタ，NEW」へ至るドラマは次のように展開する。

①ターゲットである中学生は，学校の授業に退屈している（問題の自覚）。

②授業から逃避する空想を大人が妨害する（試練）。

③代わりにファンタを飲み，ストレスを発散する（解決）。

ストーリー化は，因果性とオーディエンスの内面への関連づけ（自分ごと化）を通じて，アピール力を強化する。

物語原型の活用はまた継起性に貢献し，長期にわたるシリーズ展開に際して，ブランド・コンセプトを繰り返しながらも陳腐化を防ぐ働きを発揮する。この作用を最も明確に観察できるのは，「宇宙人ジョーンズ」シリーズである。その意図は，1992年の発売以来のブランド・コンセプト「働く男の相棒」に宇宙人の目による異化を仕掛け，刷新することにあると考えられる。「このろくでもない，すばらしき世界。」のタグラインのもとで展開されるドラマの骨格は次のとおりである。

①宇宙人ジョーンズは，調査のために仕事に就く（問題の自覚）。

②宇宙人にとって不条理な「この星の仕事」はうまくいかない（試練）。

③BOSSによる癒しを発見し，気を取り直して取り組む，という成長を遂げる（解決）。

仕事の内容は企画ごとに変わるがプロットは同一であり，冒頭に「この星の○○（仕事名）は……」，結末に「ただ，この星の○○は……」と決めセリフも配されて，演劇界でいう「ウエルメイド・プレイ」の趣を呈している。

[6]　物語広告の実践：コミュニケーションデザインの求心力

物語を媒介とする価値共創

物語広告に注目する背景として先に，製品のコモディティ化の一方で，主体性を確立した生活者のマーケティング・リテラシー向上，を挙げた。これに対する戦略レベルの解決策は，「価値共創」である。このコンセプトは，ブランド論とサービスマーケティング（サービス・ドミナント・ロジック）の領域でそれぞれに論じられている（前者は青木編 2011，後者は井上・村松編 2010）。

ブランドは企業が供給する製品であると同時に，顧客にとってはかけがえのない使用経験のシンボルとなる。製品の特性や機能は，発売後，基本的に変わらない。このことを前提にブランド広告は顧客のパーセプションに焦点を当て，日々変わり続ける時代風潮や文化特性のなかでそれを愛顧する能動的な意味を表象する。戦前のスモカ歯磨（片岡 1985）や昭和30年代のトリスの一連の広告（坂根編

1975）はその先駆例であり，今日なお学ぶ点が多い。

時間的継続性と空間的発展性の中核

したがって，ブランディングから価値共創への目的の深化は，ブランド広告のより長期にわたる実践を要請する。ところが，テレビCMのシリーズ展開は，オーディエンスに飽きが生じるため，7年が限度という実務上の経験則がある[2)]。

さらに，激変するメディア環境への対応も重要である。マスメディアに加えて，リアルな生活空間を彩るOOH，バーチャルな紐帯を作り続けるさまざまなソーシャルメディア（とくに，生活者が発信に関わるCGMやCGCの定着・日常化は，広告のあり方を根本的に変革しつつある）と，広告メディア（あるいはタッチポイント）は拡大と深化が著しい。

このように，錯綜するクロスメディア環境におけるブランド価値共創は，時間的継続性と空間的発展性という，従来の広告が経験したことのない課題を投げ掛けている。商品広告におけるプロダクト・インタレストに代えて，生活者のパーセプションに働き掛ける広告コミュニケーションの核として，物語が位置づけられるのである。

4　コミュニケーション行為としての広告

[1]　コミュニケーションのコンサマトリー性

「広告コミュニケーション」という用語は古くからあり，「広告」と同義に用いられることも多い。しかし，パーセプションに向けた価値共創という今日的課題のもと，「コミュニケーション」の意義を改めて確認することが必要である。マーケティングの枠内で広告は「プロモーション」の構成要素とされた。それとの違いは何なのか。

池田謙一はコミュニケーションに，説得[3)]を念頭に置く「道具的コミュニケーション」と，それ自体を目的とする「コンサマトリーなコミュニケーション」の2側面があることを指摘している（池田 2000）。またJ. ハーバーマスはコミュニケーション行為における「成果志向」と「了解志向」を対比して捉えた（Habermas 1981＝1986）。

これらの関係は広告活動では，セールス・プロモーションとブランド広告に対応する。前者は消費不況が顕著になった1990年代以降，量的にウエイトを高めて今日に至っている。そのせいで広告はすっかり痩せ衰えてしまった。「広告が効かなくなった」と嘆く実務家は，まずは自らが蒔いた種を総括せねばならないだろう。

広告はもともと，おもにマスメディアを通じて偶然の出遭いを演出し，注目を集め，対象への関心を高めるためにさまざまな知恵・工夫を施してきた。1980年代にはマーケティングの枠を超え，テレビ番組や新聞・雑誌記事以上にオーディエンスを惹き付ける大衆文化と位置づけられた。重要なことは，そうした広告がセールス・プロモーションとブランド価値共創を両立し，相乗効果を発揮したことである。まして情報優位性が生活者側に移った今日，剝き出しのセールス・プロモーションの意図は容易には受け入れられない。典型例がソーシャルメディア・マーケティングの失敗である。ソーシャルメディアは利用者にとってまさにコンサマトリー・了解志向なコミュニケーションの場にほかならず，そこへセールス・プロモーションを持ち込むことへの違和感と反発は強い。

危機は同時に，コミュニケーション行為としての広告を再認識する好機でもある。それは同時に，日本伝統のコミュニケーション文化の再認識にも通じる。

[2] 「日本型広告」の見直しへ

小林保彦は「日本型広告」と「アメリカ型広告」はまったく異なることを繰り返し説いている（小林 2010。本書の第 21 章「広告研究のアイデンティティ問題」も参照）。マスメディアによる集団的販売訴求に機能特化したアメリカの広告に対して，日本型広告は，マーケティング・コミュニケーションに加えて全経営訴求であるPRや非経済的訴求であるプロパガンダをも包含した，ホリスティックなコミュニケーションなのである。

日本にはもともと，古くからコミュニケーションを楽しむ文化の伝統がある（加藤 1965，辻村 1968）。そのもとで既に江戸期，すなわちマーケティングが成立する1世紀前に，マスメディア以前の広告（的行為）が高度な成熟を見せた（山本・津金澤 1992。本書の「はじめに」も参照）。

ここで興味深いのは，政治学者の丸山眞男が指摘した日本文化独特の「原型・古層・執拗低音」の存在である（丸山 2004）。日本文化の顕著な特性は外来文化の圧倒的影響であり，中国や南蛮，明治期の西欧，戦後のアメリカと，さまざまな文化を進んで受け入れてきた。しかしながら，それらに決して併呑されない点にもう1つの重要な特性がある。日本文化の原型ないし古層は低音となって執拗に繰り返され，外来思想を日本化させてゆくのである。

広告（とくにクリエイティブ）にこの見解を当てはめれば，1960年代以降，アメリカのマーケティングという外来文化のもとで近代化を推進しながら，「モノバナレ広告」「フィーリングCM」「オモシロ広告」「芸術的表現」など，マーケティングの枠を超えるコンサマトリーなコミュニケーションの試みが，主流にはならないものの，途切れることなく顔を覗かせて続けてきたことに気がつく。これが日本の広告文化における執拗低音だとすれば，物語広告は2010年代におけるその新たな姿と理解することができる。

近江商人の「売り手良し，買い手良し，世間良し」という信条に代表されるように，アメリカ型マーケティング以前の日本の商法は，直接的セールス・プロモーションより了解志向のコミュニケーションを介した関係樹立に力点を置いてきた。物語広告を契機に，日本の広告におけるコミュニケーション行為の意義を再認識する必要があるだろう。

■ 注

1）電通「2013年日本の広告費」による。電通ホームページ内のコンテンツ「電通広告景気年表」（http://www.dentsu.co.jp/books/ad_nenpyo/）には，推計を始めた1947年以来のデータが掲出されている（2015年1月13日アクセス）。

2）松下電器産業宣伝事業部OB・堀川靖晃氏，および象印マホービン元宣伝部長・粟津重光氏のご教示による。於・日本広告学会関西部会（2014年8月7日）。

3）ただし「説得」は，やりとりを通じてオーディエンスの心からの同意を形成する行為であって，一方的に従わせようとする「命令」や，「白を黒と言いくるめる」類の詐術ではない。「広告の説得機能」を考察する際，この用語の定義には留意を要する。

■ 文献

青木貞茂（1993）「アド・セミオティクス」，星野克美編著（1993）『文化・記号のマーケティング』国元書房。

青木貞茂（1994）『文脈創造のマーケティング――生活者との「共有価値」を生み出せ』日本経済新聞社。

青木貞茂（1997）「博報堂の新しいブランド・コンセプト管理・開発法『NEOHARVEST』」青木幸弘・小川孔輔・亀井昭宏・田中洋編『最新ブランド・マネジメント体系――理論から広告戦略まで』日経広告研究所。

青木貞茂（2008）『文化の力――カルチュラル・マーケティングの方法』NTT出版。

青木幸弘編（2011）『価値共創時代のブランド戦略――脱コモディティ化への挑戦』ミネル

ヴァ書房。
赤羽研三（1992）「グレマスの記号論について」A. J. グレマス『意味について』水声社。
天野祐吉（1983）『広告の本――人生はそれを模倣する』筑摩書房（1986年，ちくま文庫）。
天野祐吉編（2012）『クリエイターズ・トーク――13人のクリエイティブ講義』青幻舎。
池田謙一（2000）『コミュニケーション』（社会科学の理論とモデル5）東京大学出版会。
井上崇通・村松潤一編（2010）『サービス・ドミナント・ロジック――マーケティング研究への新たな視座』同文舘出版。
植条則夫（1993）『広告コピー概論』宣伝会議（増補版2005年）。
大塚英志（1989）『物語消費論――ビックリマンの神話学』新曜社。
大塚英志（2012）『物語消費論改』（アスキー新書）アスキー・メディアワークス。
大林太良（1966）『神話学入門』（中公新書）中央公論社。
小田桐昭・岡康道（2005）『CM』宣伝会議。
片岡敏郎（1985）『片岡敏郎スモカ広告全集』マドラ出版。
加藤周一・木下順二・丸山眞男・武田清子（2004）『日本文化のかくれた形（かた）』（岩波現代文庫）岩波書店（初刊1984年）。
加藤秀俊（1965）『見世物からテレビへ』（岩波新書）岩波書店。
河合隼雄（1967）『ユング心理学入門』培風館。
河合隼雄（1977）『無意識の構造』（中公新書）中央公論社。
河合隼雄（1994）『昔話の深層――ユング心理学とグリム童話』（講談社＋α文庫，初刊1977年，福音館書店）講談社。
河合隼雄（1993）『物語と人間の科学講演集』岩波書店。
河合隼雄（2002）『昔話と日本人の心』（岩波現代文庫）岩波書店。
小林保彦（1998）『広告ビジネスの構造と展開――アカウントプランニング革新』日経広告研究所。
小林保彦編（2004）『アカウントプランニング思考』日経広告研究所。
小林保彦（2010）「広告の根源機能とゆくえを考える」日経広告研究所編『基礎から学べる広告の総合講座2011』日経広告研究所。
坂根進編（1975）『トリス広告25年史』サン・アド。
妹尾俊之（2014）「物語広告論の構想」『日経広告研究所報』第274号，2-7。
妹尾俊之（2015）「ACCグランプリ企画に見るテレビCMスタイルの潮流」『商経学叢』第61巻第3号。
高田明典（2010）『物語構造分析の理論と技法――CM・アニメ・コミック分析を例として』大学教育出版。
辻村明（1968）『日本文化とコミュニケーション』（NHKブックス）日本放送出版協会。
土田知則・青柳（神郡）悦子・伊藤直哉（1996）『現代文学理論――テクスト・読み・世界』新曜社。
電通広告事典プロジェクトチーム編（2008）『電通広告事典』電通。
西尾忠久編（1963）『フォルクスワーゲンの広告キャンペーン』美術出版社。

西尾忠久（2008）『クルマの広告――大人のための絵本』KK ロングセラーズ。
日経広告研究所（2013）『広告動態調査――主要企業の広告宣伝活動と意識』日経広告研究所。
博報堂ブランドコンサルティング（2009a）『図解でわかるブランドマーケティング〔新版〕』日本能率協会マネジメントセンター。
博報堂ブランドコンサルティング（2009b）『図解でわかるブランドマネジメント〔新版〕』日本能率協会マネジメントセンター。
福田敏彦（1990）『物語マーケティング』竹内書店新社。
丸山眞男（2004）「原型・古層・執拗低音――日本思想史方法論についての私の歩み」加藤周一・木下順二・丸山眞男・武田清子『日本文化のかくれた形（かた）』（岩波現代文庫）岩波書店（初刊 1984 年）。
山本武利・津金澤聰廣（1992）『日本の広告――人・時代・表現〔改装版〕』世界思想社（初版 1986 年，日本経済新聞社）。
ACC（全日本シーエム放送連盟）編『ACC CM FESTIVAL 入賞作品』各年版（VTR／DVD）。
ADSEC（広告記号論研究会）編（1984）『牛タコさっちゃん――広告をめぐる記号論バトルロイヤル』宣伝会議。
ADSEC 編（1988）『広告の記号論――変革の時代の広告とコミュニケーション』日経広告研究所。
Adam, J. M.（1999）*Le récit,* 6e éd., Presses universitaires de France.（末松壽・佐藤正年訳，2004『物語論――プロップからエーコまで』白水社）
Barthes, R.（1957）*Mythologies*, Les Lettres nouvelles（篠沢秀夫訳，1967『神話作用』現代思潮社）
Barthes, R.（1966）“Introduction á l'analyse structurale des récits” in *Communications*, 8, novembre 1966.（花輪光訳，1979『物語の構造分析』みすず書房）
Barthes, R.（1970）*S/Z, essai*, Collection Tel Quel, aux Éditions du Seuil.（沢崎浩平訳，1973『S/Z ――バルザック「サラジーヌ」の構造分析』みすず書房）
Baudrillard, J.（1968）*Le système des objets*, Gallimard.（宇波彰訳，1980『物の体系――記号の消費』法政大学出版局）
Campbell, J.（1949）*The Hero with a Thousand Faces*, Princeton University Press.（平田武靖・浅輪幸夫監訳，1984『千の顔をもつ英雄（上・下）』人文書院）
Campbell, J. and B. Moyers（1988）*The Power of Myth*, Doubleday.（飛田茂雄訳，2010『神話の力』〈ハヤカワ文庫〉早川書房）
Chang, C.（2009）“Repetition Variation Strategies for Narrative Advertising,” *Journal of Advertising*, 38（3）, 51-65.
Chang, C.（2012）“Narrative Advertisements and Narrative Processing,” in S. Rodgers and E. Thorson eds., *Advertising Theory*, Routledge.
Chang, C.（2013）“Imagery Fluency and Narrative Advertising Effects,” *Journal of Adver-*

tising, 42 (1), 54-68.

Dahlén, M., F. Lange and T. Smith (2010) *Marketing Communications: A Brand Narrative Approach*, Wiley.

Genette, G. (1972) Discours du récit in *FiguresⅢ*, Seuil.（花輪光・和泉涼一訳，1985『物語のディスクール――方法論の試み』水声社）

Greimas, A. J. (1966) *Sémantique structurale: recherche de méthod*, Larousse.（田島宏・鳥居正文訳，1988『構造意味論――方法の探究』紀伊國屋書店）

Greimas, A. J. (1970) *Du sens: essais sémiotiques*, Seuil.（赤羽研三訳，1992『意味について』水声社）

Habermas, J. (1981) *Theorie des kommunikativen Handelns*, Suhrkamp Verlag.（河上倫逸ほか訳，1986『コミュニケイション的行為の理論（上・中・下）』未來社）

Hall, S. (1980) "Encoding/decoding" in S. Hall et al. eds., *Culture, Media, Language: Working Papers in Cultural Studies, 1972-79* (Cultural Studies Birmingham), Routledge.

Jung, C. G. (1964) *Man and His Symbols*, Aldus Books.（河合隼雄監訳，1975『人間と象徴――無意識の世界〈上・下〉』河出書房新社）

Keller, K. L. (2007) *Strategic Brand Management: Building, Measuring, and Managing Brand Equity*, 3rd ed. Prentice Hall.（恩藏直人監訳，2010『戦略的ブランド・マネジメント〔第３版〕』東急エージェンシー出版部）

Langholz-Leymore, V. (1975) *Hidden Myth: Structure and Symbolism in Advertising*, Heinemann Educational.（岡本慶一・青木貞茂訳，1985『隠された神話――広告における構造と象徴』日経広告研究所）

Lévi-Strauss, C. (1958) *Anthropologie structurale*, Librairie Plon.（荒川幾男ほか訳，1972『構造人類学』みすず書房）

Neumann, E. (1971) *Ursprungsgeschichte des Bewusstseins*, 2. Aufl. Walter-Verlag.（林道義訳，2006『意識の起源史〔改訂新装版〕』紀伊國屋書店）

Propp, V. (1958) *Morphology of the Folktale*, University of Texas Press（原著はロシア語，1928年刊。北岡誠司・福田美智代訳，1987『昔話の形態学』水声社）

Reeves, R. (1961), *Reality in Advertising*, Alfred A. Knoph（近藤隆文訳，2012『USPユニーク・セリング・プロポジション――売上に直結させる絶対不変の法則』海と月社。初訳は箕浦弘二訳，1963『宣伝術』新潮社）

Rossiter, J. R. and L. Percy (1998) *Advertising Communication & Promotion Management*, 2nd ed., McGraw-Hill（青木幸弘・岸志津江・亀井昭宏監訳，2000『ブランド・コミュニケーションの理論と実際』東急エージェンシー出版部）

Souriau, E. (1950) *Les Deux cent mille situations dramatiques*, Flammarion.（石沢秀二訳，1969『二十万の演劇状況』白水社）

van Gennep, A. (1909) *Les Rites de Passage:* Étude systématique des cérémonies, Librarie Critique.（綾部恒雄・綾部裕子訳，2012『通過儀礼』〈岩波文庫〉岩波書店）

Vargo, S.L. and R.F. Lusch (2004) "Evolving to a New Dominant Logic for Marketing," *Journal of Marketing*, 68, 1-17.

Voglar, C. (1998) *The Writer's Journey: Mythic Structure for Writers,* 2nd ed., Michael Wiese Productions.（岡田勲監訳，2002『神話の法則――ライターズ・ジャーニー』ストーリーアーツ＆サイエンス研究所）

Williamson, J. (1978) *Decoding Advertisements: Ideology and Meaning in Advertising*, Marion Boyars.（山崎カヲル・三神弘子訳，1985『広告の記号論――記号生成過程とイデオロギー（Ⅰ・Ⅱ)』柘植書房）

Zheng, L. and J.E. Phelps (2012), "Working Toward an Understanding of Persuasion via Engaging Narrative Advertising: Refining the Transportation-Imagery Model," in S. Rodgers and E. Thorson eds., *Advertising Theory*, Routledge.

第 **9** 章

コミュニケーション論的広告理解

水野　由多加

1　コミュニケーションとしての広告

広告をコミュニケーション論として理解する，とはどのようなことなのだろうか。

近年では，認知的なアプローチの社会心理学的に，受け手の感覚器を通じて脳内で情報処理がなされ，その結果が記憶として保持され，その記憶が活性化し，広告効果につながる，そういった情報処理の効果プロセスのことを「広告のコミュニケーション的な理解」としていいと考えられる（池田・村田 1991，仁科編 2001，青木ほか 2012 など）。

しかしながら他方，新聞広告誕生以来 300 年（イギリスでの 18 世紀初頭以来）の間，広告というコミュニケーションは欧米では「マス・コミュニケーション」のなかで扱われていたことも重要である。少なくとも大学での教育・研究の対象として「マス・コミュニケーション」が自覚されたのは，1904 年設立のアメリカ・ミズーリ大学のスクール・オブ・ジャーナリズムであり，以来約 100 年あまりの間，広告は，このマス・コミュニケーション論の一部でもあった。

この章ではおもに「マス・コミュニケーション研究」の蓄積から広告にどのようなアプローチが可能か，といういくつかの「切り口」集を，関連領域の先行研究から扱う。

現代的には，コミュニケーション，情報，メディアといったキーワードで，社会学，社会心理学，またメディア研究，経営学，マーケティング研究などをまたがって触れられるマス・コミュニケーションの「効果」「影響」「機能」についての研究群である。専門から距離のある方々には一言ではそれと指示しにくく，多様な詳細化が進む領域でもある（たとえば，ネット上のクチコミ，ソーシャル・メディア，ビッグ・データ，顧客関係管理〈CRM: customer relation management〉，O2O〈online to offline〉とキーワードを挙げるだけでも，それらがすべて近年注目の専門領域であることに驚かれる）。ネットと携帯によって，歴史上私たちは「最もいつもコミュニケーションしている社会的存在」となった。現在進行形のマス，ソーシャル2大メディア両立社会とは，いまだ私たちが経験したことのない社会であり，広告がそのなかでどのように「効果」「影響」「機能」を変化させているのか，論点が山積みである。

したがって，本章は，社会心理学的な理解をベースとしつつも，むしろこのマス・コミュニケーション理論を，社会学，経営学やマーケティング，そして広告研究といったジャンルをまたがって捉えてみたい。そうした交錯がリアリティのある正攻法とも思えるからである。ヨーロッパ起源のcommunicationという言葉は，交通という意味も持つという。専門の垣根を交通し「ホリスティック」であることが本来のコミュニケーション的な姿勢なのかもしれない。

図9-1は，池田謙一による図に「広告主企業」と「IMC（統合マーケティング・コミュニケーション，本書第14章参照）」を加筆したものである。この図は，マス・メディアとソーシャル・メディアの併存する現代の情報流通を表し，本章でも手がかり上，適切なので以下適宜参照する。ただし2点，池田の原図にはなかったものとして「(ソーシャル・メディア)」を「インターネット」と「対人情報環境」の重なりのなかに（その一部として）記し，さらに「最も左の矢印」も書き加えた。「最も左の矢印」とは，忘れられがちだが，リアルな製品，社屋，店舗，工場などのほか，スポンサード・イベント，屋外広告，交通広告，ダイレクト・メール，各種の小売店店頭ツール，カタログ・パンフレット類等，要はネットとマス・メディア「以外の」あまたのリアルな非・人的コミュニケーション（impersonal communication）経路を指す。

こうした図をあらためて見ると，広告は，ソーシャル・メディアにも検索にも付随するから，現代的な「遍在」があらためて確認できる。また，特定の矢印の詳細化だけをもって「広告研究」ともいいにくいことがわかる。なぜならば，広告（および広告研究）の多くは，目的や結果としての受け手の行動を視野に入れる

図 9-1　社会的な情報流通と IMC

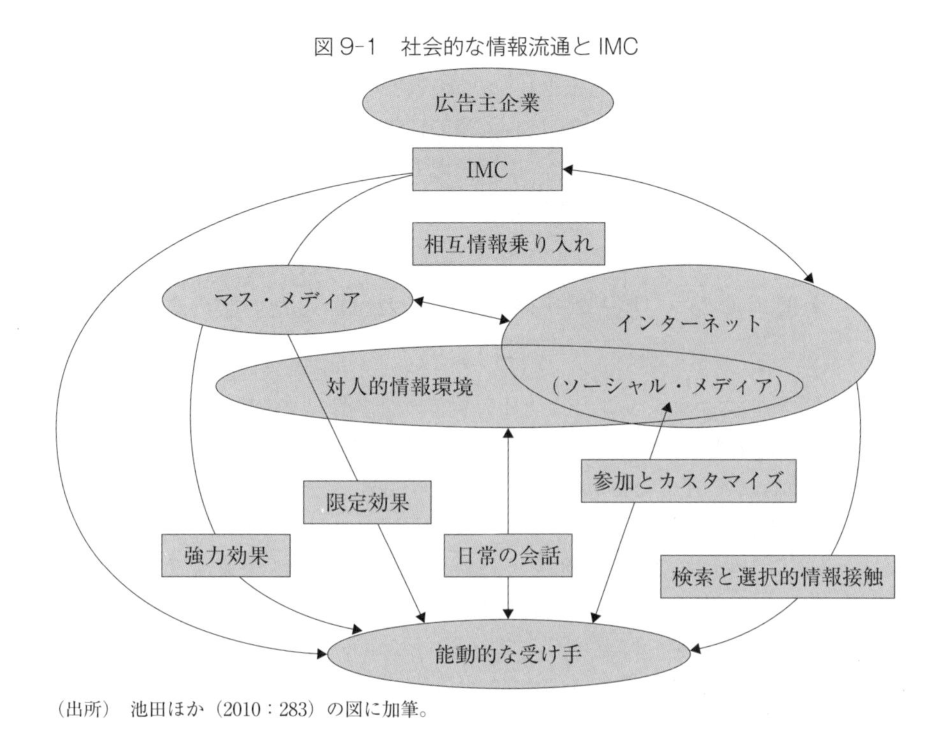

（出所）　池田ほか（2010：283）の図に加筆。

ことを求められ（たとえば，商業広告ならば「購買」，政治広告ならば「投票」，公共広告ならば「エコ行動」や「寄付」また「骨髄バンク登録」……），行動に至るまでの情報経路が単一であることはむしろ稀である。人は「裏を取って，リスクを避け，意味を探り，身体で，認知の構造（地図）を自ら作り，創造的に適応する存在」である。「能動的」とはそのような人間観を表している。したがって，矢印１つの情報伝達の理解では終わらない。

マス広告と同時に，「消費情報のクチコミ」や「ネット上の比較サイト（@コスメやカカクコム）」もあれば，楽天やアマゾンのような「売り場」もある。「売り場」はそれ自体広告的なコミュニケーションに溢れる（ロゴ・マークがなければネット上ではどこにいるのかがわからないし，「おすすめ〈recommendation〉」も広告的だし，ポイントや期間・数量などの限定セールは「売り場」で頻出する販促広告である）。「広告」情報の過程（プロセス）に焦点を合わせることが求められている。

このような状況で見えてくることは，やはり広告研究の多くは，広告物についてのそれではなく，もともと「広告コミュニケーション（コミュニケーションとしての広告）研究」であり，もともと「『多くの人々のココロに掉さそう』とする送り手の企図と，多くの受け手が『広告源泉の情報をいかに受容したりしなかったりする』結果の間の社会的プロセス」に課題も焦点もあったことの平明な確認なのかもしれない（本書第18章も参照）。

2　オピニオン・リーダー研究——それはいったい誰のことか

簡潔にコミュニケーションとは，社会学者の船津衛（1996：6）によって「情報のたんなる伝達過程ではなく，新たなものの創造を生み出すダイナミックな過程」とこなれた説明がなされる。情報の受け手は「意味づけ」「解釈」「修正」「変更」「再構成」する，ということが，この「新たなものの創造」と言い換えられている。この船津の説明は，的確とはいえ，明治期以来，外来語であるコミュニケーションという言葉はいまに至るまでカタカナのままである。日本語の「情報伝達」にはない一種のマジック・ワード（都合よく利用される言葉）として扱われてきたのではないだろうか（1988年には鶴見俊輔・粉川哲夫編集による『コミュニケーション事典』が編まれており，内容は哲学，人文学，社会科学，自然科学，工学と森羅万象にわたる）。「オピニオン・リーダー」もその社会的コミュニケーション論のなか（それもそのかなり中心）にあって，同じ魅力とからくりを持つ謎の概念に思える。

［1］「オピニオン・リーダー」と“opinion leader”

たとえば清水幾太郎，丸山真男，吉本隆明，といった政治的な影響力を持ち，世論をリードする知識人をオピニオン・リーダー（言論の主導者）と称することが，日本語の日常語では今も一般的である。時代が下って，著名なタレントのなかには「ファッション・リーダー」「美容カリスマ」「アルファ・ブロガー」といった別名のオピニオン・リーダーも観察された。それらの場合，マス・メディアが取り上げる著名な特定の個人を指してそう呼んでいたのである。近年でも雑誌記事の見出しなどで見かけるオピニオン・リーダーはこの意味である。

しかしながら，1950年代にE. カッツとP. F. ラザースフェルドによって唱えられた原義のopinion leaderは「マス・メディアからアイデアを受け取り，よりアクティブではない人々に伝える存在」である。

従来のオピニオン・リーダーを用いた解釈では，高度に豊かになった消費領域において（家の中に消費財が万単位の数存在する），たとえば，女性における日々のファッションの相互観察ひとつとっても，消費者間のダイナミックな相互作用を正確に捉えることはもはや困難だという指摘もなされている（池田編 2010，杉本編 1997）が，日本語に適当なほかの言葉がないこともあろう，近年でもオピニオン・リーダーは使われ続ける言葉である。以下，学説を見ていこう。

研究系譜的には，当初の「強力なマスメディア」のステレオタイプ的な認識による「皮下注射針モデル理論」（効果が全身に速やかに及ぶ注射をするかのように，その効果は社会全体に速やかに行き渡る）から，カッツとラザースフェルド，J. T. クラッパーらの「限定効果論」（効果は何らかの条件つきで起きる）の出現に至った（Katz and Lazarsfeld 1955＝1971, Klapper 1960＝1966）。

当初考えられていたほど，ラジオなどのマス・メディアからの「直接の影響」を必ずしも多くの人は一斉に受けない。その解題の鍵として，「限定効果」の1つにオピニオン・リーダーは位置づけられる。その後，テレビの急速で広範な普及を背景としたメディア社会認識によって，1970年代から「マスメディアの強力効果論」がふたたび主流になり始めた（池田 2000，本書第13章も参照）。しかし，「限定効果」は根本的には否定されたわけでもなく，現状としては2つの理論が並存しているとも見られる（池田ほか 2003，図9-1の下段左側）。具体的には，テレビ番組で取り上げられる「お取り寄せ」的なテレビ・ショッピングなど，テレビ発の流行は現代にもある一方，すべてのテレビCMがうまくいっている（年間2万の新発売ブランドのうち，1年以上の生存率は数％ともいわれる）とも考えにくいのである。たしかに，場合場合で「強力効果」と「限定効果」は「並存」しているのであろう。

[2] イノベーション研究とオピニオン・リーダー

オピニオン・リーダーとは，図9-1の「限定効果」の1つである「影響の2段階流れ仮説」の象徴的・中心的な概念である。

社会学者E. M. ロジャーズは，オピニオン・リーダー研究から影響を受け1960年代以降「イノベーションの普及」研究を起こした。このなかでは，オピニオン・リーダーは，革新的なアイデアの採用順ではイノベーターに遅れるアーリー・アダプターに多く重なる，とされた（Rogers 1983＝1990）。近年のネット社会においても，さまざまなことの普及に，こうした認識には旺盛な関心が示される（たとえば『キャズム』は経営コンサルタントの手になる1991年出版の実用書だが，世界的にハイテクノロジーのマーケティングにロジャーズの普及理論を紹介しベストセラーとなった）。

イノベーション研究は，社会科学では最も隆盛な横断研究領域である（Fagerberg et al. eds. 2005）[1]。たとえば経営学のなかでもイノベーション研究は一領域となっていて，小川（2007）はその日本での代表的なものだが，その扱い方はまた独特である。組織のなかで，技術やノウハウ，また勘所といった何らかの言葉にならない知識が，個人間で転移しにくい際に「stickiness（粘着性）がある」と表され，「イノベーションが発生する場所」だとされる。stickinessが高い知識は，要は「伝えにくい」とされ，逆に相対的に言葉やマニュアル等でも扱える知識（形式化された知職）はstickinessが低いので「伝えやすい」と分析される。

断章取義ながら，オピニオン・リーダーとは，フォロワーにとって「わかりにくい」「信じていいのかどうかわからない」「その採用にリスクがある」として手が出しにくい革新的アイデア（ロジャーズは新製品や技術的なイノベーションだけではなく，種痘などのアイデアもイノベーションとして扱うので，Rogers〈1983＝1990〉のイノベーションの訳語に「革新的アイデア」をあてていたのが邦訳者の青池愼一らである）の持つ「stickinessの高さ」を低減する。つまりは，オピニオン・リーダーには粘着しない知識を，知識の取得の不得手なフォロワーに転移させる働きが理解される。

そう考えてみれば，信頼できる人からの推奨（大丈夫そう）や，その分野に経験豊富で詳しい人の意見（頼りになりそう），また自分から見て好ましい人の好み（良さそう），頻繁に会う人の選択（安心）といった一連の「影響を受けたその影響源の他者」の属性（つまりはオピニオン・リーダー性）とは，いわば「マス・メディア情報の説明上手・担保」という一面で理解がしやすい。青池（2007：71）では，このことは「コミュニケーション・チャネルがインターパーソナルであると実際の使用経験に基づく評価であったり，マイナス情報を含む」のでイノベーション評価情報として十分・適切，また信憑性が高い，とされる。カッツとラザースフェルドの原義をそうとれば，「言論の主導者」という誤解は生じないのである。「言論の主導者」はオリジナルな意見を持つ存在である。

近年のマーケティング研究のなかでも，山本（2014）は「中央集権型インフルエンサーではなく，多数の『草の根インフルエンサー』」が，現実のオピニオン・リーダー像であることを確認しているが，これはこの間の「橋渡し」的な説明の１つである。

また濱岡（2006：82）は，宇野（1990）の現代版のように，「クチコミとマーケティング」についての先行研究レビューを１つの表にまとめ「複数の領域にまたがるオピニオン・リーダーは少ない」「製品・サービスに対する関与度が高いほど，クチコミから情報を探索する」「送り手と受け手の情報の非対称性が高いほど影響は強い」「製品や選択肢について，評価が困難，新製品，選択肢が多い，リスクが大きい，といった場合にクチコミの影響が大きい」「製品に比べてサービスは広告で情報伝達が不可能なので，クチコミが重要」「正の情報は購買を促進するが，負の情報の方が影響が大きい」などをその特徴として挙げ，実証的なマーケティング研究としての示唆を引き出そうとしている。

後継研究のなかでは，opinion leader よりも場合によっては market maven（市場についての知識の多い「通」）が，影響力のある場合があることや，leadership よりも followership（フォローする人の属性や判断）がむしろ先行して理解されるべきであること（follower のいることが leader であるための必要条件である），また，opinion leader 現象は，opinion seeking（探索しようとしていたか）という follower の行動や，opinion sharing（共有されたのか）といった別概念や別行動で理解したほうが適切である場合もあること，などの多面的な知見もある（青池 2007，池田編 2005，2010）。

[3]　カタカナ日本語オピニオン・リーダーの時代

では，日本語でいう「見識が卓越していて，言動に説得力があって，影響力のある，マス・メディアに登場する有名人」をオピニオン・リーダーと呼ぶことは「長年の誤訳」であって，多くの日本人が誤っているのだろうか。

ここで筆者が考えることは，(1) 誤訳であってもそれにぴったりとした日本語（「言論の主導者」はぴったりとしなかったのだろう）がないから，和製英語が使われただけ，だとしても (2) 長年にわたって，その意味が広く認められ，用法が定着した，という事実，は重んじてもいいだろうし，(3) 可能ならば，和製カタカナ「オピニオン・リーダー」の意味を踏まえれば，原義（英語の term としての opinion leader）と通底することの考察を通じて，(4) 和英両方の意味を併せ持った「オピニオン・リーダー」概念を構築しなおしてはどうか，というものである。おりしも，和製カタカナ「オピニオン・リーダー」が「マス・メディアのなかの影響源」であって，原義の英語の opinion leader が，図 9-1 の「対人的情報環境」のなかに存在する影響者ならば，マス，ソーシャル両メディアが使いこなされる今日，実に時機を得た，新しい状況にフィットしたハイブリッドな概念となるのではないか，と考えられるからである。

むろん，この考えは単なる便宜ではなく，通底する次のような属性があっての立論である。すなわち，達人（maven）との重なり，ある種の「通」，わかっている人，という認知（相対的な専門性認知），そして説明上手で影響を与える存在である，という点が重要で共通である。

こうした研究潮流を踏まえて，どのような広告研究への示唆がありうるのだろうか。

1つには，多くの研究がアメリカ社会での仮説や実証を経ているため，どこまで日本社会にそのまま適用できると考えられるのか，といった opinion leader 研究そのものの知見を検討するべきであろう。たとえば「アメリカの投票行動における opinion leader 研究」の結果を，文化はもちろん財やサービスの種類も違う研究に当てはめていいのか，の検討がなければならないだろう。アメリカ社会も変化が大きいから，文化の差異，時代の違い，そして財・サービスといった意思決定領域の違い，と二重三重の屈折が原義の opinion leader にも生起する。

したがって，むしろ，広告研究に引きよせて，「ソーシャル・メディア」と「マス・メディア」の2つのメディアが，合わさってコミュニケーション効果を生む状況に，オピニオン・リーダーが位置づけ直されつつある。2つのメディアのなかと実際の人間関係のなかに各々存在するオピニオン・リーダーの検討が適切に認識されることが期待される。

たとえば，テレビの情報バラエティ番組の独自のコメンテータの現在形は，意見をいう「オピニオン・リーダー」ではなく，感想を共有し「一緒に出来事を眺める存在」であり，専門性を欠く「マス・メディア情報の説明上手」「共有上手」である。広報担当やアナウンサーなど「スポークス・パーソン」や好感度の高いタレントの属性とも通じる。こうした「同じことを言っても，説明する人によって影響力が異なる」といった，影響元の人的属性分析の重要度（青池 2007 の指す送り手の信憑性）が増している，と考えられる。

澁谷（2013）の詳細なレビュー知見のなかにもあるように，この種の共有を行う影響者については，受け手が自分と同種であると見る「類似性認知」が鍵である。であるならば，英語の endorser を「推奨者」と見るのではなく，「タレント」と見ている日本的な広告コミュニケーションの解題なども，まさに日本的オピニオン・リーダー研究ともなるのかもしれない。

もっとも，池田（2013）も，近年のテレビの情報バラエティ化する報道番組を「ソフト・ニュース」と紹介し，S. アイエンガーの「パーソナライゼーション（personalization）の危険」をいう（personalizationという言葉は，ワン・トゥー・ワン・マーケティングにおける「郵送物などへの宛名書き印刷」つまりは「名指し」という文脈で，日本のマーケティング・コミュニケーション実務に紹介されたが，それとはまったく無関係である）。個人のエピソードとして何かを理解することの得失は，広告塔とも呼ばれることのあるタレント広告にまさに当てはまる。

3　議題設定機能——「政治の劇場化」と「広告の政治化」

[1]　遅れて見出されたマス広告の「強力効果」

もともとマス・メディアは「強力な影響力を社会に対して持つ」という考え（強力効果説）に対して，いやそうではない，マス・メディアの影響力は「限定的である」という考え方が「限定効果」をうたう考え方である。議題設定機能（agenda setting function）はこのなかで，マス・メディアが受け手に対して「このように考えなくてはならない」という効果よりも，「何について考えなければならないか」について大きな影響力を持つ，とするもので，初出は1972年マーコムとショウによってである（Weaver et al. 1981＝1988）。

アメリカ大統領選挙についての調査分析から唱えられたこの考え方は，たしかに今も選挙についてとても当てはまりの良い考え方である。マス・メディアは，政見放送も含めて，さまざまな立場の主張を伝えるが，一般に有権者である受け手の態度を変えるだけの効果は持たない。むしろ，今回の選挙において何が争点（アジェンダ）であるのか，については，とてもよくマス・メディアのいう争点（media agenda）を，受け手の争点（public agenda）にすることができるようである。小泉純一郎首相の「郵政民営化選挙」がこの説によくあてはまった。民主党への「政権交代選挙」やその後の「アベノミクス選挙」などもあてはまる。こうしたことは，政治家のテレビへの登場の仕方の他の面もあわせ「政治の劇場化」ともいわれるが（谷口 2008），マーケティングの世界では，「辛口」をいうアサヒ・スーパードライ以降，「広告の政治化」ともいえるキャンペーン事例が増加

図 9-2　議題設定機能

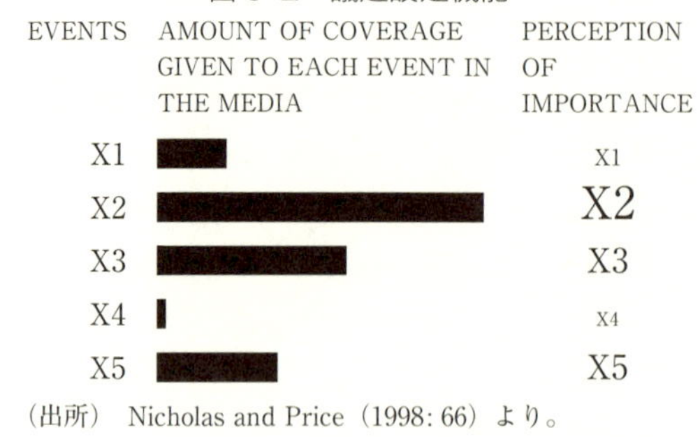

（出所） Nicholas and Price（1998: 66）より。

した。それは，従来では「誹謗中傷」といわれかねない，明示はせずとも相手をその観点では凌駕することを「対象明示なし比較」（水野 1994）する「挑戦広告」群であったといえる。

図 9-2 は，その概念的な図示で「マス・メディアの報道量が受け手の認知する重要度を決め」「記憶の顕出性を高める」ことを示している。つまり X1～X5 が議題，棒の長さがマス・メディアで扱われた多さである。右は「重要度」の認知である。

田中（2006: 42）は，「広告主が第一義的に伝えたいメッセージ（例：わが社の商品が最も優れています）よりも，“このような商品の特性が消費者にとって現在最も重要なのです”と製品カテゴリーのもつ『アジェンダ』を伝達する広告効果のあり方を想定できる」と述べる。

現代のマーケティングの代表的なテキストの1つ高島・桑原（2008）では，広告の役割として「製品の存在を知らせる」「製品属性を伝える」という2つに加えて「製品の評価基準を変える」ことを明示する。そのひとつのパターンとしては「優劣で評価される垂直的属性が複数ある場合に，自社の強みの属性の重要度を消費者に認識させ，選好するように誘導する」と解説される。例としては，掃除機の軽量化に強みを持つメーカーは「軽い掃除機の魅力を広告でわかりやすく伝えることで，軽さを重視する」ように誘導する，とする。もう1つのパターンは「好みに関わる水平的属性が複数ある場合，広告で特定の水平的属性を強調し，それが製品全体の評価にとって重要であるように意識させる方法」であるとする。

マーケティング研究者の三浦俊彦は，こうしたあらたな「選ぶ基準」である尺度そのものを提案しながら，典型的には新製品などを市場導入するマーケティングを「尺度化戦略」と呼んだ（三浦 2001）。

このように，アメリカにおける選挙とマス・メディアの報道をめぐってモデル化された議題設定機能だが，マーケティング・コミュニケーションの分野の事例と論理が，20 世紀末それを模倣するように引き続いたと認識できるのである。

[2]　プライミング効果

では，なぜ議題設定機能が生じるのか。このことに関しては，池田編（2010：273-274）において，アイエンガーの研究を引きながらこなれた説明がなされている。

1990年代初頭，ブッシュ大統領（G.ブッシュ）は，湾岸戦争前には経済政策の点で評価が低かったが，クウェート侵攻後，人々の関心のウェイトは対外政策へ大きく移動した。戦争報道の膨大さとインパクトの強さが，大統領への全体評価のなかでプラス方向に（意識されずに）「プライム（prime，前もって入れ知恵をする，爆発物などに点火する）」された，とするのである。

つまり，先に引いた田中（2006）のいうとおり「ブッシュが第一義的に伝えたいメッセージ（例：ブッシュ大統領が優れています）よりも，“このような国際状況への対応力が現在最も重要なのです”と大統領職のもつ『アジェンダ』を伝達する効果を想定できる」のである。

専門的には，認知しやすくなる顕出性が議題設定で，評価・判断時に考慮する内容をマス・メディアが作るのがプライミング，と詳細化されるが，大きくは「文脈を作る」作用が心理学的に説明されるようになっていると考えられる。また近年は「フレーミング（報道の枠組み）効果」という詳細化も池田は紹介している（池田編 2010）。文脈（コンテキスト）については，広告やPRの世界でも論理立てた説明がなされ（阿久津・石田 2002），IMCの理論的な必要性を強く示している。

ただし，1990年代の湾岸戦争についてのアメリカ国内での報道量のような「莫大な量」のマス・メディアでの文脈作りは，広告においては一般に莫大な資金量を意味することとなってやや非現実的だし，「メディアのアジェンダ」を，人々が「社会的なアジェンダ（public agenda。要は送り手の勝手，と認知されないことであろう）」であるとするには，質的にもかなり厳しい条件がありそうである。

[3]　社会に意味と秩序をもたらす「議題」

このことを抽象度を上げて，「情報とエントロピーの軸」と「多様性と冗長性の軸」の2軸として，ダイナミックな情報の運動の統一的な説明を試みたのが社会学者O.E.クラップ（Klapp 1978＝1983）の考え方である[2)]。この情報モデルでは，まずどのような情報であれ，「諸々の生物によって示される開放化と閉鎖化のパターン」を示すと捉える。具体的には2軸によって4つの象限が区切られる。

図 9-3　クラップの「社会的コミュニケーション」モデル

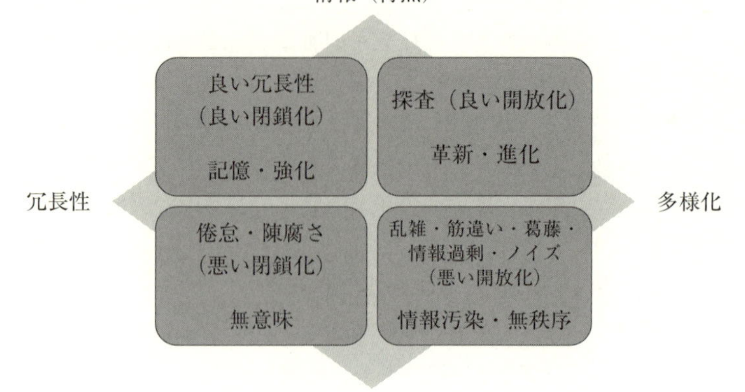

（出所）　Klapp（1978＝1983：283）より作成。

「情報の冗長性」とは「良い閉鎖系」であり，「情報の多様性」とは「良い開放化」である。他方，「エントロピーの冗長性」とは「悪い閉鎖系」であり，「エントロピーの多様化」とは「悪い開放化」であるとされる。図 9-3 を掲げる。時間経過とともにエントロピーはいずれにせよ高まる。それに対して生物や社会は，どのように情報をつむぎ出し生き長らえさせるのか，という「情報適応の戦略」を行うとするのである。

「良い閉鎖化」とは，情報の適切な縮約（多くの情報の切り捨てであるから「閉鎖」と呼ばれる）であり，人間社会レベルでは環境のなかで何に注目すべきかという意味でアジェンダとはまさにこれに該当する。複雑で混沌とする状況（そもそも何に注目するべきなのかがわからない状況）に対して，適切なコミュニケーションとは，「切りつめる」作用を行い，ほかの個体との共有を可能とさせる。しかし，そのこととは別途，エントロピーは高まるから，時間経過とともに「エントロピーの増大」が生じ「悪い閉鎖系」（＝無意味や倦怠）が続く。バリエーションやイミテーションが後続し，常套句となって論点がうやむやになる，という見方である。

この例としては，（旧聞に属すが）たとえば，ビールの味の表現に初めて「辛口」を言ったアサヒ・スーパードライの事例が良くあてはまった（1985 年頃の事象）。「辛口か辛口でないか」がビールの論点（議題，アジェンダ）になったのである。各社が「辛口」のヒットに追随したが，結局「辛口」とは何なのかがわからなく，意味を失いかけて行くところまで行った。

それに対し，再度「革新・進化」が生じる。それは「新たな情報の探査」であり「良い開放化」である。一番初めのアジェンダに対しては，おそらく「別アジェンダ（対抗アジェンダ）」が生じた，と見ることが可能である。意味のある多様化が探索され，社会に共有されたのであった。しかし，再度エントロピーはいずれにせよ高まるから，「乱雑・筋違い・葛藤」状況が生じ，情報は過剰となり，ノイズが高く無秩序な状況に至る。これが「悪い開放化」である。

「辛口」アジェンダに対して，はじめて有効な別アジェンダとなったのは，キリンの一番搾りだった。しかし，また各社は他社成功の追随に該当する新製品を多数投入し，ビールが無秩序化した。

また，新アジェンダがようやくできたのが「発泡酒」という，別価格のビール（類）だった。このように，アジェンダは左上から始まり，左下へ，右上の良い多様化の後，また右下へ。そして再度左上へとアジェンダは循環するように図式化が可能である。

クラップのこうした考え方は，時代や文化の差異はもちろん製品種類をも超える抽象度があるから，消費者状況を勘案せずとも，ある程度のアジェンダが予測・説明できる点が優れている。「生物（から人間社会まで）と情報との関係の持つ論理」に直接立脚した点でその抽象度の高さが支えられていると考えられよう。

このクラップのモデルは，事例として挙げたように，直接競争的なマーケティング・コミュニケーションの理解に役立つ。いわば次の手が分かる「定石」の示唆でもあるから，予測，また，実務的な計画ツールとしても有用性がある。

20 世紀後半，テレビの一般化によって「皆が同時に見ている気がする」「そのテレビが監視する環境の共有」という大衆（マス）社会をたしかに出現・成立させた。

広告が表現内容を別として，認知されるだけで，社会の趨勢を推し量る効果のあることも，この議題設定の一般化であった（仁科編 2001，仁科ほか 2007）。その多くの人々の共視と共感が社会の共同性の基盤に関わり，大成功を収めた広告キャンペーンの表現テーマがその理解に沿うことも論理づけられた（水野編 2009）。

では，相対的に，徐々に，ネットが適えた，この「テレビが監視する環境の共有」の崩壊の結果，議題設定機能の変化はどうなっていくのだろうか。クラップのような巨視的で抽象度の高い理論が魅力的に見える。

4 疑似環境——100年続くメディア社会の情報環境

［1］ 藤竹暁の解題

「強力効果」と「限定効果」の分類では，強力説の起源でもある「疑似環境」をもともとW.リップマンが言い始めて約100年である。マス・コミュニケーション研究では，その後D.ブーアスティンの「擬似イベント」(1962年) が連なる。ブーアスティンは「マス・メディアが出来事を報道しているのではなく，むしろ作り出している」人為的・計画的な出来事を擬似イベントと名づけ批判した。「擬似イベント」は，近年のマス・コミュニケーション研究では，たとえば政治やスポーツなど「何が擬似なのか擬似でないのか」がわからない状況も踏まえて「メディア・イベント」と呼ぶようである (Dayan and Katz 1992)。

日本でも，藤竹暁 (1968) はブーアスティンを踏まえつつ早い時期から「マス・コミュニケーションの環境造成力」と題する論文で「疑似環境」の立論を行ったことで著名である。

藤竹は，まず，狭義の疑似環境を「現実環境が拡大するに従って，間接的ではあるが，しかしそれにたいして適応を要求される外的諸条件」と解する。これは「現実環境の代理としての疑似環境理解である。しかしより重要なことは，むしろ「疑似環境自体のなかに一定の意味付け作用を内包することによって人間にたいして環境の一部としての存在を主張することになる」ことを強調する。つまり，ジャーナリズムによって，意味を付与され，「意味が意味を生むという事態によって環境を造成させることが可能となる」とするのである。「環境の造成」とは，あまり聞き慣れない言い方だが，藤竹は「人間にとって外的諸条件を自らと関係づけるその仕方をも提供する」また「単なる条件に止まらず，人間に対して環境としての関係づけを要求する」と説明している。

藤竹は，ジャーナリズムという言い方でマス・コミュニケーションを代表させていたが，続けて次のように広告についても述べている。

夏における「健康」とか「若さ」とか「活力」という意味は海や山へ出かけ，思う存分に自然を満喫し，太陽を満身に浴びるという行為そのものを指しているのであろう。ところで，1967年夏に資生堂やマックス・ファクターを中心にしてくり広げられた化粧品業界の大セールスキャンペーン合戦は，この夏の「健康」や「若さ」や「活力」を手に入れるためには不可欠なことを示すばかりでなく，商品の購入と「健康」や「若さ」や「活力」をじかに結びつけたのであった。（同書：102）

まさに「広告の『欲望開発』」がここでは語られ，その後も疑似環境の構築が広告によってなされていることが確認されるのである。ただし，藤竹は，時代背景もあって批判的あるいは懐疑的にそれを語ったが，同じ論理は以降社会心理学的に，客観的に語られ，実証されていく。規範的な議論が以降いっけん忘れられたことは別途特徴的な点である。

[2] さまざまな「隣は何をする人ぞ」研究

社会心理学のなかでは，こうした「情報環境認知のメカニズム」は大きな研究関心群であり実証研究の対象であるといえよう。

さまざまに理論が唱えられるが，類似の概念には専門的にはそれらの異同について重要な議論があるにせよ，むしろ「人は他者の考えが直接感知できないので，いかに多くの他者が何を考えているのか，その趨勢を慮る」ことが指し示される。そしてそれらは，マス・メディアとソーシャル・メディアによって多大な影響を受け，あるいはそのなかで機能するから，広告が最終的な効果を発揮するうえで密接に関係する。

以下はそのおもなものである。

「第三者効果」とは，一般に「自分はともかく，人は自分よりもマス・メディアの影響を受けている」と思う傾向のことで，調査の回答にあたっては自分の意見は言わないが，「きっと他人はそうだろう」というかたちで，自分で回答しにくい自分への効果が検出されることをいう（Davison〈1983〉，政治広告についての実証研究に李〈2011〉）。

「多元的無知（pluralistic ignorance）」とは，そういった「他者動向」は，実は誰にとってもわからず，結局誤った推論に陥る場合がある，そういった「無知」をいう（時野谷 1992，Prentice and Miller 1996）。

「沈黙の螺旋」は，自分が多数派であると思った人は自分の意見が表明しやすく，逆に少数派であると思った人は沈黙するから，多数派がより拡大する，という実証が積み重ねられる研究である（Noelle-Neumann 1993＝1997）。ただし，宮武

(2009) によれば「大半のドイツ人は他人の顔色をうかがうことを軽侮すべき弱点と捉えている」ので，この「沈黙の螺旋理論」が意味を持つ，という。であるならば，もともと「空気を慮る」日本社会における意味とは逆方向である。

「主観規範」は，合理的行動理論と訳される theory of reasoned action のなかで「自分の行動に対する態度」とは別途，「他者が考えるであろうその行動に対する態度」を分離し，その合算で人々の態度が決定することをモデル化したが (Fishbein and Ajzen 1975)，この後者は「主観として内化した社会規範」，あるいは「人はきっとこのように考えるだろう」という推論の結果である。

仁科貞文の「集団効果」は，それを広告効果のなかに取り込み，世評の評価や社会の趨勢といった，「個人判断」ではなく「社会環境推定」ともいうべき思考が，判断や行動に結びつくことを示した (仁科編 2001)。たとえば「流行っている」と思うだけで映画や興行には行けるし，「一番売れている」と聞くだけで，がっかりするリスクは減るのである。

マーケティング研究者の片平秀貴は，対象商品に対する態度を「表街道」と呼び，従来型のマーケティング認識がそちらばかり見ていたこと，「裏街道」(他者動向の推定) の研究が弱かったことを述べるが，同趣旨である (片平 1998)。

AI (人工知能，artificial intelligence) 的な認識として，人は，判断するにあたってさまざまな選択肢の束を持つエキスパート・システム (expert system) であると考えれば，その束の1つひとつを構成する「他者の振る舞い」や「常識」とは「内化された reference group」と考えてもいいだろう。そして，その reference group のなかに (当然ながら) 想定されたオピニオン・リーダーの存在 (重要な他者である) を考えることはきわめて自然な考えだろう。

そう考えてみれば，図 9-1 の「参加とカスタマイズ」は，まさにインターネット以前からマス・メディア現象としての「環境監視」として生起してきたことである。かつては，マス広告の「認知された量」がそれに相当する場合があったが，それが現代では，「ユーザー評価 (レイティング)」や閲覧回数の高さとなり，クリック1つ，指1つの行動を誘発するという日常的な事柄 (アプリの選択やアン・インストールでの各種情報フィード) でもなされていることが確認できるのである。

自らの行動や思考を肯定し，正当化する「想定された重要な他者 (imaged significant other)」とは，オピニオン・リーダーのもう1つの呼び名と考えられよう。想定とはいえ，その人格部分が記憶の抽象化によって欠落した際，reference group が frame of reference となることもまた妙な考えではないだろう。

こうしたイメージされた「疑似環境」認識については，M. マクルーハンも「新聞の第一面はひとつの街としての地球のイメージを作り出している」と著名な「グローバル・ビレッジ」の洞察を早くから示していたし（McLuhan 1951＝1968），それはかつて一世を風靡した吉本隆明の『共同幻想論』にも通じる（吉本 1968）。その後「準拠するべき現実のある『表象』に対し，もはや表象するべき現実を欠く『シミュラークル』」を唱えたJ. ボードリヤールへと続く（Baudrillard 1981＝1984）。

20世紀の100年あまり，マス・メディアの介在した「他者動向推論」は，今やネットの介在も生じた。Twitterでフォローする有名人や表示されるフォロワーの人数，YouTubeの視聴回数，楽天やアマゾンのランキング，こうしたことが急速に一般化したのも，いかに多くの人々が多くの人々の動向に敏感で興味を持っているか，ということの大きな証拠である。

「多くの人がともに見ている感じがする」（共視）という（マス）広告の効果（水野 2009）の変化と詳細化の価値はますます大きいと考えられるし，それらが相対化された場合の効果研究の重要性もまた大きい。

[3]　マーケティング・コミュニケーション

以上，「オピニオン・リーダー」「議題設定機能」「疑似環境」の3つのマス・コミュニケーション研究群を通じて「コミュニケーション論的な広告」を考えられる今後の研究展望のかたちをあわせて見たが，この他にも当然「利用と満足」「メディア・リテラシー」「培養（涵養）効果」といった研究群を通じて広告にアプローチすることも可能だろう。

とはいえ，本書でたびたび用いるIMC（統合マーケティング・コミュニケーション）も「コミュニケーション」を含む用語である。

丸岡・竹内（2006）は，アメリカ企業対象調査でのIMCについての理解に対して，日本の企業では，同種のことが実態としてアメリカ以上に進行しつつも，IMCが企業のボキャブラリーになりえていないことを示している。水野（2014b）では，「広告（日本語）＝IMC（英語）」や，「広告（日本語）＝PR（英語）」（小林 2004）といった対応関係を知ることが，マス広告を前提とする「広告（日本語）＝advertising（英語）」よりも，はるかに適切であることを述べた。日常語としての日本語としてはおろか，企業のボキャブラリーとして約20年が経過しIMCという言葉は充分一般化したのだろうか。

むろん，送り手側の「業界用語（jargon）」，あるいは研究者の使う用語（term）であるとする限定を付けてIMCはありえる。とはいえ，IMCは日本語で思考する私たちには限定的な言葉であり続けるのではないだろうか。

日本社会の大衆（マス）心理現象も文化の差異を考慮した解題もなされてきた[3)]。とすれば，広告研究がそれと同期するようなかたちで展開する可能性が大ではないか。

翻って図9-1を見れば，「多くの人々の気持ちがなぜ変わるのか」「どのようなメッセージやチャネル（コミュニケーションの伝達路と手法）が有効か」「それらをどう制御するのが適切なのか」「IMCのシナジーとはどのように追及するべきか」などを問い続けてきたのが広告研究であることが分かる。ところが，広告研究を「広告物研究」としか解さない人もいる（本書第20章も参照）。その陥穽は本章で見たダイナミックなマス・コミュニケーション研究群からも理解できる。

芸術・デザイン系ではない「広告研究」は，モノとヒト，知識と行動をまたがるダイナミックな「広告コミュニケーション研究」と認識するほうが，コミュニケーションを行う人間の営みを表し適切である。

■ 注

1） Fagerberg et al. eds.（2005）によれば，社会科学に関する論文，文献1万件あたりの「タイトルに『イノベーション』を含む学術記事（scholarly articles）」が公刊前の10年間で全体の15％前後にまで達したとされる。もともとの概念のカバーする範囲の大きさ・広さと，それが内包する意味の多様さから，また間専門性（interdisciplinary）の高さから考えても，やはりほかに類を見ない集中である。

2） クラップの情報理論のアジェンダ・セッティングへの応用・解釈は㈱電通の林田順一郎氏による。

3） 実証的な社会心理学のなかでも，近年は文化の差異に着眼し日本社会にフォーカスした北山（1998），高野（2008），増田・山岸（2010）といった文化心理学という研究潮流がある。日本社会の大衆（マス）心理に密着するべき広告研究にとって示唆深い。

■ 文献

青池愼一（2007）『イノベーション普及過程論』慶應義塾大学出版会

青木幸弘・新倉貴士・佐々木壮太郎・松下光司（2012）『消費者行動論――マーケティングとブランド構築への応用』有斐閣。

阿久津聡・石田茂（2002）『ブランド戦略シナリオ――コンテクスト・ブランディング』ダイヤモンド社。

飽戸弘（1972）『コミュニケーション――説得と対話の科学』筑摩書房。
飽戸弘（1992）『コミュニケーションの社会心理学』筑摩書房。
李津娥（2011）『政治広告の研究――アピール戦略と受容過程』新曜社。
池田謙一（2000）『コミュニケーション』東京大学出版会。
池田謙一編（2005）『インターネット・コミュニティと日常世界』誠信書房。
池田謙一編（2010）『クチコミとネットワークの社会心理――消費と普及のサービスイノベーション研究』東京大学出版会。
池田謙一（2013）『社会のイメージの心理学〔新版〕――ぼくらのリアリティはどう形成されるか』サイエンス社（初版 1993 年）。
池田謙一・村田光二（1991）『こころと社会――認知社会心理学への招待』東京大学出版会。
池田謙一・小林哲郎・繁桝江里（2003）「ネットワークを織りなす消費者――『孤立した消費者像』を越えるインターネット活用調査とその理論」『マーケティング・ジャーナル』第 23 巻第 3 号，18-30。
池田謙一・唐沢穣・工藤恵理子・村本由紀子（2010）『社会心理学』有斐閣。
稲増一憲・池田謙一（2007）「マスメディアと小泉の選挙――メディアはコトバを与えたか，関心を高めたか」池田謙一編『政治のリアリティと社会心理――平成小泉政治のダイナミックス』木鐸社。
宇野善康（1990）『＜普及学＞講義イノベーション時代の最新科学』有斐閣。
大石裕（1998）『コミュニケーション研究――社会の中のメディア』慶應義塾大学出版会。
小川進（2007）『〔新版〕イノベーションの発生論理――メーカー主導の開発体制を越えて』千倉書房。
片平秀貴（1998）『パワーブランドの本質――企業とステークホルダーを結合させる「第五の経営資源」』ダイヤモンド社。
亀田達也・村田光二（2010）『複雑さに挑む社会心理学〔改訂版〕――適応エージェントとしての人間』有斐閣。
岸志津江（2001）「広告のコミュニケーション効果」池尾恭一編『マーケティング・レビュー』同文舘出版。
北山忍（1998）『自己と感情――文化心理学による問いかけ』共立出版。
小林保彦（2004）『アカウントプランニング思考』日経広告研究所。
小林直毅・毛利嘉孝（2003）『テレビはどう見られてきたのか――テレビ・オーディエンスのいる風景』せりか書房。
斉藤嘉一（2014）「WOM 発信意思決定――新しいブランドの WOM 発信に対する市場反応予測とブランドコミットメントの影響」『流通研究』第 16 巻第 2 号，119-147。
榊博文（2002）『説得と影響――交渉のための社会心理学』ブレーン出版。
佐藤毅（1990）『マスコミの受容理論――言説の異化媒介的変換』法政大学出版局。
澁谷覚（2013）『類似性の構造と判断――他者との比較が消費者行動を変える』有斐閣。
杉本徹雄編（1997）『消費者理解のための心理学』福村出版。
高嶋克義・桑原秀史（2008）『現代マーケティング論』有斐閣。

高野陽太郎（2008）『「集団主義」という錯覚——日本人論の思い違いとその由来』新曜社。
竹下俊郎（1998）『メディアの議題設定機能——マスコミ効果研究における理論と実証』学文社。
田崎篤郎・児島和人編（2003）『マス・コミュニケーション効果研究の展開〔改訂新版〕』北樹出版。
田中洋（2006）「マス・コミュニケーションと消費者行動」田中洋・清水聰編『消費者・コミュニケーション戦略』有斐閣。
谷口将紀（2008）「日本における変わるメディア，変わる政治——選挙・政策・政党」S. L. ポプキン・蒲島郁夫・谷口将紀編『メディアが変える政治』東京大学出版会。
鶴見俊輔・粉川哲夫編（1988）『コミュニケーション事典』平凡社。
時野谷浩（1992）「多元的無知論と第三者理論による広告効果に関する研究」『日経広告研究所報』第144号，61-71。
西垣通（2008）『続・基礎情報学——「生命的組織」のために』NTT出版。
仁科貞文編（2001）『広告効果論——情報処理パラダイムからのアプローチ』電通。
濱岡豊（2006）「消費者間の相互作用——クチコミを中心に」田中洋・清水聰編『消費者・コミュニケーション戦略』有斐閣。
藤竹暁（1968）「マス・コミュニケーションの環境造成力」『現代マス・コミュニケーションの理論』日本放送出版協会。
船津衛（1996）『コミュニケーション・入門——心の中からインターネットまで』有斐閣（改訂版2010年）。
船津衛（2006）『コミュニケーションと社会心理』北樹出版。
増田貴彦・山岸俊男（2010）『文化心理学（上・下）』培風館。
丸岡吉人・竹内淑恵（2006）「総合マーケティング・コミュニケーション戦略」田中洋・清水聰編『消費者・コミュニケーション戦略——現代のマーケティング戦略④』有斐閣。
三浦俊彦（2001）「コミュニケーション戦略の新次元——『コード』・『思考型／感情型』・『尺度化戦略』を中心に」『商學論纂』第42巻第3号，141-160。
水野由多加（1994）「比較広告の再定義に関する考察——比較広告統計と対象暗示なし比較表現の発見」『広告科学』第29集，59-65。
水野由多加編（2009）『広告表現——倫理と実務』宣伝会議。
水野由多加（2014a）『統合広告論〔改訂版〕——実践秩序へのアプローチ』ミネルヴァ書房（初版2004年）。
水野由多加（2014b）「くまモンは広告か？——ゆるキャラ現象から見た広告と人間観の検討」『日経広告研究所報』第276号，10-17。
宮武実知子（2009）「世論形成の力学　E. ノエル＝ノイマン『沈黙の螺旋理論』」井上俊・伊藤公雄編『メディア・情報・消費社会』（社会学ベーシックス 6）世界思想社。
山下清美・山下利之編（1994）『こころへの認知マップ』垣内出版。
山本晶（2014）『キーパーソン・マーケティング——なぜ，あの人のクチコミは影響力があるのか』東洋経済新報社。

吉田民人・加藤秀俊・竹内郁郎（1967）『社会的コミュニケーション』培風館。
吉本隆明（1968）『共同幻想論』河出書房新社。
Baran, S. J. and D. K. Davis（2003）*Mass Communication Theory, Foundation, Ferment, Future,*3rd ed. Wadsworth,（宮崎寿子監訳，李津娥・李光鎬・鈴木万希枝・大坪寛子訳，2007『マス・コミュニケーション理論——メディア・文化・社会〈上・下〉』新曜社。
Baudrillard, J.（1981）*Simularcres et simulation,* Galilée.（竹原あき子訳，1984『シミュラークルとシミュレーション』法政大学出版局）
Boorstin, D. J.（1962）*The Image: Or, What Happened to the American Dream,* Atheneum.（後藤和彦・星野郁美訳，1964『幻影の時代——マスコミが製造する事実』東京創元社）
Davison, W. P.（1983）"The Third-Person Effect in Communication," *The Public Opinion Quarterly,* 47（1）, 1-15.
Dayan, D. and E. Katz（1992）*Media Events: The Live Broadcasting of History,* Harvard University Press.
Fagerberg, J., D. C. Mowery and R. R. Nelson eds.（2005）*The Oxford Handbook of Innovation,* Oxford University Press.
Fishbein, M. and I. Ajzen（1975）*Belief Attitude Intention and Behavior: An Introduction to Theory and Research,* Addison-Wesley.
Katz, E. and P. F. Lazarsfeld（1955）*Personal Influence: The Part Played by People in the Flow of Mass Communications,* Free Press.（竹内郁郎訳，1971『パーソナル・インフルエンス——オピニオン・リーダーと人びとの意思決定』培風館）
Klapp, O. E.（1978）*Opening and Closing: Strategies of Information Adaptation in Society,* Cambridge University Press.（小林宏一・川浦康至訳，1983『情報エントロピー——開放化と閉鎖化の適応戦略』新評論）
Klapper, J. T.（1960）*The Effects of Mass Communication,* Free Press,（NHK 放送学研究室訳，1966『マス・コミュニケーションの効果』日本放送出版協会）
Lippmann, W.（1922）*Public Opinion,* Macmillan.（掛川トミ子訳，1987『世論〈上・下〉』〈岩波文庫〉岩波書店）
McGarty, C., V. Y. Yzerbyt and R. Spears eds.（2002）*Stereotypes as Explanations: The formation of meaningful beliefs about social groups,* Cambridge University Press.（国広陽子監修，有馬明恵・山下玲子監訳，2007『ステレオタイプとは何か——「固定観念」から「世界を理解する"説明力"」へ』明石書店）
McLuhan, M.（1951）*The Mechanical Bride,* Vanguard Press.（井坂学訳，1968『機械の花嫁』竹内書店）
McQuail, D.（1983）*Mass Communication Theory: An Introduction,* Sage Publication.（竹内郁郎・三上俊治・竹下俊郎・水野博介訳，1985『マスコミュニケーションの理論』新曜社）
Neisser, U.（1976）*Cognition and Reality: Principles and Implications of Cognitive Psychology.* W. H. Freeman.（古崎敬・村瀬旻訳，1978『認知の構図——人間は現実をどのように

とらえるか』サイエンス社）

Nicholas, J. and J. Price（1998）*Advanced Studies In Media*, Nelson Thornes.

Noelle-Neumann, E.（1993）*The Spiral of Silence: Public Opinion, Our Social Skin*, 2nd ed., University of Chicago Press.（池田謙一・安野智子訳，1997『沈黙の螺旋――世論形成過程の社会心理学〔改訂版〕』ブレーン出版）

Prentice, D. A. and D. T. Miller（1996）"Pluralistic ignorance and the perpetuation of social norms by unwitting actors," *Advances in Experimental Social Psychology*. 29, 161-209.

Rogers, E. M.（1983）*Diffusion of Innovations*, 3rd ed. Free press.（青池愼一監訳，宇野善康監訳，1990『イノベーション普及学』産能大学出版会）

Rogers, E. M.（2003）*Diffusion of Innovations*, 5th ed. Free Press.（三藤利雄訳，2007『イノベーションの普及』翔泳社）

Weaver, D. H., D. A. Graber, M. E. McCombs and C. H. Eyal（1981）*Media Agenda-setting in a Presidential Election: Issues, Images, and Interest*, Praeger.（竹下俊郎訳，1988『マスコミが世論を決める――大統領選挙とメディアの議題設定機能』勁草書房）

第 III 部

広告の歴史的理解

「愚者は経験に学び，賢者は歴史に学ぶ」とは，ドイツ帝国初代宰相ビスマルクの言葉だとされる。広告においても歴史的な理解をすることが重要であることは言（げん）を俟（ま）たない。特に，近現代における経済社会の発展に広告が大きな役割を果たしてきたことを考えるとき，その当時の社会背景と合わせてどのような広告展開がなされていたかを知ることとは，その時代を知ることであり，その時代から続く「今」とはなにかを知ることにも繋がり，さらには今後どのように社会が発展していくかを占うことにも関係してくる。歴史には，日本史と世界史，近代史と現代史，その他にもさまざまな切り分け方がありうる。そのなかで，第Ⅲ部では，以下のようなラインナップを読者諸氏に提示することとしたい。

第 10 章では，明治維新期から第二次世界大戦終了までの「戦前期」における広告を検討する。（マス）広告をマーケティング活動の一環として捉えるならば，日本へのマーケティングの本格導入が戦後であることを考えると，広告活動もまた戦後の産物であるかのような誤解が生じかねない。しかし，一部の企業においては，現代に通ずる広告活動が戦前期から数多く展開されている。第 10 章においては，そのような戦前期における広告活動の展開の実例と，それに関する諸研究を，数多く紹介している。特に，マーケティング研究との関係で広告史研究の立ち位置を明らかにしている点は，まさに広告の歴史的理解の必要性と重要性を示唆していると言える。

第 11 章では，明治期から現代に至るまでのメディアの変化，それに伴う消費者の変化に着目し，社会史という形での広告理解を行う。「今日は帝劇，明日は三越」というコピーに代表されるように，広告はその時代の消費者をリードする存在であり，その背景には広告メディアの栄枯盛衰があった。日本のみならず諸外国においても，消費革命が一国の政治意識や社会意識を変えうる力をもつこと，その際に広告が一定以上の役割を果たしていることが，第 11 章では描かれている。今後の社会がどのように変わっていくのかを考えるうえで，研究として現代の広告をどのように把握すればよいかについての視角を，この章は歴史的な観点から示してくれている。

第 12 章では，広告表現に注目し，それがどのような歴史的変遷を経ているかについて検討を行う。広告は表現の集合体であり，これまで近代デザイン史研究などで議論が行われてきていたが，近年社会学や歴史学の研究者とともに「社会的存在でありまた芸術的表現」でもある広告表現についての研究がなされるに至っている。第 12 章では，人物伝から始まったデザイン史研究が「広告のデザインを通じてそれが成立した社会が何であったかを問う」表現の社会史としてのデザイン史研究になる過程を辿りつつ，関連領域との邂逅，モダニズムとその再考，現代の視覚文化にまでその議論を広げている。広告表現にその範囲を限定したとしてもこれだけ幅広い論点があり，さまざまなことを理解せねばならぬこと，まさに「ホリスティックな理解」が歴史的な観点からの研究においても求められることがわかるだろう。

第 13 章では，メディアに焦点を絞って，広告の歴史的な理解を議論する。現代がメディア社会であるとはよく用いられる謂いであるが，それはあらゆる「ひと・もの・こと」が広告媒体たりうる情報消費社会のことである。第 13 章では，これをメディア研究のパラダイムシフトと「宣伝－広告－広報」の重心変化という切り口で，どのような歴史的経緯でメディア社会が発展してきたのかを解説している。プロパガンダとマス・コミュニケーションとの関係，輿論と世論との関係などを軸に整理された議論は，今日，また今後の社会において遅延報酬的価値を見失わないようにするための「広告」リテラシーの必要性への言及に繋がる。まさに歴史を学ぶことが今後の社会の動向を見極める鍵となることを示していると言えるだろう。

インターネットの発展，特にソーシャル・メディアの著しい進歩が広告環境を大きく変えようとしている現代だからこそ，第Ⅲ部のラインナップに代表されるような広告の歴史的研究に触れることが，知的遠近法を獲得するという意味において，重要である。現代，そして未来への見通しは，歴史を理解することによって初めてなされうるのである。なお，東京・汐留にある「アド・ミュージアム東京」（公益財団法人吉田秀雄記念事業財団が運営）の常設展示は，「日本の広告史──江戸時代から現代まで」と銘打たれ，さまざまなメディアで展開された数多くの広告物の紹介を行っている。第Ⅲ部の記述とともに，ぜひ実際の広告物の見学もされたい。

（伊吹勇亮）

第10章

日本の産業史と広告

大内 秀二郎

1 戦前期の広告を取り上げる意義

本章では，明治維新期から第二次世界大戦終了までの時期（以下，とくに断りのないかぎり「戦前期」と表記する）における日本の広告の歴史を，おもに広告主の観点から概観する。広告・宣伝活動は，いうまでもなく広告主によるマーケティング活動の一環として展開される。通説では，日本におけるマーケティングの本格導入は，1955年に日本生産性本部によってアメリカに派遣された視察調査団が，先進的なマーケティング理論を持ち帰り日本に紹介したことに端を発するとされている。それ以降，第14章から第17章で詳述されるとおり，広告に関連する諸理論がマーケティングの理論体系のなかに位置づけられるとともに，広告実践は，企業が科学的に管理すべき対象として一般に認識されるようになった。このような理解を前提とすれば，戦前期においては，広告主は必ずしも戦略的な意図をもたないまま場当たり的な拡販策として広告活動を展開するにすぎなかったということになる。はたして本当にそうであろうか。

戦前期，向井鹿松や小林行昌，谷口吉彦らによって，マーケティングという用語はすでに学界で紹介されていた。しかし，彼らの著作名にも典型的に表現されるとおり，戦前期にはマーケティングに「配給」という訳語が充てられることが多く，学界におけるおもな問題関心は，個別企業の経営的活動にではなく商品の社会的移転のありようとしてのマクロ的な流通現象にあった（マーケティング史研究会編 2014)。

一方で，個別企業の経営的活動としてのマーケティングの実践が，日本においても実は戦前期から存在していたという指摘が，近年，経営史やマーケティング史の研究者によってなされるようになってきた。すなわち，「近代産業がわが国に根付く過程で，種々の起業家精神をもって先駆的な活動を進めた企業が少なからず存在し」「マーケティングも戦前に萌芽・生成していた」という見方である(小原 1994：3)。この立場に立てば，戦前期の広告は，当時の企業活動がマーケティングと評するに値するかどうかも含めて「マーケティング活動」の実態を表す鏡として理解される。戦前期の広告に注目する意義はまさにここにある。本章の目的は，戦後の日本企業・日本経済の発展の礎として戦前期を理解するために，広告を通じて日本の産業史，マーケティング史を振り返るとともに，広告史研究とマーケティング史研究の現在の到達点を評価することである。

なお，明治期以前の日本においても，たとえば江戸時代に創始されたとされる引札（チラシ）や鎌倉・室町時代に商家によって用いられ始めた暖簾(のれん)，平安時代に紀貫之が土佐日記のなかで記した絵看板と模型看板，さらには律令制成立期に市において各店舗が掲げるよう定められた取扱品目を記した標（標識，看板）など，広告の一種，もしくは広告の原始的形態とされるものは多く見られる[1)]。しかしながら，マーケティングがマス・マーケットを創造するマス・マーケティングとして成立したという歴史的事実（Tedlow 1990）を踏まえれば[2)]，マス媒体の成立以前の広告活動をマーケティングの萌芽として捉えることは難しい。したがって本章では，マス媒体としての新聞が日本において登場する幕末期以降，おもには明治期以降の広告のみに対象を限定する。

以下，まず第2節では，戦前期における広告活動の実態を広告主の立場から概観する。次に，そこで依拠した日本広告史に関する先行研究のなかから代表的なもの，もしくは特徴的なものを，第3節で紹介する。最後に第4節において，戦前期の日本企業に焦点を当てたマーケティング史研究の動向について述べるとともに，残された課題に言及する。

2 戦前期日本における広告活動

［1］ 幕末から明治期中頃まで

明治初期，1869年に新聞紙印行条例が公布され，政府の統制のもとで正式に新聞の発行が認められるようになると，1871年に日本初の日刊紙である『横濱毎日新聞』が発行されたのを皮切りに，『東京日日新聞』『郵便報知新聞』などの日刊紙が相次いで登場した。これらの新聞は，政治的な言論本位の内容で，知識層をおもな対象としていた。紙面のサイズが大判であったことから，これらの新聞は“大(おお)新聞”と称された。またこれらとは別に，1874年創刊の『讀賣新聞』や1875年創刊の『平假名繪入(ひらかなえいり)新聞』『假名讀(かなよみ)新聞』などは，政治的な問題ではなく世間の出来事や娯楽記事などをおもに取り上げ，ルビ付き口語調の平易な内容であった。これらは，紙面のサイズが小判であったことから“小(こ)新聞”と呼ばれた。

1880年代になると，改正新聞紙条例による厳しい弾圧などで多くの大新聞が衰退するなかで，『郵便報知新聞』や『毎日新聞』などのように，政党色を薄めるとともに，企業経営重視の立場から広告増収に積極的な姿勢に転換するものが現れた。一方，小新聞の側では1879年大阪で創刊された小新聞の『朝日新聞』が，早くから社説や硬派のニュースを取り上げ，とくにニュース報道の迅速を期することに注力して勢力を伸ばしたことに触発され，『讀賣新聞』なども次第に報道記事に力を入れるようになった。このように，1880年代後半以降は，内容や広告観における大新聞と小新聞の区別が徐々になくなり，“商業的報道機関”としての地位を確立したものが部数・広告収入を伸ばすという傾向が顕著に見られるようになる。それとともに，新聞の広告媒体としての価値が一部の先進的広告主に次第に認められるようになった。

明治初期においては，胃腸薬「寶丹(ほうたん)」や目薬「精錡水(せいきすい)」の広告が注目された。また，売薬広告には広告量で及ばないものの，明治期中頃までに，平尾贊平商店，桃谷順天館，長瀬商会（花王）などによる化粧品広告が台頭した。とくに「花王石鹼」の長瀬商会は，生産体制を整備して量産化を実現するとともに，新聞を中心に野立て看板や劇場の引幕なども含めて多様な媒体を駆使した積極的な広告活動を展開した。

図 10-1　花王石鹸の新聞広告

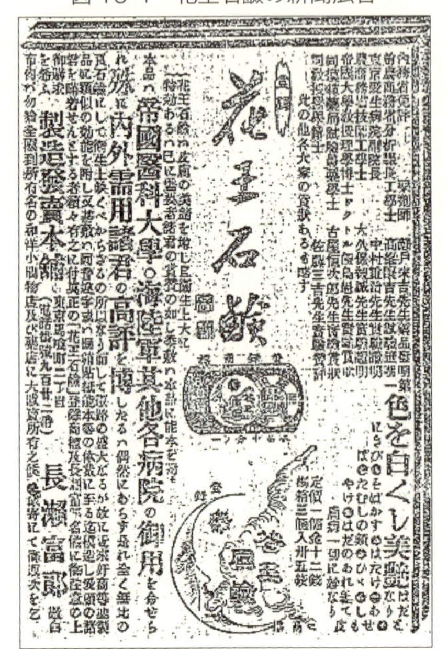

（出所）『東京朝日新聞』1894 年 3 月 11 日。

しかし，このような広告主は当時としてはむしろ例外的であり，大部分は小規模な経営であった。「一般の商人や企業の広告の販売促進機能への関心，期待は依然として低かった」（内川編 1976：74）。

[2]　明治後期から大正期まで

日清戦争以降，新聞が商業的な報道機関に変質する傾向が決定的になるとともに，都市部に形成された中産階級へ読者層が拡大したことにより，新聞の発行部数は大幅に伸びた。都市労働者にとっては，新聞はもはや生活の一部であり，欠くことのできない文化的商品となった。

発行部数の増大によって，新聞の広告媒体としての価値がいっそう高まるとともに，第一次世界大戦時の好景気や都市文化の開花という環境にも刺激されて新聞広告は量的に躍進した。この頃の広告主の業種別内訳を見ると，化粧品広告の伸びが著しく，売薬・出版と合わせていわゆる「3 大広告」が上位を占めている。これは，歯磨や石鹸，婦人用洋風化粧品などの商品が日常的なものとして家庭に定着し始めたことと，これらの商品が工場で機械的に大量生産されるようになり，かつメーカー間の競争が激しかったために，各社が積極的に広告を活用したことに起因する。

売薬・薬品広告では，それまでの漢方薬に加えて田邊五兵衛（田辺三菱製薬）の「ネフスト」，三共商店（第一三共）の「タカジアスターゼ」などの新薬が登場したことが注目される。漢方薬が家内工業的生産であったのとは対照的に，新薬は機械的生産の度合いが高いことから，新薬メーカーは大量生産・大量販売を志向し，創業当初から活発な広告活動を展開する傾向があった。

またこの時期は，平尾賛平商店の「レート」，中山太陽堂（クラブコスメチックス）の「クラブ」，長瀬商会の「花王石鹸」，丸見屋の「ミツワ石鹸」，小林富次郎商店（ライオン）の「ライオン歯磨」，資生堂の「鷹印歯磨」など，有力な化粧品メーカーによる広告活動がいよいよ本格的になった。なかでも平尾賛平商店と中山太陽堂は「東のレート，西のクラブ」と並び称せられ，激しい広告合戦を展開していた。

これらに加えてタバコや加工食品などの新しい広告主が登場し，広告主の多様化が見られたこともこの時期の特徴である。たとえばタバコの岩谷松平商会（「天狗煙草」）と村井兄弟商会（「ヒーロー」「サンライス」）は，タバコ業界のみならず全産業の広告主の1，2位を争うほどであった。加工食品では，鈴木商店（味の素）の「味の素」，寿屋（サントリー）の「赤玉ポートワイン」や「トリスウヰスキー」，野田醤油（キッコーマン）の「キッコーマン」，森永製菓の「森永ミルクキャラメル」などが挙げられる。とりわけ鈴木商店は，化学調味料「味の素」という新製品を普及させるために，新聞広告に加えてパンフレットや店頭広告，看板，電柱広告，イルミネーション，車内広告から，見本瓶配布，料理店・旅館などへの訪問に至るまで多様な手段を活用した。

図 10-2　味の素の新聞広告

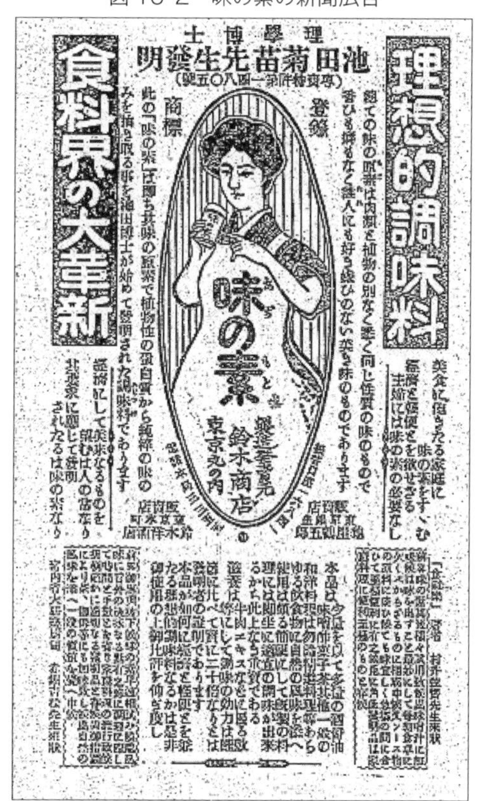

（出所）『東京朝日新聞』1909年5月26日。

大正期においては，新聞以外の広告媒体，なかでもとくに雑誌広告の発展が見られた。たとえば1917年に創刊された『主婦之友』は，大衆の家庭婦人をターゲットとし，実用的な生活の知恵や生活に根差した教養を提供する編集方針が広く受け入れられた。さらに，児童雑誌，趣味・レジャー雑誌など，特定の読者層を対象とする雑誌の発刊も相次いだ。これら多様な雑誌媒体の登場は，広告主にとって，単なる広告掲出機会の増加のみならず，自社商品の購買層に合わせた媒体選択を可能にするという意味をもった。

雑誌以外の広告媒体も大正期には飛躍的に進化した。広告看板は，旧来の木彫や墨・朱塗りからトタン製でペンキ塗り，さらにはホーロー引きのものが登場した。加えて，電柱看板やイルミネーション広告，移動広告（楽隊広告，宣伝キャラバン），「広告気球」（アドバルーン），折込広告や「宛名広告」（ダイレクト・メール）なども新たに登場した。また，印刷技術と意匠技術の高度化により，近代的なポスター広告が流行した。

日露戦争以降の明治末期には，広告主のなかに近代的な広告観をもつものが現れた。たとえば，平尾賛平商店主は雑誌『實業之日本』に「商品売弘めに就て効力ありし余の広告法実験」という記事を寄稿し，読者の性質や購買力を踏まえた広告媒体選択の意義を主張するとともに，広告費を科学的な計算にもとづいて支出すべきであると論じている。また，三越の広告担当であった濱田四郎は，アメリカのマーケティングの技術に精通しており，「今日は帝劇，明日は三越」という著名なコピーを制作したほか，PR 雑誌『時好』の発刊に際して新聞社社会部の方面に働きかけて紙面に取り上げてもらうことを狙うなど，さまざまな先進的手法を広告戦略に導入した。ただし，これらは一部の進取的な広告主や広告代理店のみに限られ，広告に対する一般的な認識はまださほど高くなかった。

[3]　大正末期から太平洋戦争期まで

1923 年の関東大震災発生による震災恐慌以降，27 年の金融恐慌，30 年の昭和恐慌というように数年おきに恐慌が発生し，日本経済は慢性的な不況に苦しんだ。この時期，新聞の発行部数はなお伸長を見せた一方で総広告行数は伸び悩み，広告主は『朝日新聞』『毎日新聞』『讀賣新聞』の 3 大紙を中心とした広告効果の高い媒体に広告掲出を集中させる傾向が見られた。1931 年の満州事変勃発以降，軍需を中心に工業生産が急速に発展したことから日本経済は浮揚の兆しを見せるも，37 年の日中戦争開始以降は，軍需優先の方針のもとで自由な商品経済は崩壊し，広告活動もまた，量的・質的に大きく制限されることとなった。

一方で昭和初期は，都市部へのいっそうの人口集中がみられるとともに，新聞・雑誌・ラジオなどのマス・メディアの大衆化・多様化により大都市の現代的な風俗や生活様式が地方に伝播したことにより，新しい大衆消費時代が出現した時期でもある。とくに満州事変から戦時経済体制に移行するまでは，消費財の生産額は飛躍的に増加し，それまでの薬品や化粧品のみならず加工食品においても商品の多様化が進展した。

薬品では「わかもと」「エビオス」などの酵母剤・栄養剤が現れ，化粧品でも「新装花王石鹼」や喫煙者向けの歯磨「スモカ」などの新商品が登場した。調味料では「味の素」に加えて「イカリ」「ブルドック」などの各種ソースが登場したほか，洋酒では寿屋（赤玉ポートワイン）と近藤利兵衛商店（蜂ブドー酒）が，製菓では森永，明治，江崎グリコらが，それぞれ激しく競い合った。また滋養飲料「カルピス」の広告掲出も目立った。さらにこの時期には，東京電気（東芝）「マツダ」や松下電器（パナソニック）「ナショナル」の電球・ラジオなど家電製品や，「パインミシン」（蛇の目ミシン），服部時計店「セイコー」の時計など耐久消費財の広告も見られるようになった。

図 10-3　森永製菓「飛行機セール」の新聞広告

（出所）『東京朝日新聞』1931 年 6 月 29 日。

大正期から台頭し始めた雑誌広告は，昭和前期にはいっそう躍進し，媒体としての地位を確立するに至った。とくに婦人雑誌には化粧品・食料品広告が多く掲載され，媒体の特性を選択的に活用した広告戦略が広告主の間に一般化した。さらに，屋外広告に関してはネオン看板やアドバルーンがさかんに利用されたほか，国鉄による交通広告の取り扱いが活発化した。加えて，折込広告やダイレクト・メール，マネキン・ガール，ショー・ウィンドウ，その他セールス・プロモーションや PR 広告の手法も一般化した。森永製菓が“飛行機セール”と銘打ち空からの宣伝飛行を実施したことや，資生堂が PR 誌として需要者向け『資生堂月報』と販売店向け『チェインストア』を相次いで発刊したことなどが注目される。

このように，新聞や雑誌をはじめとして多様な広告媒体を戦略的に組み合わせた広告・宣伝活動は，昭和初期においてすでにある程度一般化していたと評価できる。

3 広告史研究の動向

日本の広告史研究においては，何か重要な事項に関して対立する見解が提示され論争が展開されるというよりも，むしろ「各研究者の関心領域に応じて，いろいろなテーマが出現していることが特徴的である」（嶋村・石崎 1997：65）。個々の研究者の問題関心が多岐にわたるため，本節では，日本の戦前の産業史を概観するという観点から有用な文献のみを取り上げることとする。

内川編（1976）は，幕末期から戦前期にかけての日本の広告の発展過程を，豊富な事例紹介とともに記述している。この本の大きな特徴の1つは，時期区分に典型的に示されている。本書では，年代や元号の変化を節目とする機械的な時期区分を採用せず，明治維新以前の「前史」，明治維新から日清戦争までの「第Ⅰ期」，日清戦争から第一次世界大戦までの「第Ⅱ期」，第一次世界大戦から関東大震災までの「第Ⅲ期」，関東大震災から日中戦争までの「第Ⅳ期」，日中戦争から太平洋戦争終結までの「第Ⅴ期」というユニークな時期区分を採用している。これは，日本における広告の発展を，「政治，経済，文化，生活など日本の社会全体の歴史的な流れと関連づけて体系的にとらえ」（同書：Ⅰ）ることを意図した結果である。したがってその内容は，新聞をはじめとした広告媒体の発達と広告との関係から，広告代理店業の発展過程，広告表現の変化，さらには広告に対する大衆の意識や広告に対する法的規制まで，極めて幅広く網羅したものとなっている。「日本広告史の研究上，金字塔的文献」（嶋村・石崎 1997：43）であり，マーケティング史研究の領域においても数多く引用されている。

瀬木編（1955）は，日本における新聞広告の発生から昭和20年代までの広告を，新聞広告を中心として概観している。新聞広告の発展過程を統計的に把握するというよりも，「その表現の変遷を“見る”ことを主眼」（同書：2）としている点が本書の大きな特徴であり，実際に，ほぼ全てのページにおいて広告が掲載されている。

これら2つの文献は，前者は電通，後者は博報堂の周年事業として編纂されたという特殊な経緯をもつが，それでもなお，日本の広告史を論じるに当たっては欠かせない貴重な先行研究であろう。

山本（1984）は，経済史，政治史，メディア史，民衆史などの「マクロな背景の中に広告というミクロなものを位置づけ，ミクロ，マクロの有機的，総合的な把握」（同書：iv）を図る。これは内川編（1976）とほぼ同様の問題意識のもとで，「現代の広告活動や広告現象の源流や系譜を近代日本のなかで実証的に把握」（同書：iii）しようとしたものであり，山本がそれまでの自身の公表論文に加筆・修正を施したうえで取りまとめたものである。戦前期全般を対象とし，とくに明治後期（日清戦争期）から大正初期（第一次世界大戦期）に重点が置かれている。また，広告媒体としては，新聞の発達に関する記述が詳しい。

山本・津金澤（1992）は，戦前期の日本における広告の発展過程を，「広告界隆盛の基盤をつくった有名・無名の広告人の足跡を見直すことを通して」描いた（同書：iii）。広告人を「広告の意義と役割とを認識し，日本の広告史の上で，広告活動の推進，発展に，実践的あるいは理論的に貢献した人物」と捉え（同書：319），主要な広告主，広告代理業関係者のみならず，広告制作者や広告に関する啓蒙家・研究者をも含め幅広く取り上げている。人物を中心として広告史を論じるというほかにほとんど類書のないスタイルを取りながら，そのことが射程を狭めるどころかかえって多角的な分析を実現している点において，極めて価値の高いユニークな広告史研究である。また，戦前期の先駆的広告人の「実践活動のなかに日本の広告活動の諸原型は既に出そろって」（同書：v）いたという仮説的命題は，日本産業史にも通じる示唆に富む指摘である。

八巻（1992）は，律令制成立期から現代に至るまでの日本の広告の歴史を通史的に概観している。「本書の中心は1942年からの50年史である」（同書：4）とあるように，戦前期はあくまで“前史（の一部）”としての位置づけに過ぎないが，にもかかわらず戦前期に関しても100ページ以上の紙面を割いて詳細に述べられている。戦前期は「文明開化の時代（1868-94）」「産業革命の時代（1895-1917）」「束の間の平和と広告研究の礎（1918-30）」「15年戦争時代（1931-45）」の4つの時期に区分され，それぞれの時期の広告の変遷が，時代背景，広告主，広告表現，広告媒体，広告会社，広告研究，広告規制の各観点から整理され簡潔に描かれている。

織田（1976a，1976b）は，「一つの広告にはさまざまの生活＝欲望が対置しており，その意味で，広告は時代の生活相を逆照射している」（織田 1976a：ii）という問題意識にもとづいて，広告の受け手側である生活者の立場から，戦前の日本における風俗や世相の変遷を描写しようとしたものである。おもにメッセージの「送り手」もしくは「作り手」の観点から広告の発展過程を論じてきた多くの広告史に関する文献を補完するものであり，広告史研究が今後深めていくべき課題を試論的に提示したものと位置づけられる。

以上，第2節，第3節の総括として，戦前期を対象とする広告史研究の特徴を4点指摘する。第一に，日本の広告の発展において戦前期の果たした意義が重視されていること。第二に，資料の制約のためか個別企業の広告活動を深く掘り下げた事例研究はあまり多く見られないものの，広告掲出量の多い企業，業種を中心に広告活動の実態が幅広く記述されていること。第三に，幕末期もしくは明治維新期からの発展過程を通史的に追跡するという視点が採用される傾向が強いこと。第四に，戦前期の政治，経済，文化，風俗，世相などのマクロ環境と広告活動との相互規定関係に問題意識が及んでいること。

4　マーケティング史研究の動向と課題

第1節でも簡単に触れたとおり，日本では戦後にマーケティングが導入されたとする「マーケティング戦後導入説」が通説であった。いくつかの文献において例外的に，戦前期の企業活動をマーケティングの先駆的形態と捉える見解が提示されているが[3)]，それを明示的に主張した代表的な研究は小原（1994）である。「今日的な意味での十全なマーケティングが，わが国で戦前に展開されていたとは思えない」（小原 1994：3）としつつ，その生成・成立の起源を戦前期に求め，戦後の本格導入以前から日本には独自のマーケティングの萌芽があったことを指摘している。また，「あらゆる企業を俎上にのせて分析することで，その全体像をデッサンするのが本来の方法であろうが」（同書：1），諸制約により実際は困難であることから，森永製菓と資生堂をその典型的事例として取り上げている。両社の活動の分析を通じて，①卓越した企業家の存在，②活発な広告宣伝などの販売促進活動，③他社に先んじた販売組織網の確立，④製品フルライン化，といった両社の共通点を見出し，これらの先駆的企業が1910年代から30年代の時期において「ビッグ・ビジネスへの一方途」（同書：56）としてマーケティングを活用していたと主張している。

ほぼ同様の立場を採るものに森田（2007）がある。「実際のマーケティング活動は，わが国にマーケティングが伝播した半世紀ほども前にすでに着手され，……競争優位戦略として20年代に」確立しており，そののち日本における

「マーケティング戦略の雛形を形成した」(同書：1) と主張する。また，時期区分として明治期後半から第二次世界大戦前までを「生成期のマーケティング」と位置づけ，森永製菓（とくに紙サック入り「ミルクキャラメル」）と寿屋（サントリー，とくに「赤玉ポートワイン」「サントリーウイスキー白札」）の企業活動を事例として取り上げている。この２つの事例分析から，共通点として①高品質高生産性，②販売網の囲い込み，③販売促進策の強化，の３点を指摘し，これらを今日のマーケティング戦略の原型と捉えている。

森永製菓の戦前期のマーケティング活動に関しては，薄井 (2004) も注目すべきものの１つである。そのおもな論点は，マーケティング活動全般ではなくマーケティング・チャネル「森永ベルトラインストア」の意義についてである。そのなかで，森永製菓が戦前期に加盟小売店と一体となってプロモーション活動を展開していた実態についても記述されており，チャネルとプロモーションとを連関させたマーケティング活動を森永製菓が早くから展開していたことが示唆されている。

そのほか食品産業に関しては，野田醤油（キッコーマン）を対象としたユニークな事例研究として野村 (2010) がある。野村は，小原 (1994) や森田 (2007) などの優れた事例研究によって，戦前期においても日本でマーケティング活動が実践されていた可能性が検証されてきたものの，これらは「日本市場では新規の製品であるがゆえに自ら流通機構を構築する必要のあった『早発型』の企業であった」(野村 2010：37) という限界を指摘したうえで，「正常型」マーケティングの事例として野田醤油を取り上げる意義を主張する[4)]。そのうえで，4P の枠組みによる分析の結果，それぞれの諸活動がほかの活動と密接に連関し相互に補完する役割を担っていたことと，それらの活動を成功に至らしめる要因としてキッコーマンのブランド力があったことが示されている。

石鹸・化粧品産業における事例研究では，先に挙げた小原 (1994) のほか，齊木 (1997a，1997b，1998) の一連の研究が注目される。齊木 (1997a) は，明治・大正期の長瀬商会（花王）の活動に焦点を当て，高品質・高価格製品の製造，パッケージングの工夫，積極的な広告展開などブランド確立のための長瀬商会の諸活動を，社内資料などを用いて詳細に叙述している。この研究では，長瀬商会がこの時期においてすでにブランド石鹸に対する新たな市場の創造を図っていたことが指摘され，その先駆性が評価されている。一方で，この時期の長瀬商会の諸活動には流通業者の管理や価格維持，排他的愛顧の獲得などの垂直的・水平的競争への対応としての性質は見いだせず，今日的な意味でのマーケティング実践と評価することはできないと結論づけられている。

さらに，齊木（1997b，1998）は，1931年に発売された「新装花王石鹼」に関わるマーケティング活動に焦点を当てている。花王は，大量生産体制の確立を背景に，「新装花王石鹼」を大衆をターゲットとする低価格の普及品ブランドとして位置づけたうえで，消費者の購買動機，広告媒体効果の測定などの綿密な調査にもとづき，流通網の強化，生活に密着した宣伝・広告と啓蒙活動を徹底的に展開した。そのことを通じて，中小メーカーと大手ブランドメーカーの双方に対する競争優位の確立を図った。このように，ブランドが「単なる品質保証や識別手段という役割を越えて，排他的愛顧を確立するという競争的な意味合いを持ったマーケティングの核心」となったという事実をもって，昭和初期に「個別企業のレベルではあるにせよ，マーケティングが実践されつつあった」と主張している（齊木 1998：77）。

製薬産業については神保（2010）の星製薬のマーケティング活動に関する研究が興味深い。この研究は，これまで多く取り上げられてきた「今日の日本を代表するビッグ・ビジネス」（同書：20）とは性格を異にする事例として星製薬に注目する。大正期に個人経営の製薬所から大企業へと成長した星製薬は，その成長の手段として，①特約店制度による自社販売網の整備，②新聞，雑誌などのマス媒体から特約店向け，学校・官衙向けの「社報」，ポスター，看板，活動写真から店舗の窓飾などに至るまで各種広告媒体を組み合わせた販売促進政策，③「ホシ」ブランドのもとでの製品ラインの拡充，の3つを活用した。星製薬自身は，後に大正末期のアヘン事件をきっかけに2度の破産宣告を受けるが，マーケティングが戦前期においても企業成長と競争優位の構築に重要な役割を担ったこと，また，大正製薬，佐藤製薬，小林コーセー（コーセー），学習研究社など他の企業・産業に有益な示唆を与えたことが，この事例の現代的意義としてまとめられている。

そのほか，家電産業について松下電器を取り上げた尾崎（1989）や東京電気に着目した大内（2004）などがあるが，これらは，プロモーション活動も含めたマーケティング全般を射程に入れたものというよりも，販売経路の構築過程に焦点を当てたものである。これらのほかにも，戦前期を対象とするマーケティング史研究の領域では，流通チャネルに焦点を当てた研究がいくつか見られる[5]。

最後に，戦前期の企業活動に関しては，経営史・企業家史からアプローチした研究が多い。上記から漏れた企業を事例として取り上げた文献のうち比較的入手が容易な書籍文献のみに絞って列記する。

・味の素－2代鈴木三郎助：佐々木編（2001）

・ライオン－小林富次郎：佐々木編（2003）

・武田薬品工業－武田長兵衛，三共製薬（現第一三共）－塩原又策：山下（2010）

・カルピス－三島海雲：生島（2009）

本節で概観したとおり，マーケティング史の研究領域においても，近年，戦前期の企業活動への関心が高まりつつある。そこでは，広告を，単なる場当たり的な拡販策としてではなく，製品，チャネルなどほかのマーケティング・ミックスの要素と組み合わせて，不十分ながらも統合的な活動の一環として捉えていたことが指摘されている。しかしながら，広告掲出量の統計資料をもとに幅広い企業，業種にわたって広告活動の実態を解明しようとしてきた広告史研究と比較すると，マーケティング史研究では，企業事例を断片的に取り上げるにとどまるものが多い。また，対象とする時期に関しても，大正期以前のマーケティング活動に関する研究はほとんど見られないのが現状といえる。単なる広告活動がマーケティング活動に転化・進化する契機を正確に把握するためには，これまで取り上げられなかった企業事例にも光を当て，戦前期のマーケティング活動の"通史"を構築する必要がある。

■ 注

1）江戸時代までの広告を取り上げた文献としては，たとえば松宮（1959），鵜月（1961），高桑（1981），大伏（1988）などが挙げられる。

2）さらに若林（2003）は，マーケティングの定義をめぐる論考から「マーケティングは基本的にマス・マーケティングなのである」と主張している（同書：34）。なお，ここでいうマス・マーケティングとは，あくまで「マス・マーケットの創造に関わるマーケティング」という意味であり，「単一の製品で市場全体に展開されるマーケティング」という一般的な用語法とは異なる。

3）久保村（1973），森（1976），前田（1977），鳥羽（1982）など。

4）ここでの「早発型」とは，自らが小規模なうちに活発なマーケティング活動を展開し，これらの活動をテコに巨大企業への成長を遂げたタイプの企業を，「正常型」とは，合併などを通じて巨大製造企業に成長したのちにマーケティング活動の展開に着手したタイプの企業を，それぞれ指す。保田編（1999：29-32）を参照のこと。

5）たとえば風呂（1994），池田（1996，2000，2001），西村（1997）神保（2000）など。ま

た，経営史の分野において佐々木（2007）は，明治期から1960年代までのトイレタリー業界におけるメーカー－流通業者間の取引関係の変化を実証的に分析している。

■ 文献

池田敦（1996）「流通チャネルの戦間期編成と戦後編成の動態――<味の素>卸売特約店制度の発生形態と変容」『流通科学大学論集 流通・経営編』第9巻第1号，19-32。

池田敦（2000）「戦間期流通チャネルの秩序化様式（上）――乱売抑止をめぐる製販三層の動静」『流通科学大学論集 流通・経営編』第12巻第3号，1-17。

池田敦（2001）「戦間期流通チャネルの秩序化様式（下）――乱売抑止をめぐる製販三層の動静」『流通科学大学論集 流通・経営編』第14巻第1号，1-12。

薄井和夫（2004）「戦前期森永マーケティングの再検討――流通系列化政策を中心に」『関西大学 商学論集』第49巻第3・4号，189-211。

内川芳美編（1976）『日本広告発達史（上）』電通。

鵜月洋（1961）『宣伝文』朝日新聞社。

大内秀二郎（2004）「戦前期の東京電気のマーケティング活動の『特殊性』――電球事業のチャネル政策を中心に」『商経学叢』（近畿大学）第51巻第2号，273-288。

大伏肇（1988）『資料が語る日本の広告表現千年の歩み』日経広告研究所。

尾崎久仁博（1989）「戦前期松下のチャネル行動と経営戦略」『彦根論叢』第257号，123-152。

織田久（1976a）『広告百年史――明治』世界思想社。

織田久（1976b）『広告百年史――大正・昭和』世界思想社。

久保村隆祐（1973）「日本のマーケティング発展史」村田昭治編『現代マーケティング論――市場創造の理論と分析』有斐閣。

小林行昌（1935）『商品配給論』巌松堂。

小原博（1994）『日本マーケティング史――現代流通の史的構図』中央経済社。

齊木乃里子（1997a）「日本石鹼業界における初期『花王石鹼』のブランド戦略」『経済論叢』第160巻第2号，58-73。

齊木乃里子（1997b）「『新装花王石鹼』ブランド戦略（1）」『経済論叢』第160巻第5-6号，83-101。

齊木乃里子（1998）「『新装花王石鹼』ブランド戦略（2）」『経済論叢』第161巻第3号，62-78。

佐々木聡編（2001）『日本の企業家群像』丸善。

佐々木聡編（2003）『日本の企業家群像Ⅱ――革新と社会貢献』丸善。

佐々木聡（2007）『日本的流通の経営史』有斐閣。

嶋村和恵・石崎徹（1997）『日本の広告研究の歴史』電通。

生島淳（2009）『飲料業界のパイオニア・スピリット』（シリーズ情熱の日本経営史6）芙蓉書房出版。

神保充弘（2000）「戦前期わが国医薬品業界における販売組織」尾崎久仁博・神保充弘編『マーケティングへの歴史的視角』同文舘出版。
神保充弘（2010）「星製薬のマーケティング――大衆薬マーケティングのさきがけ」マーケティング史研究会編『日本企業のマーケティング』同文舘出版。
瀬木博信編（1955）『広告六十年』博報堂。
高桑末秀（1981）『広告のルーツ』日本評論社。
谷口吉彦（1935）『配給組織論』千倉書房。
鳥羽欽一郎（1982）「日本のマーケティング――その伝統性と近代性についての一考察」『経営史学』第17巻第1号，1-21。
西村順二（1997）「ダイナミック・チャネル・インタラクション――キリンビールと明治屋の戦略」『マーケティングジャーナル』第65号，16-24。
野村比加留（2004）「戦前日本企業によるマーケティングに関する一考察――麦酒産業を中心に」『流通』第17号，89-97。
野村比加留（2010）「キッコーマンのマーケティング――メーカー主導型流通経路改編とマーケティング」マーケティング史研究会編『日本企業のマーケティング』同文舘出版。
風呂勉（1994）「戦前日本のメーカー流通経路政策――『縦型特約店制』『販社制』の先駆形態」『大阪学院大学 商学論集』第19巻第3-4号，31-46。
マーケティング史研究会編（2014）『マーケティング学説史――日本編〔増補版〕』同文舘出版。
前田和利（1977）「マーケティング」中川敬一郎編『日本的経営』（日本経営史講座第5巻）日本経済新聞社。
松宮三郎（1959）『江戸の看板』東峰書院。
向井鹿松（1928）『配給市場組織――財貨移動の社會的組織』丸善。
森田克徳（2007）『日本マーケティング史――生成・進展・変革の軌跡』慶應義塾大学出版会。
森真澄（1976）「『マーケティング』の先駆的形成」小林正彬・下川浩一・杉山和雄・栂井義雄・三島康雄・森川英正・安岡重明編『日本経営史を学ぶ2 大正・昭和経営史』有斐閣。
保田芳昭編（1999）『マーケティング論〔第2版〕』大月書店。
八巻俊雄（1992）『日本広告史――経済・表現・世相で見る広告変遷』日本経済新聞社。
山下麻衣（2010）『医薬を近代化した研究と戦略』（シリーズ情熱の日本経営史5）芙蓉書房出版。
山本武利（1984）『広告の社会史』法政大学出版局。
山本武利・津金澤聰廣（1992）『日本の広告――人・時代・表現〔改装版〕』世界思想社（初刊1986年，日本経済新聞社）。
若林靖永（2003）『顧客志向のマス・マーケティング』同文舘出版。
Tedlow, R. S. (1990), *New and Improved: The Story of Mass Marketing in America,* Basic Books.（近藤文男監訳，1993『マス・マーケティング史』ミネルヴァ書房）

第 11 章

広告の社会史

山本 武利

1 広告メディアの激しい勢力交替

[1] 明治から終戦まで

明治期全体，いや大正期においても，チラシ，看板などの維新以前からの伝統的なメディアの力は大きかった。しかしここでは明治以降に誕生したニューメディアである新聞，雑誌や放送などのメディアのみに注目し，現在までの広告メディアの激しい勢力交替を追ってみたい。

明治初期に「大新聞（おおしんぶん）」といわれた政党機関紙の経営者は広告収入に関心がなかった。広告を最初に重視したのは，福沢諭吉である。彼は 1882（明治 15）年に『時事新報』を創刊した際，総収入の 2 割の広告収入がなければ経営が成り立たないと見ていた。彼は「独立不羈（どくりつふき）」という福沢テーゼ，すなわち一身が独立して，その一家が独立し，そして企業も学校も国家も全部独立しなければならないというテーゼにもとづいて新聞経営を行った。広告収入は権力からの言論介入の防波堤になり，独立新聞を維持できるという考えがあった。同紙の広告担当者に広告集めのアイデアを提出させたり，欧米のメディア事情にもくわしい彼は広告を集めるために広告代理店を周辺の者に開かせたりした。また彼の門下生で，後に紡績大手の鐘紡や『時事新報』の社長となった武藤山治は，アメリカ留学後の 1887 年に日本最初ともいえる広告代理業を開いた（山本・津金沢 1992）。

大阪で新聞経営をしていた『朝日新聞』の村山龍平や『毎日新聞』の本山彦一

も広告収入を重視していた。彼らは大阪から育った広告代理店である高木貞衛経営の萬年社との取引を厚くして，目的を達成していた。朝日新聞社大阪本社の資料によれば，『大阪朝日新聞』の全収入に占める広告収入の比率は年々増加し，日露戦争直後の 1910 年の企業設立ブーム時には，その数字が 49.9% にまで増えている。堅調な広告収入が大正デモクラシーでの同紙の言論活動を支えていた。

広告収入の多いメディアは販売収入も多く，専売店を全国に拡充し，全国の新聞市場制覇へとつき進む。『大阪朝日新聞』をみると，1910 年に 16 万部だったものが，14 年には 24 万部になり，第一次世界大戦中の 17 年には 31 万部，戦後の 21 年には 44 万部，22 年には 56 万部というように発行部数を急伸させ，1932 年（昭和 7）にはついに 105 万部と大台に到達した。また同紙の東京の系列紙『東京朝日新聞』の成長も目ざましかった。『大阪毎日新聞』もほぼ同じカーブを描いて部数を急増させた（山本 1981）。

アジア太平洋戦争期に入ると，新聞界はファシズムに便乗し，軍国主義を煽動するかたちで部数拡張を図った。産業界の戦時統制とともに広告量は減少したため，販売収入への依存度を高めた。1941 年の新聞事業令によって，新聞社の合併・統合が急速に展開され，ファシズムの新聞統制をより効率化させた。

[2] 戦後：テレビ局の開局

1945 年からの占領期は消費物資と用紙の不足で，広告界は沈滞した。新聞で見ると，戦時下の統制で激減した新聞の数も，新興紙や統合紙の復刊で急速に増加した。また新しい時代への期待と適応のために，新聞情報への民衆のニーズが高まったので，新聞の部数や販売収入比率は増加した。まもなく占領末期には経済復興で消費物資の生産は拡大し，広告界も息を吹き返してきた。

戦後占領期の終了後，つまり独立後 60 年間のメディア界の最大の動きといえば，1953（昭和 28）年に NHK テレビと日本テレビが開局したことである。その 2 年前に民放ラジオが誕生していた。広告界さらには産業界から見れば，NHK テレビよりも民放ラジオや民放テレビの開局のほうが意義深かった。そして民放ラジオよりも民放テレビのほうが広告界に与える影響がより大きかった。

民放テレビの最大の開拓者，発展の功労者である『読売新聞』の正力松太郎は，戦後まもない時期からテレビ開局の構想を持っていたといわれるが，当時，その構想の近い将来での実現を予想する者はいなかった。ところが朝鮮戦争の特需で日本経済は復興の兆しを示し，テレビ受像機を各家庭で購入する余裕が徐々に出てきた。また企業の側でも，広告費の支出によって，需要を拡大しようとする姿勢を示しだした。正力が街頭に設置した大型テレビの人気が受信機不足を補って，広告主のテレビへの支出に安心感を与えた。

こうして広告収入に全面的に依存した民放テレビが全国的に誕生し，大都市では複数局が視聴率獲得に競争するようになるまでには，さしたる時間がかからなかった。1950 年代後半になると，NHK のテレビ契約台数が年々 100 万台単位で増加する。受信機の価格も低下した。さらに“もはや戦後ではない”といわれだした 56 年あたりから神武景気が始まり，国民所得の増加で，テレビは街頭から家庭へと浸透する。とくに皇太子（当時）の結婚式が行われた 59 年には，そのテレビ中継を見るべく多くの人が受信機を購入したため，NHK の契約数は 400 万台を超えた。

[3]　高度成長期：テレビの時代

1959 年に急上昇したテレビの世帯普及率は，60 年代半ばに 90% 台に乗り，60 年代末には 95% を超えた。70 年代からは正力松太郎が意欲的に取り組んできたカラーテレビ受像機も普及しだした。こうしてテレビへの平均接触時間は 1960 年の 1 時間弱から，65 年には 2 時間 52 分へと 3 倍増となる。そしてテレビを毎日よく見る人の比率も，62 年には 50% を超え，70 年代前半には 90% に近づいた。

1960 年前後からの高度経済成長は，メディアをとりまく広告環境を一変させることとなった。日本の各企業の支出する広告費は，国民総生産に比例して，ほぼ GNP の 1% の割合で急増した。これらの企業は積極的な広告・宣伝活動で企業規模を拡大させた。それとともに 1980 年の広告費は 55 年の 37 倍，60 年の 13 倍にもなっている。これらの広告費の 4 分の 3 は，新聞，雑誌，テレビ，ラジオのメディアに支出されたため，各メディアとも広告収入が飛躍的に伸びた。広告収入の急増が各メディアの経営規模を拡大したり，その機能を変化させたりした（藤竹 2005）。

テレビが広告界の中心的メディアとなった。つまりテレビの時代は同時に広告の時代であった。テレビを中心とした広告・宣伝活動でテレビ受像機など家電製品の需要が拡大し，消費者の余暇時間を創出し，テレビの視聴時間を増加させた。それはテレビの広告メディアとしての価値を高め，広告費のテレビへの傾斜を促した。テレビは誕生後，20 年足らずの 1975 年に，明治初期から長年，広告メディアの王座にいた新聞を抜いて，最大の広告収入をあげ，以降年々その差を広げていった。

テレビは自らの周辺に既存のメディアを吸い寄せ，自らと親和するメディアには存続を許し，自らと競合せんとするメディアは抹殺するというパワーをもっていた。新聞は紙面にヴィジュアルな要素を取り入れ，速報よりも解説に力点を置いて，テレビとの競争に生き残りをかけた。それよりも何よりも，テレビ番組欄を新設・拡充させて，テレビ視聴に不可欠な活字メディアとして，共存共栄を図った。ラジオはより細かな階層，地域的番組編成やパーソナル性（個人単位での聴取可能性）を強調して，再生を図った。出版界でテレビ時代の申し子となったのは週刊誌であった。テレビ番組情報誌はいうに及ばす，芸能，女性，マンガ，写真などの週刊誌はテレビ的な情報処理やカラー・グラビア重視で新しい市場を開拓し続けた。逆にテレビを当初ライバル視し，協力をこばんだ映画会社の一部は倒産したり，経営危機に追い込まれたりした。テレビはさらに電通のように早くからテレビ広告に力を入れていた広告代理店の力を伸ばし，新聞など活字メディアに依存した萬年社のような代理店を弱めた。

1960 年からの高度経済成長は，メディアことにテレビの発展に支えられた。60 年代はテレビという受像機とメディアの発展に特徴づけられるテレビの時代といって過言ではない。受像機の普及は全産業の発展に寄与するばかりでなく，松下電器やソニーといった家電メーカーを有力広告主に押し上げ，大衆的な番組を生み出し，大衆の欲求を喚起し，それを現実の購買行動に転換させるのに寄与した。

テレビ時代に成長したメディアは広告メディアとして広告主や広告会社の期待に応えられるものであった。新聞も増ページ分の大半は広告欄であったし，民放のラジオもテレビもその収入のすべてが広告収入であった。週刊誌が階層，年代ごとに読者を設定して，限定された読者を獲得するというセグメント化を達成できたのも，その読者が購買力のある階層として広告主に評価されたためであった。メディアはその活動を通じて，読者層・視聴者層という受け手を獲得し，その受け手の購買力を広告主に売ることによって，広告収入をあげることができた。

1960～70 年にかけて，白黒テレビからカラーテレビへの転換を巧みに達成できたテレビは，広告の時代を象徴する最有力のメディアとなった。テレビの時代＝広告の時代という等式も成り立った。とくに視聴率に集約された大衆視聴者を広告主に高価に販売することを最大の営業目的とし，その目的を達成できた民放テレビは，高度成長に貢献した最大の広告メディアであったことはたしかである。

しかしテレビ，広告を2つの軸としたメディア環境の急激な変貌によって，メディアの社会批判性が喪失されたことは見逃せない。テレビと広告，そして両者が煽った耐久消費財の消費は，日本の消費革命を推進させると同時に，若者の脱イデオロギー化，保守化を加速させた。あの60年の安保闘争も70年代の学園紛争も，この消費革命のなかに同化され，一挙に風化した。そしてテレビは情報の東京への一極集中化と上意下達性を強め，均質的な情報が氾濫する管理社会化を促進させた。

［4］ デジタル・メディアの時代へ

20世紀から21世紀にまたがる20年間に叢生（そうせい）したデジタル・メディアは活字メディアに根源的な危機を与えている。活字と放送が連合したアナログ・グループは国家から得た既得権や過保護に甘えたビジネス・モデルに安住し，肥大化した広告市場を独占していたため，自らの存在基盤が，国家的規制が弱く自由に企業化できるデジタル・メディアに侵食されていることにとんと気がつかなかった。ライブドアによるニッポン放送・フジテレビの買収劇は失敗に終わったが，TBSは楽天の買収攻勢に有効な対抗策を出せないほどにパワーを弱めた。もはや繁殖する猛禽類の餌食になったのが，既存のアナログ・メディアである。

産業界の広告需要に対応できるメディアがその時代の覇権を握る。新聞，テレビの順にこの近現代史を支配してきたが，21世紀の初頭で予想より早く急成長したデジタル・メディアが広告主のニーズに即応できるメディアになった。受け手の主体的参加という特性をもつネットは広告主にも魅力的である。

各時代に主軸メディアが存在し，その勝ち組とそのビジネス・モデルが他のメディアを隷属化させる。広告媒体力をもつものがその時代のメディアの覇者となる。広告収入はメディアの権力からの独立を担保するが，一方で過度の依存はメディアを広告主に従属させることになる。

マーケティングの効率からいって，デジタル・メディアに経営的に太刀打ちできるアナログ・メディアはない。2010年10月，グーグルがネット広告収入で過去最高の収益を獲得したことが話題となったが，その後も高収益を更新している（Auletta 2009＝2013）。広告主に注目され，利用されるメディアこそが生き延びられるという証左である。

アナログからデジタル・メディアへの転換は業界人の流動化を促す。活字メデイアからテレビメディアへ，テレビメディアから広告メディアへ，広告メディアからネット・デジタルメディアへと目まぐるしい主役の交替をむかえているのが21世紀初頭のメディア界，広告界である。

2 広告メディアと消費者

[1] 日本初の消費社会：明治から占領期まで

明治維新とともに欧米のライフ・スタイルが日本に入ってきた。天皇，皇族や維新のリーダーたちが率先して，断髪，洋服，肉食などを取り入れて，人びとに率先垂範することとなった。明治前期においては，社会のトップ・リーダーが和式から洋式へのライフ・スタイルの変革の担い手となった。白木屋，三越など呉服店で，洋服部が1880年代後半に相次いで新設されたのは，鹿鳴館に象徴される欧化主義を煽動するリーダーたちの需要に応えるためであった。しかし明治前期に欧米式のライフ・スタイルが浸透したのは，皇族，華族，政府高官といった一握りの特権階級だけであった。

中流以下の人びとは，江戸時代と質的に変わらぬ和風中心の質素な生活を送っていた。当時の各地の豪農の家計簿には，新聞広告欄に出る商品がほとんど見あたらない。購入する商品は売薬のほかランプ用の石油，ホヤ，灯芯，砂糖，塩，マッチなどの生活必需品であったが，これらにはブランド品が少なく，手工業的に生産する商品を近くの雑貨店や行商人から購入したものが多かった。その他の衣食住の商品は江戸時代と同様にほとんど自給自足であった。農村では，綿花を植え，糸をつむぎ，反物を織って，衣服に仕立てる全プロセスを自家で行うことが珍しくなかった。現金収入が少ないことも，消費生活を停滞させていた。

知識人の家庭の購入商品では，新聞や書籍という情報商品が目ぼしいものであった。広告された商品を購入する最大の階層が富裕な都市の商人であることも，封建時代と変わりなかった。四民平等による身分性の喪失は，経済力，購買力に社会的な威信と権威を与えることになったが，社会全体の消費レベルが低く，消費の記号性も弱かったので，消費力で差異を見せつけようとする「これみよがしの消費」は富裕層でもまだ顕著とはならなかった。

明治後期になると資本主義は確立し，商品生産も活発化して広告される商品も多様化した。売薬には新薬，化粧品にはおしろい，歯磨，石鹸，出版には雑誌と，

3大広告主それぞれに有力商品が育ってきた。醤油，ビール，調味料などの食品広告も台頭した。タバコも活発な広告活動を行って，全国的に市場を開拓するのに成功した。とくに鉄道，道路，海運などの発達に伴って，明治後期には均一的な市場圏が全国的な規模で拡大しはじめた。広告主は経営規模を拡大させるに比例して，全国市場をめざすことになった。大阪系新聞を中心とした全国紙への歩みは，広告メディアを通じて全国市場を開拓せんとする大広告主の要請にも応えるものであった。さらに大都市の有力紙は読者層を中間層や一部の下層にも拡大することによって，幅広い階層の消費者を見出さんとする広告主に歓迎された（山本 1984）。

1899年に「売薬広告と民俗」という論文を書いた山形東根（本名：布川孫市）によれば，「売薬広告の現象は一種の社会現象」（『六合雑誌』1899年5月号）であるという。売薬広告の隆盛は，売薬を求める社会の需要の高まり，すなわち社会の従属変数であると見た。ところが1909（明治42）年に出た石川天崖『東京学』は「広告術」を論じた際に，「三越デパートメントが陳列棚を麗はしく飾つて，人の目先を変へるといふのも，人をしてあれが欲しい，これが欲しいといふ欲望を起こさせる為である。常に同じ物であつたならば，人は目に慣れ，心に慣れて珍しいといふ事も感じなくなる。人は常に新規なる物を逐ふて喜ぶ者であるから，広告は其の希望に応じて目先を変へて，之れを新たにするといふ事が必要である」（石川 1909：290-291）と述べている。三越の陳列棚（ショー・ウィンドウ）は欲望を高め，流行などの社会現象を起こさせる独立変数と位置づけているのである。山形論文が出てからの10年間に起きた日露戦争とその後の社会・経済の構造変動が，石川論文を生み出したといえよう。

当時の百貨店の利用者は，上流階級から中産階級の上層に拡大していた。元来，日本橋の各呉服店の顧客層はそれぞれ違っていて，白木屋は大名華族層，高島屋が宮内省関係の各宮家，大丸は下町の商家や一般市民に人気があるのに対し，三越は商工業の資産家階層や京都出の公卿華族に顧客が多かったという。ところが資本主義の発展とともに明治末期から中産階級が台頭し，彼らの所得水準も上昇してきた。一部上流階級中心の白木屋，高島屋といった高級百貨店には中産階級はまだ出入りしなかったが，三越，大丸といった百貨店は彼らの消費能力の射程に入ってきた。三越はもともとそのような階層に橋頭堡（きょうとうほ）をもっていたので，ほかの百貨店よりも有利な販売，広告戦略を展開できた。新興成金の中産階級の主婦を中心に三越や白木屋が利用されるようになったのである。明治末期の中産階級の消費の夢をかなえてくれるものが，三越に代表される百貨店であった。

明治期を通じた経営者の消費の差異的記号のシステムづくりの努力は中産階級の上層あたりまでを三越の顧客層に組み込むのにある程度成功した。それ以下の階層は顧客とはならなかったものの，顧客予備軍とすることには成功した。この後つくられた「今日は帝劇，明日は三越」の浜田四郎作のキャッチフレーズは人口に膾炙し，庶民層もいつか三越商品の消費者として，ぜいたくを味わう日の到来を願うようになった。それが現実化するのは大正中期以降であるが，そのような願望を庶民に潜在化させたことは，宣伝・広告活動として大成功であった。三越は明治末期から大正初期の全国民が，購入しなくても，一度は訪ねるべき東京の代表的な名所となったといって過言ではない（山本・西沢編 1999）。

明治末期，つまり1910年代初頭に日本ではじめて消費社会が成立した。広告は民衆のなかに浸透し，彼らの消費生活に不可欠なものとして定着しはじめたといってよかろう。

> 新聞の広告欄には僅かに眼を通ふす主義の人が多いが，現今に於ける都市新聞の広告欄は所謂活社会の縮図で，文明進歩発達の状態及び風俗流行の有様が其儘に写されて居るから，凡ゆる商工業家は勿論，一般社会の人々も，広告欄を見脱がしてはならぬ。（笠原 1909：20）

人びとは新旧の広告メディアから流される記号，シンボルに積極的に接触したので，広告デザインが人びとの美意識を高めたり，「今日は帝劇，明日は三越」のように広告コピーが流行語となるケースもでてきた。すなわち広告情報が文化的な記号として自立化しはじめた。また1921年の調査によると，読まれる新聞紙面のなかで，広告欄は三面記事に次いで第2位を占め，新聞小説を上まわっている（早稲田大学広告研究会編 1923）。広告の注目度や利用率が大きく伸びたことがわかる。1910年代後半からの扇風機，アイロンなどの家電製品の普及も，活発な広告活動が寄与していた。広告欄を賑わすブランドも食品，飲料，売薬などの伝統的商品にも目立ってきた。

しかしながら，消費社会と広告との相関の進展にはさまざまの阻害要因があった。「官民斉シク奢侈ヲ戒メ冗費ヲ節シ生活ノ安固ヲ図リ経済上ノ実力ヲ養ヒ進ンテ力ヲ産業ノ進暢ニ尽シ以テ国家ノ興隆ヲ致ササルヘカラス」（『官報号外』1923年2月2日）に見られるように，諸費生活の拡大は，「国民精神」の養成のうえで，最も望ましくない傾向として政府当局の側から戒められた。「ぜいたく」への戒めは「当時の消費者行動がデパートの発達，広告宣伝の普及により，大量化」していたからである（南ほか編 1965：360）。「節約は美徳」という倫理観は教育を通じても浸透していたため，広告による「依存効果」の増大も阻害された。

さらに消費社会の進展を阻害したのは，社会階層の大部分を占める労働者や小作農など底辺層の低い所得とそれに伴う消費意欲の停滞であった。新聞との接触も少ない彼らは，新聞広告とも縁遠い日常生活を送らざるをえなかった。底辺の大衆の消費社会への参入は，昭和不況や15年戦争とともに以後いっそう困難になっていく。

終戦と経済の疲弊が消費をいっそう停滞させた。全階層が広告される商品よりも，自家で手作りしたもので零細な消費文化を送らざるをえなかった。都市では焼跡でのバラックの建物で売られる怪しげな商品を購入した。

[2]　大衆消費社会の誕生

1956年の『経済白書』が「もはや戦後ではない」と述べたように，戦後経済は50年代後半から復興し，60年代になると戦前の水準を完全に抜き去ることになる。衣から食，住へと人びとの生活は回復し，戦前には中間層にまでしか普及しなかったアイロンなど小型の家電製品が大衆の所有物になっていく。さらに洗濯機，テレビ（白黒），冷蔵庫という「三種の神器」は，60年代なかばから急速に普及し，70年代前半にはいずれも90%を超える普及率となった。

高度成長が各階層の所得上昇をもたらしながらも，彼らの欲求水準の上昇はそれ以上であった。そして欲求の喚起がマス・メディアの広告媒体によってなされた。実際，大衆は他人と競争するように消費行動をとってきた。1960年代前半に叢生した2DKの団地は，当時の中間層の住への欲求を充足させるステイタス・シンボルであったが，そこではどこか近隣でテレビアンテナがつくと，ほかの人びとが負けじとテレビを購入するというデモンストレーション効果の典型的な光景が見られた。

1960年代に日本で最初の大衆消費社会が誕生したといえよう。耐久消費財の消費水準においては，階層的な差はかなり解消し，上層から下層まで同じような商品を購入し，使用するようになった。それらは画一的なマスプロ商品であったが，大衆は上層やアメリカの消費者と同一の商品を手に入れたことを喜び，新商品に陶酔した。人びとはせっせと勤労して得た所得を商品の購入に投じることに狂喜した。そして国民の中流意識は大衆消費社会の進展とともに急上昇するようになった。

明治初期に皇族などから始まった欧米的ライフ・スタイルを基盤とする豊かな消費生活は，明治末期からは中流階級に浸透しはじめ，大正・昭和初期にはサラリーマン層に定着した。そして残りのブルーカラーや農民層には，1960年代に深く根を下した。こうして100年をかけて日本の消費革命は一段落した。それが長い革命であったかどうかはともかく，第二次世界大戦がなかったら，もっと短期間に達成されたことはまちがいない。

3 広告の社会的パワー

[1] 高度成長による消費革命

安保期の反政府の代表的論客であった日高六郎は，1969年に東大紛争での機動隊導入に抗議して東京大学教授を辞職してからも，評論家として若者のイデオロギー離れを日本の保守化，右傾化の原因として警告していた。しかし彼は80年代になるとその流れは不可逆的とあきらめたようで，その原因を次のように冷静に分析している。

> なにが起ったか。すでに述べたように，世界が目を見はる生産力の拡大。そしてそのことの結果としての，都市農村を超えた新しい生活様式の普及。社会革命は来なかった。生活「革命」がやってきた。数々の家庭用電気製品はもちろん，農村の隅々にまで及ぶ自動車の普及ひとつをとって見ても，かつて想像もできなかったような生活の変化を，人々は経験した。
>
> 戦争中または敗戦後の民衆の生活の困窮は，もう遠い物語となっている。栄養失調が原因で死ぬということは，当時，決して珍しいことではなかった。しかし民俗学者によれば，日本人全体が飢えからほぼ完全に解放されるのは，敗戦後のことであって，江戸時代はもちろん，明治以後の近代日本でも，収穫のほとんど得られなかった年には，農村の人々の一部は文字通り飢えを経験した。(……)
>
> 敗戦直後と六〇年代の終わりとをくらべよう。人々は生活必需品の欠乏になやむより，消費欲望にめざめる。しかし，このことは，いうまでもなく単に物

質的な生活内容の変化だけを意味しない。それは，人々の心と意識の変化を意味する。（日高 1981：132-133）

日本史上はじめて，飢えの苦しみや恐れから解放されたうえに，物質的な欲求を満たすことが，1960年代の高度成長で可能となったわけである。生命的な欲求と人間的な欲求が同時達成された。とくにテレビとクルマに代表される耐久消費財は，この期の消費革命の担い手であった。実際筆者が大学院の無収入や助手の低収入であえいでいたとき，帰省するたびに，田舎の家族は中古車から小型新車へとクルマのランクを上げていた。3Cからニュー3Cへと消費構造も高度化していた。それとともにマイホーム主義が日本人全体に浸透した。日高六郎が“老いたる若者”と叫んでみても，彼らはそれらの消費財を自分のものにし，そのメカを自由に操る技を習得することに夢中になっているうちに，政治的な変革を求めるイデオロギーを忘れた。若者の徹夜の論議は“資本主義か，社会主義か”から“トヨタか，ニッサンか”に変化した。

［2］　日本における広告文化の定着

1990年には，日本の広告費は5兆5000億円を突破した。GNPに占める比率も1.3％と上昇している。80年代まで，広告は国民経済的にみれば浪費を煽り，非生産的であり，資源を涸渇させる元凶であるという批判が強かった。

1996年12月13日付の『ワシントン・ポスト』の死亡欄のトップに，V.パッカードの死が載った。彼は『かくれた説得者』『浪費をつくり出す人々』など，筆者の学生時代の愛読書の著者であり，広告への関心をもたせてくれた恩人ともいってよい人物である（Packard 1958＝1961, 1960＝1961）。パッカードは，アメリカ広告界のサブリミナルの手法を摘発したり，ムダな浪費の事例を数多く出しながら，消費拡大に走るアメリカの企業や社会の構造や機能を巧みに解明した。「節約は美徳」との価値観に支配されていた高度成長期直前の日本の読者にとって，ムダを制度化した消費社会の現状を赤裸々に描写しつつ，その病弊を鋭く指摘した内容が，きわめて新鮮であった。その後，彼の本が日本で読まれなくなったのは，日本が大衆消費社会に突入し，日本でもアメリカと同じマーケティングや広告の手法が当たり前となったからである。『ワシントン・ポスト』は，パッカードを社会の探究者，調査官，観察者，事例の収集者と呼び，驚き・哀れみ・怒りで社会の流れや発展を観察した人物と評価している[1)]。

高度成長期の日本でのパッカード受容の盛衰は，広告活動や広告文化が市民権を得てきた流れを象徴している。1990年代は広告への関心がムード的に高まった60年代とはちがい，国民経済的にも，また国民世論のなかでも広告を冷徹に評価し，それを所与のものとして受け入れる時代へと変わった。このため，広告を研究する学者への期待が高まり，その発言が広告業界を越えた社会的な広がりと影響をもつことになった。つまり広告研究が広告論から広告学へと，学問の世界でも市民権を獲得するようになったのである。多くの大学で広告研究の講座が増え，広告を学ぶ学生が増加していった。

そして，広告業の社会的威信も高まっていった。明治期には広告屋として蔑まれた広告業界の従事者は，自らの業界を広告代理店とか広告会社と呼ぶようになった。かつて昭和初期に東京帝国大学を卒業した吉田秀雄は日本電報通信社（現電通）に入ってみて初めてその会社が日本最大の広告会社であることを知ったという。筆者が大学に入った頃（1959年），一般に電通と呼ばれるのは日本電電公社（現NTT）であった。それでも大学を出る頃には友人が入ったその会社が広告会社であることは認識されるようになっていたが，まだ一流の会社とは思われていなかった。

[3]　消費革命と政治：中国・韓国

1980年代から90年代にかけて，韓国や台湾での権威主義的な独裁政治体制も，所得上昇と消費革命の影響を受けて，相次いで崩壊し，民主化が大幅に前進した。それよりも消費革命は社会主義国家にさらに大きな打撃を与えた。ソ連や東欧の80年代末から90年代初頭の崩壊は，西欧の高度な消費革命の影響といわれる。とくに鉄のカーテンを超えて流入するテレビのCMが，その体制に決定的な打撃を与えた。1987年，大韓航空機を爆破し逮捕された北朝鮮の金賢姫は，ソウルに連行されたとき，案内されたスーパーの商品の豊富さやネオンの華やかさに驚嘆し，全面自供したらしい。

筆者は1988年に吉田秀雄財団やNHK放送文化基金の援助を得て，中国の北京，上海，広州で消費・広告意識調査を行った。調査の動機は80年台半ばに中国各地を回り，イデオロギーの締めつけの強い中華人民共和国といわれる社会主義国においてテレビCMが氾濫していることに驚いたことにある。89年の天安門事件後にその分析結果を公刊した（山本編 1989）。その「はじめに」で，筆者は天安門事件の軍事弾圧に言及しながら「本書で明らかにされた消費革命や意識の変革は，もはや後戻りのきかないものである。市民が一度味わった豊かさは，今後とも一層求められ続けられるだろう。そしてその意識は経済ばかりでなく政治の動向も左右することになろう。この意味で，消費革命は，共産党支配後の中国での最も本格的な『革命』なのである」(同書：vi）と記した。

当時中国調査に協力してくれた院生は，中国の国民所得がバングラデシュ並みであることを慨嘆していた。ところが中国はバブル崩壊でのた打ち回る日本をよそ目に，1990年代に驚異的な経済成長を遂げ，2010年にGDPで日本を抜いて世界第2位となった。国民所得でも日本を指呼に入れるまでに急成長した。その消費革命は大都市では日本レベルに到達した。そのスピードぶりは筆者の予測をはるかに超えた。しかし広告で勢いづいた消費革命が政治革命につながるとの筆者の仮説は中国でもいずれ実証されると思っている。

中国の広告研究者は日本よりもはるかに多い。現在，中国の大学で広告の学部や学科を持つところは300ほどになっている。もっとも，1987年に北京の社会科学院の新聞研究所で会ったシニアの研究者はマルクス主義者として広告研究は認められないと筆者に述べていた。しかし，そのような学者や研究者はその後，中国ではほとんど消えてしまった。中国のテレビに氾濫するCMや町のネオンを見ると，中国政府は広告に人民が慣れ親しむことによって，政治や政権への批判を忘れさせるように誘導しているとさえ感じるほどである。

[4]　消費社会における広告：ユートピアという幻想

アメリカではタバコ広告，選挙広告を問題とする際，ともに広告主や広告会社は批判されているが，広告そのものの全否定までにつながった議論は出ていない。企業や政治家の広告活動がメディア経営を支えているため，メディアとしてのジャーナリズムがその広告の全面的な排除を唱えるはずがないという皮肉な見方も出てこよう。しかし広告の存在が政治はともかく，産業システムにとって不可欠であるとの共通の見方が，アメリカ国民にはある。広告の全面的な排除は，アメリカ産業を崩壊させるとの広告観が，ジャーナリズムのなかに浸透している。つまり広告は消費者，有権者に強い影響力をもっているとの認識でアメリカ各界が一致している。

『かくれた説得者』の出版された翌1958年にJ. K. ガルブレイスが『ゆたかな社会』で企業の広告による欲望の創出を「依存効果」と呼んだ（Galbraith 1958＝2006)。この本はパッカードが社会学から捉えた広告のムダな浪費創出機能を経済学の立場から理論的に把握し，日本でも広い支持者を得た。パッカード，ガルブレイスの主張は広告批判ではあったが，その後の資本主義と広告はその批判をも吸収，いや養分とするだけの，力強い発展を遂げた。2人の著書が出て半世紀以上が経った現在，広告はアメリカでも日本でも市民権を得て，その「浪費創出」や「依存効果」機能が積極的に評価されている。消費者が必要と思うものしか買わせないような広告は，資本主義社会の存続には役立たないのだ。ある程度の浪費はそのシステムのなかにビルトインしなければならないとの認識が一般化した。

日本の世論調査でも広告を不必要とか，消費価格を引き上げるといった批判はほとんど消えてしまった。バブル絶頂期の1980年代に日本に紹介されるようになったJ.ボードリヤールの消費社会論での「記号的」消費の指摘も消費社会を肯定する議論として受容されてきた。当時，日本は「ジャパン・アズ・ナンバーワン」として究極の消費社会というユートピアに到達したという認識が広がっていた（Vogel 1979＝2004）。

しかしそれが幻想にすぎなかったことは，バブルの崩壊とその後の「空白の20年」によって日本人はいやというほど認識させられた。さらにそれに追い打ちをかけたのが，2011年3月11日の東日本大震災であった。これを機に東京電力に代表される電力業界の長年の原子力に対する世論操作の実態が暴露された。

> 報道機関が電力会社の介入を許してしまうのは大スポンサーであるからだ。広告出稿を切り札にして，電力会社は，許されざる“恫喝”で報道機関を揺さぶる。従わない場合は“報復”である。広島テレビの場合は，新しく始まるスポーツ番組からの降板だった。地方局にとって電力会社のスポンサーを失うことはかなりの痛手である……電力会社は同様の手口を石川テレビ，毎日放送でも使っている。（メディア総合研究所・放送レポート編集委員会編 2011：121）

1993年に原発批判のドキュメンタリーを作った広島テレビに対して，電力会社からの露骨な圧力，干渉が行われていたことが明らかになった。こうした原発批判をおさえこむ意図をもった世論操作のための電力業界の過度の干渉が，健全な原子力世論の形成をゆがめ，電力業界の危険な原発投資を許してきた。その結果起こった原発事故が日本社会ばかりか結局は広告主の大損害を招いてしまった。

社会に対する影響という点で見ると，広告はプロパガンダに比べて遅効性であ

るといえよう。広告は，

①メディアが広告メディアに変わる

②広告メディアが読者，視聴者を消費者に変える

③消費者の政治意識，社会意識を変える

という3つの段階を踏まねばならないからである。だから広告には，ボクシングでいえばボディ・ブロウのような効果がある。それに対し，プロパガンダはターゲットとタイミングが適合すれば，ボクシングのストレートかアッパーカットのような即効性を持つ。とはいえ，プロパガンダは短期に影響が消えやすい。広告はひとたび効果を持つと，かなりの持続性がある。そうして持続的に意識に働きかける効果こそ，広告の社会的パワーにほかならない。

■ 注

1）同じような論理での批判は，防衛費にも向けられていた。しかも，1970年代までは，広告費は防衛費とほぼ同じ推移で変動していた。つまりGNP 1%をめぐる推移であった。ともに年々上昇しながら，防衛費は国民世論のなかでは，好意的なコンセンサスを得るまでにはいたらなかった。いや，むしろ必要悪のように冷たく扱われてきた。しかしごく最近まで，とくに冷戦構造の崩壊直前まで，防衛費は広告費を上まわる勢いを示していた。

■ 文献

石川天崖（1909）『東京学』育成会。
内川芳美編（1976）『日本広告発達史』（上）電通。
内川芳美編（1980）『日本広告発達史』（下）電通。
笠原正樹（1909）『最新広告術』。
迫大平編（1938）『電通社史』日本電報通信社。
電通通信史刊行会編（1976）『電通通信史――日本電報通信社「通信部」の記録』。
八火翁傳記編集委員会編（1950）『八火傳』日本電報通信社。
日高六郎（1981）「経済主義と大衆行動」『朝日ジャーナル』1981年10月1日号。
藤竹暁編（2005）『図説日本のメディア』NHK出版。
南博・社会心理研究所編（1965）『大正文化』勁草書房。
メディア総合研究所・放送レポート編集委員会編（2011）『大震災・原発事故とメディア』大月書店。
文部省編纂（1922）『消費と経済』南光社。
山本武利（1981）『近代日本の新聞読者層』法政大学出版局。
山本武利（1984）『広告の社会史』法政大学出版局。
山本武利編（1989）『現代中国の消費革命――改革開放下中国市民の消費・広告意識』日経

広告研究所。
山本武利編（1994）『日韓新時代――韓国人の日本観』同文舘出版。
山本武利（1996）『占領期メディア分析』法政大学出版局。
山本武利編（1998）『現代広告学を学ぶ人のために』世界思想社。
山本武利・津金沢聰廣（1992）『日本の広告――人・時代・表現〔改装版〕』世界思想社（初版：1986年，日本経済新聞社）。
山本武利・西沢保編（1999）『百貨店の文化史――日本の消費革命』世界思想社。
早稲田大学広告研究会編（1923）『統計的広告研究』早稲田大学。
Auletta, K.（2009）*Googled: The End of the World As We Know It,* Penguin Press.（土方奈美訳，2013『グーグル秘録』〈文春文庫〉文藝春秋）
Galbraith, J. K.（1958）*The Affluent Society,* Houghton Mifflin.（鈴木哲太郎訳，2006『ゆたかな社会〔決定版〕』〈岩波文庫〉岩波書店。翻訳書の初刊は1960）
Vogel, E. F.（1979）*Japan as Number One: Lessons for America,* Harvard University Press.（広中和歌子・水本彰子訳，2004『ジャパンアズナンバーワン』阪急コミュニケーションズ）
Packard, V. O.（1958）*The Hidden Persuaders,* David McKay.（林周二訳，1961『かくれた説得者』ダイヤモンド社）
Packard, V. O.（1960）*The Waste Makers,* David McKay.（南博・石川弘義訳，1961『浪費をつくり出す人々』ダイヤモンド社）

第 12 章

広告表現の史的研究

竹内 幸絵

1 近代デザイン史と広告

広告は「表現の集合体」である。キャッチコピーなどの「言葉」の表現，コマーシャルソングやBGMなどの「音声・音楽」表現，そして広告の見た目，「ビジュアル・デザイン」表現。本章はこの3番目，広告のビジュアル・デザイン研究を主題としている。

広告のビジュアル表現については，ほかの2つの分野よりも比較的多くの実証的研究がなされてきた。ただしそれは広告デザインの史的研究という固有の研究領域が形成されてきたのではない。近代デザイン史研究や物質文化研究の一部として，広告の見た目やグラフィックデザインに着目して行われてきた研究，あるいは美術史研究の近接領域として行われてきた広告表現研究である。

近代デザイン史や美術史はいずれも「アート寄り」の関心をもつ研究領域だ。近年この「アート寄り」の研究者と，社会学研究者や歴史研究者その他の社会科学領域の研究者が相互で広告表現を検討する場が成立してきており，これにより広告表現研究に新たな視野が開けてきた。社会的存在でありまた芸術的表現でもあるという特質を考えれば，広告表現研究がこのように学際的な性格をもつことは自然な流れともいえよう。

以上の状況を踏まえ，本章では広告表現研究を捉えるために，まず最も密接に関わってきた近代デザイン史研究の関心と，広告表現研究のありようを示していく。そして第2節以降では，美術史や写真史，歴史社会学やカルチュラル・スタディーズといった広告表現に興味をもつ史的研究領域それぞれからの広告表現研究へのアプローチを，主要な研究をセレクトしつつ示していく。最終節ではそれら複数の領域からなる研究成果がこんにちの広告表現研究に何をもたらしうるかを考察してみたい。

[1]　広告表現史はいつを起点とするのか

まずはじめに，広告表現の史的研究はいつから記述されるのか，という点について示しておこう。もし広告をなんらかの意思を伝える媒体（メディア）と捉えるならば，それは存外にさかのぼりうる。たとえばJ.バージャーは『イメージ──視覚とメディア』で，「ものを見る」ことの起源を，メディアとしての油彩画から書き起こしている（Berger 2008＝2013）。1972年初刊の同書は，裸体画と富裕（権力）との関係や，美術館のメディア性などを皮切りに広告写真にまで言及し，「見る」「見せる（見せつける）」こと，そしてそこでの意志や権力の伝達のメソッドを示しており，広告表現研究に取り組むための広い視野の獲得に欠かせない書である。

しかしながら，かつてデザイン史の「基本書」とされたPevsner（1936＝1957）やGiedion（1948＝1977）がそうであるように，デザイン史研究は通常，近代産業社会の誕生を起源として記述されてきた。それはデザインという概念そのものが，産業革命以降可能となった大量「複製技術」とともに誕生したと発想するからだ。近代広告，ビジュアル・マス・コミュニケーション研究もこれに従い，複製技術が可能となった時代を起点として論じることがほとんどだ。改めていうまでもなくこのような思考の原点は，『複製技術時代の芸術』（Benjamin 1936＝1970）に求められる。さしあたりここでは（近代）広告は，「今ここにある唯一のもの」ではなく，「複製されたモノ」の流通が可能になってはじめて誕生した，と大まかに理解し，その時点＝近代社会の成立を広告表現史研究の起点としておきたい。

[2]　デザイン史の歩み：人物史から社会デザイン史へ

ところで先に示した「基本書」が基本書とされていた1960年頃までの近代デザイン史研究は，幾人かの先駆者に焦点を当てながら近代デザイン運動の足跡を再認する，人物（とその制作物）の伝記という色合いが強いものだった。しかし70年前後には，そのような「モダン・デザインの展開」が，秀でた個人の，しかも欧米の成果のみに起因するという「基本書」の考えに懐疑的な論者が登場した。そしてこの時期を境にデザイン史研究は，創られたモノの表現を証左として社会と時代に関心を向ける「表現の社会史としてのデザイン史研究」へと舵を切る。

人物（とその制作物）の歴史としてのデザイン・広告表現探究は，デザインや広告を近代社会が生んだ新たな造形として位置づけてはいるものの，そこでの姿勢はいわば「美術史的人物伝」である。この立場に立つ研究の成果により史的変遷を平明に理解できる利点は大きいが，反面それらは偉人伝あるいはデザイン名作集となりかねない。デザインや広告は純粋芸術（アート）とは異なり社会の，企業の，国家の要請と意志をうけて，その時代に可能な技術を背景として制作された社会的産物だ。アノニマスなモノをも検討するデザインの史的研究には，偉人伝や名作集という価値とは異なる視野が必要であろう[1)]。

1970 年代以降現れた表現の社会史として探究されるデザイン史も，人やモノの去就にも着目する。しかし，そこでの目的は，モノの変遷が示す，それが成立した社会の動静を見極めること，すなわち広告表現を通して社会を問うていくところにある。固有の事象の歴史を問うデザイン史から，モノや広告（のデザイン）を通じて，それが成立した社会が何であったかを問う「表現の社会デザイン史」へ。もちろんこの 2 つの研究姿勢は明確に二分されるものではない。人物史として広告表現の特質を明らかにしていくなかで，広告が創ってきた社会の断面を照射する結果となることもあるだろうし，その逆もおきるだろう。しかしこの小さいようで大きな変化は，デザインや広告表現研究の守備範囲を広げ，他の領域の研究と接近する契機ともなった。

そのような広告表現研究の例として白石（2000）を挙げておこう。同書は，19 世紀末からの 100 年の各時代に誕生した新しいグラフィック表現が，近代の人々の考え方や感じ方をどのように変え，いかに社会に影響を与えたか，いわばグラフィックデザインをコミュニケーション・ツールとして考察した表現史である。19 世紀末の圧政をはねのける力となった木口木版やリトグラフの発明から，戦時宣伝と広告，戦後のポップとポスト・モダン，終章では電子テクノロジーがもたらす「複製」まで。広範で膨大な内容は，ただ網羅的であるのではなく，R. バルトや M. マクルーハンら思想家たちの言説を引き，広告表現が担ってきた社会的役割を領域横断的に論じている。同書の巻末にあるように，「視覚デザインの物的と意味論的な環境の関わり」を探究した「近代人の精神的変遷を明らかにする視覚デザインの歴史」書である。

またデザイン史とコミュニケーション論とを交差させる視点をもつために，『情報社会とコミュニケーション』（京都造形芸術大学編 2000）にも目を向けておこう。大型のシリーズ本の1冊で，豊富な図版と論考により広告と視覚メディアが社会のコミュニケーションに及ぼしてきた影響への理解を促す。執筆陣は制作者やさまざまな分野の研究者で，たとえば「コミュニケーション——人間生活を豊かにする21世紀のコミュニケーションとは」（佐野寛）では広告の原点であるコミュニケーションに視覚的なアプローチができるし，「広告と消費社会」（坂手健剛）では，J.ボードリヤール『消費社会の神話と構造』『物の体系』やA.フォーティ『欲望のオブジェ』，D.リースマン『孤独な群衆』といった著名な論者のテキストの要所を辿りながら，広告デザインの図版を対照し，理解を深められる。

[3] 近代デザイン史の関心：デザインのモダニズムと広告

さて先に挙げた2つのタイプのデザイン史研究のいずれもが，デザインと近代の関係すなわち「デザインのモダニズム」の発生と浮沈のさまを大きな命題としてきた。近代社会システムと不可分である広告研究にとってもそれは重要な問題だ。「デザインのモダニズム」とは何で，それはなぜ重要視されてきたのか。広告とそれらとの関係はどこにあるのか。ここでは「デザインのモダニズム」が示す問題意識について考えておきたい。

近代社会の成立は人々の生活に，制度だけでなく大きな物理的な変化をもたらした。都市が生まれ，交通網の発達が異国の文物を都市へと運んだ。それにより人々は日本やアフリカといった遠い異国のモノの色やカタチ，表象に接する機会を得る。都市には自動車や地下鉄が走り，鉄骨組みの高層建築も生まれる。近代都市の住人は，高いところから見下ろす視点やスピードの中から外景を見るという経験をもつようになった。もちろん都市の景観そのものも農村とは全く異なる新たな造形であり，そこでの視覚体験はまさに「近代的」だった。家庭でも量産品が生活に入り込み，直線や機械的な造形で構成されたモノの色やカタチが身の回りに身近なものとなった。

このような環境と生活の変化が，都市の住人にそれまでの造形美学を古いと感じる美意識をもたらしたことは容易に理解できる。牧歌的で自然のうつろいとともにゆっくりと流れる時間と景色に合う表象は，彼らには物足りないものと感じられるようになった。こうした環境と生活の変化がビジュアル（見た目）の専門家である芸術家たちにとって最大の関心事であり，彼らは新たに生まれた「大衆」という層が営む新たな「都市生活」にふさわしい新たな美を模索し始めた。これが「デザインのモダニズム」の原風景である。ではここに広告表現はどのような関わりをもったのだろうか。

広告表現はモダニズム期の芸術家らの実験場となった。量産され1度に多数の受け手にメッセージを伝えることができる「広告」，それ自体が近代が生んだ新しい芸術装置だったからだ。人工的な量産品の形態やマシーンビューティ（機械美学）が溢れる新しい社会に直接メッセージを発信できる「広告」。芸術家らがそこで先端の表現を競ったのは当然の成り行きだった。

モダニズム期の広告は，近代国家の成立が，近世まで続いた身分制度からの解放を意味していたこととも深く関わっている。近世には王家や皇族，日本であれば幕府，大名，武士にしか利用が許されない紋章や色・カタチがあった。近代になってこのルールが消滅した。近代都市の「大衆」という階層は，ルールの束縛からは逃れたが，しかしそれは何を選んでもよい＝何を選ぶべきか基準がないということだった。新しい時代の「大衆」にふさわしい服，家，インテリア，クルマ。それはどういう見た目のものであるべきなのか。基準を見失った大衆の迷いに応え，選択基準を示したのが，近代広告だった。広告は大衆にモノの情報を伝えるだけでなく，それを使う新しい生活スタイルを描き流布することで，近代都市に住む住人に相応しい美意識を提案し，近世社会にあったルールに代わる新たな選択基準を示していった。

このように模索された新しい美意識は，近代社会が目指した理想の社会のシンボルともなった。モダニズム・デザインは，量産が可能にした安価で上質なデザインの商品を，だれもが手にし，その美を享受できる理想郷，近代化によってだれもが幸せになれるユートピアの実現を目指した形態・表現だったのだ。そこで生み出された表現がモダニズム・デザインであったし，広告はそれを広める拡声器だった。

広告表現史研究が社会と広告との関係を探究するものである限り，このようなデザインのモダニズムとその底流にあるモダニズム思想への理解は必須である。この点の理解なくしては，時代と広告表象との関係を見る視点を失ってしまう。

2　広告表現の史的研究——領域別のアプローチ

デザイン・広告表現史研究に関わる研究者は近年，アート寄りの立ち位置から越境した研究を試みている。それはたとえば「モダニズム表現を利用した国家プロパガンダと大衆との関係」といったテーマを探究したいと考えたとき，その思考がデザイン史領域だけにとどまってはいられないからだ。「なぜ，その時，人々はその広告表現を歓迎したのか」「広告の送り手の意思はどこにあり，その広告表現のどこにそれが込められたか」といった問いへの答えを手繰り寄せるためには，その表現があった時代を学際的に考察してゆく必要に迫られる。

この節ではまずデザイン史研究としての広告表現史研究のディテールと事例を示したうえで，少し視点をずらして，近接領域へと越境する広告表現史研究の領域ごとの系譜を，主要な成果を見ながら辿っていこう。

[1]　デザイン史研究の一部としての広告表現研究

第1節に示した「デザインのモダニズム」への理解には，近代社会・デザイン・広告という三要素の相関を平明に鮮やかに理解させてくれる柏木博の著作のいずれかの通読が近道であろう。柏木（1992，2002b）は，「デザインのモダニズム」を「近代の夢」ないしは「近代のプロジェクト」と呼び，その成立過程と社会的意味とを論じている。また欧米のテキストではもはや古典的であるがG.ゼレ（Selle 1973＝1980），R.バンハム（Banham 1960＝1976）が，今なお刺激的な魅力にあふれている。近年の事例までを含んだ基本書としてはT.ハウフェ（Hauffe 1998＝2007）が参考になる。

平面表現に特化した論考としては柏木の初期の著作『欲望の図像学』（柏木 1986）が必読だ。ここで柏木は戦時期プロパガンダ表現から1970年代日本の「商品から浮遊したイメージ広告表現」まで，時代や社会背景の異なる個別の広告表現事例をいくつも挙げ，広告表現がいかに大衆の意識を動かしそれがどのような社会への力となったかを活写し論じている。柏木の系譜を引く研究としては，菅靖子のイギリスのモダニズム期を対象とした成果が挙げられる（菅 2005，2008）。イギリス国家の意思と広告表現を示した2005年の研究，イギリス逓信省の戦略をポスターやCIといった多様な表現活動を丹念に追って斬った2008年の研究，両書の詳細な分析は刺激的で「表現の社会デザイン史」の方法論への理解を助ける。また日本を対象とした研究として神野由紀の3著を挙げておこう（神野 1994, 2011, 2015）。1994年と2015年の2著は近代消費生活の始まりを表象した百貨店の広告表現について，2011年の著は「子供」という概念が，広告を含むモノの表象によっていかに創られたかをデザイン史の立場から論じている。

[2] 西洋美術史と広告史研究の接近

近代以降美術と広告の関係は，単に広告が芸術表現に影響を受ける，という一方通行ではなくなった。広告にアートの言語が引用され，近代消費社会が生んだマス・メディアとしての「広告」の力にインスパイアされた芸術家が広告表現を創造する相互関係が生じた。

このような芸術と広告，両者の関係に研究関心が高まったのは，1990年以降である。この年パリ・ポンピドゥーセンターが企画，開催し，翌年日本にも巡回した展覧会「芸術と広告」展がこのような議論の口火を切ったからだ。これは近代社会における芸術と広告との双方向の関係をテーマとした最初の研究成果であったが，現在では両者の密接な関係は一定の共通認識となっている。

芸術とデザインと社会との関係を論じた成果としては，美学・美術史視座から書かれた山崎正和の議論が示唆に富んでいる。人間の造形志向について普遍性（単純純粋造形）と個別性（装飾の過剰・付け足し・逸脱）の二項対立として論じた山崎（2007）は，普遍性＝モダニズム，個別性＝アール・ヌーヴォーを代表とする装飾デザイン，としてデザイン史の二項対立を近代史以前まで遡って論じ，人類とモノの表象との関わりにはずっとこの2原則があったと断じている。

芸術と広告が関係を築きだしたモダニズム期は，イデオロギーの時代でもあった。国家権力は新しい表現をイデオロギーの宣伝に利用し，芸術家らは国家の力に乗ることで広告（宣伝）表現の大きな仕事を実現させた。V. ミリマノフ（Mirimanov 1995＝2001）は革命直後のロシア・アヴァンギャルド芸術に，塚口（2012）は第二次世界大戦前後のドイツ国家プロパガンダの表現に，竹内（2009）はモダニズム期日本のオリンピックにそれぞれ焦点を絞った，いずれもモダニズム期の国家と芸術家の蜜月が広告表現を劇的に変化させた事実を指摘した「広告表現のデザイン社会史」である。

[3] 日本の広告表現研究：近世から近代へ

襖絵や掛け軸を愛で，生活と美術との曖昧な境界のなかで暮らしてきた日本では，広告表現も西欧とは異なった受容がされてきた。木版広告チラシ「引札」や，入銀ものと呼ばれる絵図の一部に広告が表現された浮世絵など近世の日本にあった広告は，いずれも広告というより美しい絵として庶民に楽しまれた。日本の広告表現を考察するに際しては，こうした日本固有の広告と社会との関係をも理解しておく必要があるだろう。

大久保（2013）は「移り気な時代の美意識や趣味・嗜好」を追い求めた浮世絵の表現と社会を論じた広告史である。一般書ではあるが，高橋（1992）はカラー図版が魅力の書だ。熊倉（2015）は引札を近世の広告メディアと捉えその表現と流通から庶民の受容を追っている。明治・大正期，近世から近代への転換については土屋（1995）が必読であろう。浮世絵から近代的な新聞へとメディア意識を開眼していく日本の状況を，その狭間にあり両者を具有する錦絵新聞という存在に着目し，これを大衆メディアの先駆けとして探究している。

モダニズム期日本の広告表現史の入門テキストとしては『建築とデザイン[2)]』所収の高階秀爾「大衆芸術の成立とモダニズム」を挙げておきたい。美術全集であり充実した美しい図版から広告が放つインパクトを疑似体験できるうえに，要所を捉えた高階のテキストから日本の広告表現の成立史が概観できる。ポスターと広告史へのより深い理解には，竹内（2011）を読み進めるとよいだろう。日本で広告の近代化とデザインのモダニズムへの開眼が混然となって進展したさまを，400 余点の図版を対照しながら探究している。日本の 1930 年代に着目した論集『モダニズム・ナショナリズム』は，文学・音楽・建築・グラフィック・写真・美術の史的研究者による横断的な取り組みで，充実した 1 冊だ（五十殿・水沢編 2003）。

日本の近代デザイン史の全体像は，藤田（1999），2000 年代までを視野に収めた研究としては，内田（2011）が重要なトピックスを理解する助けになる。詳細な事例研究としては宮島（2009）が，制作者の現実にまで迫った数少ない成果として貴重である。また『近代工芸運動とデザイン史』は日本と西洋との影響関係を軸に「デザインのメディア性」を捉えた，挑戦的なデザイン論集である（デザイン史フォーラム編 2008）。

[4] 写真史と広告表現史

写真表現は広義には美術の１領域だが，被写体そのものを表現できかつ容易に複製可能という形式の特殊性から，美術史とは離れた史的研究領域が確立してきた。モダニズム期以降写真の利用が広告表現を大きく変化させたことを考慮すれば，広告表現史は写真史にも目を向けねばならない。しかしここでも広告写真史という領域が確立しているわけではないので，写真史の記述から広告との交点を見いだす必要がある。

日本の写真史全体を俯瞰する鳥原（2013）は，伝記的スタイルではあるが，幕末から３・11までを図版多数で紹介し，大戦間期に偏りがちだった従来の写真史研究の後方をも埋める存在だ。新聞・出版における報道写真から，“マッカーサーと天皇”写真の影響力や，リアリズムから広告への写真の展開と多元的なテーマ設定で，芸術としての写真史への理解を深めつつ，広告やコミュニケーションのツールとしての写真の展開も一望できる。

戦前の写真史研究は金子ほか（1987）や，日本工房の仕事を中心にした白山（2014），グラフ雑誌の写真表現から社会を論じた井上（2009）など層の厚い議論が行われている。写真がメディアとして新しかった時代の研究が多いということだが，今日の写真メディアの広がりを考慮すれば，広告表現史には，デジタル複製時代の写真史，写真論も必要であろう。『メディア写真論』はそのような要望に視野を与えてくれる（佐野 2005）。1970年代の写真と広告との交点を考察する第３章では，反体制写真家あるいは「コンポラ写真」と呼ばれたそれまでの美意識から逸脱した写真表現が，まもなくJRや富士ゼロックスの巨大な広告メディアキャンペーンに流用されていく様を描写している。数少ない戦後写真のメディア論として希少である（同書：189，392）。

[5] ファッション史

ファッション史は比較的新しい史的研究領域だが，モノの色や形態を論拠として社会を検証する姿勢は広告表現史と同一で，隣接領域として理解する必要がある。個人が選択し身に纏うデザイン＝ファッションは，広告より以上に社会と個人との関係を色や形態からあぶり出すに足る研究素材だともいえよう。深井（1994a, 1994b）はモードという表現分野から社会の動態を描き出した初期の成果である。井上（2001）は，「国民服」から戦時という特異な時代に照射した論考だ。ファッション広告も視野に入れた彼らの議論は，広告表現史研究においても看過できない成果だろう。

[6] 社会学と広告表現

さてここまで示してきた研究領域の視点はいずれも，表現の「形式」にある。つまり「どのような形式で描かれているのか」に着目し，送り手の意図あるいは受け手や社会の要請を考える姿勢をとっている。広告表現研究にはこれとは別に「何が描かれているのか」を分析対象とするアプローチがある。とある関心からとある時期とある地域の広告に描かれたモチーフに着目し，そのモチーフがどのように（多く）使われたか，どのような役割を担わせられているのか，あるいは何を重視するがゆえにそのモチーフが強調して描かれたのか，といったモチーフの利用状況を調査・検討し，送り手や社会の思惑を対照し，さらに受け手の反応を探ることで社会を知ろうとする。ここで多いテーマはジェンダー，国家の権威や国家関係，家電製品などの普及を契機とした近代社会の検討などだ。社会学を学んだ研究者が多くこのアプローチを選択する傾向にあるが，社会学と広告については第5章に詳細をゆだねて，ここではモチーフを分析した広告表現史の例をみておきたい。

女性像あるいは家電製品が纏う「近代」を広告表現から読み解く吉見（1998）の展開は読みやすく，社会学指向のアプローチによる広告表現研究の成果のありかたを学ぶことができる[3)]。また戦時期広告から権力関係（ポリティックス）を読もうとする研究は多く，たとえば石田（2015）は雑誌『主婦の友』の広告女性像の変遷から戦時期に女性が担わされた社会的役割を掘り下げている。植民地下の韓国や中国における日本の広告表象への研究も，当該地の研究者によって始まっている（權 2014，呉 2010）。戦後については1950～60年代の洗濯機や洗剤のテレビCMに表現された「主婦像」の変遷を読み解いた石田（2010）や「男と女」に着目した石川ほか編（2010）がある。

3 「広告」概念の拡大と広告表現研究の拡大

[1] モダン・デザインの再考とその後

最終節では近代デザイン史研究が重視してきた「デザインのモダニズム」のその後を示しておこう。周知のとおりモダニストたちが求めた近代社会の理想郷に，人類は到達しえなかった。モダニズムが構築してきた（していると思ってきた）近代社会の理想郷が理想郷に過ぎないこと，矛盾をはらむ「進歩」に賛同できないことに気づいた1970年前後に，デザイン史研究においても「モダン・デザインはどこから生まれてどこで完了し，何を達成したのか」といった近代への反証が開始された[4)]。

このような「モダン・デザインの再考」は，画一化されたきらいのあったモダニズムへの理解を，その時代の政治・経済・社会・技術・文化といったさまざまな文脈と照合し，拡大し，検証することを意味している。欧米中心ではないパラダイム・チェンジ，健康な成人男性中心社会のストーリーを，性差・年齢差・健康差をも考慮した議論へ。それはこれまでにない研究の複雑化，重層化を意味した。しかもその再考は，デザインを媒介するメディアが多重に広がり輻輳する渦中で行う必要に迫られた。

結局，1970年前後の「モダン・デザインの再考」（批判）は，爆発的に拡大する対象を精緻に「批判的に」検討しきれなかった。いわば消化不良のままで迎えた80年代には，そのネーミングからはモダン・デザインに代わる新たな表現のように思える「ポスト・モダン・デザイン」が数多く創られた。しかしこれらも新時代を築く造形ではなく「過剰消費の現状を肯定するばかりの結果に終わった」「脱臼したポストモダニズム」だった（柏木 2002a：182，2002b）。そしてモダニズムとポスト・モダニズムの評価や立ち位置を定めきれない，浮遊した「脱・モダニズム」的状況のまま，90年代の急激な電子化社会へとなだれ込んでいった。

[2]　インターネット社会がもたらした広告概念の拡大

電子情報化が進んだ社会では，それまで技術や設備をもつプロにしかできなかった広告図像の制作が，ごく普通の素人の手で実行可能となった。さらに複製や改変もたやすく，それをインターネットという情報網で瞬時に世界中に「広告」することもできる。モダニズム批判の消化不良への反省など眼中にないスピードでネット社会は拡大し続け，「80年代に語られた近代の消失とポストモダンへの予見をはるかに超えて，現在の私たちは社会や主体の存在の希薄化の現象を体験している」（柏木 2002a：194）。

「主体の希薄化」は広告にも押し寄せている。広告とは何か，と問われたとき，ごく素直な理解は，新聞・雑誌・テレビ・インターネットといったメディアを利用した（企業の）販売メッセージ，ということになろう。しかしこの電子情報化社会において，広告表現はもはやそのような枠に収まらないフェーズに突入している。

インターネットにより大衆の声がいわば「口コミ『広告』」として力をもつ今日の社会にある企業は，あらゆる手法のビジュアル戦略を駆使してメッセージを送り，大衆の「いいね！」を獲得しなければならない。それゆえ，テレビや雑誌やネット上に広告と明確に意図して発信するメッセージのみならず，大衆に評価され「いいね！」の対象となるモノすべて……パッケージデザインや企業のロゴ，製品やコンテンツそのもののデザイン，時には社長や社員のファッションや言動まで，コンテンツ，モノ，企業が制作するすべてが「広告表現」と化している。

アップル社の洗練されたデザインとS.ジョブスの発言の明快さが織りなす統一感が，同社への圧倒的で熱狂的な支持層を生み出したように，企業が行うすべての活動が広告たりうるのがインターネット時代である。企業はその総体をデザインし「広告」する必要に迫られている。「広告」概念は希薄化して拡大し，モノ＝コンテンツの表現と，広告表現との境界も加速度的にあいまいになり，広告表現は「総広告時代」とでも名づけたくなるほどに広がり続けている。現代の広告表現研究は，そのような拡大する「広告表現」の総体を対象としなくてはならないのだ。

吉見は1994年に「マス・メディアとコマーシャリズムを背景として日常生活に氾濫する非属領的な領域」が拡大すると論じている（吉見 1994）。今日の「総広告時代」の予見であり，20余年前の論考ながら興味が尽きない[5)]。吉見が指摘した「非属領的な領域」については近年，小林保彦がホリスティックとして広告概念拡張の必要性を説き（小林 2006），佐藤（2010）はSNSの拡張により必然となった「従来の広告研究の価値観では捉え難い広告コミュニケーション」を捉えようとしている。境界線の消滅は創り手（クリエイティブ）の地図も塗り替え，広告制作を「広告関係者」でない「非属領的な領域」が担い始めている（梅田 2007）。これら広告表現とコンテンツ表現の境界のない「総広告時代」を照射する近年の論者の多くは制作現場経験のある研究者だ。現場が最も切実に「総」の意味，その激震を感じているということなのだろう。

[3] 視覚文化論における広告表現研究

混沌とした広告表現に，2000年頃から「ビジュアル・カルチャー・スタディー」（視覚文化論）としての表現研究がアプローチしてきている。80年代の社会学に旋風を起こしたカルチュラル・スタディーズ（以下CS，本書第5章も参照されたい）の中心人物であったS. ホールは，「90年代前半のカルチュラル・スタディーズの空騒ぎのなかで，はっきり意識されなかった『視覚文化』が今ようやくみえてきた」「（90年代）後半，ビジュアル・カルチャーへの転換があった」という（Evans and Hall eds. 1999：2-7）。海野（2002）が指摘するとおり，99年という世紀末に「ビジュアル」をキーワードにホール自らがCSの再考を提言していることは大変刺激的だ。

なぜ視覚（ビジュアル）はそれまでCSで等閑視されてきたのか。ホールは，ビジュアルがもつ力をテクスト化，「記号化・構造化」したことで，それでは転換できない領域が取りこぼされた，そして視覚文化がプロ写真から家族のスナップまで雑多で，技術も発表の場も多様なため，1つの記号論の成果に拠ってきたCSのイメージ研究では語ることができなかったからだと述べている。

2000年前後の英米で盛り上がったこのような興味を紹介した概説書に『ヴィジュアル・カルチャー入門』がある（Walker 1997＝2001）。同書はこの研究関心について「美術デザイン教育からの要請の変化によって……美術史，建築史，デザイン史，そしてカルチュラル・スタディーズ，映画研究，メディア・スタディーズにおける理論的な発展によって，形成されてきた」（同書：53）と概説し，その総合的でハイブリッド，学際的な特徴と可能性を論じる一方で，多様な学問の方法論を借用することや研究対象が変化し続けることによる困難をも示している。少し後の書『記号の知／メディアの知』（石田2003）が駆使する「一般記号学」もまた，視覚とも強く結びついた「本来的に学際的な知」である。石田英敬は同書で日常生活を取り巻く「モノ」のメディア性から現代世界の意味検討（批判）を試みた。石田はこれを，文字リテラシーだけでは十分でない，従来の記号論を超えた「巨大な未完のプロジェクト」なのだという。

CSが語ってこなかった「視覚文化」がようやく注目される。とはいえ，これらの書や海野らが世紀転換期にこう期待したほどに，その後の10余年で視覚文化論が劇的に進んだとはいいがたい。しかし最近になってビジュアル重視のデジタル社会の現実と，広告概念の拡大を興味の軸とした視覚文化論が相次いで2冊出された。本章の最後にこれを紹介し広告表現研究の今後を見通しておきたい。

まず現代の視覚文化を捉える際には「複数の速度，複数の歴史を『ギアチェンジ』していくモデル」が必要と投げかける1冊（石岡2014）。デジタルメディアの可能性を古いメディアである映画の特徴との比較から導くといった方法論を随所で示し，ビジュアル社会へのアプローチを刺激する。もう1冊，堀江ほか(2014) も，理科系の知がデジタル社会になって平易にビジュアル化可能となった例から現代社会のコミュニケーションの変化を論じるなどユニークな日常目線で示唆に富んでいる。

これらは広告表現を直接問うものではない。しかし広告表現研究の対象がはるかな広がりをもち始めた今日の状況を考慮すれば，広告表現研究と視覚文化論との境界はもはや意味をもたないだろう。なにしろ個人が文字だけではなくデザイン表現で，社会に「広告」しだしたのだ。ブログや個人ホームページで発信されるデザイン，自分の手の中の小さな「スマホ」で編集し発信することさえできる多様なメッセージ「広告」。企業が個人へ，個人が個人へ，個人が社会へと，文字ではなく視覚表現によるコミュニケーションを行う現代は，人類が初めて迎えた「総広告時代」なのだ。デジタルネイティブで幼児期からゲームを繰る若者らにとって視覚表現は文字表現を凌駕する存在だし，彼らはそれらを自ら作り出し，自己の「広告」表現として日々発信している。彼らはなぜ，なんのために，その「広告」表現を作り発信するのか。

視覚文化論はこのような現代社会の視覚性と戦うためのタクティック（術）であり，その場は大学の研究室ではなく日常生活にある。そこではデザイン史，社会学，図像学，美術史，記号学，その他の知によるハイブリッドなアプローチが必要だろう。そしてそこで「人はなぜ（その）イメージを作るのか」という根源的な問いかけを常にもち続けることだ。「社会のなかで生きて働き，われわれの心を動かして人類の歴史を作ってきたイメージを探ること」「それによってイメージの作用と力を知ることと同時に，その正しい理解を深めること，これが人類にとって必要な知識」（若桑 2012：397）なのである。

■ 注

1） 近年，芸術と社会との関係に関心をもつ美術史研究者も増加している。本章の第3節に挙げた『ヴィジュアル・カルチャー入門』の邦訳を行った美術史の専門家らが追加したサブタイトル「美術史を超えるための方法論」は，その意思を象徴している。2014年に青森・島根・静岡の県立美術館を巡回した「美少女の美術史展」もその一例であろう。

2） 同書に掲載の「日本の近代デザイン」（柏木博）も，デザインの近代化に関する基本的知識がバランスよく得られる入門に適したテキストである。

3） 同書第2章で柏木博が「電子環境における近代デザインの変容」と題して論じた，現代の電子社会における「近代（デザイン）処方の限界」も興味深い。

4) ポストモダンにおけるモダニズム再考の論集にGreenhalgh（1990）がある。

5) 当該記述は第6章「コミュニケーションとしての大衆文化」。第4章「広告化するリアリティ」は広告という場における「アヴァンギャルドとコマーシャリズムの入り組んだ関係」までをも射程に捉えた広角の論考である。

■ 文献

井上雅人（2001）『洋服と日本人――国民服というモード』廣済堂出版。

井上祐子（2009）『戦時グラフ雑誌の宣伝戦――十五年戦争下の「日本」イメージ』（越境する近代 7）青弓社。

石岡良治（2014）『視覚文化「超」講義』フィルムアート社。

石川弘義・滝島英男編（2010）『広告からよむ女と男』雄山閣。

石田あゆう（2015）『戦時婦人雑誌の広告メディア論』（越境する近代 12）青弓社。

石田佐恵子（2010）「CM表現のパターン化と〈専業主婦〉オーディエンスの構築」高野光平・難波功士編『テレビ・コマーシャルの考古学――昭和30年代のメディアと文化』世界思想社。

石田英敬（2003）『記号の知／メディアの知――日常生活批判のためのレッスン』東京大学出版会。

内田繁（2011）『戦後日本デザイン史』みすず書房。

海野弘（2002）『モダン・デザイン全史』美術出版社。

梅田望夫（2007）『ウェブ時代をゆく――いかに働き，いかに学ぶか』（ちくま新書）筑摩書房。

大久保純一（2013）『浮世絵出版論――大量生産・消費される美術』吉川弘文館。

五十殿利治・水沢勉編（2003）『モダニズム・ナショナリズム――一九三〇年代日本の芸術』せりか書房。

柏木博（1986）『欲望の図像学』未来社。

柏木博（1992）『デザインの20世紀』日本放送出版協会。

柏木博（2002a）『モダンデザイン批判』岩波書店。

柏木博（2002b）『20世紀はどのようにデザインされたか』晶文社。

金子隆一・柏木博・伊藤俊治・長谷川明（1987）『日本近代写真の成立――関東大震災から真珠湾まで 1923-1941年』青弓社。

貴志俊彦（2010）『満洲国のビジュアル・メディア――ポスター・絵はがき・切手』吉川弘文館。

京都造形芸術大学編（2000）『情報社会とコミュニケーション』角川書店。

熊倉一紗（2015）『明治・大正の広告メディア――〈正月用引札〉が語るもの』吉川弘文館。

権昶奎（2014）『商品の時代（상품의 시대）』民音社（韓国）。

小林保彦（2006）「今，なぜ『広告』へのホリスティック・アプローチか」『ADスタディー

ズ』第 15 号，吉田秀雄記念事業財団。
呉咏梅（2010）「アジア・モダニティ――1920-30 年代の中国と日本のポスターに見る『新女性』のイメージ」谷川建ほか編『サブカルで読むセクシュアリティ――欲望を加速させる装置と流通』青弓社。
佐藤達郎（2010）「“非広告型広告” という方法論――広告らしいカタチをしていないことの，意味と優位性」『広告科学』第 53 集，1-14。
佐野寛（2005）『メディア写真論――メディア社会の中の写真を考える』パロル舎。
白山眞理（2014）『報道写真と戦争―― 1930-1960』吉川弘文館。
白石和也（2000）『視覚デザインの歴史――グラフィックスと複製の歩み』大学教育出版。
神野由紀（1994）『趣味の誕生――百貨店がつくったテイスト』勁草書房。
神野由紀（2011）『子どもをめぐるデザインと近代――拡大する商品世界』世界思想社。
神野由紀（2015）『百貨店で「趣味」を買う――大衆消費文化の近代』吉川弘文館。
菅靖子（2005）『イギリスの社会とデザイン――モリスとモダニズムの政治学』彩流社。
菅靖子（2008）『モダニズムとデザイン戦略――イギリスの広報政策』ブリュッケ。
高階秀爾（1993）「大衆芸術の成立とモダニズム」高階秀爾ほか編『建築とデザイン』（日本美術全集 第 24 巻）講談社。
高橋克彦（1992）『江戸のニューメディア――浮世絵情報と広告と遊び』角川書店。
竹内幸絵（2009）「二つの東京オリンピック――広告グラフィズムの変容とプロパガンダ」坂上康博・高岡裕之編『幻の東京オリンピックとその時代――戦時期のスポーツ・都市・身体』青弓社。
竹内幸絵（2011）『近代広告の誕生――ポスターがニューメディアだった頃』青土社。
塚口眞佐子（2012）『モダンデザインの背景を探る――バウハウスを軸にみる展開とその思潮』近代文藝社。
土屋礼子（1995）『大阪の錦絵新聞』三元社。
デザイン史フォーラム編（2001）『国際デザイン史――日本の意匠と東西交流』思文閣出版。
デザイン史フォーラム編（2008）『近代工芸運動とデザイン史』思文閣出版。
鳥原学（2013）『日本写真史（上・下）』（中公新書）中央公論新社。
深井晃子（1994a）『ジャポニスム イン ファッション――海を渡ったキモノ』平凡社。
深井晃子（1994b）『20 世紀モードの軌跡』文化出版局。
藤田治彦（1999）『現代デザイン論』昭和堂。
堀江秀史・椚座基道ほか（2014）『デザイン化される映像―― 21.5 世紀のライフスタイルをどう変えるか？』フィルムアート社。
宮島久雄（2009）『関西モダンデザイン史――百貨店新聞広告を中心として』中央公論美術出版。
山崎正和（2007）『装飾とデザイン』中央公論新社。
吉見俊哉（1994）『メディア時代の文化社会学』新曜社。
吉見俊哉（1998）「メイド・イン・ジャパン――戦後日本における『電子立国』神話の起源」嶋田厚ほか編『デザイン・テクノロジー・市場』（情報社会の文化 3）東京大学出版会。

若桑みどり（2012）『イメージの歴史』（ちくま学芸文庫）筑摩書房（初刊 2000 年，放送大学教育振興会）。

Banham, R.（1960）*Theory and Design in the First Machine Age*, Architectural Press.（石原達二・増成隆士訳，1976『第一機械時代の理論とデザイン』鹿島出版会）

Benjamin, W.（1936）"Das Kunstwerk im Zeitalter seiner technischen Reproduzierbarkeit: drei Studien zur Kunstsoziologie," *Die Zeitschrift für Sozialforschung*.（佐々木基一ほか訳，1970『複製技術時代の芸術』晶文社）

Berger, J.（2008）*Ways of Seeing*, Penguin.（伊藤俊治訳，2013『イメージ――視覚とメディア』（ちくま文庫）筑摩書房（原著初版は 1972 年）The BBC and Penguin Books,『イメージ Ways of Seeing』1986 年，PARCO 出版）

Centre national d'art et de culture Georges-Pompidou（1990）*Art & pub: art et publicité, 1890-1990*, Centre Georges Pompidou.（セゾン美術館ほか編，1991『「芸術と広告」展図録』朝日新聞社）

Evans, J. and S. Hall eds.,（1999）*Visual Culture: The Reader*, Sage.

Forty, A.（1986）*Objects of Desire: Design and Society since 1750*, Thames and Hudson.（高島平吾訳，2010『欲望のオブジェ――デザインと社会 1750 年以後〔新装版〕』鹿島出版会，初刊訳は 1992 年）

Giedion, S.（1948）*Mechanization Takes Command: A Contribution to Anonymous History*, Oxford University Press.（GK 研究所・榮久庵祥二訳，1977『機械化の文化史――ものいわぬものの歴史』鹿島出版会）

Greenhalgh, P. ed.（1990）*Modernism in Design*, Reaktion Books.（中山修一ほか訳，1997『デザインのモダニズム』鹿島出版会）

Hauffe, T.（1998）*Design: A Concise History*, Laurence King.（藪亨訳，2007『近代から現代までのデザイン史入門―― 1750-2000 年』晃洋書房）

Jenks, C. ed.（1995）*Visual Culture*, Routledge.

Mirimanov, V.（1995）*Russkiĭ avangard i ėsteticheskai︠a︡ revoli︠u︡t︠s︡ii︠a︡ XX veka*, Rossiĭskiĭ gos. gumanitarnyĭ universitet.（桑野隆訳，2001『ロシア・アヴァンギャルドと 20 世紀の美的革命』未來社）

Mirzoeff, N. ed.（1998）*The Visual Culture Reader*, Routledge.

Pevsner, N.（1936）*Pioneers of the Modern Movement from William Morris to Walter Gropius*, Faber & Faber.（白石博三訳，1957『モダン・デザインの展開――モリスからグロピウスまで』みすず書房）

Selle, G.（1973）*Ideologie und Utopie des Design: zur gesellschaftlichen Theorie der industriellen Formgebung*, Verlag DuMont.（阿部公正訳，1980『デザインのイデオロギーとユートピア』晶文社）

Walker, J. A. and S. Chaplin（1997）*Visual Culture: An Introduction*, Manchester University Press.（岸文和ほか訳，2001『ヴィジュアル・カルチャー入門――美術史を超えるための方法論』晃洋書房）

第 **13** 章

メディア社会の宣伝・広告・広報

佐藤 卓己

1 メディア社会は「広告媒体」社会

[1] パラダイムシフト

1世紀前の1914年，第一次世界大戦が勃発した。現代（contemporary）の幕開けである。だが，その時点で「メディア」と聞いて，「新聞・雑誌・放送」を思い浮かべる人はいなかった。

当時，メディア（media）の単数型ミディウム（medium）は，おもに聖霊や巫女などを意味する宗教用語，あるいは培養物質を意味する科学用語として使われていた。この複数集合名詞は第一次世界大「戦後」のアメリカにおいて，「広告媒体」の意味で使われるようになった。アメリカの広告業界は，連邦政府をクライアントに戦争プロパガンダを受注することで産業として飛躍を遂げた。こうした「政治の広告化」はアメリカの対独参戦に向けて国家キャンペーンを指揮した公報委員会の委員長G.クリールの戦争回想録『アメリカの広告方法（*How we advertised America*）』（Creel 1920）のタイトルが象徴的に示している。

この総力戦は「西洋の没落」を招いたが，アメリカでは莫大な戦争利得によって空前の大量消費社会が出現した。その際，アメリカの広告業界が生み出したジャーゴン（業界用語）こそ，広告媒体を意味する「メディア」である。『オックスフォード英語辞典』は大衆（mass）と媒体（medium）を結合したmass mediumの初出例として，1923年アメリカの広告業界誌『広告と販売（*Advertising & Sell-*

ing)』の記述を挙げている。当時，それは「雑誌・新聞・ラジオ」を意味していた。国内の広告業界でいうところの「三媒体」である。

その後，第二次世界大戦を経て「社会の軍事化」と「情報の商品化」が進み，資本主義システムの高度化とともにメディアは「広告媒体」から「情報媒体」全般へと射程を拡大してきた。それはあらゆる「ひと・もの・こと」が広告媒体となる情報消費社会の到来を意味している。こうした「メディア社会」の成り立ちを，以下ではまず「宣伝－広告－広報」へのパラダイムシフトとして検討してみよう。

当然ながら，メディア研究が大学などで本格化したのも第一次世界大戦を契機としている（佐藤 1993）。それ以後のメディア研究史におけるパラダイム変化は，図 13-1 のように説明することができる。グラフの振幅は研究者が前提とするメディアの影響力評価の高低の変動を示している。

第一次世界大戦までの「啓蒙機関モデル」では，素朴な社会発展とメディアの善用が前提とされていた。当時の基軸メディアである新聞や雑誌の影響力が増大するほど，その読者は理性的に議論する公衆になると期待されていた。

しかし，第一次世界大戦後は感情的，非合理的に行動する大衆に対するラジオや映画の影響力が注目され，メディア研究は戦時プロパガンダや選挙宣伝などおもに政治領域の非常事態，その短期的効果に焦点が当てられていた。このパラダイムは一般に「弾丸効果モデル」と呼ばれるが，そこでは受動的大衆の選好をメディアは自由に操れるという評価が前提とされていた。

しかし，第二次世界大戦後，テレビ時代に入ると経済領域における能動的消費者の日常生活に関心が集まった。番組を選択視聴する受け手に対するメディアの影響は先有傾向の補強にとどまるとする「限定効果モデル」が一般化した。

そして，21 世紀のこんにちは「新しい強力効果モデル」が絶頂期を迎えている。このパラダイムでは政治領域でも経済領域でもなく，文化領域における長期効果に関心が向けられている。カルチュラル・スタディーズ（文化研究）の中核にメディア研究が位置するのはそのためだ。世代を超えて受け継がれる言語や記憶などへの影響は，遅延効果と呼ぶこともできるだろう。ブランド育成をはじめ広報戦略が比較的長い射程の効果を志向していることは明らかだろう。

ちなみに，筆者が京都大学教育学部で担当している「メディア文化論」は，従来「広報学」と呼ばれていた科目である。戦前の師範学校から発展した教育学部と異なり，旧帝国大学の教育学部は敗戦後，日本社会の民主化を掲げた GHQ の

図 13-1　メディア影響研究の振幅

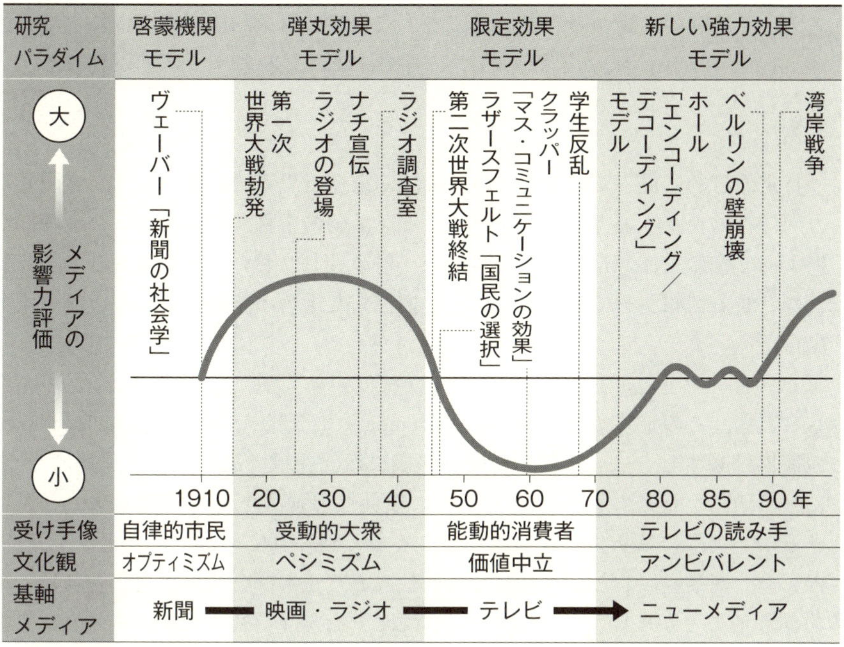

研究パラダイム	啓蒙機関モデル	弾丸効果モデル	限定効果モデル	新しい強力効果モデル
受け手像	自律的市民	受動的大衆	能動的消費者	テレビの読み手
文化観	オプティミズム	ペシミズム	価値中立	アンビバレント
基軸メディア	新聞	映画・ラジオ	テレビ	ニューメディア

メディアの影響力評価　大　小
ヴェーバー「新聞の社会学」
第一次世界大戦勃発
ラジオの登場
ナチ宣伝
ラジオ調査室
第二次世界大戦終結
ラザースフェルト「国民の選択」
クラッパー「マス・コミュニケーションの効果」
学生反乱
ホール「エンコーディング／デコーディング」モデル
ベルリンの壁崩壊
湾岸戦争
1910　20　30　40　50　60　70　80　85　90 年
新聞 ― 映画・ラジオ ― テレビ → ニューメディア

（出所）　佐藤（1998: 6）。

指導下で文学部哲学科の教育学研究室が独立したものである。俗に「ポツダム学部」と称されるゆえんである。こうした学部新設の歴史的背景を考えれば，広報学（public relations studies）が教育学部に置かれた理由が「教育の民主化」であることは明白である。この意味でも「広報」は遅延報酬を前提とした教育と深く結びつく活動である。というのも，遅延報酬的な営為の典型が教育だからでもある。教育の効果は 10 年，20 年後に確認できるとしても，選挙宣伝のように数週間では明らかにならない。また，テレビ CM のように明日の収益に直結するものでもない。教育とは，一世代後の遅延報酬を信じる営みにほかならない。

以上の点を考慮すると，メディア研究の主要な対象は 20 世紀の「宣伝（広告）媒体」から現在の「広報（教育）媒体」に重心をシフトしてきたといえる。そのうえで，グローバル化による価値観の多様化のなかで，社会統合の必要から合意形成に向けた説得コミュニケーションの技術，すなわち「宣伝／広告／広報」への関心はこんにちますます高まっている。

[2] プロパガンダの古層

メディア研究の立場から「宣伝／広告／広報」の概念的区別を簡単にしておきたい。宣伝（propaganda）を辞書的に定義すれば，次のようにまとめることができるだろう。

> 特定の目的に従って個人あるいは集団の態度と思考に影響を与え，意図した方向に行動を誘う説得コミュニケーション活動の総称。組織的なシンボル操作によって宣伝主体の意図を宣伝客体の「自律性」において実現することを究極目標とする情報活動であるが，説得を拒否した場合の報復や不利益を提示する場合が多い。

もっとも，この定義では広告（advertisement）や公報（publicity/public relations）との境界は必ずしもはっきりしない。一般に政治領域で展開される「宣伝」，おもに経済活動を意味する「広告」，さらに公共性を強調する「公報／PR」と大別できるが，実際にはあまり区別されることなく使われている。たとえば，「政治広告」や「商業宣伝」という言葉もあるし，どちらも「公共の福利」の名目で正当化されることが多い。そもそも政治（国家）と経済（社会）の領域，それにまたがる公共圏の間に明確な境界線を引くことは，現代の社会国家（福祉国家）において不可能なのである。そのうえで，「宣伝」が一般に「広告」や「広報」と区別されるネガティブなイメージをもつ理由は，プロパガンダ概念の歴史性，より正確に表現すれば，その記憶の負荷といえるだろう。

語源であるラテン語 propagare（伸ばす・接ぎ木する）はキリスト教伝道の初期から布教活動で使用されていた（Schieder and Dipper 1984: 69-112）。1514年にはじまるルターの宗教改革は1455年のグーテンベルク活字印刷発明以降のメディア効果として論じられるが，その宗教戦争である30年戦争（1618～48年）のなかで「プロパガンダ」は確立した。1622年，ローマ法王グレゴリウス15世は反宗教改革のため布教聖省（Sacra Congregatio de propaganda fide）を創設した。プロパガンダは布教伝道にともなう使命感を帯びた宗教用語だった。

やがて，啓蒙の時代を経てフランス革命直前，1780年代になると，反カトリック勢力にとって「プロパガンダ」はローマ教皇の陰謀組織とみなされ，攻撃的なイメージが強まった。その意識的なアナロジーから，フランス革命期には反革命勢力の間で革命陰謀説のうちに「革命的プロパガンダ」が浮上した。その結果，

1848年革命の頃にはヨーロッパの旧体制がフランスを本拠とする国際秘密結社（フリーメーソンなど）によって脅かされるという革命陰謀説が広く流布した。現代のプロパガンダに不可欠な政治シンボル体系の成立にフランス革命が与えた影響は絶大であり，「自由・平等・博愛」「一般意志」「進歩主義」「国民国家」などの理念や「赤旗」「ファスケス（後にイタリア・ファシズムのシンボルとなる）」など具現的シンボルもここに登場した。この時期にシンボルによって大衆を参加させ共感を生み出す「新しい政治」（Mosse 1975: 1994）が出現したのである。

こうしてフランス革命以後，政治用語となった「プロパガンダ」だが，その成立時の「秘密結社的」ニュアンスは19世紀末まで残り，1860年代にF. ラサールによって組織されたドイツ社会民主主義運動では，むしろアジテーション（agitation）という言葉が「公開的」宣伝の意味で使用された。だが，社会主義運動においても労働者新聞や機関誌など活字メディアの普及により，プロパガンダの秘密結社的イメージは薄らいでいった。とはいえ，「プロパガンダ／アジテーション」の用語法における「密教／顕教」的伝統は，今日でもよく知られているV. レーニンの「宣伝／煽動」概念にも引き継がれている。レーニンは，まずプレハノフの定義を引用する。

> 宣伝家は一人または数人の人間に多くの思想をあたえるが，煽動家は，ただ一つの，またはただ数個の思想を与えるに過ぎない。そのかわりに，煽動家はそれらを多数の大衆にあたえる（日本共産党中央委員会宣伝部編 1969：147)。

そのうえで，次のように定義し直している。

> だから，宣伝家は，主として，印刷された言葉によって，煽動家は生きた言葉によって，活動する。宣伝家に要求される資質は，煽動家に要求される資質と同じではない。（同書：148)

つまり，宣伝とは論理的な内容を科学的に教育する方法であり，煽動とは一般大衆向けに情緒的なスローガンを叩き込む方法である。レーニン流の宣伝／煽動観は，第一次世界大戦中のソビエト体制成立以後，国際共産主義運動の広がりとともに定着していった。

かくして，「プロパガンダ」は前衛政党の使命感と結びついて，再び宗教戦争時代の熱気を帯びるようになり，A. ヒトラー率いる国民社会主義ドイツ労働者党（Nationalsozialistiche Deutsche Arbeiterpartei）の組織原理にも引き継がれた。ヒトラーは『わが闘争』第1部の第6章「戦時宣伝」冒頭でこう述べている。

わたしは宣伝活動に，まさしく社会主義的＝マルクス主義的組織が老練な技倆で支配し，使用することを知っていた道具を，見たのである。そのさいわたしは，宣伝の正しい利用が，ブルジョア政党にはほとんど理解しえなかった，また理解しえない現実的な技術である，ということを早くから理解し学んでいた。（Hitler, 1925＝1973: 254）

1933年，政権をとったヒトラーが「ナチ党左派」出身のJ. ゲッベルスを大臣に新設した国民啓蒙宣伝省（Reichsministerium für Volksaufklärung und Propaganda）は社会主義宣伝の到達点とも考えられる（佐藤 2014）。

重要なことは，こんにちのプロパガンダ・イメージを決定づけた共産主義宣伝もナチ宣伝も，史上初の総力戦の衝撃が生み出した産物であるということである。それは，労働者・女性・青年を排除した19世紀的な市民的公共性との対抗のなかでその外延で発達した公共操作の技術であった。教養なき民衆を組織化する方法としてプロレタリア運動で採用された宣伝技術は，第一次世界大戦の戦争プロパガンダにおいて国家規模で組織化された。この戦時宣伝を土台としてヒトラーが自らの総力戦体験から引き出して加えた要素は，エリート的だったプロパガンダの徹底した民主化である。そこにこそ「ナチ宣伝」の創見はあった。

宣伝はすべて大衆的であるべきであり，その知的水準は，宣伝が目ざすべきものの中で最低級のものがわかる程度に調整すべきである。それゆえ，獲得すべき大衆の人数が多くなればなるほど，純粋の知的高度はますます低くしなければならない。しかも戦争貫徹のための宣伝のときのように，全民衆を効果圏に引き入れることが問題となるときには，知的に高い前提を避けるという注意は，いくらしても十分すぎるということはない。（Hitler, 1925＝1973: 259-260）

レーニンが前衛的知識人向けの理論教育と考えたプロパガンダを，アジテーションのレベルまで引き下げることで宣伝を民主化したわけである。

2　マス・コミュニケーション時代の公共性

[1]　宣伝の鏡像としてのマスコミ

他方で，ナチ宣伝が手本としたのは第一次世界大戦中のアメリカの政治広告だった，という指摘もある。ナチ党と激しい宣伝戦を展開したドイツ共産党の「赤いゲッベルス」，W. ミュンツェンベルクの『武器としての宣伝』（1937 年）によれば，ナチ宣伝とは反動的イデオロギーの産物ではなく，アメリカ民主主義の政治広告術を応用したものだ。

> ヒトラーは「政治的広告」を，たくみに仕上げられた巨大なシステムにまで発展させた。そのシステムとはあらゆる芸術的手法，とりわけ戦争宣伝の経験を生かした巨大広告の洗練された方法，大規模な行進で発せられる言葉，洒落たポスター，輪転機とラジオを通した近代的広告といったもの全てだ。そして，これらを駆使して人を陥れたり，惑わしたり，だましたりしながら，はたまた残忍な暴力を伴いながら，このシステムは『大衆的』成果を目指して動いている。その際には最も重要なこと，すなわちヒトラー宣伝が目に見える形で収めている大きな成果はナチという主義主張の産物ではない，ということは忘れられがちだ。（Münzenberg 1937＝1995: 16）

この意味では，「ナチ宣伝」は「ナチ広告」あるいは「ナチ広報」の視点で研究するべきなのである。というのも，アメリカの「PR 業の父」I. リーはドイツの科学コンツェルン・IG ファルベンの広報活動を代行しており，その結果としてアメリカにおけるナチ党のイメージ戦略の助言者になっていた（Kunczik 1997: 298-305）。

このナチ・プロパガンダに対抗して，自らのプロパガンダを「マス・コミュニケーション」と呼ぶ習慣が第二次世界大戦中のアメリカで定着したのは必然だろう。つまり，アメリカの「マス・コミュニケーション」は，ナチ「プロパガンダ」の鏡像として誕生した。この新造語は 1939 年 9 月，ドイツのポーランド侵攻直後に開催された「ロックフェラー・コミュニケーション・セミナー」への招待状において，ロックフェラー財団事務局長 J. マーシャルが初めて使用した。

同財団は平和主義の世論を前に対ドイツ参戦に踏み切れないアメリカ政府に代わって戦時動員研究を代行した組織である（Gary 1996: 124-148)。この新語が公式文書に登場するのは，戦勝した連合国（国際連合 United Nations）が1945年11月16日制定した「ユネスコ憲章」においてである。その第1条2項の文章の「マス・コミュニケーション」を「プロパガンダ」に置き換えてみよう。

プロパガンダのあらゆる方法を通じて諸人民が相互に知り且つ理解することを促進する仕事に協力すること並びにこの目的で言語及び表象による思想の自由な交流を促進するために必要な国際協定を勧告すること。（下線は引用者）

違和感があるとすれば，それは今日の「プロパガンダ」イメージがマス・コミュニケーションの「自由な交流」にそぐわないためだろうか。だが，「自由」の意味は過大評価できない。それは「戦時」宣伝研究と「戦後」マス・コミュニケーション研究が同じ学者によって「自由」意志で担われていたからである。たとえば，戦前日本で戦時宣伝研究の第一人者だった小山栄三は，戦後は日本広報協会理事長や日本世論調査協会会長を務めた。小山自身がこの連続性に自覚的であったことは，『東京大学新聞研究所紀要』第2号（1953）に寄稿した「輿論形成の手段としてのマス・コミュニケーション」で明らかだ。

輿論指導の手段に関しては第一次世界大戦までは専ら宣伝 Propaganda と云う言葉が使用されていた。然し両大戦を通じ事実的にも意識的にも宣伝とは，「嘘をつく技術」と云う風にとられてしまつた。それで宣伝のこの悪い意味を避けるため，プロパガンダと云う代りにマス・コン(ママ)ミュニケーションと云う言葉が使用されるようになったのである（小山 1953：44）。

現在，私たちの多くは意図的に，あるいは無意識的にも忘却しているが，マス・コミュニケーションとは戦争プロパガンダをロンダリングしたものである。それゆえに，「マス・コミュニケーション＝プロパガンダ」の研究はイデオロギー的先入観から距離を置いて分析されなければならない。こうした概念については，K. メルテン「プロパガンダの機能と構造」が参考になる（Merten 2000)。「宣伝」概念の再定義のために，広告（Werbung）と広報（public relations）との間でメルテンは比較検討を行っている。表13-1の定義は明確だが，「宣伝」概念

表 13-1　宣伝・広告・広報の概念

	宣　伝	広　告	広　報
機　能	操作する manipulate	説得する persuade	納得させる convince
目　的	所期決定の受容	特殊性の演出	信頼性の創出
状　況	恒常的	即時的	長期的
適　用	均質性・異分子排除	多様性	多様性
選択度	独占的排他的	選択可能	選択可能
要求の有無	全面的	ま　れ	ま　れ
心的作用	脅迫的―恩遇的	好意的連想の強化	信頼性の高まり
発話モード	喚情的／論理的	喚情的	喚情的／論理的
内省モード	自己評価，非日常性，唯我独尊	客観評価，現世的日常性，他者志向	客観評価，現世的日常性，他者志向

（出所） Merten（2000: 151）より一部省略して作成。

に前述の歴史的記憶が色濃く残っていることは確認できる。たとえば，多様性，偶然性を許容する自由主義的な広報・広告に対して，宣伝は均質性を追求して異分子を排除する反自由主義，さらに独占，必然性，全面的要求などナチズムやスターリニズムの記憶を重ねた定義といえよう。また，不服従者に対しては脅迫的で追従者に対して恩遇的であること，外部的な客観評価を欠いていることなども，「広報」や「広告」と比べて否定的なニュアンスがいまだに強い。

そのうえで，メルテンは「宣伝」が倫理的に憂慮される理由を以下５つ列挙している。すなわち，①事実の裏づけを欠いた宣伝対象の理想化，②全般的な独占的代表性の要求，③事実関係の歪曲あるいは他の多数が当該事実を承認しているかのような瞞着，④制裁による威嚇，⑤非現実的な制裁に関する欺瞞である。ただし，①と③は広告や広報とも共通しており，独占的代表性の要求，制裁の現実性と有無だけが「広告」「広報」と区別する判定基準となる。むしろ重要なのは，メディア研究の語用法において「宣伝」「広告」「広報」の包含関係が時系列的に変化したことである。メルテンは代表的な研究者の著作からその変化を図 13-2 のように図式化している。

H. D. ラズウェルは，『第一次世界大戦のプロパガンダ技術』（1927 年）が有名だが，『社会科学百科事典』（1934 年）の「宣伝」では広告と広報も論じていた。

図 13-2 「宣伝」「広告」「広報」包含関係の時系列変化

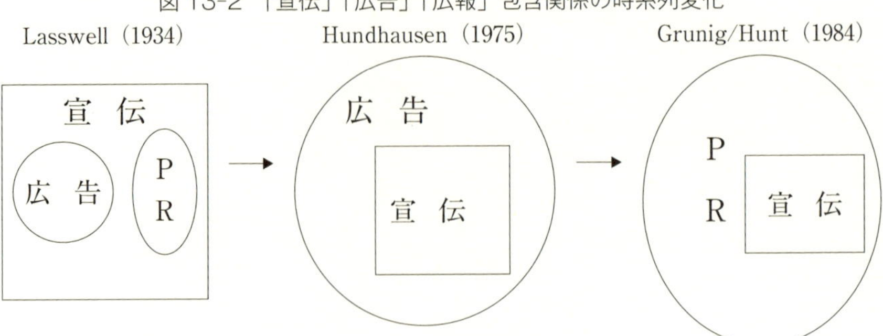

（出所） Merten (2000: 160) より作成。

しかし，第二次世界大戦後の高度経済成長を経たC. フントハウゼンの『プロパガンダ』(1975年) における定義では宣伝は「広告」概念に含まれることになり，福祉国家体制のゆらぎのなかで書かれたJ. E. グルニックとT. ハントの『PRを管理する』(1984年) では「広報」概念に宣伝も広告も含まれている。

こうした「宣伝－広告－広報」の重心移動は，前節で見たメディア研究のパラダイムシフトと重なる。第二次世界大戦までの「弾丸効果モデル期」は宣伝の時代，消費社会の「限定効果モデル期」は広告の時代，こんにちに至る「新しい強力効果モデル期」は広報の時代ということができる。広告や広報の研究も基軸メディアの変化に規定されているためである。

[2] 公共性の構造転換

とすれば，今日の広告の研究は「広報」の枠組みで理解されるべきだろうか。そのキーワードは「公共性」である。メディア研究における公共性では，J. ハーバーマス『公共性の構造転換』がよく言及される (Habermas 1990＝1994)。公論（輿論）が形成される社会生活の一領域として公共圏を考察した同書において，「市民（ブルジョア）的公共圏（性）」bürgerliche Öffentlichkeit は，ユートピア的契機をもった「規範」概念なのだが，あたかも歴史的「実体」概念であったかのごとく論じられることも多い。

ハーバーマスによれば，サロンやカフェ，読書サークルに拠った自律的な市民（ブルジョア）が「公衆」の自覚に立ち，彼らの公開の討論を経た合意が政治秩序の基礎となるべき公共圏は17世紀以後のヨーロッパに出現した。このブルジョア的公共性（圏）は，国家と社会の分離を前提として両者を媒介する社会関係（空間）であり，その空間において市民（ブルジョア）は公開の討論によって輿論を形成し国家権力を制御しようとした，とされる。

輿論とは，特定の論争的命題について多くの人々が共有する意見，あるいは，異なる少数意見の存在を前提とする多数意見，と定義できる。「民の声は神の声」Vox populi, vox dei がホメロス「オデュッセイア」から引用されるように，古代ギリシャから政治的対立のなかで獲得すべき正統性の根拠とされてきた。この輿論を生み出す空間が公共圏である。

ハーバーマスが描いたブルジョア的公共圏が討議的コミュニケーションを担うブルジョア，すなわち「読書する公衆」に限られていることは繰り返し批判されてきた。つまり，「教養と財産」という入場条件があるブルジョア的公共圏では住民の大半を占める労働者・女性・若者が排除されていたからである。教養とは形を変えて相続される市民の財産であり，公共圏の独占支配を正統化するために行われる文化的再生産という「迂回戦略」の象徴であった。それゆえ，その階級的性格を正しく表現するためには「市民的公共性」よりも「ブルジョア的公共性」と呼ぶべきだろう。

当然ながら，19 世紀的な市民社会を基盤とするブルジョア的公共性は，第一次世界大戦を契機とする大衆社会化により変質を遂げた。広告業界はマス・メディアによって知名度や権威的信用を操作することで，大衆の自主性を動員する広報システムを作り上げた。

一般に広報とは，官公庁，企業体，団体や個人が公衆に向けて情報発信を行う説得コミュニケーション活動全般を意味する。自己 PR のパーソナル・ブランディング（個人ブランド化）から国家政策としてのパブリック・ディプロマシー（広報文化外交）まで対象領域は広いが，一般には官庁や企業が新聞，雑誌，放送などの報道機関にニュース素材を提供するプレスリリースや，記者会見を指すことが多い。他人の信頼を得るための説得術は人類社会とともに存在しており，宣伝史や広告史の多くが古典古代の事例を引くように，そうした広報文化史も不可能ではない。しかし，広報も職業名として「PR カウンセラー」が生まれた第一次世界大戦後のアメリカに起源する概念というべきだろう。

特定の目的に従って個人あるいは集団の態度と思考に影響を与え，世論（輿論）を意図した方向に組織するコミュニケーション活動として，広報は政治領域での宣伝と経済領域での広告の中間領域を占めている。広報が情報操作や利益誘導と無関係なわけではないが，広報を行う組織が自らの公共的な合意形成活動を「宣伝」や「広告」と区別しようとするのは，宣伝が嘘をつくテクニックと考えられ，広告が資本主義社会における利益優先の消費誘導術とみなされてきたためである。そのため，21世紀のこんにちでは説得コミュニケーションの多くが歴史的負荷の少ない「広報」を自称することが普通となっている。

日本での「広報」は第二次世界大戦後にGHQ（連合国総司令部）が持ちこんだパブリック・リレーションズの訳語として普及した。ただし，満洲国では国務院に弘報処（1937年に情報処から改称）が置かれており，必ずしも「戦後」起源とはいえない。1946年12月にGHQは軍政部から各道府県庁にPRO（public relations office）の設置を求める通達を出している。「P. R. O. ハ政策ニツイテ正確ナ資料ヲ県民ニ提供シ，県民自身ニソレヲ判断サセ，県民ノ自由ナ意志ヲ発表サセルコトニツトメナケレバナラナイ」。

これにより各自治体に広報課が設置され，さらに政府内でも各省庁との連絡調整のために，総理庁審議室で「各省庁広報主管課長会議」が開催されるようになった。1960年には，政府広報に専従する総理府広報室が設置された。同広報室は政府の重要施策広報の実施主体である一方で，世論調査および政府広聴の実施主体にもなった。この政府広報室とは別に，73年には省庁の広報活動を総合調整する内閣官房内閣広報室も設置されたが，2001年の省庁再編により内閣府政府広報室に一元化された。現在行われている政府広報の一覧[1)]によれば，新聞雑誌広告，パンフレットなど紙媒体，テレビCMやラジオ番組，インターネット動画などでの情報発信が含まれる。さらに，政府広報室は首相官邸ホームページ，内閣メールマガジンの運用なども担っており，情報化とともにその重要性が増している。

3　合意の製造システム

[1]　輿論の世論化

こうした広報システムは総力戦体制が生み出した大衆的公共性であり，以下では「ブルジョア的公共性」との対比で「ファシスト的公共性」と呼びたい。ファシスト的公共性とは，大衆が運動＝動員のなかに「参加」と「自由」を感じる社会関係である（佐藤1996）。総力戦体制は「財産と教養」というブルジョア的公共圏の壁を打ち破って，「言語と国籍」を入場条件とする国民総参加＝動員の公共圏を成立させた。それは「理性的な討議により輿論を生み出す読書人のブルジョア的公共性」に対して，「参加感覚とその共感により世論を生み出す社会関係」と定義できる。この公共性において，公論の性格も真偽を規準とする理性的な「輿論」から美醜あるいは好悪を規準とする喚情的な「世論」へと変質する（表13-2）。

重要なことは，明治期の日本では，輿論（よろん）（public opinion）と世論（せろん）（popular sentiments）が使い分けられていたことである。初出例として福澤諭吉『文明論之概略』（1875年）が引かれることが多いが，福澤は責任ある公論（輿論）と世上の雰囲気（世論）を区別しようと考えていた。明治天皇の用例がわかりやすい。五箇条の御誓文（1868年）で「広く会議を興し，万機公論に決すべし」と表現された公論とは，維新のスローガンだった公議輿論の短縮語である。輿論は尊重すべき公的意見 public opinion を意味した。一方，軍人勅諭（1882年）の「世論に惑はず，政治に拘らず」が示すとおり，世論とは暴走を阻止すべき大衆感情 popular sentiments である。当然ながら明治・大正期に活躍した政治家たちは，輿論と世論の使い分けを意識的に行っていた。輿論は政治的正統性の根拠（まさしく「御輿（みこし）」）であるが，世論は熱しやすく冷めやすい「空気」であり，議会政治の攪乱要素であった。

しかし，1925年普通選挙法成立に至る「政治の大衆化」のなかで，理性的な討議より情緒的共感を重視する「輿論の世論化」が進展した。市民社会の参加政治を大衆社会の観客政治に変質させたのは普通選挙制度であり，観客に参加感覚を与えるシステムとしてマス・コミュニケーションは組織された。1923年関東大震災は流言蜚語による朝鮮人虐殺を引き起こしたが，芥川龍之介はその直後に発表した「侏儒の言葉」でこう書いている。今日のメディア報道被害を連想させる一文である。

> 輿論は常に私刑であり，私刑は又常に娯楽である。たとひピストルを用ふる代りに新聞の記事を用ひたとしても。

当時，「世論は常にリンチである」と書けば何でもない文章だが，芥川はあえて「輿論」と書くことでアフォリズムとしたわけである。この批判の射程には輿論と世論を混同して進む大衆化現象があった。実際，その後の昭和史は戦時動員

表 13-2　ブルジョア的公共性とファシスト的公共性における「輿論と世論」

19 世紀的・ブルジョア的公共性	理念型	20 世紀的・ファシスト的公共性
輿論＝public opinion	⇒	世論＝popular sentiments
可算的（デジタル）な多数意見	定　義	類似的（アナログ）な全体の気分
活字メディアのコミュニケーション	メディア	電子メディアによるコントロール
理性的討議による合意＝議会主義	公共性	情緒的参加による共感＝決断主義
真偽をめぐる公的関心（公論）	判断基準	美醜をめぐる私的心情（私情）
名望家政治の正統性	価　値	大衆民主主義の参加感覚

体制において理性的輿論が感情的世論に飲み込まれていったプロセスと見ることも可能だろう。もちろん，こうした「輿論の世論化」は，日独伊ファシズムに特有な現象ではない。むしろ，第一次世界大戦に始まる総力戦体制と大衆社会のグローバル化において，米英でも同じ世論化が見られた。それをいち早く指摘した名著が，W. リップマン『輿論』である（Lippman 1922＝1987）。現在の岩波文庫版は「世論」だが，もちろん戦前訳では「輿論」と表記されていた。

[2]　世論調査とファスト政治

民主主義社会では個人が責任をもって担う意見が，尊重されなければならない。本来，輿論調査とはそうした個人の意見分布を知る手段であるべきだが，今日の科学的世論調査は 1930 年代のアメリカで市場調査（マーケティング・リサーチ）の延長上に生まれたものである。いわゆる世論調査の一般的テキストでは「日本には終戦後，民主化をめざす GHQ によって持ち込まれた」という類の記述があるが，それは間違っている。アンケート調査や投書分析などの輿論調査は明治期から日本の新聞雑誌でも行われていたし，サンプリングに考慮した「科学的」世論調査も 1940 年に毎日新聞社が全国規模で実施している。こうした「科学的」調査は，1935 年 G. ギャラップのアメリカ世論調査所設立によって普及したが，それは戦時下の日本でも広く紹介されていた。これ以降，世論とは一般には「世論調査で計ったもの」（ギャラップ）を指すことが多くなった。

アメリカにおける「科学的」世論調査は，ニューディール政策を推進したルーズヴェルト政権期に飛躍的に発展した。H. I. シラーは第二次世界大戦と世論調査の関係をこう述べている。

もともと世論調査は，商業的ニーズに応えるために生まれたものだが，第二次世界大戦の急務によってさらに洗練された。……マーケティングの必要が世論調査の生みの親だとすれば，戦争は調査技法の開発をうながす育ての親だった。第二次大戦の勃発によって，世論調査の技法にお誂え向きのさまざまな情報ニーズが生じた。(Schiller 1973＝1979: 136-137)

そもそも世論調査がヨーロッパでなくアメリカで始まったのは，ラジオが広告料収入で運営される商業放送だったためである。メディア，すなわち広告媒体の効果を新聞，雑誌のように販売部数で計測できないため，クライアントへの説明材料としてラジオ聴取率を示す技術が必要とされた。たしかに，世論調査会社の設立者たち，すなわちギャラップ，E. ローパー，A. クロスレーは市場調査から世論調査に転進している。

ルーズヴェルト政権は長期化する議会審議を打ち切って法案を通すため，民意の根拠として世論調査を政治的に利用した。それは大統領が直接ラジオで国民に呼びかけて「参加なき参加感覚」を与える「炉辺談話」とセットになった合意の製造装置（リップマン）だった。第二次世界大戦にむけた戦時動員体制は，慎重な政策論議よりも迅速な政治行動を必要としていたのである。「賛成」か「反対」か二者択一をせまり，「科学的」民意を背景に長期化する議会審議を打ち切る「ファスト（高速）政治」がここに誕生した。ちなみに，ファストフードの代名詞「マクドナルド」の創業も同じ政権下の1940年である。支持率調査を頻繁に繰り返す世論動員型のファスト政治も，このファシズム時代の産物である。こうした「非常時」政治たるニューディール・デモクラシーは，即断即決を旨とする戦争民主主義にほかならない。

ギャラップにとってラジオ聴取調査と世論調査がともに戦時宣伝と同じ地平にあったことは自明である。こうした調査結果が現実の意見分布を正確に反映しているとは限らない。E. ノエル＝ノイマンは，マス・メディアが特定の意見を優勢な世論と報じると，社会的孤立を恐れる人々は勝ち馬を追うように世論に飛びつき，最初の意見分布とは異なる圧倒的世論が作られていくことを明らかにした。この「沈黙の螺旋」仮説から，「世論とは，論争的な争点に関して自分自身が孤立することなく公然と表明できる意見」という定義が引き出せる（Noelle-Neumann 1980＝1988: 68）。しかも，現実の世論調査で明らかになるのは，内閣支持率などに典型的なように，理性的な意見の分布というより好き嫌いの感情傾向の風向きにすぎない場合が多い。

最後に，冒頭で言及したメディア研究のパラダイムシフトに戻れば，21 世紀には再び 20 世紀のメディア研究のパラダイム循環が繰り返される可能性が高いだろう。つまり，現在の「広報媒体」であるメディアは，再び効率的「広告媒体」，さらに即効的「宣伝媒体」を意味するようになるのではないだろうか。しかも，基軸メディアとなるのは究極的な即時報酬メディアであるインターネットである。そうした「宣伝」時代の再来を前に心すべきは，情報の遅延報酬的価値を見失わないことである。そのためには，新聞や放送などオールド・メディアがインターネットに飲み込まれることなく，遅延報酬的な価値のセイフティネットとして十分に機能することが不可欠だと考える。そうしたメディア（広告媒体）社会の変動を見極めるためにも，「広告」のリテラシーは今日ますます必要だといえよう。

■ 注

1） http://www.gov-online.go.jp/pr/index.html

■ 文献

小山栄三（1953）「輿論形成の手段としてのマス・コミュニケーション」『東京大学新聞研究所紀要』2 号，43-69。

佐藤卓己（1993）「第三帝国におけるメディア学の革新――ハンス・A・ミュンスターの場合」『思想』第 833 号，172-197。

佐藤卓己（1996）「ファシスト的公共性――公共性の非自由主義モデル」井上俊ほか編『岩波講座現代社会学 第 24 巻 民族・国家・エスニシティ』岩波書店。

佐藤卓己（1998）『現代メディア史』岩波書店。

佐藤卓己（2008）『輿論と世論――日本型民意の系譜学』（新潮選書）新潮社。

佐藤卓己（2014）『〔増補〕大衆宣伝の神話――マルクスからヒトラーへのメディア史』（ちくま学芸文庫）筑摩書房。

日本共産党中央委員会宣伝部編（1969）『レーニン――宣伝・煽動 I』，（国民文庫）大月書店。

Creel, G.（1920＝1972）*How We Advertised America*, Arno Press.

Ewen, S.（1996）*PR!: A Social History of Spin*, Basic Books.（平野秀秋・左古輝人・挾本佳代訳，2003『PR！――世論操作の社会史』法政大学出版局）

Gary, B.（1996）"Communication Research, the Rockefeller Foundation, and Mobilization for the War on Words, 1938-1944," *Journal of Communication*, 46(3), 124-147.

Habermas, J.（1990）*Strukturwandel der Öffentlichkeit: Untersuchungen zu einer Kategorie der bürgerlichen Gesellschaft*, Suhrkamp.（細谷貞雄・山田正行訳，1994『公共性の構造転換――市民社会の一カテゴリーの研究』未來社。原著初刊は 1962）

Hitler, A.（1925）*Mein Kampf*, Eher-Verlag.（平野一郎・将積茂訳，1973『わが闘争（上)』〈角川文庫〉角川書店）

Kunczik, M.（1997）*Geschichte der Öffentlichkeitsarbeit in Deutschland*, Böhlau, Verlag.

Lipmann, W.（1922）*Public Opinion*, Harcourt Brace & Co.（掛川トミ子訳，1987『世論（上・下)』〈岩波文庫〉岩波書店）

Merten, K.（2000）"Struktur und Funktion von Propaganda," *Publizistik*, 45(2). 143-162.

Münzenberg, W.（1937）*Propaganda als Waffe*, Carrefour.（星乃治彦訳，1995『武器としての宣伝』柏書房）

Mosse, G. L.（1975）*The Nationalization of the Masses: Political Symbolism and Mass Movements in Germany from the Napoleonic Wars through the Third Reich*, Howard Fertig.（佐藤卓己・佐藤八寿子訳，1994『大衆の国民化――ナチズムに至る政治シンボルと大衆文化』柏書房）

Noelle-Neumann, E.（1980）*Die Schweigesprial: Öffentliche Meinung unsere soziale Haut*, Viper.（池田謙一訳，1988『沈黙の螺旋理論――世論形成過程の社会心理学』ブレーン出版，邦訳書は英訳〈1984〉より訳出）

Schieder, W. and C. Dipper（1984）"Propaganda," in O. Brunner u.a. hg. *Geschichtliche Grundbegriffe, Histrische Lexikon zur politisch-sozialen Sprache in Deutschland*, Bd. 5, Reinhart Koselleck.

Schiller, H. I.（1973）*Mind Managers*, Beacon Press.（斎藤文男訳，1979『世論調査』青木書店）

第 IV 部

マーケティング論と広告研究

第Ⅰ部で「除外」したマーケティング研究の観点からの広告研究を，この第Ⅳ部では満を持して読者諸氏に提示したい。企業においては，有名な「マッカーシーの４つのP」が示す通り，プロモーションはマーケティング・ミックスの１要素であり，そのプロモーションの１つとして広告は理解されてきた。どのようにすれば広告活動を効率的かつ効果的に行えるのか，そしてそもそも広告の効果とはどのようなものなのか，これこそが企業が抱く広告についての根源的な問いである。マーケティング研究の観点からの広告研究は，まさにこの問いに対しての議論を蓄積してきていると言え，故に広告研究の１つの中心的な方法として今日その確立があると言える。

第 14 章では，マーケティングならびにその研究との関係において，広告を把握する。マーケティングへのシステム・アプローチの一環として，マーケティングという全体システムのなかの下位システムの１つとして，プロモーション，そして広告が位置づけられたことを皮切りに，戦略市場計画から IMC へ，そしてホリスティック・マーケティングからコーポレート・コミュニケーション，さらにはリレーション・マーケティングへと続く，マーケティング研究ならびにその視点からの広告研究の流れを概観している。広告研究の理解に関する１つの王道が，第 14 章では示されている。すなわち，特に企業視点でのマーケティング活動や広告活動を理解するうえで，最低限必要となる情報がここには示されている。

第 15 章では，マーケティング研究の観点からの広告研究における近年の１つのトレンドである，ブランド論との関係においての広告把握を試みる。受け手に違いを識別させるブランドには，企業とステークホルダーとの間での「言葉の意味の共同了解」を取りつける作業が必須であり，その観点から広告の働きとはどのようなものであるかを考える必要がある。第 15 章ではブランドの定義・機能から説き起こし，いかなる広告コミュニケーションがブランディングに求められているのかについて，ブランド経験，NB と PB，インターネット環境との関係にも言及しながら，議論が展開されている。今やブランド確立はマーケティングの出発点であり，その意味で現代の組織が展開する広告活動の理解において，ブランド論の知見の理解は外すことができない要素であると言えるだろう。

第16章では，（狭義の）販売促進という切り口から，広告を把握する。日本の広告実務においてはあまり区別はなされてこなかったものの，欧米の広告実務においてはマス広告と販売促進との間には区別がなされており，それに伴い，販売促進研究も広告研究とは別に発展してきたと言える。第16章では，インターネットの発展がこの区別を過去のものにしているということを前提に，今までは「マーケティング・コミュニケーションにおける残余」とされてきた販売促進に関する研究を概説している。マス広告以前より存在している販売促進ではあるが，体系的にその研究をまとめた文献は少なく，その意味でこの章の記述は現代の広告コミュニケーション理解に欠くべからざる内容を提示していると言えよう。

第17章では，広告計画のマネジメントの観点から，広告を把握する。advertisement（具体的広告物）とadvertising（抽象的広告活動）との峻別にはじまり，広告効果と広告計画との関係を把握することが，広告活動の実践に求められることは疑いの余地がないように思われるが，研究の進展を見てみると，また実際に「広告以前・広告未然」であるものが多いことを考えると，この点は必ずしも自明ではないことがわかる。第17章では広告計画とはなにかについて，その原理にまで踏み込んだ説明がなされている。この「広告計画原理」とでもいうべき考え方は，企業をはじめとする組織での21世紀における広告実践そのものを研究するにあたって必要不可欠なものであろう。

第Ⅳ部のラインナップは，一見すると，広告研究の1つの中心的な方法を概説しているだけに過ぎないようにも捉えられよう。しかし，各章の内容を精査すればするほど，マーケティングの観点といっても十把一絡げにはいかないこと，時代の変遷を経て研究も進化・深化してきていること，なにより21世紀のメディア環境を前提とした際にはこれまでの知見の相対化が欠かせないことが，理解できるようになるだろう。これはとりもなおさず，マーケティング論の観点からの広告研究が，マーケティング論の知識だけでは成り立たなくなってきていることを意味している。ホリスティックな広告理解は，ここにおいても，必要不可欠なのである。

（伊吹勇亮）

第 14 章

日本のマーケティングと広告

陶山　計介

1　マネジリアル・マーケティングとプロモーション

[1]　マネジリアル・マーケティングの展開と行動システム概念の導入

日本における本格的なマーケティング概念の導入は，1955年の日本生産性本部による第一次トップマネージメント視察団であるといわれる。当時のアメリカで主流をなしていたマネジリアル・マーケティングの理論とはどのようなものだったのか。

マネジリアル・マーケティングの理論はE. J. ケリーとW. レイザー（Kelley and Lazer 1958＝1969）に代表されるが，マーケティングへのシステム・アプローチの適用にその特徴がある。マーケティングを1つのダイナミックなアクション・システムとしてとらえ，一方で，マーケティング行為を構成する要素の構造的・機能的な管理，他方では，社会的，経済的，法的，国際的，政治的な諸領域を含む外部環境とマーケティングとのインタラクティブな関係の管理，これら双方を統合しながら企業行動をとらえようという考え方である。販売員管理や広告管理といった従来の個別的・断片的な管理ではなく，全体的・行動的な管理が志向されている。

その理論的なベースになったのが，W. オルダースン（Alderson 1957＝1984, 1965＝1981）の「組織された行動システム」概念（organized behavior system）にほかならない。オルダースンは，機能主義的なアプローチからマーケティング行動を各種の要因から構成される体系的なシステムとしてとらえようとする。すなわち，マーケティングは，①パワー，②コミュニケーション，③投入・産出，④内外環境への適応，という4つの下位システムから構成されるとみなされる。いいかえると，マーケティング・システムは，所与の企業内外における課業環境のもとで，財・サービスの購買を容易かつ低コストで求められる品揃えを実現することを通じて顧客満足を達成するために，マーケティング諸活動の費用，危険，時間，労力の最適ミックスを構築するものでなければならない。

それはともかくケリーとレイザーのマネジリアル・マーケティングの体系は，①マーケティング・システムの外部環境の分析，②消費者行動の分析とマーケット・セグメンテーション，③マーケティング意思決定（モデル，技法，戦略），④マーケティング・マネジメント機能（機会分析，計画とプログラム，組織とリーダーシップ，評価と調整），⑤マーケティング・ミックスの管理（製品・サービス，流通，コミュニケーション），⑥国際マーケティング，⑦マーケティングの社会的側面と科学的側面，からなっている。マーケティングは企業の個別的・断片的な概念や行動ではなく，総合的・体系的な概念や行動として展開されるようになったのである。

E. J. マッカーシー（McCarthy 1960）は，マーケティングを「特定の製品やサービスで標的となる顧客グループを満足させることによって，企業に課せられた資源や制約のなかでその目的をかなえること」と定義し，いわゆるマーケティング・ミックスを定式化した。マーケティング・ミックスとは，①製品（標的市場に合う製品・製品ライン，ブランド，パッケージ，標準化と等級分け），②場所（標的市場に製品やサービスを提供する卸，小売，運輸，保管などのチャネル），③プロモーション（標的市場との間でコミュニケーションするためのセールス・プロモーション，広告，人的販売などの手段），④価格（標的顧客や競争を考慮した値上げや値下げ，販売条件のような公正・公平な価格），の4つのPからなる。企業は，統制不可能要因である政治的・法律的環境，経済的環境，文化的・社会的環境，また現在の事業状況や企業の資源・目的のもとで，標的顧客グループを満足させるために，統制可能な要因であるマーケティング・ミックスを開発するというのである。これはP. コトラー（Kotler 1967）でも同様である。

そうしたマネジリアル・マーケティングを展開する方法論として不可欠なアプローチが，インターディシプリナリー・アプローチである。たとえば，村田（1970）は，経済学，経営学，社会学，心理学など関連諸科学の連繫にもとづくインターディシプリナリー・アプローチとそうした諸科学を統合・調整することを可能にするシステムズ・アプローチにもとづいてマーケティング・システム論を展開した。すなわち，マーケティング現象を，①マーケティングに直接結びついているミクロ経済学，経営管理理論，②消費者行動を究明する心理学，社会学，文化人類学など，③マーケティング現象の社会経済的側面を究明する哲学，政治科学，マクロ経済学など，④マーケティングにサイエンティフィック・メソッドを提供する数学，統計学，システム工学，などを活用しながら，研究することを主張した。これは，多元的で統合的な性格を有するマネジリアル・マーケティングを構想するうえで不可欠な方法論にほかならない。

[2] マーケティング・ミックス（4P）のなかでの広告

マネジリアル・マーケティングの理論において広告はどのように位置づけられているのか。

まずケリーとレイザー（Kelley and Lazer 1958＝1969）では，企業の販売部門は，販売量や利益など全体としての市場目標と，人，資金，情報，商品，サービスなど販売行為に関わる諸資源との関連を意識しながら販売ミックスを構築すべきであると考える。広告はそのような販売ミックスのなかで，とくに市場を開拓する際に大きな役割を果たす。広告は消費者の購入意図を導き，消費者に商品またはブランドを意識づけ，企業への好意的なイメージを醸成させるために利用される。具体的に最適な広告予算を編成するために，数学的な広告効果測定モデルを構築する試みもなされている。そこでは消費者の商品選好（習慣的なブランド選択か非習慣的なブランド選択か），品質，価格，小売店の利用状況，生産費，競合企業の広告，などが広告効果にどのような影響を及ぼすかが問題とされる。

マッカーシー（McCarthy 1960）によれば，プロモーションの目的は，企業のマーケティング・ミックスや企業そのものに関する情報の標的顧客への提供，説得，注意喚起であるが，このうちマス・セリングの主要形態が広告にほかならない。広告は特定のスポンサーによるアイデア，財，サービスについての有償かつ非人的な表現である。それには雑誌や新聞，屋外のポスターや標識，空中広告，記念品，カード，映画，DM，ラジオやテレビ，カタログなどが含まれる。当時は広告メディアとしてテレビやラジオがそれほど大きく取り上げられていなかった。

広告を含むプロモーションには効果的なコミュニケーションが必要であるとして，W. シュラム（Schramm 1954）のコミュニケーション・プロセスの考え方を参考にしながら，プロモーションにおけるノイズの発生を最小にする方途が考察された。そしてその際，E. ロジャーズ（Rogers 1962）の普及理論にもとづいて，①認知，②関心，③評価，④トライアル，⑤決定，⑥確信，ないし，①注意，②関心，③欲求，④行動，の各段階に対してプロモーションがどのように影響を及ぼすかが論じられた。

日本では，小林（1968）は，経営とくにマーケティングを背景にしながら，それと連動する広告コミュニケーションの管理問題，とりわけ広告主のアイデアや考え方を受け手に効率的に伝達し，理解させ，好ましい態度を創成し，商品やサービスの受容性をいっそう高め，広告主の意図する方向に受け手の行為を向けさせるためにはどうすればよいかを取り上げた。そこでは上記のシュラムらのコミュニケーション・システムに関する考察をふまえて，広告媒体経路，人的経路，パブリシティ経路といった各チャネル経路の統合的利用，とりわけ前2者の関連を広告コミュニケーション目標，広告主，広告担当者，広告メッセージ，媒体などについての議論と重ね合わせながら議論している。広告コミュニケーションの効率化，コミュニケーション経路の統合，情報到達の2段階の流れ理論と人的コミュニケーションのパワー，コミュニケーション目標の設定と管理，広告メッセージやメディアと広告コミュニケーション，広告費などマーケティング・ミックスやプロモーション・ミックスのなかでの広告の機能や役割が包括的に解明されている。片岡ほか（1964）でも広告管理には明確な目標が必要であるという立場から，広告管理のための課題として，広告目標と製品のライフ・サイクル，広告効果の予測と広告計画，具体的目標，具体的効果の把握など，広告管理の進むべき道が言及されている。マスマーケティングからセグメント・マーケティングへの展開，新規顧客にはトライアルユース，既存顧客にはリピートを促す商品広告と販売促進策，広告管理の意義なども考察された。

2　マーケティング戦略の展開とIMC

［1］　競争戦略の登場と戦略市場計画

1980年代に入ると，雑誌 *Strategic Management Journal* が創刊されたり（1980年），Strategic Management Society（1981年）が創設されるなど，企業経営や管理において新たな展開が見られるようになる。その嚆矢となったのがM. E. ポーター（Porter 1980＝1982，1985＝1985）の理論である。ポーターは，5つの競争要因，すなわち，①競争業者，②新規参入業者，③代替品，④供給業者，⑤買い手，をあげ，競争戦略は，一方で，業界の経済面・技術面での機会・脅威や社会からの期待といった外部要因と，他方で，企業の長所・短所や戦略実行者たちの個人的特性といった内部要因，という2つの要因の影響を受けると主張した。企業の戦略と構造の説明において，産業組織の経済学に依拠しながら競争，選択，効率の意義，いいかえると戦略行為のダイナミクス，戦略的セッティングへのコミットメントの役割を強調している（陶山 1993）。

この競争概念にもとづいて登場したのが，戦略市場計画（strategic marketing planning）の理論であり，マーケティングにおける戦略性，計画性，長期性の高まりである。その代表的著作がD.F.エーベルとJ.S.ハモンド（Abell and Hammond 1979＝1982）にほかならない。

戦略市場計画は，企業の戦略組織単位（strategic business unit）の視点から市場環境と経営資源を見据えながら計画的・統合的に展開される効率的・効果的なマーケティング戦略である。その基本的なフレームワークは，企業の市場目標が，①企業の理念やミッション，②外部要因である市場環境（需要，競争，取引相手，技術，社会，文化，法律など），③内部要因である経営資源（ヒト，モノ，カネ，ノウハウ，ブランドなど）によって決まり，それを実現するための市場戦略（全体的，個別的），組織構造，そして管理システムが策定される。そしてこれにもとづいてマーケティング行動が展開されるが，評価システムがその結果を検証，モニタリングし，必要に応じて上記の戦略ステップを市場目標までフィードバックするフローが進行する。

この時期の理論的特徴として以下の3点が挙げられる。第1に，個別の製品やサービスのマーケティングではなく，それらが集合した事業部門やさらに経営全体との関連を常に意識しながらマーケティング活動を展開するという計画性，統合性，全体性，長期性の強まりである。

第2に，企業の内外環境への条件適合性（コンティンジェンシー）という考え方で，「定石（じょうせき）」を重視する。たとえば，商品特性・消費・購買特性から，①最寄品（消費者が価格ベースで購入する食品や日用雑貨など），②買回品（消費者が品質ベースで購入する家電製品や医薬品など），③専門品（消費者がブランドベースで購入する化粧品や高級雑貨など）という分類や，①探索財（事前に情報収集が可能な大半の商品）や②経験財（旅行や理容美容サービスなど，失敗のリスクが避けられない），関与（高関与と低関与）と意思決定のタイプ（理性型と感情型）にもとづく商品の分類（①自己シンボル型ブランド，②情報収集型ブランド，③愛着仕様型ブランド，④合理習慣型ブランド）などがなされた。その他，プロダクト・ライフサイクル（①導入期，②成長期，③成熟期，④衰退期）や競争市場地位（①リーダー，②チャレンジャー，③フォロワー，④ニッチャー）に対応したマーケティング・ミックス戦略などの研究もある。

そして第3に，ポートフォリオ発想である。市場成長性および相対的市場シェアのそれぞれの高低によってプロダクト・ポートフォリオ・マトリックスを描き，資金需要と資金余剰の両者をふまえて，①「金のなる木」（ドル箱事業）から，②「問題児」（赤字だが有望かつ投資が必要な事業），③「花形」（黒字だが投資が必要な事業）への資金投資フローと，④「負け犬」（赤字で将来性が低く撤退すべき事業）が定式化された。

この時期にわが国で戦略的視点からマーケティングを論じたものに，嶋口（1984）や上原（1986）などがある。

[2]　IMC 広告計画：アカウントプランニング

コトラー（Kotler 1991：566-619）によれば，企業は広告，セールス・プロモーション，パブリシティ，パーソナル・セリングからなる複雑なマーケティング・コミュニケーションシステムを管理しているが，コミュニケーション資源の費用対効果を考慮すると，標的となる聴衆に到達可能な一連の各種メディアやメッセージを調整したり，統合することが求められる。とりわけ効果的・効率的な広告プログラムを設計するためには，広告目標（ミッション）は何か，広告予算はどれぐらいか，どんな広告メッセージを伝えようとするのか，いかなるメディアを利用すべきか，広告効果をどのように評価・測定すべきかが明らかにされなければならない。調整的なマーケティング・コミュニケーションから IMC（integrated marketing communication＝統合型マーケティング・コミュニケーション）へのシフトである。

IMC の考え方を精力的に展開したのは，D. シュルツら（Schultz et al. 1994＝1998：6）である。そこでは IMC は，「今まで広告や PR，SP，購買，従業員コミュニケーションなどとそれぞれ別個に考えてきたことを，1つの複合体としてとらえる新しい視点のこと」「どんな情報源からのものかは見分けが付かない消費者の立場からコミュニケーションを再構築すること」と定義される。それは消費者に対する製品やサービスに関する情報提供と説得の精度を上げるための単なるメディアの統合ではない。さらにそこから進んで，一方的な情報提供というかたちでのプロモーションから消費者との情報=メッセージの双方向のやり取り，いいかえるとコミュニケーションそのものを統合的に行うことを志向している。認知，記憶，情報接触，態度，選好，行動といった一連の消費者の情報処理プロセスをマーケティング・コミュニケーションの中心におきながら，コミュニケーション戦略を立案しようというのである。この点が，シュルツらが同書のタイトルを「新しいマーケティング・パラダイム」としているゆえんでもある。戦略市場計画におけるいわゆるSTP（segmentation, targeting, positioning），すなわち，消費者市場を何らかの基準で細分化し，ターゲットを設定するなかで競合企業に対して自社ブランドのポジショニングと競争優位を実現するために戦略的なマーケティング投資を行うという発想である。なおわが国でのIMCに関する研究としては，小林監修（1994）などがある。

T. R. ダンカンとC. ケイウッド（Duncan and Caywood 1996）によれば，このようなIMCが登場した背景には，①メッセージのインパクトや信頼性の低下，②標的となる聴衆に関するデータベースのコスト低減，③広告主の専門性の向上，④マーケティング・コミュニケーションに携わる代理店の合併・買収の増大，⑤マスメディアのコスト増，⑥聴衆の分断化の進行，⑦模倣製品の増大，⑧POSデータを有する小売業のパワーの増大，⑨グローバルマーケティングの進展による競争と効率への圧力の高まり，⑩短期的な純利益への企業圧力，などがある。

そうであれば，IMCは自ずと，「製品やサービスに関するすべての情報源を管理するプロセス」，その目的は顧客や潜在顧客を消費者に変える，すなわち，①認知，②イメージの統合，③機能的統合，④調整された統合，⑤消費者ベースの統合，⑥ステークホルダーベースの統合，⑦リレーションシップ管理の統合，というステップを経て，顧客とブランドとの関係性を構築することによってブランドの売上高やロイヤルティの形成を図ること，さらに進んで企業とそのステークホルダーにとってのブランド価値を最大化するためにブランド・リレーションシップを構築するIM（integrated marketing）に向かっていくのも当然である（Duncan and Caywood 1996, Duncan and Moriarty 1997）。

3　ホリスティック・マーケティングへの志向とコーポレート・コミュニケーションの展開

[1]　ソーシャル・マーケティングやマクロ・マーケティングの展開

1970年代以降，前節で見た戦略志向と並んでマーケティングの機能領域を拡張する動きが登場した。その嚆矢となったのは，コトラーとG.ザルトマン（Kotler and Zaltman 1971：5）が提唱したソーシャル・マーケティングである。それは，「社会的なアイデアの受容に影響を与えることを意図したプログラムの立案，実行および統制で，製品計画，価格決定，コミュニケーション，流通，およびマーケティング・リサーチが含まれる」と定義された。何らかの社会的目的，社会的アイデア，社会的行動を浸透させるためにマーケティングの原理と技術を活用することにほかならない。

コトラーとE.L.ロベルト（Kotler and Roberto 1989＝1995）では，それは「標的となる採用者集団に対して，社会的アイデアや社会的習慣を受け入れてもらうためのプログラムの企画・実施・管理に関連した，社会変革のためのマネジメント技術」を意味するものと規定されている。そしてこのソーシャル・マーケティングを実現するために，市場細分化，消費者調査，製品コンセプトの開発と実験，直接的コミュニケーション，助成・促進的機能，インセンティブ，交換理論アプローチなどが用いられる。ほぼ時を同じくして，わが国でも村田（1976）や三上（1982）によってソーシャル・マーケティングの理論が提唱された。

その後，ソーシャル・マーケティング概念は拡張されることになる。井関利明はそれをいち早くKotler and Roberto（1989＝1995）の監訳者解説のなかで（同書：417-426），コトラーのソーシャル・マーケティングの定義をやや狭いと指摘し，「関係づくりの社会的作法」「全方位マーケティング」としてのソーシャル・マーケティングを主張した。すなわち，①企業のソーシャル・マーケティング（社会的責任，企業倫理，地域社会活動，社会貢献，文化支援，コーズリレーテッド・マーケティングなど），②非営利組織のマーケティング（政府機関，自治体，大学，病院，美術館・博物館など，社会的・公共的組織が採用する“関係づくり”の作法），③社会変革キャンペーンのマーケティング（社会的プロダクトの普及，社会的目的・価値をめぐる認知変革，行為変革，行動パターン変革，価値観変革のための作法と技法），④公共政策と社会計画のマーケティング（政策対象集団および関連集団のニーズや期待を取り入れ，それらに応えるための公・民パートナーシップ，地区計画，政策の立案・実行・評価に関わるモデル・枠組みや技法），がそれである。

実際，コトラーたち自身も企業の社会的責任や非営利組織のマーケティングを論じている。その後，こうした動きは，日本でも見られるようになった。環境マーケティング，マーケティング倫理，ホリスティック・マーケティングの重要な要素として企業の社会的責任（corporate social responsibility: CSR）が強調されるなかで，社会価値，環境価値，従業員価値，経済価値，株主価値などが重視されるようになった。そして，非営利団体マーケティングの展開，さらに製品中心のマーケティング，消費者志向のマーケティングを経て，価値主導のマーケティングに向かうという「マーケティング 3.0」なる言葉も登場した（Kotler 1982＝1991, Kotler and Lee 2005＝2007, Kotler et al. 2010，大橋 1994，西尾 1999，水尾 2000）。

[2] コーポレート・コミュニケーションとレピュテーション・マネジメント

このようなマーケティング研究における新しい動きに呼応するかたちで広告コミュニケーション研究の分野で登場したのが，戦略 PR やコーポレート・コミュニケーション，レピュテーション・マネジメントである。

源流は CI（corporate identity）戦略である。「第一次 CI ブーム」は，アメリカでは 1950 年代，日本では 1960 年代前半に起こった。それは，企業は消費者に対して個々の製品やブランドの広告のみならず，企業そのものの広告や PR によってその優位性や信頼性を訴えるために行われる，もっぱら経営サイドからの技術的，操作的視点に基づいて企業イメージを統合する手段として登場した。さらに 70 年代に入って，従来とは異なる経営理念や企業姿勢の構築と，それに対応した組織体としてのドメインを新たに見直すことが求められるようになった。そのなかでクローズアップされるようになった CI 戦略は制度的・構造的な改編を中心とした企業内部の変革だけではなく，価値提案にもとづく企業と顧客や社会とのリレーションシップの革新にまで及んでいる。これが「第二次 CI ブーム」である（陶山・梅本 2000）。

こうした動きを受けて展開されたのは，広告というより，コーポレート・コミュニケーションやレピュテーション・マネジメントである。それは，フォーチュン編集部（Fortune 1980＝1981）でも指摘されているように，利益を上げることを目的とする企業がそのビジネスに対して社会の理解を得るための効果的な情報提供ないし説明としてとらえられる。単なる企業広報ではなく，製品・サービス，従業員，現実行動を通じて一般大衆が知覚する企業それ自身，その存在意義や目標，行為，活動を伝え合うことである。また境（1990：270-276）や西原（1994）によれば，コーポレート・コミュニケーション（CC）は，企業に対する社会からの理解や市場からの好意を獲得し，リスク・マネジメントやマーケティング・プロモーションなど企業活動を円滑化するための戦略的手段，経済的側面や文化的側面を企業が主体となり，意図的に調整するための活動にほかならない。企業が経済価値だけでなく，文化価値，生活価値，人間価値を創造しながら，それらを社会価値というトータルな企業価値へと統合し，それを表現していくためのコミュニケーション・ノウハウとみなされる。さらにC.B.M.リール（Riel 1995）は，企業とそれが依存するグループとの間での好ましい関係性を効果的・効率的に創造するために，企業内外のコミュニケーションを調整するマネジメント手段とみなしている。ここには企業コミュニケーションとしてのCI戦略を超えた，企業とステークホルダーとのリレーションシップを構築するためのコミュニケーションが提起されている。

それと重なるかたちで従来より議論されていたのがPR（パブリック・コミュニケーション）である。S.M.カトリップら（Cutlip et al. 1958）によれば，PRとは，組織体とその存続を左右する公衆との間に有益な関係性を構築し，維持する行動とコミュニケーションとの双方を含むマネジメント機能である。そこには公衆の態度を評価したり，個人および組織の政策や手続きを公衆の利益と一致させたり，公衆の理解や受容を得る行動プログラムの実施が含まれる。PRとは企業だけでなく，政府や非営利組織，さらに個人などによって担われると考えられる。ただコトラーとK.L.ケラー（Kotler and Keller 2008）のように，PRを企業のイメージや個々の製品をプロモーションしたり，保護するように企図されたプログラムと定義するなら，そのなかに，報道対策，製品パブリシティ，ロビー活動，コンサルティングと並んで内外のコミュニケーションを通じて組織に対する理解を促進するという意味でのコーポレート・コミュニケーションを含めても構わない。ただ忘れてならないのは，コーポレート・コミュニケーションの目的は，先に見たように，単なるプロモーションではなく，ステークホルダーとのリレーションシップの構築にあるということである。レピュテーション・マネジメントもこのCCの延長線上にある議論にほかならない。

4 ICT 革命とネットワーク時代における マーケティングと広告の新たな課題

[1] リレーションの束としてのマーケティング・ネットワークの登場

1980年代以降，とくに21世紀に入って，グローバリゼーションと並んで，コンピュータやインターネットの普及に伴う情報通信技術の急速な発展，いわゆるICT（information and communications technology）革命が進行してくるなかでマーケティングや経営のあり方も大きく変わってきた。

リレーションシップ・マーケティング（relationship marketing）という概念を最初に提唱したのは，L. L. Berry（1983）である。そこにはUKアプローチ，IMP（産業財）アプローチ，北欧アプローチ，北米アプローチというようにいくつかの潮流があるが，おもに産業財をベースに企業間関係を議論する考え方，サービスの特性から導き出された考え方の2つに大別される（Coote 1994, Parvatiyar and Sheth 2000）。日本でもこれが製品・産業特性から独立してマーケティング全般に関わる一つの共通の理論枠組みないしパラダイムになった。

伝統的マーケティング，とりわけ取引マーケティング（transaction marketing）は，組織目標の達成に向けて競争優位をもたらすように顧客のニーズを識別し，満足させる過程であった。そこでは，①1回限りの販売に焦点がおかれる，②製品特性志向である，③短期的である，④顧客サービスを強調しない，⑤顧客への限定的な関与，⑥顧客への接触は少ない，⑦品質は生産の問題とみなす，といった特徴が認められる。

他方，リレーションシップ・マーケティングは，新たな顧客価値の共創と共有をはかるために売り手と買い手との間，組織内やステークホルダー（サプライヤー，流通チャネル業者，株主）との間での継続的でリアルタイムな協調を進める枠組みであった。そこには，①顧客維持に焦点がおかれる，②製品の便益志向，③長期的，④顧客サービスを強調，⑤高い顧客への関与，⑥顧客への接触は多い，⑦品質がすべて，といった特徴が見られる（Christopher et al. 1991, Wilson 1995, Gordon1998）。

これは，先のホリスティック・マーケティングの延長線上にある考え方である。すなわち，そこではマーケティング目標が売り手－買い手間の長期的な便益と相互の親密さにもとづく持続的なリレーションシップの構築におかれる。また信頼，ロイヤルティ，コミットメント，社会規範などの連結環と対等でパワー関係を持たない水平的関係という連結状態によって特徴づけられている。

しかし，リレーションシップ・マーケティングは本質的にダイアド（2者関係）の理論にすぎない。リレーションシップは2人の行為者（参加者）とそれをつなぐ関係的な絆という2つの基本要素からなっているが，どの行為者も常に多くのダイアドのなかでその影響を受けながら関係を取り結んでいる。どのダイアド関係も互いに独立して存在するわけではない。インターネット社会におけるビジネスや消費を考えれば当然であるが，リレーションシップが長期にわたって機能するためには，それはより大きな制度的な枠組みであるリレーションシップのネットワークに埋め込まれることが必要である。リレーションシップという視角からネットワークという視角への展開が必要となるゆえんである（Iacobucci and Hopkins 1992）。

とりわけE. Gummesson（1999）や陶山ほか編（2002）における試みは，対顧客や対企業（サプライヤー，流通企業，競争相手など）という狭い領域だけでなく，経済システムや社会システムを全体としてリレーションシップの関係でとらえようという考え方である。マクロ問題に対する有効性という点でマーケティング・ネットワークは，従来のマーケティングとは異なる新しいパラダイムとなりうる。マーケティング戦略におけるミクロ課題とマクロ問題の統合的解決がますます急務の課題となって久しいが，この場合に有益な枠組みのひとつが相互作用関係を問題にするリレーションの束としてのマーケティング・ネットワークの理論である。

［2］ SNS時代のIMCとコンタクト・ポイント戦略

近年の広告・コミュニケーションにおける新たな特徴の1つは，ブログ，Facebook，mixiなどソーシャル・ネットワーキング・サービス（SNS）に代表されるCGM（consumer generated media，消費者起点メディア）がその影響力を強めるようになったことである。

これを受けてメディアとメッセージの双方において新たな課題が提起され，ブランド構築と他方における短期的なプロモーションへの二極化も進んできた。またSNSにみるマーケティング・コミュニティやネットワークも注目されている。CGMの影響力の増大，ネットをベースにした顧客関係管理（customer relationship management：CRM）の展開，ブランド広告と行動ターゲティング（とくにインターネットを媒介とする販売促進）への分化である。

それはまず第2節で見たIMCの進化やIMの展開というかたちで進んできた。D. シュルツとH. シュルツ（Schultz and Schultz 2004＝2005）は，顧客を中心に据えてすべてのタッチポイントを統合するマーケティング戦略を提唱した。すなわち，顧客への投資を企業価値の創造につなげるためには，顧客の価値を特定し，価値評価を行いながら，コミュニケーションのメッセージとインセンティブをマネジメントすることが必要であること，短期的な活動の統合ではなく，ブランド戦略や顧客マネジメント戦略など長期的かつ戦略的な活動を統合し，成果につなげることがそこで主張された。

タッチ・ポイントないしコンタクト・ポイントの考え方をさらに発展させたのがS. M. デイビスとM. ダン（Davis and Dunn 2002＝2004：50-76）である。タッチ・ポイント，コンタクト・ポイントとは，「ブランドが顧客，従業員，その他のステークホルダーと相互作用を行い，何らかの影響を与える様々なやり方」であり，顧客やステークホルダーに接触する広告，レジ係，顧客サービスの電話，照会といった企業が取る行動，戦術，戦略が含まれる。それは，購買前経験，購買経験，購買後経験のそれぞれに影響を与える。

このタッチ・ポイント，コンタクト・ポイントという考え方の特徴は以下の2点にある。第1に，テレビ，新聞などのマス・メディアから，ウェブサイト，DM，クチコミ，PR，セールス・プロモーション（サンプリング，インセンティブ，共同広告，スポンサーシップなど）など購買前経験に影響を与えるリアルおよびバーチャルの多様なメディアやメッセージだけでなく，購買経験に影響する小売パートナー，店舗ディスプレイ，営業部隊，消費者信用，さらに購買後経験に影響する設置・サービス技術員，顧客サービス担当者，顧客満足度調査，コミュニティ活動なども広告コミュニケーションの管理対象に含まれることである。第2に，そのことと関連するが，従来は広告コミュニケーションの対象とされていなかった企業内の従業員やOB，採用活動，株主総会，アニュアルレポートや社内報，ベンダーやサプライヤー，アナリストまできわめて幅広い要因がコミュニケーション・メディアとして位置づけられるようになった。そこでは企業とそのステークホルダーである顧客やサプライヤー，従業員などとの中長期的なリレーションシップの構築が志向されている。

またインターネットや携帯電話・スマートフォンなどの急速かつ広範な普及に伴って企業と消費者の間での情報の交換のあり方が大きく変化した。メディアの多元化とメッセージ内容の多様化，双方向・個別対応のコミュニケーションが重要になり，あたかも時空を超越するかのようなブランド・コミュニケーションの射程と射幅を拡張することが求められている（Duncan and Moriarty 1997＝1999）。広告コミュニケーションとプロモーションが，①メディアによる露出，②広告，イベント，プロモーションへの反応，③コミュニケーション効果とブランド・ポジション，④標的顧客の行為，⑤売上，市場シェア，ブランド・エクイティ，⑥企業の利益，という6つの連続的なステップによって統合的に理解されている（Rossiter and Percy 1997＝2000）。

その際，広告コミュニケーションのメディアとして近年とくに重要となってきたのが，ブログ，Twitter，LINE などの SNS であり，そこにおいて展開されるネット・コミュニティやブランド・コミュニティである。ネット（ワーキング）・コミュニティは地縁によって形成された共同体のような時空面の制約があるリアルなコミュニティと違って，バーチャルに形成されることによって，そうした制約を超越した緩やかではあるがフレキシブルな集団であり，メンバー相互間で対話と情報交流がポジティブにもネガティブにも行われるのがその特徴である（池田編 1997，池尾編 2003）。また特定のブランドを中心に形成されたコミュニティ，すなわち，「当該ブランドを好む人々の社会的関係から構成される，地理的な制約を伴わない特殊なコミュニティ」がブランド・コミュニティである（Muniz and O'Guinn 2001：412）。

これらの CGM が消費者のブランド選択や購買行動に少なくない影響をもたらすことを考えると，そうした新しいメディアといかに関わり，それを広告コミュニケーションやプロモーションにどう活用していくかが，デジタル消費社会あるいはオムニチャネル社会といわれる今日のメディア環境における企業の競争力強化にとって決定的に重要となっている。製品・サービスのトライアルやリピートを促進するための短期的なインセンティブであるセールス・プロモーションではなく，ブランド・エクイティを構築するための新たな IMC の一手段としての広告コミュニケーションが求められている。

■ 文献

猪狩誠也・上野征洋・剣持隆・清水正道（2008）『CC 戦略の理論と実践――環境・CSR・共生』同友館。

池尾恭一編（2003）『ネット・コミュニティのマーケティング戦略――デジタル消費社会へ

の戦略対応』有斐閣。
池田謙一編（1997）『ネットワーキング・コミュニティ』東京大学出版会。
上原征彦（1986）『経営戦略とマーケティングの新展開』誠文堂新光社。
大橋照枝（1994）『環境（グリーン）マーケティング戦略――エコロジーとエコノミーの調和』東洋経済新報社。
片岡一郎・田村茂・村田昭治・浅井慶三郎（1964）『現代マーケティング総論』同文舘出版。
久保田進彦（2012）『リレーションシップ・マーケティング――コミットメント・アプローチによる把握』有斐閣。
小林太三郎（1968）『広告管理の理論と実際――広告コミュニケーションの効率化』同文舘出版。
小林太三郎監修（1994）『IMC 技法ハンドブック』日本能率協会総合研究所。
境忠宏（1990）『企業変革と CI 計画』電通。
櫻井通晴（2005）『コーポレート・レピュテーション――「会社の評判」をマネジメントする』中央経済社。
嶋口充輝（1984）『戦略的マーケティングの論理――需要調整・社会対応・競争対応の科学』誠文堂新光社。
嶋口充輝（1994）『顧客満足型マーケティングの構図――新しい企業成長の論理を求めて』有斐閣。
陶山計介（1993）『マーケティング戦略と需給斉合』中央経済社。
陶山計介・梅本春夫（2000）『日本型ブランド優位戦略――「神話」から「アイデンティティ」へ』ダイヤモンド社。
陶山計介・宮崎昭・藤本寿良編（2002）『マーケティング・ネットワーク論――ビジネスモデルから社会モデルへ』有斐閣。
西尾チヅル（1999）『エコロジカル・マーケティングの構図――環境共生の戦略と実践』有斐閣。
西原達也（1994）『消費者の価値意識とマーケティング・コミュニケーション――コーポレート・アイデンティティとコンシューマー・アイデンティティの接点を求めて』日本評論社。
日本商業学会編（1965）『マネジリアル・マーケティング』同文舘出版。
広瀬盛一（2008）「コーポレート・コミュニケーション」日経広告研究所編『基礎から学べる広告の総合講座』日経広告研究所。
三上富三郎（1982）『ソーシャル・マーケティング――21 世紀に向けての新しいマーケティング』同文舘出版。
水尾順一（2000）『マーケティング倫理――人間・社会・環境との共生』中央経済社。
村田昭治（1970）『マーケティング・システム論――インターディシプリナリー・アプローチ』有斐閣。
村田昭治（1976）『ソーシャル・マーケティングの構図――企業と社会の交渉』税務経理協会。

和田充夫（1998）『関係性マーケティングの構図――マーケティング・アズ・コミュニケーション』有斐閣。

Abell, D. F. and J. S. Hammond（1979）*Strategic Market Planning: Problems and Analytical Approaches,* Prentice-Hall.（片岡一郎・古川公成・滝沢茂・嶋口充輝・和田充夫訳，1982『戦略市場計画』ダイヤモンド社）

Alderson, W.（1957）*Marketing Behavior and Executive Action: A Functionalist Approach to Marketing Theory,* Irwin.（石原武政・風呂勉・光澤滋朗・田村正紀訳，1984『マーケティング行動と経営者行為――マーケティング理論への機能主義的接近』千倉書房）

Alderson,W.（1965）*Dynamic Marketing Behavior: A Functionalist Theory of Marketing,* Irwin.（田村正紀・堀田一善・小島健司・池尾恭一訳，1981『動態的マーケティング行動――マーケティングの機能主義理論』千倉書房）

Argenti, P. J. and J. Forman（2002）*The Power of Corporate Communication: Crafting the Voice and Image of Your Business,* McGraw-Hill.（矢野充彦監訳，2004 年，『コーポレート・コミュニケーションの時代』日本評論社）

Berry, L. L.（1983）"Relationship Marketing," in L. L. Berry, G. L. Shostack and G. D. Upah ed., *Emerging Perspectives on Service Marketing,* American Marketing Association.

Christopher, M., A. Payne and D. Ballantyne（1991）*Relationship Marketing: Bringing Quality Customer Service and Marketing Together,* Butterworth Heinemann.

Coote, L.（1994）"Implementation of Relationship Marketing in an Accounting Practice", in J. N. Sheth and A. Parvatiyar ed., *Relationship Marketing: Theory, Methods and Applications,* Emory University.

Cutlip, S. M. and A. H. Center（1958）*Effective Public Relations.* 2nd ed., Prentice-Hall.

Cutlip, S. M., A. H. Center and G. M. Broom（2005）*Effective Public Relations.* 9th ed., Prentice-Hall.（日本広報学会監修，2008『体系パブリック・リレーションズ』ピアソン・エデュケーション）

Davis, S. M. and M. Dunn（2002）*Building the Brand-Driven Business: Operationalize Your Brand to Drive Profitable Growth,* Jossey-Bass.（電通ブランド・クリエーション・センター訳，2004『ブランド価値を高めるコンタクト・ポイント戦略』ダイヤモンド社）

Dowling, G.（1994）*Corporate Reputations: Strategies For Developing The Corporate Brand,* Kogan Page.

Dowling, G.（2001）*Creating Corporate Reputations Identity, Image, and Performance,* Oxford University Press.

Duncan, T. R. and C. Caywood（1996）"The Concept, Process and Evolution of Integrated Marketing Communication," in E. Thorson and J. Moore eds., *Integrated Communication: Synergy of Persuasive Voices,* Lawrence Erlbaum Associates.

Duncan, T. R. and S. Moriarty（1997）*Driving Brand Value: Using Intergrated Marketing to Manage Profitable Stakeholder Relationships,* McGraw-Hill.（有賀勝訳，1999『ブランド価値を高める統合型マーケティング戦略』ダイヤモンド社）

Fortune (1980) *Highlights of Fortune Corporate Communication Seminar 1971～1979*, Fortune.（最上潤訳，1981『企業の心を伝えろ――重視されるコーポレート・コミュニケーション』知道出版）

Gordon, I. H. (1998) *Relationship Marketing: New Strategies, Techniques and Technologies to Win the Customers You Want and Keep Them Forever*, Wiley.

Gummesson, E. (1999) *Total Relationship Marketing*, Butterworth Heinemann.（若林靖永・太田真治・崔容熏・藤岡章子訳，2007『リレーションシップ・マーケティング――ビジネスの発想を変える 30 の関係性』中央経済社）

Iacobucci, D. and N. A. Hopkins (1992) "Modeling Dyadic Interactions and Networks in Marketing," *Journal of Marketing Research*, 29 (1), 5-17.

Kelley, E. J. and W. Lazer (1958) *Managerial Marketing: Perspectives and Viewpoints*, Irwin.（片岡一郎・村田昭治・貝瀬勝訳，1969『マネジリアル・マーケティング〈上・下〉』丸善）

Kotler, P. (1967) *Marketing Management: Analysis, Planning, and Control*, Prentice-Hall.

Kotler, P. and G. Zaltman (1971) "Social Marketing: An Approach to Planned Social Change," *Journal of Marketing*, 35 (3), 3-12.

Kotler, P. (1982) *Marketing for Non-profit Organizations* 2nd ed., The Prentice-Hall.（井関利明監訳，1991『非営利組織のマーケティング戦略――自治体・大学・病院・公共機関のための新しい変化対応パラダイム』第一法規出版）

Kotler, P. (1988) *Marketing Management: Analysis, Planning, Implementation and Control*, 6th ed. Prentice-Hall.

Kotler, P. (1991) *Marketing Management: Analysis, Planning, and Control*, 7th ed., Prentice-Hall.

Kotler, P. and E. L. Roberto (1989) *Social Marketing: Strategies for Changing Public Behavior*, Free Press.（井関利明監訳，1995『ソーシャル・マーケティング――行動変革のための戦略』ダイヤモンド社）

Kotler, P. and N. Lee (2005) *Corporate Social Responsibility: Doing the Most Good for Your Company and Your Cause*, Wiley.（恩藏直人監訳，2007『社会的責任のマーケティング――「事業の成功」と「CSR」を両立する』東洋経済新報社）

Kotler, P. and K. L. Keller (2008) *Marketing Management*, 13th ed., Prentice-Hall.

Kotler P., H. Kartajaya and I. Setiawan (2010) *Marketing 3.0: From Products to Customers to the Human Spirit*, Wiley.（恩蔵直人監訳・藤井清美訳，2010『コトラーのマーケティング 3.0――ソーシャル・メディア時代の新法則』朝日新聞出版）

McCarthy, E. J. (1960) *Basic Marketing*, Irwin.

Muniz, A. M. Jr. and T. C. O'Guinn (2001) "Brand Community," *Journal of Consumer Research*, 27 (4), 412-432.

Parvatiyar, A. and J. N. Sheth (2000) "The Domain and Conceptual Foundations of Relationship Marketing," in J. N. Sheth and A. Parvatiyar eds., *Handbook of Relationship*

Marketing, Sage Publications, 3–38.

Porter, M. E. (1980) *Competitive Strategy: Techniques for Analyzing Industries and Competitors*, The Free Press.（土岐坤・中辻萬治・服部照夫訳，1982『競争の戦略』ダイヤモンド社）

Porter, M. E. (1985) *Competitive Advantage: Creating and Sustaining Superior Performance,* Free Press（土岐坤・中辻萬治・小野寺武夫訳，1985『競争優位の戦略――いかに高業績を持続させるか』ダイヤモンド社）

Riel, C. B. M. van (1995) *Principles of Corporate Communication*, Prentice Hall.

Rogers, E. M. (1962) *Diffusion of Innovation*, Free Press.（三藤利雄訳，2007『イノベーションの普及』翔泳社）

Rossiter, J. R. and L. Percy (1997) *Advertising Communications and Promotion Management*, 2nd ed., McGraw-Hill.（青木幸弘・岸志津江・亀井昭宏訳，2000『ブランドコミュニケーションの理論と実際』東急エージェンシー出版部）

Schramm, W. (1954) "How Communication Works," in W. Schramm ed., *The Process and Effects of Mass Communications*, University of Illinois Press.

Schultz, D. E., S. I. Tannenbaum and R. F. Lauterborn (1994) *The New Marketing Paradigm: Integrated Marketing Communications*, NTC Business Books.（有賀勝訳，1998年，『広告革命――米国に吹き荒れるIMC旋風』電通）

Schultz, D. and H. Schultz (2004) *IMC: The Next Generation: Five Steps for Delivering Value and Measuring Returns Using Marketing Communication*, McGraw-Hill.（博報堂タッチポイント・プロジェクト訳，2005『ドン・シュルツの統合マーケティング――顧客への投資を企業価値の創造につなげる』ダイヤモンド社）

Sheth, J. N. and A. Parvatiyar (2000) "The Evolution of Relationship Marketing" in J. N. Sheth and A. Parvatiyar eds., *Handbook of Relationship Marketing*, Sage Publications, 119–145.

Wilson, D. T. (1995) "An Integrated Model of Buyer-Seller Relationships," *Journal of the Academy of Marketing Science*, 23 (4), 335–345.

第 15 章

ブランド論と広告

後藤　こず恵

1　消費社会におけるブランド

[1] ブランド概念の成り立ち

ブランドという言葉は，英語のBurnedから派生したと考えられている。放牧された牛の所有者を明示するため，「焼き印を押す」ことから生成した意味である。16世紀初頭のイギリスでは，ウィスキーの蒸留業者が流通段階でのすり替えを防ぐために樽のフタに焼き印を押して品質の保証を試みた。その後，19世紀後半のフランスにおいて製造業者組合の働きかけにより商標法が成立，イギリスにおいては1862年に議会に上程されている。日本では1900年に商標法と特許法が成立した。このように，消費社会においてブランドが法的保護を受ける基盤が整備されていった（小川 2011: 13-15）。

R. S. テドローによれば，アメリカにおける全国ブランドは19世紀末に登場した。その頃，鉄道等の輸送手段や通信網が整備されたことにより，分散していた市場が統合され，全国市場が形成された。このような環境下で，個別包装された製品には名前がつけられ，マスメディアを通じた広告によりブランド認知が高まり，全国的に流通させることが可能になったという（Tedlow 1990）。

そして，P&Gのような一部の先進的な企業を除いて，多数の企業がブランド・マネジメント・システムを導入しはじめたのは第二次世界大戦後である。ブランド・マネジャーは自らが「オーナーシップ」をもつブランドの戦略策定と実行に責任をもち，社内外からの支援を受ける（Keller 2007＝2010: 43-44, Low and Fullerton 1994, Morgan 1986）。現在，日本においても，ブランド単位のマーケティング戦略を用いる企業は少なくなく，企業活動を理解するうえで重要な分析単位となっている。

ここでブランドの現代的な定義を確認しておくこととする。アメリカ・マーケティング協会によれば，ブランドとは「個別の売り手もしくは売り手集団の商品やサービスを識別させ，競合他社の商品やサービスと差別化するためのネーム，言葉，記号，シンボル，デザイン，あるいはそれらを組み合わせたもの」である（Keller 2007＝2010: 2）。名前を付与することがブランドを成立させる条件となるが，しかしそれだけでは十分とはいえない。「記号が財やサービスと一体になってある一定のまとまりをもつ意味情報を発信したときに初めてブランドになる」のであり（陶山ほか編 2002: 63），客観的次元の記号が作り出す主観的次元の知覚品質が伴っていることが必要である。ブランドは，ステークホルダーにその意味が共有されてはじめて機能するのである。そして，青木幸弘が指摘するように，ブランドの開発とは，製品の開発と対比するなら，意味の開発（意味づけ）である（青木 2000a）。すなわち，ブランディング，およびブランド・コミュニケーションは意味形成すなわち，言葉の意味の共同了解を作り上げる過程である。

[2]　ブランドの機能

まず，ブランドには商品特性の呈示という機能があり，とくに消費者がその属性を推測することが難しいカテゴリーの商品やサービスにおいて重要度が増す。すなわち，目で見て製品属性が評価できる探索財（例：食品）よりも，使用経験からしか評価できない経験財（例：タイヤ），製品属性が理解しにくく，またベネフィットの評価も容易ではない信用財（例：保険）においてブランドは品質等のシグナルとなるのである（Keller 2007＝2010: 9）。

そして，ブランドは消費者が知覚するリスクを軽減する。消費者は，①機能（期待した水準の機能を製品が果たさない），②身体（製品が使用者などの身体や健康に危害を与える），③金銭（支払った価格に製品が値しない），④社会（製品が他者に迷惑をかける），⑤心理（製品が使用者の精神に悪影響を与える），⑥時間（製品選びの失敗によって，満足のいく他の製品を探す機会コストが発生する）といったさまざまなタイプのリスクを知覚するが，ブランドが手がかりになることによりリスクが軽減され，意思決定の単純化をもたらす（ibid: 9）。

さらに，田中洋は，ブランドは「革新」を保持，発展させ，その「革新」はマーケティング活動によって「価値」（顧客にとっての有意味性の程度）と「関係」（顧客が自分に関係があると感じる程度）に転化されるという（田中 1997a，1997b）。このような「関係」が持続することにより，長期にわたる顧客愛顧が形成されることになり，1回限りの交換のみならず，長期にわたる関係を重視する現代的なマーケティングにおいてブランドは重要な役割を果たす。このようにして，ブランドは企業と顧客を結びつけ，関係を深める手助けをする。S. フォルニエ（Fournier 1998）はブランドが変化する世界において安定をもたらすことを指摘した。

今日的なブランドとは，意思決定のための識別手段であり，属性やベネフィットのシグナルであるだけでなく，さらにはシンボリックな意味を作り出し，文化的な存在として認識されるに至っている。このことが，製品やサービスの物理的・機能的次元のみならず，情緒的・象徴的次元についての豊かな連想を作り出す広告コミュニケーションが重要であるゆえんである。

[3] ブランド構築と広告

ブランド構築の観点から，いかなる広告コミュニケーションを行うことが望ましいだろうか。主要な媒体について検討していくこととする。まず，テレビ広告は次の2つの点において重要である。第1に，テレビ媒体における広告は，製品の属性が生き生きと伝わり，消費者のベネフィットを説明するのに有効である。そして第2に，テレビ広告によって，使用者や使用イメージといったブランドの特徴を表現でき，オーディエンスの注目を得られる。しかしながら，一方で短所も存在する。第1に，放映時間が短いことや，ブランドや製品に関する情報よりも刺激の強い要素が含まれることもあり，重要なメッセージが伝わらないことがある。第2に，広く普及しているビデオ・レコーダーにより，コマーシャル・メッセージがスキップされてしまうことがあるということ。そして第3に，制作と放映の費用が高いことが挙げられる（Keller 2007＝2010: 297-299）。一方，ラジオ広告は上記のテレビ広告と異なり，視覚的訴求は不可能である。しかしながら，音声，音楽，音響，クリエイティブ上の工夫を凝らして想像力を刺激することができれば，特定のターゲットに対して効力を発揮する。そして，印刷広告は使用者や使用イメージの構築に有効である。とくに雑誌広告については受容性が高く，注視される傾向にある。ウェブ広告については，ターゲットを絞り込んで接触することができること，消費者の要望に応じて情報を提供できること，およびソフトウェアで広告との接触と売上の関係を明らかにできることから多くの潜在的長所がある。しかしながら，多くの短所も存在している。とくにバナー広告は無視されやすく，1995年から2001年の間にクリック率は40％から0.5％に低下してしまっている（ibid: 297–312）。

青木貞茂は広告により，生活者の価値構造（物理機能－情緒－精神）に沿った意味の凝縮＝シンボル化がなされると述べており（青木1997），ブランド構築の観点からはそういった目的を達成するメディアやメッセージの選定が望ましい。その際，クリエイティブ戦略を明確にし，ブランドの意味世界を強く，好ましく，ユニークにすることが必要である。たとえば，1984年1月22日にアメリカで放映されたアップルの60秒のテレビCMは，当時コンピューター産業で絶大な影響力を誇ったIBMとの違いを主張するものである。『1984年』（ジョージ・オーウェルによる小説。核戦争後，市民がテレビを通じて監視・統制されている）の世界を思わせる空間を女性ランナーが走り抜け，スクリーンに映し出された独裁者にハンマーを投げる。ここではパソコンの詳しい特徴は一切説明されることはなく，キー・ベネフィットが比喩によって表現されている（動画はYouTubeなどで視聴できる）。このような巧みな広告クリエイティブは，ブランドのイメージをユニークなものとし，生活者との関係構築に寄与する。

このようなブランド広告（製品・企業）はオーディエンスの行動に直接影響を与えるプロモーション広告と合わせて展開されるとさらに効果的である。J. R. ロシターとS. ベルマン（Rossiter and Bellman 2005＝2009）は顧客のキャンペーンに対する反応段階を，①接触，②広告・プロモーションの処理，③ブランド・コミュニケーション効果，④ターゲット・オーディエンスの行為，⑤売上とシェア，⑥ブランド・エクイティ（詳細は次節を参照のこと）という6段階で示している。これらの段階それぞれで効果的なメディアとメッセージが存在し，最終段階のブランド・エクイティへたどり着くことで長期にわたる安定的な利益の創出に寄与するのである。

彼らの主張でとくに注目されるのは，ブランドのベネフィット（便益）そのものより，広告が創造する「ベネフィット主張」に焦点を当てていることである。「ブランド認知」と「ブランド選好」からなる「ロシター・パーシー・ベルマン・グリッド」がその具体的な実践ガイドであり，ブランド選好においては，

①選択の類型（トライアル経験で十分な「低関与」か，購入前の情報探索と確信が必

要な「高関与」か）

②動機の類型（負の状態から発生する「情報型」か，正への変換を目指す「変換型」か）

によって仕分けされた4つのグリッド単位で相応しい広告クリエイティブ戦術が詳述されている。とくにブランディングには「高関与／変換型」戦術の採用が推奨され，ブランドを顧客のパーセプションに位置付ける広告の役割が強調されている。

2　ブランド研究の系譜

[1]　ブランド・エクイティ論

それでは，ブランド研究の発展について，1980年代から現在に至るまでを概観する。P. バーワイズによると，ブランド・エクイティという言葉は80年代初頭から頻繁に使用されてきた。この時期に企業の活動，とくにマーケティング活動の結果として，ブランドという「器」に蓄積される「資産的価値」，すなわちエクイティを管理することの重要性が広く認識され始めた。その背景は，第1にM&Aが多く行われるようになり，それに伴ってブランドの資産価値が評価される機会が増えたこと，第2に安易なプロモーションや拡張によりブランド・イメージが損なわれたこと，第3に適切なブランド管理により業績が向上した企業があったことが挙げられる（青木編 2011: 4, Barwise 1993）。

そういったなか，1991年にD. A. アーカーが著書，*Managing Brand Equity* を世に送り出したことで，ブランド・エクイティの議論が体系化された。アーカーによれば，ブランド・エクイティとは，「あるブランド名やロゴから連想されるプラスとマイナスの要素の総和（差し引いて残る正味価値）」であり，「そのブランド名が付いていることによって生じる価値の差である」。そして，その構成次元として，①ブランド・ロイヤルティ，②ブランド認知，③知覚品質，④ブランド連想，⑤その他のブランド資産（特許，商標，流通チャネルなど）があると主張した（青木編 2011: 1-5, Aaker 1991＝1994: 20-29）。

一方で，K. L. ケラーは，顧客ベースのブランド・エクイティ論を提唱している。そこでは，経験によって形成されたブランド知識の違いがマーケティング活動に対する反応の違いを生み出すとし，強いブランドを構築するためには「深く

図 15-1　ブランド・エクイティ

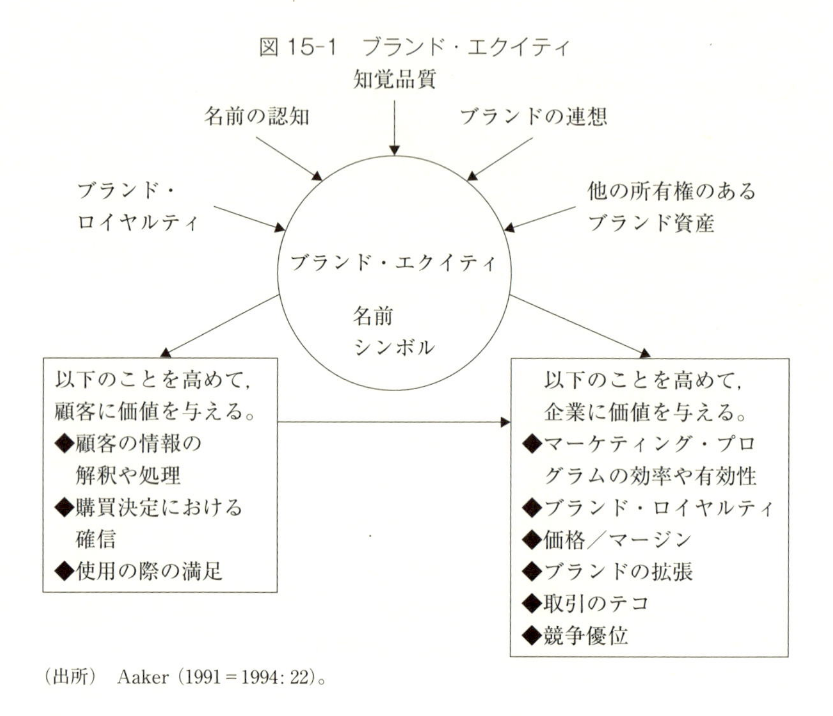

（出所）　Aaker（1991＝1994: 22）。

て広いブランド認知」と「強く，好ましく，ユニークなブランド連想」をつくり出すことが重要であると論じている（青木編 2011: 6-7, Keller 2007＝2010）。いずれにせよ，ブランドは過去のさまざまなマーケティング活動の結果として捉えられたことが特徴である。

［2］　ブランド・アイデンティティ論

そして 1996 年に出版されたアーカーの著書 *Building Strong Brands* により，ブランドに関する議論は再び方向づけられた。これまでの企業活動の結果としてのブランドという観点から，ブランドの資産価値を維持する，もしくは高めるためにはいかなる方策を執り行うべきか，という観点へ議論はシフトしていった。そこでは「ブランド・アイデンティティ」という概念が提唱された。それは，「ブランド連想のユニークな集合」であり，マーケティング活動に一定の指針を与える理想のブランド像である（Aaker 1996＝1997: 68）。すなわち，ブランド・アイデンティティは，結果としてのブランドではなく，目標となるものであり

図 15-2　ブランド・アイデンティティ

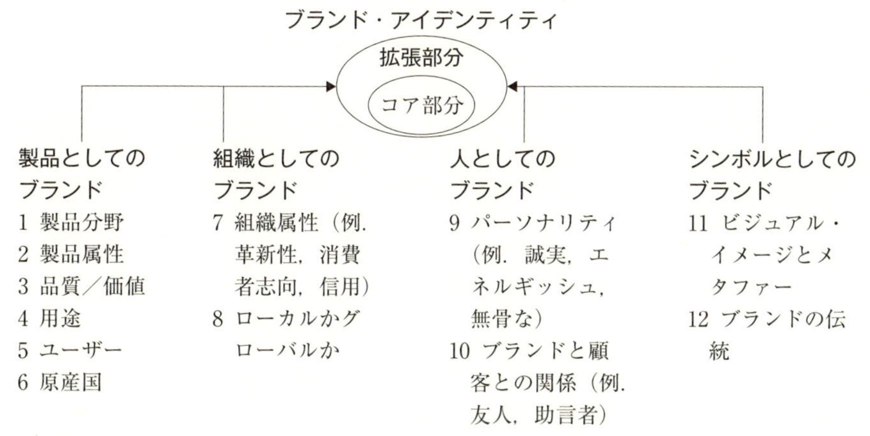

（出所）　Aaker（1996＝1997: 98）。

「マーケティングの起点」となるのである（青木編 2011: 5）。

このブランド・アイデンティティは，4 つの視点によって大別された 12 の次元から構成される（図 15-2）。それらは，①製品としてのブランド（製品分野，製品属性，品質および価値，用途，ユーザー，原産国），②組織としてのブランド（組織属性，ローカルかグローバルか），③人としてのブランド（ブランド・パーソナリティ，ブランドと顧客の関係），④シンボルとしてのブランド（ビジュアル・イメージとメタファー，ブランドの伝統）である（Aaker 1996＝1997: 86-87）。そもそも，アイデンティティとは「自我同一性」や「自己同一性」であり，重要な条件は，①安定性または時間的な連続性，②独自性または他者からの差別化であり，上述の諸要素が実体化・構造化されることによって，アイデンティティが自覚される（陶山ほか編 2002: 67）。パワーブランドとは，ブランド・アイデンティティ構造の安定性，ユニークさ，そして環境変化への適応能力が高いブランドであり，そのアイデンティティが迅速かつ的確にコミュニケーションされたブランドである（陶山・梅本 2000: 42）。

[3]　ブランド・エクスペリエンス論

ブランド論は資産価値の重要性を指摘してきた啓蒙的議論から，いかにしてブランドのエクイティを高めたり，強いブランドを構築したりできるか，という実

表 15-1　ブランド研究の発展

時代区分	1985〜95 年 エクイティの時代	1996〜99 年 アイデンティティの時代	2000 年〜 エクスペリエンスの時代
主たる ブランド概念	ブランド・エクイティ	ブランド・ アイデンティティ	ブランド・ エクスペリエンス
ブランドの 位置づけ	マーケティングの結果	マーケティングの起点	マーケティングの仕掛
基本認識	無形資産的価値	ブランドのあるべき姿	ブランドの経験価値

（出所）　青木（2000b: 33），青木編（2011: 292）。

践論へ移行してきたといえる。青木（2000b）や青木編（2011）は，ブランド研究の発展を整理し，「エクイティの時代」から「アイデンティティの時代」を経て，2000 年以降を「エクスペリエンスの時代」とし，ブランドの経験価値が重視されるマーケティングの環境下で，ブランドは「マーケティングの仕掛け」であると位置づけている。そこでは経験価値をめぐる議論に関連して，経験価値をベースとして築かれる情緒的な絆が永続的な関係性形成に重要であると指摘する（表 15-1）。

この主張は，B. H. シュミット（Schmitt 1999＝2000）らの経験価値マーケティングの考え方をふまえたものであり，青木（2000a）は，「製品（ブランド）の機能的特長や便益に焦点を当てた伝統的マーケティングに対して，消費者の経験に焦点を当てた経験的マーケティングの重要性がさらに強調され，従来型のブランドを識別子ないしは解決策の提供者としてとらえる考え方に代えて，ブランドを経験の提供者としてとらえる」ことを提唱している（同書：44）。このようなブランド・エクスペリエンス論とも呼ぶべき考え方は，顧客との接点を重視するマーケティングにおいて鍵概念となる。

3　顧客接点とブランド

[1]　ブランド・コンタクト・ポイント

ブランドと消費者のリレーションシップを構築するためには，消費者の意思決定がなされるあらゆる段階・地点・場所が考慮されなければならないという，ブランド・タッチ（コンタクト）・ポイントという考え方が注目されて久しい（Davis and Dunn 2002）。シュミットは，このような接点において感覚的な経験を与える審美的要素の重要性を指摘している。そこでは消費者の感覚的，情緒的，創造的・認知的，肉体的，ライフスタイル全般，準拠集団や文化との関連づけという5つの異なる経験価値のタイプ（sense, feel, think, act, relate）を提唱している（Schmit 1999＝2000）。

また，シュミットにより2012年に示された消費者心理モデルでは，消費者の心理的エンゲージメントの段階（対象中心的，自己中心的，社会的）と社会的プロセス（識別，経験，統合，象徴，結合）によって整理がなされた（Schmit 2012）。これにより，ブランド・リレーションシップの包括的な枠組みが提唱されたといってよい。このように，2000年以降として注目されてきたのが「ブランド経験」という考え方である。ブランドと顧客の接点の構築と管理，ブランドの経験価値の内容が問題となり，さらにそれを提供する「場」の構想力についても議論が発展してきたのである。

[2]　コンタクト・ポイントとしての店舗

前述のようにコンタクト・ポイントを重視するブランド戦略では，これまで主要なコミュニケーション媒体と考えてられてきたテレビや新聞といったマス媒体以外にも，口コミやブログ，および小売店頭の要因を念頭におく必要があるということである。製品が提供される場としての小売店頭についても，そこに焦点をおくことに大きな意味があると考えられる。陶山（1993: 228）は，「流通業者，とりわけ小売商業者は，寡占的製造業者とは異なりもっとも市場に近く，いわば顧客＝個客との接点に位置し……消費者の文化創造と自己実現を仲介する役割を果たすことが期待され」ると述べている。

V. クローバー（Clover 1950）やC. J. ウエスト（West 1951）は，衝動購買や非計画購買に関する研究を行った。特定の店舗内における消費者の行動，とくに，導線，商品の棚位置や陳列方法，POP広告（point of purchase）による買物行動の変化が分析された（杉本編 1997）。このような研究の重要性は非計画購買の傾向をもつ製品においてとくに高い。非計画購買は，食品で約6～8割，日用雑貨品で約7割という（田島・青木編 1989）。このような場合，消費者の購買過程に直接影響するのは小売店頭で展開されるコミュニケーション戦略だと考えられる。たとえば，店舗内ではショッピングカートやカートのストラップ，通路，棚に至るまでさまざまなスペースにおいて広告が設置される。また，実演販売，サンプル配布，クーポン印刷といった販売促進もあるだろう。さらに，モバイル端末は購買時点ないしは消費時点に位置づけが可能であるために，店内やパッケージからインターネット上のキャンペーン・サイトへアクセスを促す取り組みが数多くなされている。そういった購買時点における広告は，最終的なブランド決定を行う「場」における意思決定の回数と質を向上させるべく計画される（Keller 2007＝2010: 313-318）。

［3］　プライベート・ブランド

店頭で行われるブランド・コミュニケーションは，製造業者の意図したもののみならず，小売業者のプライベート・ブランドのそれも存在することを忘れてはならない。とくに，景気の後退期には，消費者の所得水準が低下し，価格感度が高まる傾向がある。そのような時期にはプライベート・ブランド（PB）に対する需要が高まる。とりわけ，ナショナル・ブランド（NB）との価格差が大きくコストパフォーマンスが高いと判断される商品の売上が増大する。また，そのような時期には設備稼働率が下がり，製造業者は小売業者から委託されてPB製造を受諾する可能性が高くなる。そのほか，食品や日用雑貨品であること，製品ライフサイクルの成熟期にあることなどがPBの売上拡大に影響を及ぼす。そして，ストアイメージが良く，ストアロイヤルティが高いほど，販売しているPB商品に対する接触頻度や購入頻度が高くなる（陶山ほか 2008）。

PBはマーケティング・コミュニケーション・プログラムを採用して，さまざまな製品カテゴリーを横断してブランド構築を行うため，店頭において大きな存在感を有する。小売業者は，ストア・ネームを使用したり，新しいネームを創造したり，両者を組み合わせたりしてプライベート・ブランドを構築し，顧客ロイヤルティを高めてマージンと利益を増やそうとする（Keller 2007＝2010: 17）。たとえば，アメリカのスーパーマーケットA&Pはアクトメディア社によるショッピング・カート，フリーザー・ビジョン，インスタント・クーポン機，テレビ広告キャンペーンを利用している。主要な差別化ポイントを「グッド・バリュー」とし，製品カテゴリーを移転することが可能なブランド連想を伴っている（ibid: 274）。

このようなPBは，小売業者の価格交渉力を高める狙いもあり，長らくNBと対立してきた。しかしながら，現在ではチーム・マーチャンダイジングに見られ

図 15-3　セブンゴールド

（画像提供）　セブン＆アイ・ホールディングス。

るように，企業の枠を超えて商品を開発することが多くなってきている。また，単なる低価格 PB ではなく，高付加価値型の PB も増えつつあり，製造業者と小売業者のダブルネームのものも多く存在しているため，NB と PB の品揃えについて，カテゴリーとしてトータルに捉えて関係構築を図り，店頭でのブランドの見え方を考慮する必要がある（図 15-3）。

4　情報化社会におけるブランド

［1］　購買意思決定と情報源の変化

インターネット接続料の定額制やブロードバンド回線が広く普及することで，消費者の得られる情報の量と質は大きく変化した。澁谷覚によると，2003 年前後からインターネット上において，ブログ機能を活用して個人が情報発信することが増えた（澁谷 2006）。そして，「カカクコム」や「@コスメ」といったレビューサイトが多くの消費者から支持され，購買意思決定に際して重要な情報源として参照されるようになった。消費者が意思決定を行う際に，事前に属性を評価することが難しい製品やサービスについては，とくにインターネット上の使用経験や評価に関する情報を参照することが多いだろう。

清水聰の議論では日本新聞協会との共同研究結果が示されており，消費者の意思決定プロセスごとに重視されるメディアが異なることが指摘されている（清水 2013）。テレビ番組とテレビ CM は認知の段階で多く参照されている。そして，関心をもつきっかけはテレビ CM が多い。さらに進んで，情報探索の段階になると，企業の公式ウェブサイトやクチコミサイトを利用するようになり，購入決定時にもクチコミサイトが多く参照されているという。特筆すべきは，30歳未満の被験者を対象にして再度集計すると，テレビ番組，テレビCMの影響については全体集計とほぼ同様の傾向が見て取れるが，新聞記事や新聞広告の重要度が全体と比べて非常に低いことである。そしてその一方で，雑誌およびクチコミサイトの重要度が非常に高いという。クチコミサイトは意思決定のどの段階でも参照されており，近年のFacebook，Twitter，LINEなどのソーシャル・メディアの普及が大きく影響していることが考えられる。こういったプラットフォームがブランド構築において，今後ますます重要になっていくことは疑う余地がない。企業のブランド・マネジメントもこの動きに対応し，コミュニティ等と適切に関わっていく必要があるだろう。

こういった形式のコミュニケーションは，伝統的なコミュニケーション観である「片方向＝刺激型モデル」ではなく，「双方向＝協働型モデル」と呼ぶべきものである。そこでは，情報・メッセージの共有ないし確認と創造が同時になされ，メディアとメッセージの関係も常に一義的であるとは限らない。従来型の広告とは違って，そのようなソーシャル・メディアにおける広告はその双方向性や個別性にもとづいて展開されることが求められる（陶山ほか編 2002: 76，石井・石原編 1999）。

[2]　ネット上のクチコミとブランド

アーカーとE.ヨアヒムスターラー（Aaker and Joachimsthaler 2000）は，インターネット上のサイトの特徴として，①インタラクティブで参加型，②最新で大量の詳細情報を提供，③サイトのパーソナル化の3点をあげている。消費者はブランドに関する豊かで詳細な，場合によれば個人的にカスタマイズされた情報が提供されているウェブ上で，積極的な訪問者としてブランドに関与し，ブランド経験を行う結果，ブランドと顧客との深くて緊密な関係が生じることになる。

山本晶（2005）は，ネットコミュニティについて検証し，サイトを訪問するユーザーのうち，他のユーザーの書き込みを読むだけのROM（read only member）の場合，商品購入前の情報探索としてのみそのサイトを利用しているが，書き込みも行うユーザーについては，当該サイトへ愛着をもっており，併設する販売サイトで商品を購入することが明らかになった。ブランド構築の観点からは，よりブランドに愛着をもち，情報発信をする顧客を育成することが課題となるだろう

(井上 2013)。コミットメントの高い消費者は，他の消費者に対してブランドを推奨する，強力なコミュニケーション主体ともなりえるのである。

また，J. バージャーと E. M. シュワルツは，クチコミの対象となりやすい事柄の特徴として，①興味深い，②多くの人が共通して思い浮かべる，③公に見えやすい，という 3 点を挙げている。面白みがあり，人の注意を引きつけるような事柄であること，また季節のイベントやライフイベントのように，多くの人が共通の予備知識をもっているような事柄であること，さらにはその様子がはっきりと外からわかりやすいこと，たとえば歯磨き粉よりはビールのほうがクチコミされやすいということである（Berger and Schwarz 2011）。さらに，J. アーントと E. ローゼンはクチコミをする動機について次の 6 点をあげている。それらは，①利他意識，②関係構築，③自己保身，④自己呈示，⑤状況理解，⑥不協和解消であり（Arndt 1967, Rosen 2000, 井上 2013），ブランド・コミュニケーション上のさまざまな施策はこういった消費者の情報発信内容や動機を考慮したうえでそれぞれの位置づけを与えられることが肝要となろう。

[3] ネットとリアルの融合：オムニチャネル時代へ

経済産業省の発表によれば，小売業（自動車，家電含む）の 2013 年の販売額は約 138 兆 8970 億円であり，近年は横ばいの状況である。業態別に見てみると，コンビニエンス・ストアやドラッグストアに加えて，通信販売業が売上を増加させている。通信販売業のうち，B to C の市場規模は 11 兆 1660 億円（前年比 117.4 %）であり，前年から 20 ポイント以上成長している分野は「衣料・アクセサリー小売業」（前年比 125.8%），「宿泊旅行業・飲食業」（前年比 122.1%），「医療化粧品小売業」（前年比 120.4%），などである。探索財や信用財においても取引が増加していることから，消費者の通信販売に対する信頼は一定の水準に達していると考えられる（経済産業省 2013，2014）。

インターネットを通信媒体とした販売は次のような性質を有する。大野勝也と岡本喜裕によれば，①販売者は消費者に多様な情報を提供できる，②販売者の市場参入が比較的容易である，③不特定多数の消費者がアクセスする可能性がある，④販売者の拠点と消費者の在所との空間的広がりが大きい，⑤消費者が必要とする時に情報を得ることができる，⑥多数の販売者による提供情報の比較が簡便である，⑦消費者が獲得した情報を容易に蓄積することができるという（大野・岡本 1995，青木 2005）。

このような特性を活かしたネットとリアルを融合する動きが出始めている。百貨店の高島屋は，従来は独立して展開していた電子商取引事業を全国に存在する店舗と連携させる「オムニチャネル」戦略に注力している。ギフト分野の強みを活かして店舗，パソコン，スマートフォンなどのタッチポイントを増やし，さらなる売上増加を目指している。モバイル端末が広く普及した今日，小売業者は顧客接点をネットとリアルの垣根を越えて設計しつつある。すなわち，店と顧客の単一のチャネルから，各種通販を伴う「マルチチャネル」，そしてさらにあらゆるチャネルにおいて「個」が特定され，さまざまな流通サービスが提供される「オムニチャネル」が実現しつつある。そこでは，モバイル端末を用いてチャネルや購買手段に左右されることなく商品・サービスが選択されることになる（朝永 2013）。

このような高度にカスタマイズされた販売チャネルが現実のものとなれば，顕在化する購買意思決定のパターンはより細分化し，求められる情報はさらに多種多様となりえる。従来のマス広告を中心としたブランド・コミュニケーションのみならず，顧客の意思決定のそれぞれの段階で有効に働きかけ，リアルとバーチャルの垣根を越えて次の行動へつなげることのできるブランド・コミュニケーションの重要性が増していくだろう。

■ 文献

青木貞茂（1997）「博報堂の新しいブランド・コンセプト管理・開発法『NEOHARVEST』」青木幸弘・小川孔輔・亀井昭宏・田中洋編『最新ブランド・マネジメント体系——理論から広告戦略まで』日経広告研究所。

青木均（2005）「インターネット通販と消費者の知覚リスク」『地域分析』第44巻第1号，69-82。

青木幸弘（2000a）「ブランド構築における基本問題——その視点，枠組み，課題」青木幸弘・岸志津江・田中洋編『ブランド構築と広告戦略』日経広告研究所。

青木幸弘（2000b）「ブランド研究の系譜——その過去，現在，未来」青木幸弘・岸志津江・田中洋編『ブランド構築と広告戦略』日経広告研究所。

青木幸弘編（2011）『価値共創時代のブランド戦略——脱コモディティ化への挑戦』ミネルヴァ書房。

朝日新聞出版（2013）『セブン-イレブン by AERA ——勝ち続ける7つの理由 強さの法則』朝日新聞出版。

石井淳蔵・石原武政編（1999）『マーケティング・ダイアログ——意味の場としての市場』白桃書房。

井上淳子（2013）「消費者が“Share”するとき――製品カテゴリーと消費者の異質性を考慮して」『流通情報』第45巻第2号，流通経済研究所，23-29。
大野勝也・岡本喜裕（1995）『流通要論』白桃書房。
小川孔輔（2011）『ブランド戦略の実際』（日経文庫）日本経済新聞社（初版1994年）。
経済産業省（2013）『商業販売統計年報』。
経済産業省（2014）『我が国経済社会の情報化・サービス化に係る基盤整備（電子商取引に関する市場調査）報告書』。
後藤こず恵（2011）「購買時点におけるブランド・コミュニケーション」『流通科学大学論集〔流通・経営編〕』第23巻第2号，25-35。
澁谷覚（2006）「インターネット上の情報検索――消費者によって発信された体験・評価情報の探索プロセス」『消費者行動研究』第13巻第1号，1-28。
清水聰（2013）「情報共有とキュレーター」『流通情報』第45巻第2号，6-14。
杉本徹雄編（1997）『消費者理解のための心理学』福村出版。
陶山計介（1993）『マーケティング戦略と需給斉合』中央経済社。
陶山計介・梅本春夫（2000）『日本型ブランド優位戦略――「神話」から「アイデンティティ」へ』ダイヤモンド社。
陶山計介・後藤こず恵・大田謙一郎（2008）「PBロイヤルティ構造の日英米比較」『流通研究』第11巻第2号，55-69。
陶山計介・宮崎昭・藤本寿良編（2002）『マーケティング・ネットワーク論――ビジネスモデルから社会モデルへ』有斐閣。
田島義博・青木幸弘編（1989）『店頭研究と消費者行動分析――店舗内購買行動分析とその周辺』誠文堂新光社。
田中洋（1997a）「マーケティング基礎概念としてのブランド」青木幸弘・小川孔輔・亀井昭宏・田中洋編『最新ブランド・マネジメント体系――理論から広告戦略まで』日経広告研究所。
田中洋（1997b）「ブランド主導型マーケティング・マネジメント論」青木幸弘・小川孔輔・亀井昭宏・田中洋編『最新ブランド・マネジメント体系――理論から広告戦略まで』日経広告研究所。
朝永久見雄（2013）『セブン＆アイHLDGS. 9兆円企業の秘密――世界最強オムニチャネルへの挑戦』日本経済新聞社。
山本晶（2005）「発信する顧客は優良顧客か？――サイトの訪問動機とオンライン・ショップの購買履歴データの分析」『消費者行動研究』第11号第1-2巻，35-49。
Aaker, D. A.（1991）*Managing Brand Equity: Capitalizing on the Value of a Brand Name*, Free Press.（陶山計介・中田善啓・尾崎久仁博・小林哲訳，1994『ブランド・エクイティ戦略――競争優位をつくりだす名前，シンボル，スローガン』ダイヤモンド社）
Aaker, D. A.（1996）*Building Strong Brands*, Free Press.（陶山計介・小林哲・梅本春夫・石垣智徳訳，1997『ブランド優位の戦略――顧客を創造するBIの開発と実践』ダイヤモンド社）

Aaker, D. A. and E. Joachimsthaler (2000) *Brand Leadership*, Free Press.（阿久津聡訳, 2000『ブランド・リーダーシップ――「見えない企業資産」の構築』ダイヤモンド社）

Arndt, J. (1967) *Word of Mouth Advertising: A Review of Literature*, The Advertising Research Foundation.

Barwise, P. (1993) "Brand Equity: Snark or Boojum?" *International Journal of Research in Marketing*, 10 (1), 93-104.

Berger, J. and E. M. Schwartz (2011) "What Drives Immediate and Ongoing Word of Mouth?" *Journal of Marketing Research*, 48 (5), 869-880.

Clover, V. (1950) "Relative Importance of Impulse Buying in Retail Stores," *Journal of Marketing*, 15, 66-70.

Darby, M. R. and E. Karni (1974) "Free Competition and the Optimal Amount of Fraud," *Journal of Law and Economics*, 16, 67-88.

Davis, S. M. and M. Dunn (2002) *Building the Brand-driven Business: Operationalize Your Brand to Drive Profitable Growth*, Jossey-Bass（電通ブランド・クリエーション・センター訳, 2004『ブランド価値を高めるコンタクト・ポイント戦略』ダイヤモンド社）

Fournier, S. (1998) "Consumers and Their Brands: Developing Relationship Theory in Consumer Research," *Journal of Consumer Research*, 24 (3), 343-373.

Keller, K. L. (2007) *Strategic Brand Management: Building, Measuring, and Managing Brand Equity*, 3rd ed., Prentice Hall.（恩藏直人監訳, 2010『戦略的ブランド・マネジメント〔第3版〕』東急エージェンシー。原著初版1998年, 訳書初版2000年）

Keller, K. L. (2002) "Branding and Brand Equity," in B. Weitz and R. Wensley eds., *Handbook of Marketing*, Sage Publications.

Low, G. S. and R. A. Fullerton (1994) "Brands, Brand Management, and the Brand Manager System: A Critical-Historical Evaluation," *Journal of Marketing Research*, 31, 173-190.

Magazine Publishers of America (2005) "How Do You Measure a Smile?" *Advertising Age*, 25, September 6.

Morgan, H. (1986) *Symbols of America*, Steam Press.

Nelson, P. (1970) "Information and Consumer Behavior," *Journal of Political Economy*, 78, 311-329.

Roselius, T. (1971) "Consumer Ranking of Risk Reduction Methods," *Journal of Marketing*, 35 (1), 56-61.

Rosen, E. (2000) *The Anatomy of Buss: How to Create World of Mouth Marketing*, Doubleday Business.

Rossiter, J. R. and Bellman, S. (2005) *Marketing Communications: Theory and Applications*, Prentice Hall.（岸志津江監訳, 2009『戦略的マーケティング・コミュニケーション――IMCの理論と実際』東急エージェンシー出版部）

Schmitt, B. H. (1999) Experiential marketing: how to get customers to sense, feel, think, act and relate to your company and brands, Free Press.（嶋村和恵・広瀬盛一訳, 2000

『経験価値（エクスペリエンシャル）マーケティング：消費者が「何か」を感じるプラスαの魅力』ダイヤモンド社）
Schmitt, B. H.（2003）*Customer Experience Management: A Revolutionary Approach to Connecting with Your Customers*, Wiley.（嶋村和恵・広瀬盛一訳，2004『経験価値マネジメント――マーケティングは，製品からエクスペリエンスへ』ダイヤモンド社）
Schmitt, B. H.（2012）"The Consumer Psychology of Brands," *Journal of Consumer Psychology*, 22, 7–17.
Tedlow, R. S.（1990）*New and Improved: The Story of Mass Marketing in America*, Basic Books.（近藤文男監訳，1993『マス・マーケティング史』ミネルヴァ書房）
West, C. J.（1951）"Results of Two Years of Study into Impulse Buying," *Journal of Marketing*, 15, 362–363.

第16章

販売促進と広告

若林 靖永

1 販売促進の広がりとその背景

[1] 販売促進の定義

「販売促進（sales promotion）」はマーケティング・コミュニケーション領域の一部を構成し，おもに販売を刺激するキャンペーン全般を指している。

まず古い定義では，アメリカ・マーケティング協会（American Marketing Association, 1960年）では，「セールス・プロモーションとは人的販売，広告，パブリシティを除く，消費者の購買や販売店の効率を刺激するマーケティング活動のことであり，陳列，装飾，展示，実演などのような，日常的な業務ではない非定期的な販売活動である」とされている。この定義では，販売促進はマーケティング・コミュニケーションのその他一般のような位置づけであることが示されている。

現在のアメリカ・マーケティング協会では，「製品の試用を刺激する，あるいは消費者需要を増大させる，あるいは製品の利用可能性を向上するために，消費者，小売業者，または卸売業者のレベルで所定の，限られた期間に適用される媒体および非媒体によるマーケティング圧力」とされている[1)]。この定義では，限定的な期間の適用というキャンペーンであることが示されている。

『商業辞典』（久保村・荒川編 1982：235-236）では，「販売促進 売手より買手（顧客）に能動的に働きかけ，その需要を刺激・喚起して売上げの増進を図る一連の活動。広義には，①セールスマンによる人的販売……，②諸種媒体を用いての広告活動……，③魅惑的なサンプル呈示，ショールーム陳列，見本市・展示会の実施，商品説明の印刷物やカタログ配布，POP，粗品・景品提供，値引・低価格販売，諸種コンテスト，信用供与，販売店援助，などを内容とした消費者あるいは販売店対象の全体を包含し，狭義にはこれらのうち，人的販売と広告活動を除いた一連の需要刺激策（すなわち③）を意味する。」と説明されている。この定義では，販売促進は広義ではマーケティング・コミュニケーション全般を指すといってよいが，狭義ではその一部であることが示されている。

同じく『基本経営学用語辞典〔四訂版〕』（吉田・大橋編 2006：160–161）では，「セールス・プロモーションとは広告，販売員活動およびパブリシティ以外の活動で，それらを補足する販売促進活動を総称したものをいう。特定の製品やサービスの売上を増進させるため，販売業者の販売意欲を盛り立てたり，消費者の購買意欲を刺激したりする活動がそれで……」とされている。この定義でもマーケティング・コミュニケーションの残余として説明されている。

また，売上増加のみに注目することは販売促進の理解・活用として問題であるとして，「販売促進は，ターゲット顧客によって知覚された製品・サービスの価格・価値関係を変化させるマーケティング・コミュニケーションであり，その結果，(1) 短期的売上増加，(2) 長期的なブランド価値の変化を生み出す。」(Schultz et al. 1997: Chapter 1) と，販売促進の再定義が提案されている。この定義はより積極的に販売促進の役割を位置づけている。

本章においても，広義のプロモーション，すなわち，マーケティング・コミュニケーション全般ではなく，狭義のプロモーション，セールス・プロモーションに限定しながら考察をすすめる。

[2] 広告その他との違い

広告など他のマーケティング・コミュニケーション領域との共通性や違いについて，その目的に注目して考えてみよう。

まず広告は，情報提供，説得，リマインドなどがその目的である。情報提供型広告は，製品のネーミングなどの認知，製品の特徴などの認知といった，購入者のブランド知識を形成することをその目的とする。とりわけ，新製品を広くマスを対象に販売する場合，一挙に知名度を上げることが必要であり，そのためにマス広告が採用される。説得型広告は，認知段階から一歩進んで，購入者の製品に対する好意，類似・競合製品からの選好といった態度・信念を形成することをその目的とする。すでに類似・競合製品がある状況で後発に製品を投入する，あるいは先発で製品を投入してきたものの後発製品の登場で競合にまきこまれている場合，購入者になぜ自社の製品を選ぶべきなのか，その理由を提供する必要がある。説得型広告は買う理由を納得させる広告である。リマインダー型広告は，すでによく知られている製品でもマンネリなど消費者から飽きられている，あるいはほかの目新しいものに興味が移っているというような状況下で，あらためて再購買を促すように，新鮮な刺激を追加することである。コカ・コーラ製品は誰もが知っていて知らない人はいないのに，なぜ広告するか，がその一例である。以上，広告は一般に，購入を直接引き起こすというよりも，購入前に当該製品について認知する，購入前に当該製品を良いと評価する（態度），というように購入前段階のステップに関わっている。

さらに広告にはブランド知識からブランド・ロイヤルティの形成を目的とする，実際に製品を購入した後に当該ブランドを購入して良かったと確信させる強化型広告がある。多様なブランドのなかでどのブランドを購入することが自分にとって正解なのか，なかなか確信が持てない購入者は，購入後に自らの認知不協和を低減するために，当該ブランドの広告等をよく見ていることが知られている。このように広告は購入後段階のステップにも関わっており，長期的な購入者の態度の醸成につながるものである。長期的効果が期待できることから，広告は「投資」でもあるといわれるゆえんである。

これに対し，パブリック・リレーションズ（PR 活動）は製品のマーケティングとは別の，独立した企業広報（株主への IR 活動，社会貢献活動の広報など企業イメージの向上）を中心としてきたが，こんにち，企業や製品のイメージを変えていくことも製品マーケティングの一部を構成するようになってきている。「戦略 PR」とも呼ばれ，PR の手法を活用して，「世論」「社会規範」を形成することを通じて製品マーケティングを促進しようというものである。このようなマーケティング・パブリック・リレーションズも，直接購入を刺激するというより，製品・サービスへの好意的イメージをつくったり，購入判断の基準そのものを再形成し新しい「規範」をつくり，製品・サービスそのものへの新たな関心・必要性というものを生み出していくことをその目的とする。まさに購入以前のさらに以前の段階に効果を及ぼすものともいえよう。

販売促進は，広告，パブリック・リレーションズと比較すると，短期的で，かつ，購入段階に直接影響するキャンペーンであるという違いがある。ほぼ購入する気になっている顧客に最後の一押しをするというものが販売促進の典型である。購入する予定だが，どれを選ぶかは決めていないというようなときに，当該製品を選んでもらう一押しもそうである。購入する気はなかったのに，思わず衝動買いをさせてしまうという狙いのものもある。販売促進は，購入段階で購入という行動を引き起こすきっかけになることが期待されているのである。

[3] 販売促進の重要性が増す背景

このような目的，狙いを持つ販売促進は，古くから存在している。営業（人的販売）と並ぶ古典的な販売手法である。現代においては，テレビ，ラジオ，新聞，雑誌などのマス媒体が登場し，広く市民・消費者に影響を及ぼす手段が生まれたので，これらの媒体を活用したマス広告がマーケティング・コミュニケーションの中心になるようになった。しかしながら，この数十年間は広告以上に販売促進の予算が増えており，マーケティング・コミュニケーションのなかで占める大きさが大きくなっている。

なぜ，販売促進の重要性が増しているのだろうか。1980年代以降の傾向について下記のような指摘（Pelsmacker et al. 2001: 298–299）がなされているので，それをもとに整理してみよう。

①競合製品が多く登場し，程度の差はあれ模倣製品にあふれ，小売の売場で多数の類似製品が陳列されるようになっているために，ブランド間の知覚差異が大きく縮小してしまっている。企業は製品差別化の努力を強めているけれども，残念ながら結果としては，顧客はそれを「差別化」として知覚していない。いわゆる「コモディティ化（非ブランド化）」が進行しているのである。

②広告，とくにマス広告の効果が傾向として下がり続けている。その原因としては，第1に，広告の量，露出が増えて，消費者にとって「ノイズ化」している。第2に，ビデオ録画により広告をスキップするようになった。第3に，ネットの普及などにより，テレビ視聴や新聞購読などが傾向として減少し続けている。

③新製品，競合製品が多数登場するなどの結果，消費者による特定ブランドに対するブランド・ロイヤルティが下がる傾向がすすんでいる。多様な競合・類似製品の登場で，ブランド・スイッチが増えてきている。

④店舗に行く前に広告などにもとづいて購入する予定の商品をすでに決定しているということは少なくなり，逆に店舗を訪れてから，店頭での販売担当者や陳列・POP などにより，小売店・販売時点で最終的な購入意思決定をするという傾向が高まっている。

⑤株主・投資家からの圧力が強まり，結果としてブランド構築や消費者との関係性づくりといった長期的な視点ではなく，あくまでも短期的成果を追求する経営志向が増している。

⑥具体的な数値目標，効果測定評価をあまり重視してこなかったテレビなどのマス広告から，マーケティングの効率性を重視し，より効果が確実に測定判断できるキャンペーンをすすめるようになっている。

⑦製造業者が流通系列化をすすめるなど，製造業者中心の流通チャネルから，大規模流通業者の登場により，流通業者のパワーが大きく増大した。流通業者の意思による，陳列，売場の確保やディスプレイの効果でブランド・製品の売上が大きく左右されるようになってきている。

以上のような理由は現代日本においても共通の傾向として確認することができる。とくに流通業者のパワーが増大し，店頭での消費者の最終的意思決定が行われるという傾向は，日本でも 1990 年代以降の特徴であり，その結果，マス広告だけでなく，流通業者向け販売促進，店頭での販売促進がより重視されるようになっている。

2 販売促進の対象・目的・種類

［1］ 販売促進の対象

マーケティング・コミュニケーションは，コミュニケーションという性質から，誰が，誰に，何の目的で，どんな手段で，というような要素で構成されている。そこで，まず販売促進は，「誰が」「誰に」働きかけるかということを基準に整理することができる。

①製造業者が消費者に対して働きかける販売促進

第１のタイプは製造業者が流通業者の影響に左右されないために，直接的に消費者に対して何らかのインセンティブを提供するという販売促進である。もともと製造業者がマーケティングの中心的主体であったこともあり，製造業者による消費者刺激策としてさまざまな手法が開発されてきた。とくに現代においては，流通業者のパワーの増大のため，製造業者主導のマーケティングに流通業者が協調するということが困難になっており，製造業者単独で展開可能な販売促進策が追求されている。

②製造業者（卸売業者）が流通業者に対して働きかける販売促進

逆に，第2のタイプは，製造業者が流通業者の販売促進に関わる協力を獲得するために行われる販売促進である。製造業者主体のマーケティングにおいて，流通業者の協調を獲得するためのインセンティブとして展開されてきており，流通系列化の手段でもあった。現代においては，流通業者のパワーの増大に直面し，製造業者主導のマーケティングは困難となっている。なお，卸売業者が流通業者に対して働きかけるケースもある。

③流通業者が消費者に対して働きかける販売促進

第3のタイプは，流通業者が自らの判断で特定商品の売上増大をねらって消費者に対してインセンティブを提供するという販売促進である。小売業者は価格値引きなどさまざまな手法で消費者の購買意欲をかきたてる努力をすすめている。現代では，流通業者のパワーの増大もあり，流通業者主導の販売促進に製造業者が協力することが増えている。

[2]　販売促進の目的

販売促進の目的も広告のそれと同様に単一ではない。代表的な販売促進の目的はすでに述べたように，短期的売上増加である。まさに販売を促進するということを直接的に志向するマーケティング・コミュニケーションである。この場合はおもに価格を訴求する販売促進が採用される。

それ以外の目的としては，第2に，長期的な売上，ヘビーユーザーやリピーターの形成，ブランドの構築（ブランド・ロイヤルティやブランド・イメージ強化），といったものがある。ある種の体験ができるイベントや長期的な関係性づくりにつながるフリーケンシー・プログラム（利用に応じてマイレージやポイントなどを貯める）などが活用されている。

第3に，競合製品・競合企業に注目して，競合他社の「攻撃」から「防御」したり，逆に競合他社からのブランド・スイッチを獲得するように「攻撃」するといった目的がある。

第4に，まだ未購入・未体験の消費者に対して新たに購入してもらうためのきっかけをつくるという新規顧客を獲得していくという目的がある。化粧品などのように一度使ってみて自分に合うかどうか等の判断なしにはなかなかブランド・スイッチが進まないような製品カテゴリーの場合，サンプル品（試供品）の提供やクーポンなどが活用されている。

[3]　販売促進の種類

販売促進を理解し分析するうえでの最大の困難は，販売促進というものが広告ではない，それ以外のマーケティング・コミュニケーション領域というような分類カテゴリーでもあるという点にある。短期的な販売促進につながるのであれば，どのような手段・方法でもよく，つねに新たな方法が創造されているからである。したがって，販売促進の種類は列挙的になるしかなく，また，将来新しいものが加わっていくものである。既存の販売促進手法に学び，有効に活用するとともに，より効果的な新しい販売促進を企画するということが重要なのである。

ここでは何をアピールするかという訴求ポイントに注目した販売促進の分類（守口 2002: 9）を参考に検討する（なお，個別の販売促進の説明については，井徳・松井〈2013〉を参照した）。

A　価格訴求型プロモーション

＜消費者向け＞

値引き：特定の製品を一時的に値引きして安さをアピールする

クーポン：特定の製品を購入すると購入代金の一部が返金されるという金券に相当する印刷物のことで，近年はスマートフォンなどに配信されるデジタル・クーポンも普及しつつある

増量パック：価格はそのままに商品の内容量を増やすことで事実上の値引きを行う

バンドル：ある製品と別の製品をセットにして，お得感を演出する

キャッシュバック：店頭で購入したら一定の手続きで購入代金の一部が返金される

フリーケンシープログラム（の一部）：製品・サービスの購入・利用に応じてポ

イントが加算され，貯めたポイントを景品に引き換えることができる

＜流通業者向け＞

アロウワンス：アロウワンスには広告アロウワンス，ディスプレイ・アロウワンスなどがある。広告アロウワンスは流通業者が特定の製品の広告を行う見返りに製造業者から流通業者に報酬が払われるもの。ディスプレイ・アロウワンスは流通業者が特定の製品について特別陳列などを行った場合に製造業者から報酬が支払われるもの

特別出荷：特定の流通業者に対してのみ優遇して，製造業者が早くあるいは限定製品などを出荷

B　情報提供型プロモーション

＜消費者向け＞

チラシ：街頭でのチラシ配布や新聞折り込みでのチラシ配布など，当該製品の特徴や使用者の体験談などの情報提供を行う

店頭 POP：店舗での製品の陳列場所における宣伝で，特別に製品特徴等をアピールする掲示物のことを POP（Point of Purchase advertising）という

看板・デジタルサイネージ：看板は駅や道路，建物内外に設置される宣伝媒体であり，デジタルサイネージは電子版の看板で入れ替え，動画再生等が可能であり，近年普及しつつある

ダイレクトメール（DM）：消費者の自宅住所宛に直接郵送で商品案内，カタログを送付する

ダイレクト電子メール：消費者のメールアドレス宛に直接宣伝メールを配信する

C　商品体験型プロモーション

＜消費者向け＞

サンプリング（サンプル）：いわゆる試供品。無料で製品・サービスを提供することで，ブランド・スイッチを促進する

モニタリング（モニター）：製品・サービスを利用して評価してもらう（感想レポートを提出する）ということで，実際に無料でサンプルを提供する

デモンストレーション販売：店頭で試食・試飲を提供しながら販売員が実演販売する。別名「マネキン販売」ともいう

イベント：販売促進のためのイベントである展示会や展示即売会，体験試乗会など，消費者に製品について知らせ，体験してもらう

D　インセンティブ提供型プロモーション

＜消費者向け＞

懸賞（スイープステークス）：消費者の応募に対して抽選して何らかの賞品，特別グッズなどを提供する。購入の有無にかかわらず，誰でも応募できる「オープン懸賞」と，購入した者のみ応募できるよう応募シール等を必要とする「クローズド懸賞」がある

スピードくじ：製品を購入した消費者に買ったその場でくじを引いてもらい，くじの結果にもとづいて賞品を提供する

プレミアム（景品）：製品を購入することでもれなく景品が提供されるもので，ベタ付き景品とも呼ばれる。例としては，製品そのもののパッケージに付随して人形等が添付されているものがある

コンテスト：消費者がコンテストに対して作品等を応募し，上位者に対して賞品が提供される。例としては川柳コンテスト，ダンスコンテストなどがある

クラブ型プロモーション：消費者を「クラブ」の会員として組織し，メンバーに対して特別なキャンペーン，特別なグッズの提供，会報の提供などを行う

フリーケンシープログラム（の一部）：製品・サービスの購入・利用に応じてポイントが加算され，貯めたポイントを景品に引き換えることができる

＜流通業者向け＞

売上コンテスト：流通業者等が一定期間に製造業者が指定する製品をどれだけ販売するかについて競争し，上位者に対して旅行や賞金などの賞品を提供する。

近年はインターネットの進展・普及により，第４節に示すとおり，さらに新しい販売促進手法が登場している。

3　販売促進の効果に関する研究の進展

[1]　研究の系譜の整理

販売促進に関する研究は，消費財だけでなく産業財，さらには非営利組織のマーケティングに関わるものまで多岐にわたる。最も中心的な研究が消費財の売上効果についての研究であり，それについて５つの視点で整理がなされ，残された研究課題が提示されている（恩蔵・守口 1994: 28-45）。1980 年代までの研究の整理によれば，おもに研究は①特定ブランドの短期的な売上に関する研究，②複数の販売促進手段間の相互関係に関する研究，③消費者のセグメントに関する研究，④他ブランドへのインパクトを考慮した研究，⑤売上増加の源泉に関する研究，の５つにまとめられる。そのうえで今後発展が期待できる研究方向として，販売促進効果の質的側面（売上増加の源泉など）の研究，販売促進のマイナスの効果の研究，商品特性との関わりでの販売促進効果の研究，販売促進の長期的効果の研究，競争状態と販売促進効果の研究が提示されている。

[2]　効果測定のタイプ

販売促進は一般に直接的な販売への影響効果をめざしているものであり，数理的な手法を重視するマーケティング・サイエンス分野において販売促進効果の研究がすすめられてきた。そもそも効果の測定とは販売促進の目的に応じて設定されるものである。目的に応じて異なる効果測定が求められるということについて整理しよう（守口 2002: 18-34）。

A　短期的売上増加を目的とした効果測定－売上あるいは市場シェアを効果測定尺度として採用する。
B　利益視点による効果測定－販売促進の実施に伴うコストについて，売上と無関係な固定費部分と売上と連動する変動費部分に分けて測定し，売上からそれを差し引いて貢献利益を求める。
C　売上増加の要因測定－売上増加につながる消費者の購買行動の変化として，①１人当たり購入量の増加，②購入人数の増加，③購入間隔の変化（購入の前倒し，先送り），④購入対象（カテゴリー・スイッチ，ブランド・スイッチ，店舗スイッチ）の変化について測定して短期のみならず長期的効果を測定する。

D　ブランド・イメージへの影響測定－価格訴求型販売促進の否定的影響としてブランド・イメージの悪化，ブランド力の低下がある。そこで，販売促進に伴うブランド力の低下の実態を明らかにするための，ブランド・イメージやブランド・ロイヤルティについての定期的調査，ブランドを購入する顧客の構成の時系列的調査，売上のベースラインの測定，参照価格の測定などがある。

E　カテゴリー全体の測定－販売促進対象の製品の売上増加は同時に競合製品の売上減少を伴うことが一般的であり，それにもとづき販売促進の交差弾力性を求める。

[3]　消費者の異質性に注目した販売促進の研究

販売促進の目的や効果は消費者の購買反応パターンの違いによって区別される (Schultz et al.〈1998〉より Chapter 2，3にもとづいて説明する)。

ここでは，消費者は表 16-1 の5つのタイプに分類され，それぞれに販売促進で期待される効果が異なってくる。現ロイヤル顧客に対しては，競争業者からの影響でスイッチすることがないように，反復購買が継続するように，ロイヤルティの強化がめざされる。すでに愛着を持っているのだから，それを強化促進することは容易である。そして，購買量を増やすように刺激したり，購買頻度を高めるように刺激することで，売上増をめざす。さらに，現在顧客に対して追加的に異なる製品を購入するように販売刺激する「クロスセリング」も行われる。

逆に競争相手のブランドを購入している顧客を攻略することは，困難性が高い。とくに，競争相手のブランドに特有のメリットや心理的なコミットメントを有している場合は，ある種の独占的地位を確保しているといえる。こういう場合，販売促進はほとんど効果がない。これに対抗するためには，競争相手のブランドの特性を上回るなんらかの特性を訴求する販売促進，試供品提供などを行う必要がある。

また，相対的に市場で最もバリューがある製品だから競争相手のブランドを購入するという場合がある。この場合も，競争相手のブランドを明らかに上回る対抗ブランドを訴求する試供品提供のほか，魅力的なクーポン，ボーナスパック等の提供でコスト－価値訴求が考えられる。

表 16-1　消費者の５つのタイプ

タイプ	定　義	販売促進の効果
現ロイヤル顧客 (Current Loyals)	もっとも，あるいはいつでも，「適正な」製品を購入する人々	行動の強化，消費の増大，購入タイミングの変更
競争的ロイヤル顧客 (Competitive Loyals)	もっとも，あるいはいつでも，競争業者の製品を購入する人々	ロイヤルティの破壊，推奨するブランドへのスイッチの説得
スイッチャー (Switchers)	商品カテゴリー内のさまざまな製品を購入する人々	より多くの機会に「適正な」ブランドを買うように説得
価格志向顧客 (Price Buyers)	最低価格のブランドを一貫して購入する顧客	低価格で誘導する，あるいは価格の重要度を下げるように付加価値を提供
非購入者 (Nonusers)	商品カテゴリー内の製品をいっさい購入しない人々	商品カテゴリーと製品の認知を創造，製品を購入する価値があることを説得

（出所） Schultz et al.（1998）より作成。

そのほか，習慣的に競争相手のブランドを購入する顧客の場合は，上記のケースよりは容易にスイッチを促すことが可能かもしれない。試供品，くじ，ボーナストラックなどの販売促進が有効であろう。ただしロイヤルティの形成は困難であるため，逆に奪われる可能性も低くない。

ある商品カテゴリー内のさまざまなブランドを購入する「スイッチャー」は，一般的に最も販売促進が有効な顧客である。それだけに「スイッチャー」顧客に対しては，まずなによりも当該ブランドが店舗で購入可能である（顧客が利用する店舗の売場に在庫があり，適切な小売価格で提供されている）こと，つまり流通問題が重要である。消費者が利用する店舗等で好んでいるブランドを購入ができない場合には，消費者の一部は仕方なくブランド・スイッチを行うからである。また，その時々において最もバリューのあるブランドを選択するというアプローチでブランド・スイッチを行う消費者もいる。この場合はバリューを高める販売促進施策が有効である。さらに飽きるなどの理由からバラエティシーカー（多様なブランドを積極的に購入する消費者）になる消費者もいる。

価格志向顧客は，一貫して最低価格のブランドを購入するタイプである。したがって，価格を訴求する販売促進であっても競合ブランドより安価でないならば必ずしも有効ではない。

最後の非購入者は当該カテゴリーにおけるあらゆる製品を購入していない消費者であり，一般に販売促進に対して最も抵抗すると思われる。販売促進は価格訴求などが中心であることが多いため，逆に非購入者には当該製品について否定的な態度を形成してしまう傾向がある。この否定的な態度を変えるコミュニケーション施策がまず展開される必要がある。非購入の他の理由としては，単に高額である，価格に見合うだけの価値があると認めない，そもそもニーズそのものが基本的にない，などがある。

以上は代表例であるが，このように消費者は多様である。消費者の異質性を何らかの基準で体系化し，それぞれに有効な販売促進の形態を研究していくことが重要である。

[4]　個別の販売促進手法の効果に関する研究

無料サンプルの配布，サンプリング・プロモーションは，サンプルの試用を通じて当該製品を実際に使ってみるという体験を通じて訴求できるので，無名である，あるいは特徴がなかなか伝えにくい，というような新製品の販売普及においてよく実施される重要な販売促進手法の1つである。C. A. スコットは，新聞の無料購読キャンペーンが定期購読契約率につながるかどうか実証研究を行い，サンプリング・プロモーションが製品の売上等に結びつかないことを示した（Scott 1976）。また，K. ボーワと R. シューメーカーは，定期購読以外の新聞を対象にクーポンのみか，クーポンに加えてサンプルも配布するかという比較実験を行った結果，サンプル配布の方が販売量増加に結びつくことを明らかにした（Bowa and Shoemaker 2004）。さらに井上淳子は，サンプリング・プロモーションが売上増等につながる効果に加えて，サンプルを受け取った人が他者に及ぼす影響，クチコミ発信に関わる要因を検討し，これらが消費者のカテゴリー経験に依存することを明らかにした（井上 2014）。サンプリング対象となる新製品が属するカテゴリーの既存ユーザー，当該カテゴリーの非ユーザーで製品特性が類似している周辺カテゴリーのユーザー，当該カテゴリーも周辺カテゴリーも未経験な完全な非ユーザーの3つに分類し，前2者が後者よりも効果が高いことを示した。これは当該カテゴリーに対して関与が高く製品判断力が備わっている人々の方が販売促進の効果があることを意味する。さらにクチコミ効果については，当該製品の事前認知が影響することを明らかにした。これはユニークな発見物といってよい。事前認知が高いと完全な非ユーザーでもクチコミを行う傾向がある。したがって，クチコミを広げたい場合には，事前に当該製品について話題づくりをすすめていくことが有効である。

4 これからの販売促進のイノベーション

現代の販売促進は，ICT 環境の革新等により，これまでと大きく変わりつつある。その 10 の特徴は以下のとおりである。

①販売促進の手段，メディアが ICT によって変わってきている。パソコンでのインターネットや，スマートフォン・携帯電話を使用している消費者個人に対して提供されるクーポン等の販売促進が普及してきている。

②会員 ID 等によって個人を識別し，会員データを分析し，それにもとづいて個人別にカスタマイズされた販売促進がすすめられている。

③GPS 機能によって個人の位置情報を取得し，特定の店舗やエリアに近接した際にクーポンを出すというように，位置情報を利用したリアルタイム販売促進が展開されている。

④A/B テストのように対象市場に対してサンプリングし，各セグメントに異なる販売促進メッセージやデザインを供給し，消費者のそれへの反応を比較して，より効果的な販売促進手法を検証して改善をすすめていくという，テスト・マーケティング的なアプローチが採用されている。

⑤LINE のようなメッセージ・サービス，Twitter のようなソーシャル・メディア，Facebook のようなソーシャル・ネットワーキング・サービスなど，個人が情報発信するメディアを活用した販売促進手法がすすめられている。

⑥販売促進に向けて，まず関心がある人を誘導する，あるいは関心がない人に知識・情報を提供して関心を持ってもらう，関心がある人に合わせて知識・情報を提供し関心や理解を高める，というようにコンテンツを展開して，他の施策と連動させるマーケティングもすすめられている。

⑦個人が発信・公開する情報や事業を通じて得られる取引情報などが集積されたビッグデータを分析し，販売促進の効果が高い顧客層の識別，あるいは顧客別の販売促進手法等の企画，といった販売促進のモデル化の科学的アプロ

ーチが始められている。

⑧ネットはネット，リアル店舗はリアル店舗，というのではなく，店舗とネットをつないで双方にまたがり，双方向の販売促進，オムニ・チャネルの探求が始まっている。それは，リアル店舗を展開する企業が防衛的にネット事業を展開するというのでもない。また，ネットからリアル店舗に誘客するという O2O（Online to Offline）マーケティングだけでもない。ネットでもリアルでも消費者が自らにとって「最適な」行動をとれるように，どちらからどちらへも相互連携できるような小売環境を小売業者が消費者に提供する挑戦が始まっている。

⑨これらのネット等を活用した販売促進と，既存メディア，すなわちテレビ，ラジオ，新聞，雑誌，屋外広告・交通広告などを連携させ，統合的なマーケティング・コミュニケーション施策を展開する，インテグレーテッド・マーケティング・コミュニケーション（IMC）の展開がすすめられており，それを実現するための組織の再編がすすんでいる。

⑩さらに消費者の社会志向，社会貢献的規範の強化と関連して販売促進のイノベーションがすすんでいる。その1つとしてコーズ・リレイテッド・マーケティング，コーズ・リレイテッド販売促進がある。これは消費者の社会的問題への関心に応え，消費者に社会的問題解決への行動を促進するために，企業が展開するマーケティング，販売促進である。

これら全体を概観してあらためて今後の販売促進を探求していくうえで大事な点は，すでに広告，販売促進，マーケティング PR などは連携して統合的に展開されるもので，これまでの区別，概念体系は有効性を失いつつあるという点である。コミュニケーション戦略の意思決定のフレームワークは，コミュニケーションの目標設定，個別消費者に合わせた統合的なコミュニケーション施策の一連の展開とその成果の評価測定である。その意味で，近年主張されているカスタマー・ジャーニー・マップのようなフレームワークは，個別消費者の意識・行動のステージをオンライン・オフライン含めて総合的かつ時間軸で捉えようとするものであり，統合的なコミュニケーション施策をデザインするための下敷きになりうるものであるということができよう。変化し続ける，新しいテクノロジーを活用する消費者の新しい行動パターンを観察・予測し，そのモデルを仮説的に設定して創造的なコミュニケーション施策を設計することが求められている。

■ 注

1) The American Marketing Association Dictionary (https://www.ama.org/resources/Pages/Dictionary.aspx?dLetter=s) 2015年7月15日アクセス。

■ 文献

井徳正吾編・松井陽通 (2013)『マーケティング・コミュニケーション――企業と消費者・流通を結び，ブランド価値を高める戦略』すばる舎。

井上淳子 (2014)「新製品導入時のサンプリング・プロモーション――個人内外のプロモーション効果」『流通研究』第16巻第2号，97-117。

恩蔵直人・守口剛 (1994)『セールス・プロモーション――その理論，分析手法，戦略』同文舘出版。

久保村隆祐・荒川祐吉編 (1982)『商業辞典』同文舘出版。

高広伯彦 (2013)『インバウンドマーケティング』ソフトバンククリエイティブ。

田中洋編 (2014)『ブランド戦略全書』有斐閣。

守口剛 (2002)『プロモーション効果分析』朝倉書店。

吉田和夫・大橋昭一編 (2006)『基本経営学用語辞典〔四訂版〕』同文舘出版。

渡辺隆之・守口剛 (2011)『セールス・プロモーションの実際〔第2版〕』(日経文庫) 日本経済新聞社。

Bowa, K. and R. Shoemaker (2004) "The Effects of Free Sample Promotions on Incremental Brand Sales," *Marketing Science*, 23 (3), 345-363.

Caywood, C. (2012) *The Handbook of Strategic Public Relations and Integrated Marketing Communications*, 2nd ed., McGraw-Hill.

Cummins, J. and R. Mullin (2010) *Sales Promotion: How to Create, Implement and Integrate Campaigns That Really Work*, 5th ed., Kogan Page.

Halligan, B. and D. Shah (2010) *Inbound Marketing: Get Found Using Google, Social Media, and Blogs*, Wiley. (川北英貴監訳・前田健二訳，2011『インバウンドマーケティング』すばる舎リンケージ)

Pelsmacker, P. D., M. Geuens and J. V. den Bergh (2001) *Marketing Communications*, Pearson Education.

Robinson, W. A. and T. B. Block (2010) *Sales Promotion Handbook* (English Edition), Dartnell.

Schultz, D. E., W. A. Robinson and L. A. Petrison (1998) *Sales Promotion Essentials: The 10 Basic Sales Promotion Techniques and How to Use Them*, 3rd ed., NTC Business Books

Scott, C. A. (1976) "The Effect of Trial and Incentives on Repeat Purchase Behavior," *Journal of Marketing Research*, 13 (3), 263-269.

第 **17** 章

広告計画のマネジメント

水野　由多加

1　広告計画のマネジメント

[1]　広告とは／広告効果とは／広告計画とは

広告計画のマネジメントとは，広告の送り手が，ターゲットとした受け手に対して，ブランド（商品名）を中心とした認知の構造（記憶の結びつき）に，好ましい変化を与える目論見の立案のための知識である。「好ましい」とは送り手とブランドの購買などに対して「好ましい」という意味である。また，多くの人々に到達・影響を与える結果として，コミュニケーションによって新たな価値を打ち立てる計画作り，と言い換えることもできる。この「新たな価値」とは，新しいものの見方（たとえば「知育」「卒業旅行」や「エコでのクルマ選び」）の成立であり，場合によれば新しい社会的な習慣の形成（たとえば「二世帯住宅」「婚約指輪はダイヤモンド」や「ペットボトル入り飲料の携行」）などにも結びつく結果のことを指している（ここに挙げた例は，いずれも企業が広告を中心に唱え始め，結果社会的な価値や常識や行動を構築した事例である）。

とはいえ，たしかに「広告計画のマネジメント」とは論じにくいテーマである。論じにくい理由には，次のような３つの構造的な問題がある。順に説明を試みよう。

１つは「広告をいかに認識するのか」，端的には「広告とは何か」という問題である。もし「広告とは広告物のことである」と advertisement として認識する

（そこから認識が出発するとしてもそれだけ）ならば，「広告計画のマネジメント」とは，映像・画像製作に使用するソフトウエア（多くは現代的には Adobe の Illustrator〈画像処理ソフト〉や Premiere〈映像処理ソフト〉）のスキルをどうするか，といった芸術系，デザイン系の学部や専門学校等の職業教育で行うことと同じことになりかねない。この認識問題をまず整理する必要がある。

2番目には，ではそのような「広告とは何か」という認識を経て，広告の送り手が「受け手のどのような心理プロセスのなかに広告効果を位置づけるのか」，という「広告効果プロセス」の問題がある。やや込み入った話に見えるが，「広告計画とは広告効果のシミュレーション」（仁科編 2001）と見れば，広告効果とは，単なる測定方法や調査データ，あるいは結果としての販売効果だけのことではないことが明らかである。端的には，受け手は特定のブランド製品（たとえばポカリスエット）を買ったり買わなかったりする。そのことはさまざまな原因や理由によるが，その効果を与えるプロセス（心理的な変化の過程）に，いかに広告効果を織り込んで捉えるのか，という，いわば「見取り図（マップ）」である。広告計画という航海の海図ともいえる。

海図のない「広告の実践」が実際には多い。つまり「広告の目的はいつも『知名度アップ』」などという思考停止である。どういうわけか，この広告についての誤った常識は，小学生から経営者にまで共有されているようだが，今日的なマーケティング状況で「知名率は 99% なのに年々売上が下がる」とか，「商品名は知られていないのに『XXX 配合』と書くだけで」「コンビニに並べるだけで」売れたという実践が「知名率神話」の限界を示している。むしろ，ここでいう「見取り図（マップ）」とは，そもそも購買が阻まれている際に，広告で解決するべき課題のありかを表すものだといえよう。知名度が高くともブランド・イメージの問題で売れ行きが思わしくないこともあるし，ブランド・イメージが良くとも，競合ブランドの方が購買時に思い出されやすいメッセージを採用している場合もある。これらをチェックする「広告の働くべき場所」（心理的な変化を働きかけるべき心理的なポイント）を示すものが「見取り図（マップ）」なのである。

そして最後に，ではその受け手の広告効果プロセス・マップ（見取り図，海図）のなかで，受け手にいかに働きかけるのか，という「広告計画の骨子」（目的や課題とその達成・解決方法）がやっと理解されるのである。プロセスがわかれば働きかけができる。逆にわからなければ適切な働きかけができない。一番終わりの「何を行うか」という知識だけが抽象的に「宙に浮いたように」理解されるわけ

図 17-1　広告認識の３次元

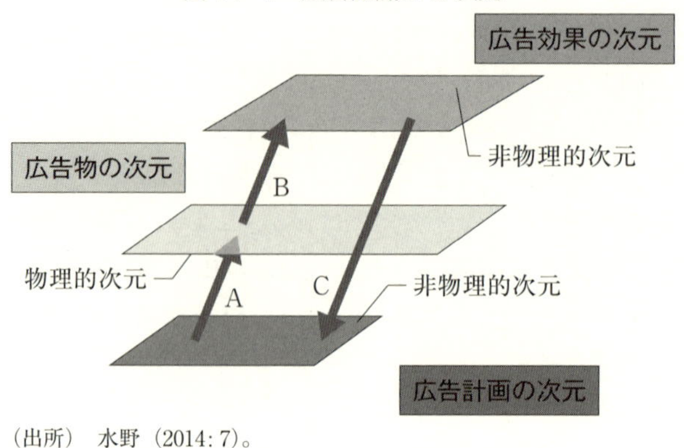

（出所）　水野（2014: 7）。

がないのだ（宙に浮いた理解が「広告の目的はいつも『知名度アップ』」である）。

広告認識（それは何か），何が課題で（効果プロセス・マップ），いかに働きかけるのか（広告計画の骨子）が順に理解されていくことが，間違ながら，論じにくさの原因であり，しかし理解のための正着なのである。

このこと抜きには「広告計画の研究」とは，業界誌・紙等で伝えられる成功事例や新手法についての（たいていは成功談のパブリシティーのような）ニュースのスクラップを超えられない。

［2］　広告の３次元構造

図 17-1 は，水野（2014）の解題である。この図が「広告とは何か」についての１つの説明になっている。なるべく簡単に解説しよう。

広告が社会的な現象（パソコンで作られるモノは社会現象以前の「広告物」）である，ということとは，３つの次元で成り立っている，という理解によってくっきりする。それは真ん中の「広告物（advertisement）」という物理的な次元をまず想定する。テレビ CM は音声と動画という作品とも呼ばれることのあるモノである。ネット上の広告はデジタル情報で表現されたモノであり，当然，印刷媒体広告は紙に印刷された，多くはグラフィック・デザインである。ラジオ CM は音声だけだから「物理的ではない」のではないか，と思われるかもしれないが，音声とは空気（物理的存在）が振動（物理的現象）して伝わるものだからやはり「物理的次元」にある。

その「広告物の次元」を出現させたのが広告の送り手の「広告計画の次元」である。これは，外部からは観察できない広告主企業のオフィスの1室の会議であり，広告会社がプレゼンテーションした企画書であり，広告主企業の社長の判断だから，どうしても「非物理的次元」である。広告を社会的に露出する費用である広告費をいくらかけるか，といったこともきわめて社会的な，つまり「非物理的」な次元のことである，といえよう。矢印Aとはその広告物を（これまた物理的存在であるメディアを介して）露出する，その行為を示している。まさに「広告計画」がマネジメントする実施（広告物制作とメディア露出，伝達手法選択，などのオペレーション）である。またこの最下段には「マーケティング論理」や「経営論理」を背後に持つ広告計画の目的や方針といったものが位置づけられる。自然天然現象として広告は出現しない。これが図中の最下段の次元である。

しかし，広告が広告である「鍵」は，図中最上段の「広告効果の次元」があるからである。広告の目的は「受け手に対して，ブランド（商品名）を中心とした認知の構造（記憶の結びつき）に，好ましい変化を与える」こと，と述べたが，さらにこれをさらにつづめれば「受け手の認知の構造に変化を与える」こと，となる（水野 2004, 2014）。受け手に届き，かつ何らかの痕跡を残さないような広告は（強くいえば）「なかったのと同じ」である。「広告以前・広告未然」である。この次元も基本「受け手のココロの中」のことだから，非物理的次元と考えられるだろう。

矢印Bとは，一見矢印Aの延長線上に自動的に伸びるように見えるがそうではない。このことも込み入ってはいるけれども簡単な例を挙げよう。

たとえば「広告主企業は『世界初』といった広告表現を好む」。なぜならば，その業界，その製品ジャンルで画期的で競争相手に先んじているからである（この認識は「広告計画の次元」である）。ところが，受け手にはたいてい（というかほとんど）「なぜそれが画期的なのか」の知識はまったくない。それ以前には，なぜ「軽くできなかったのか」，なぜ「薄くできなかったのか」，なぜ「早くできなかったのか」，なぜ「安くできなかったのか」，それができたことがなぜ「画期的」なのか，といった「画期」は，まさに「モノの作り手」の持つ業界・製品知識に照らしてはじめて驚かれるものだからである（製法特許や成分物質が「世界初」といった，その意味がそもそも受け手が観察できないものすら散見される）。要は，価値観が違うからその価値の意味がわからないのである（その価値観をわかることが業界人になることだったりする）。したがって「世界初」の類のメッセージ（矢印A）は，まず受け手には届かない。しょせん作り手ではないから理解できないのである。したがって「矢印B」は成立しない。このほか，矢印Bには無視はもちろん，勝手な解釈や誤解，広告主にはまるで関係のない連想などが干渉する，つまり送り手の目論(もくろ)んだ的(まと)に向かって伸びないのがむしろ一般である。受け手が，送り手と同じように（物理的には同じ）広告物を解釈し理解することは困難極まることなのである。受け手は広告を必ず受け止めて（送り手と同じ意味での理解を「正しい」とすれば）正しく理解しなければならない義務もない。

加えて，矢印Cとは，その効果の何らかの結果を把握する「広告効果測定調査」を指し示す。もっとも端的には「そのブランドを買ってみたいか」「そのブランドのイメージは若々しいと思うか」といった質問に対する回答である。しかし，そこでは矢印Aと矢印Bがはたしてどのようであったか（届いてなかったり，ズレていたりしていた，まさにそのこと）の検証が，これまたたいてい「無視されて認識から零れ落ちることになる」のである。A，Bがわからないで矢印Cだけがわかることはありえない。

こう考えれば，広告，少なくともその働きを果たした広告を3階建ての建物（建物にしては随分ぐらぐらしているが）にたとえて考えれば，3階建ての2階までしか建っていない「広告以前・広告未然」のものを，私たちは「広告である」と誤認していることが多いと気づくのではないだろうか。あるいは，1日数万の商業的なメッセージに私たちは接する，という説（検索画面一画面に一体いくつの広告的な情報があるか，を考えてほしい）に照らして考えれば，ほとんどの広告は「3階まで届いていない」のである。ほとんどの広告は受け手に届いていない。この峻厳な認識が「広告認識の3次元」という構造の指し示すことであり，広告とは何か，の社会的な認識のありようなのである。少なくとも送り手にとっての広告の理解，とりわけ「広告計画のマネジメント」の理解には，このような「届くことについての困難性」が文脈として存在するのである。

広告計画が広告コミュニケーション計画にほかならない，とはこのようなことである。

[3]　テーマ，そしてコンセプト

こうした「広告とは何か」を認識すること自体の困難さは，歴史的な広告知識のなかにも確認することができる。20世紀後半の広告全盛期を象徴するテレビ広告が世界的にも一般化しつつあった約50年前の広告文献に，その具象・抽象

認識の分岐と離陸を見出すことができる。

アメリカにおいても「広告とは広告物のことである」とする認識は1960年頃までは珍しくなかったようである。R.バートン（Barton 1955）は，1950年代までの「広告物＝広告」とするオペレーショナルな視点を色濃く示し，記述には「基本的なセールス・アイディア：どのような種類の提案が必要か，コピーライターやイラストレイターは，どのような消費者に印象づけるようなクリエイティビティを，この新しい提案に与えるか」などの記述がある。これは広告物の表現計画である。G.B.ホッチキスとW.L.ドレムス（Hotchkiss and Doremus 1961）ではplanning advertisement（広告物）の章がある。ただ「オーディエンスは望ましい反応を示す者を選び，訴求の方法を選ぶ（リーズンホワイかエモーショナルか……）」（ibid: 119-128）ことが記述され，効果という非物理的な次元を取り込んでいる。また，広告テーマとは，読み手（当時は印刷媒体の広告がまず想定されるので「読み手」が「受け手」の意となる）の心に印象づけようとする広告物の主要なアイディア，スローガン，効率的なテーマを選ぶことが重要，などが記述され，誰に，いかに，何を，という論理的で実際的なモノの考え方と「テーマ」という焦点づけがなされ抽象的なキャンペーンへの橋渡しが見られる。

C.J.ダークセンとA.クローガー（Dirksen and Kroeger 1964）は，その「キャンペーンを計画する」と題する章のなかで「訴求またはテーマ」として次の3つを挙げる。①モチベーション・リサーチが消費者を刺激するのに効果的で可能な訴求やテーマについての基礎的な情報を生み出してくれる（その他製品，市場，消費者，目的などさまざまな点について集められたすべてのデータをレビューすること）。②現実の最適なテーマの選択はコピーライターなどのクリエイティブ・シンキングからも生まれる。③いずれの成功している広告キャンペーンもたった1つの中心的アイデア，テーマの周辺で組み立てられている。たとえばThink small（Volkswagen），A diamond is forever（DeBeers Consolidated Mines），The best to you each morning（Kellogg's Corn Flakes）など。広告テーマとは，さまざまなアピールが使用されうるが，最も目的の必要にあったたった1つのアピールのことで，キャンペーンのキー・ノート・テーマ，またはアイデアのことである，とされる。

ちなみに同時代の日本のクリエイター西尾忠久によれば，Think small（Volkswagen）は当時の広告業界で「コンセプト広告」と呼ばれ始めた典型的な広告キャンペーン事例であった，とされる（西尾 1963）。西尾は「コンセプト広告」とは「大衆の既成概念をぶち破るほどのタイプの新しい強さ」のある広告のこと，と述べている。第二次世界大戦の戦勝国アメリカの「クルマは大きく豪華で最新型モデルがいい」という既成概念に対しての，敗戦国ドイツ（ただしアメリカに対しての実は長年の先進国）からの輸入車がいう別のクルマの理念 Think small だったのである。

ここでいわれる「コンセプト」とは，マーケティングのいうベネフィット（便益）の束である「プロダクト（製品）・コンセプト」とは無縁なもので，むしろ「受け手の認知の構造に変化を与える」その程度が，カタルシスともいえるほどにきわめて大きいことを指すのである。

2　送り手のマネジメントの体系化

[1]　広告計画の混乱：マーケティングのなかの効率的なオペレーション

同じ頃，日本の現代的広告研究の創始者ともいえる小林太三郎（1963）では，広告認識が「広告計画」に拡がることが確認できる。

それは「広告計画策定以前に必要となる事項」として，①広告商品自体の研究，②競争商品自体の研究，③一般需要者研究，④自社，競争会社，市場およびその他の研究を挙げ，次に「広告計画立案に際し留意すべき事項」として，①鞏固（きょうこ）性，②融通性，③協調性，④科学性，⑤理想性，⑥巨視性，を挙げる。そのうえで「広告計画に必要な具体的構成要素」として，①広告目的の明確化，②広告商品の決定，③広告市場の選択，④広告程度の計画，⑤広告期間の設定，⑥広告部門と関係諸部課との協力，⑦広告予算に最適な計画，⑧広告費の財源，⑨広告と他の促進手段の協力，の９項目を挙げるに至る。実務的な複雑性とのフィットを考慮したためであるけれども，要素のなかにプロセスや組織に関する留意事項が混入し「明瞭」になかなかならない。要するに「広告計画とは何か」という問いと答えは簡単には見出せないのである。

とはいえ「セールスマンが広告（費）を信じていない」傾向に触れることから広告（費）の正当化に小林の視点があるし，マーケティングの 4P（本書第 14 章参照）も「広告だけでモノが売れない」とする実務的な広告効果への懐疑への対抗論理としても理解できる。要は「広告を行っても店頭に商品がなければ売れない，競合相手がもっと安ければ売れない」などの広告以外のマーケティング要素との調整が重要な論点だった。広告をマーケティングのオペレーションとして正当化する。それが小林のいう「広告部門と関係諸部課との協力」である。環境や与件に関する分析や論理的ではない恣意性と組織的努力を欠く広告実施の実態が「留意事項」や「構成要素」をいう小林の視野には収められている。

このことは言い換えれば，広告が効果的に働く計画の「マーケティング要素との調整」への展開である，ともいえよう。たしかにこの展開は，広告物からやっと離陸したものの，いまだ「確たる効果への論理」を持たない広告計画論を体系化する1つの必然だった。

現代の精緻な用語では，マス・メディア広告に接する効果を「接触効果」といい，その後の「心理効果」や「販売効果」を導くように広告効果の議論や研究は分化している。けれども，小林の後，ほかの経営の諸領域と同じくコンピュータへの過大な期待が，たとえば「接触効果」のシミュレーションを高度化させ，広告計画のマネジメントを見えなくした傾向もすべてが昔のものとなったわけではない。あくまでも定まった手法（端的にはテレビCM）を前提とするから「効果（what）」よりも「効率（how）」が「マネジメント」の内容になるのである（数理的なプランニングをいう類書がこれにあたる）。マス広告という手法が固定されれば，オペレーション（operation：操作，「いかに行うか」）の効率性へ広告計画論は特化してしまう。

ビジネス基本語となったKPI（key performance indicators：重要業績評価指標）でいえば，知名率や広告認知率を不変のKPIとし，それさえ上がればいいのか，むしろ，課題のつど，何をKPIとするべきか，あるいはどうKPIを考えるべきか，の議論が重要なのではないか，ということとなる。そうした検討がなければ「効果（what）」の話にはならず，いきおい「効率（how）」だけの危うい話に終わるのである（危うい，とは環境構造が変わった際に対処する能力のなくなることである）。

さらにいえば，20世紀後半のほとんどすべての広告論のテキストは，残念ながら「メディア別」の手法の章立てを持つ。新聞，テレビ，ラジオ，雑誌，交通広告，と続く「広告媒体の種類」をもって「広告計画のマネジメント」とその体系とする知識は，さすがに21世紀の今は古色蒼然と見えるが，これも「広告計画の混乱」状況のもう1つの流れであった。

半世紀後の今，「（効率ではなく）効果の次元の（必ずしも数理的なものばかりではない）シミュレーションを行うのが計画次元」である，といった平明で論理的な認識がなされる。なぜならば，「広告以前・広告未然」という言い方で示したとおり，（「広告の物理的次元」ではなく）「広告効果の次元」を広告の中心に置いて考えれば，広告において最も重要なこととは「効果への寄与」以外にありえないからである。

そこで次なる画期である「どのような効果への寄与か」という知識の深化が，広告認識そのものにやってくるのである。

[2] 広告効果とは「フロー」なのか「ストック」なのか

いわゆる「広告計画」とは，広告素材を制作したり，広告媒体に露出したりターゲットに届く手法（イベント協賛もスマホアプリもゆるキャラも「手法」である）を選択・開発したり，予算を付けて実施の段取りを行うこと，と思われがちである。最新版の『情報メディア白書 2015』（電通総研 2015）のなかにも「媒体目標→媒体接触→予算配分→ビークル選択→広告単位選択→出稿パターンとスケジュール案→媒体購入」が広告計画である，という図示がある。まさに（ここではメディア広告）オペレーションとしての広告計画が実務上いかに捉えられているかが端的に分かる。

しかしながら，これでは「ロジスティクス（物流）とはトラックの効率的な運用のこと」といったコストパフォーマンス水準の理解に終わるのと同じこととなる（物流論は商学部門では，保険論や金融論と同様，広告論のお隣である）。何を扱っているのか，の思考の水準が浅いままに終わるのである。専門的には「ロジスティクスとは，調達，生産，販売，回収などの分野を統合し，需要と供給の適正化を図るとともに顧客満足を向上させ，あわせて環境保全及び安全対策をはじめ社会的課題への対応をめざす戦略的な経営管理」とされる（「日本工業標準規格（JIS）」の定義）。同様に専門化すれば，あくまでも「広告計画とは，広告の送り手が，ターゲットとした受け手に対して，ブランド（商品名）を中心とした認知の構造（記憶の結びつき）に，好ましい変化を与える目論見の立案のための知識」であって，それ抜きに「媒体目標」や「媒体接触」（要はリーチとフリーケンシーである）が達成されても，CM スキップされて終わりかねない。

本章で照準を合わせる「広告計画のマネジメント」，つまり広告計画の知識とは，「どのような効果への寄与か」つまり「何への寄与か」という知識の深化抜きにはありえない。とはいえ，この思考水準の深化，照準合わせ，はやはり簡単ではなかった。アメリカにおいても 1990 年代，D. E. シュルツら（Schultz et al. 1993＝1994）の統合型マーケティング・コミュニケーション（Integrated Marketing Communications：IMC）のコンセプトに至るまで実は混乱していたといえる。

たしかにテレビが新しい広告メディアだったような時期では，送り手にとってもそれをいかに使用すればいいのか，といった「いかに」に関心がひきつけられていたのだろう。しかしそれをなぜ混乱といいうるのか，というとIMC以前の広告テキストは，メディア別章立てが示すように，オペレーショナル（operational）な物理的な次元に長らく引き擦り続けられたからである。オペレーショナルとは「何を行うのか」（を往々に忘れ，そのこと）よりも「いかに行うのか」という関心を指す。IMCとは「広告（アメリカの広告はマス広告のことであるが）であれ，ダイレクト・マーケティングであれ，セールス・プロモーションであれ，受け手に同じ効果を及ぼすのならば『手段の違い』よりも，それらを統合して（ブランドのために）マネジメントするべき」（同書：6）という，今から考えれば，至極まっとうな「何を行うのか」についての論理展開である。それが，シュルツ以前には，手段（「いかに」）の解説に引っ張られ続けたのが広告テキストの標準だったのである。

さらにいうと，「いかに」に引っ張られた背後には，「広告の効果を『フロー』と見るのか，『ストック』と見るのか」という一大転換を待つ必要があったといっても過言ではない。印刷メディアだけが広告メディアだった時代，「知らないこと」を「知らせる」ことが（当然といえば当然だが）広告の第一の働きだった。この時代の広告認識は「流れ行く情報」である。しばらく経てば「無くなるように忘れられる」のであるから，「フロー」といっていい。

ところが，明らかに，ラジオ，そしてテレビの広告利用は急速な量的拡大とともに「同じ広告表現の繰り返し」が珍しいことではなくなる。英語圏ではubiquityともclutterともいわれる「広告の過剰な氾濫」が家庭内ですら一般化する。その後約30年（ほぼ全国民が1日3時間テレビを見た30年である）が経過し，要は個々の広告は「流す」だけでは「届かなく」なったという認識がようやく定まる。その結果，徐々に，度々述べるように「受け手の記憶のなかのブランドを中心とした連想に付け加わったり，イメージを変化させたりする」（でなければ本章冒頭に触れたとおり「3階まで届かない広告未然・広告以前」となる）といった，受け手の記憶の痕跡に残るか残らないか，という別の論点が重要となってくる。したがって，この際の効果とは「フロー」では，送り手にとって実を結ばない，不充分な効果となり，「ストック」としての効果が目指されることとなった。

また，「ストック」効果が認識された理由のもうひとつには，（後述のように）記憶に関する心理学的な研究知見が，他の分野や一般社会にも利用され，広告の

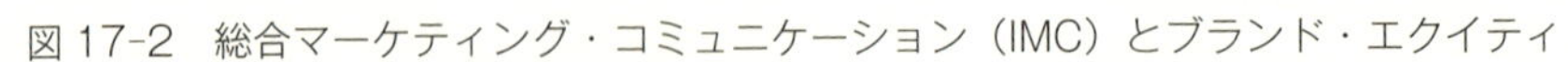
図 17-2　総合マーケティング・コミュニケーション（IMC）とブランド・エクイティ

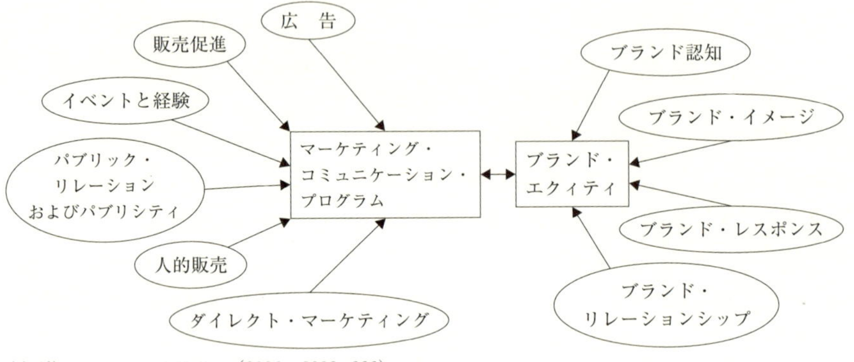

（出所）Kotler and Keller（2006＝2008: 666）。

心理的効果のなかにも取り入れられたこともある。この一大転換はさほど昔の話ではない。むろん世界中が一斉に認識転換した，といったことはありえないが，おそらくL. パーシーとJ. R. ロシターの初めての著作（Percy & Rossiter 1980）や，D. A. アーカーによるブランド認識の一般化を考えれば，大手広告主を中心とした送り手の知識のなかでは，おおよそ25年前，1990年前後に1つの分水嶺はあったのではないだろうか。要はそれ以前の広告効果とはすべてが「フロー」だったし，それ以外の例外的な効果認識には「長期効果」とか「波及効果」，あるいはブランドすら「消費者愛顧」といった，いわば短期販売効果のプラスアルファ（余禄）のような認識しかなされていなかったのである。

当然，効果認識が変わると，徐々にではあるが根底から「広告効果のマネジメント」に必要な知識や，考え方の体系が変化していくのである。

[3]　IMC が日本語本来の広告

図 17-2 は，その IMC 認識が，世界で最も読まれるマーケティングのテキストである，P. コトラーのマーケティング・マネジメントにも取り入れられ今に至っている論理である。先に見た，広告効果を「フロー」から「ストック」と見る見方とは，ブランド連想に追加したり，イメージを変化させたりすることだったのである。この受け手の心のなかに蓄積するブランド・エクイティに変化を及ぼそうとする IMC を一目でわかるように描いたのが図 17-2 である。

さまざまなマーケティング・コミュニケーション（図中の左側の楕円）も，当該のIMCが扱うブランド（ブランド・エクイティとは「ブランド資産」，本書第4章，第15章参照）への寄与という視点で統合されるべきである，ということになる。実務的には，当該ブランドのマネジメントについての権限や費用は統一的であるべきで，広告担当，販売促進担当，ダイレクト・マーケティング担当などが，バラバラに権限や予算を持つべきではない，ということとなる。

また，図17-2の「統合」的な含意は，そのブランド・エクイティへの寄与のウエイトは，ケース・バイ・ケースである，ということにもなる。おそらく21世紀初頭の日本のマーケティング史にも長く残る，スターバックスの成功事例などは，店舗におけるそれまでの喫茶店にはなかったような質の高い経験が，人的サービスや店舗デザイン（内装も計画されたコミュニケーションである）によってプログラムされ，ブランドに結びついた，と考えられる。対して「特保（特定保健食品）」などは，広告，PR，パッケージといったプログラムがブランド（この場合は「特保」というカテゴリーであるが）に結びついた。スターバックスには，少なくとも「マス広告」のウエイトはほとんどなく，特保には，それを冠した諸ブランドのマス広告のウエイトが高かった，といえ，ブランド・エクイティへの寄与のありようは，まさに「ケース・バイ・ケース（場合による）」なのである。

また言い換えれば，ブランド・エクイティ最大化・効率化，つまりは「長期のブランド収益の最大化」以外のどのような視点も，マーケティング・コミュニケーション統合の論理であってはならない，ということになる。短期販売効果の追求が「長期のブランド収益の最大化」に反する「日本企業は驚くほどマーケティングが下手」（片平1999）という警句が思い出される。ブランドの視点とは，図17-1でいう「受け手の広告効果の次元」であり，そのマネジメントが「送り手の広告計画の次元」（厳密には，当然ながら，3階までを視野に入れ「この図自体を認識」しようとする1階）であることはいうまでもないだろう。このことに，広告は「販売刺激」（経費であり，プロモーションであり，値引きと同列）であると見，差別化手段（付加価値であり，ブランド構築であり，非価格競争手段）となかなか認識しなかった論者，実務家の考えも，「フロー」と「ストック」に重なった。事態は構造的な混乱と大転換だったのである。

ただ，日本では，小林保彦が明示するように「アメリカの広告と日本の広告は指し示す範囲が異なる」（小林編2004：9-13）。あえて対応づければ，広告（日）＝PR（米），宣伝（日）＝IMC（米）とも小林は位置づけるが，実務的かつ日常的なボキャブラリーだけに整理はすぐにはつかない。むしろ，日本語の広告がマス広告に限らない一連のIMCと解してよいのではないだろうか。

マーケティング論者，そしてその多くの人々が輸入元とする米語（圏）では「advertising＝マス広告」であり，日本語の広告とは違う。実質的に広告とはマス広告のこと（亀井・疋田編 2005）として問題がなかった時期も長かっただけなのである。今や平明に，ひこにゃん，くまモンのようなゆるキャラも広告といって差し支えないIMCが一般に観察され理解される。もともとの日本語の広告が再度有効なのである。つまり図17-2の左側全体を包含するのが「広義の広告」であって，左上の楕円のみは「（狭義の）マス広告」と読むのが，素直な日本語ではないだろうか。

学術用語（term）とはいえ，日本語を使ってものを考える私たちには，はたしてどちらが適切な認識なのだろうか。

3 広告効果認識の深化が促す「広告計画」の精度

さて，以上のように「広告認識」が深まり，送り手のマーケティング計画のなかで広告計画が位置づけられ，ブランドのためのIMCという知識の体系化がなされたことを見た。その研究潮流ともいえる流れは，たしかに，いわゆる「商学部門」的な捉え方での「広告計画」理解のためのアウトライン整理の1つだろう。

しかし，「広告物から広告へ」の認識から，ブランドのためのIMCに至る間には，もう少し入り組んだ経緯がある。それが「何が課題なのか」の精緻化を示す「効果プロセス・マップ」である。

ざっくりいっても，約50年の世界的な「広告効果認識の深化」がIMCに至るまでの経緯であるから，これを簡潔にまとめるのは簡単なことではない。そこで，本章では以下，この経緯を代表する4人（組）の研究者に焦点を合わせて整理を試み，その成果からシュルツのIMC，つまり「いかに働きかけるのか（広告計画の骨子）」に至る論理を確認することとする。

[1] コーレーのDAGMAR：段階的説得モデルの功罪の淵源

さて，たびたび述べた「どこの何が広告課題（効果プロセス・マップ）なのか」という見取り図，海図の最もシンプルな原型は，テレビが広告媒体として使用され始めて以降，事実上の標準ともなった「広告効果と計画の基本認識」である

DAGMARである。世にAIDMAなりAIDAなりほかにもあまたの類語があるが，皆等しく，広告効果が順に生起することをいう「段階的説得モデル」を意味する。

DAGMARとは1960年代初頭に，全米広告主協会（Association of National Advertisers: ANA）のコンサルタントとして，R.H.コーレーによって唱えられた。これは，「広告の測定可能な結果として定義された広告目標（Defined Advertising Goal for Measured Advertising Results）」という英語の頭文字であり，ANA宛ての報告書のタイトルでもあった（Colley 1961＝1966）。

翻訳書の邦題『目標による広告管理（通称DAGMAR）』のとおり「DAGMARは広告効果を売上でなく，コミュニケーション効果に限定することにより数値で広告目標を設定し，その成果を広告効果として測定する管理手法である」とされ，具体的な「測定可能な数値」とは以下の4つであると邦訳者はつづめた。

①AWARENESS（知名）：見込み客が，ブランドおよび会社の存在に気がつく。
②COMPREHENSION（理解）：見込み客が，商品やベネフィットを理解する。
③CONVICTION（確信）：見込み客が，商品を買う気持ちまたは確信に達する。
④ACTION（行動）：最終的に購入行動を起こす。

もちろん，広告の目的（課題）にはさまざまな種類やレベルがあるけれど，多くの営利企業においては製品の販売促進である。その場合，「意図」とは単純化すれば「その製品を買ってみたい」と思ってほしい，ということになる。中身は論理的だから，その後の半世紀，基本的には世界的に受け入れられ，その構造は現在に至るまで多くの広告効果の考え方に通底しているともいえる。

心理段階の変化が，広告接触回数（頻度）の関数であるとすれば，広告効果が，広告露出回数を決定する予算（金額）の関数となる。その論理がDAGMARの基本形（したがって他の段階的説得モデルも同様）となり，以降半世紀余り世界的にテレビを広告メディアとする取引の根本論理となったのである。

広告計画におけるマネジメントとは，経営一般と同様，限界のある合理性（サイモン）の追求である。限界とは，資金であり，時間であり，情報であり，能力ということになる。その資金の部分が，マス広告の媒体費とリンクし，媒体費が知名率とリンクしたかたちがDAGMARの画期的で，かつ時代にフィットした点であった。さまざまなシミュレーションが開発され，今日に至るまで紹介される。[1]

とはいえ，DAGMAR は，送り手の「意図の達成」のかたちそのものであるから，外部環境のロジックの取り込み方（送り手組織の能力）が単純ならば，機能不全に陥る。アメリカでも DAGMAR は公表当初から現実と当てはまりが悪いという批判に晒され続けていた。要は，受け手は充分な製品やビジネスの知識があって高関与な場合に，「送り手の意図」に従った思考を行う場合があるけれども，たいていの広告の受け手は（先に挙げた「世界一」の無理解のように）知識も関与もない。そうした，いわば「押しつけがましい」指標ではあったが，予算と効果という端と端を結ぶ論理がほかにないので，今も（少なくとも予算獲得時には「形式的な実用性」があり，計算が簡便なので，「メディア広告の取引現場」では）便利に使われる「非実証的な」論理なのであった。

[2] アーカーのブランド：40 年ぶれないブランド論の巨人

驚くことに，アーカーと J. G. マイヤーズ（Aaker and Myers 1975＝1977）において，高関与ではない広告接触の累積的な結果でもある「受け手のブランド・イメージ」は既に明示されている。以来，40 年近くアーカーの「受け手の心理のなかに広告効果はブランドとして蓄積する」という論理は全くぶれない。受け手の心のなかで「実現していること」への適切な向き合い方がここにはある。つまり図 17-1 にある最上段の中に広告効果が実現している，という認識である。おそらくマーケティング関連の知識において，これほど 1 人の人間が同じコンセプトの有用性を保持した事例はないのではないか。今後においても「ブランド」認識の頑健さが傍証されるのである。

とはいえ，DAGMAR とどこが違うのか，と端的に問えば，多くは低関与に接触する広告の効果を，累積的に認識し，徐々に，受け手の自覚もなしに，蓄積あるいは沈殿していく，ブランド名を中心とする記憶の結びつき，と捉えた点である。むろん，広告以外の経験や伝聞等の記憶もブランド名を中心に体制化していく。

しかし，この論理は，実はほとんどの広告実践が「ブランド連想に有効な記憶を残し損ねている」ことを明らかにする。つまり広告効果を「ストック」としてみる見方である。この論理には 20 世紀末には多くの実務家も頷かざるをえなくなったが，経済成長期，「フロー」論理の陰に隠されがちであった。

[3] ロシターとパーシー：受け手の効果で計画を体系化・定石集に

ロシターとパーシー（Rossiter and Percy 1987, 1997）では，もはやIMCと広告効果のプロセス上，多層的に記憶の利用が行われることは自明のこととして扱われている。その淵源はパーシーとロシター（Percy and Rossiter 1980）である。しかしながらこの「受け手の効果で広告計画を整理し直す」という初の試みも，社会心理学ベースの2人には「広告物の効果」解説に終わってしまった。たとえば，そこで検討されたことは端的には，情報源のvisibility，credibility，attractiveness などであったからである。まだこの時点では企図の正しさの一方，あまりにも基礎的に，ナイーブな「広告＝広告物」観を示してしまったのだった。

その後8年を要したロシターとパーシー（Rossiter and Percy 1987）では，コミュニケーション目的の定式化（何らかの裏付けを持ってすべての広告にあてはまる一般的な処方を定めた，という意味で「定式化」と呼ぶにふさわしい）が①製品ニーズ別，②ブランド態度別などに心理学的に実証され，格段の説得力を獲得した。

①製品ニーズ別とは，ニーズがない場合／DAGMAR的な段階的説得モデルが当てはまる場合／購買促進の3つの場合で各々コミュニケーション目的が違うことの定式化である。ニーズ（この場合は「家庭用ゲーム機」「医療保険」「糖質ゼロビール〈類〉」というカテゴリーそのものへのニーズ）のない場合はその顕在化が広告の目的となる。ニーズが顕在化していれば，その製品市場のなかでの「知名」「態度」「購買意図」などのブランドの課題となる。そして，モノへのニーズが定まっていれば，値引きや限定などの「購買促進」がコミュニケーション目標となる，といった整理である。DAGMARの当てはまりの悪さの要因でもあった「ニーズが顕在的ではない場合」や，ブランド名の付いていない農産物にも通じる「購買促進」を分離したのである。

次いで，②ブランド態度別のコミュニケーション目的とは，「情報型」と「変換型」の2種類の広告表現路線が効果的な場合が各々違う，とする定式化である。情報型とは，トイレタリー製品などに多く見られる「問題除去」（カビが取れる，の類），医薬品などに多く見られる「不完全な満足」（眠くならない，効き目が早い，の類）などの製品ベネフィット情報そのものの表現類型である。それに対して変換型とは，「感覚的満足」（快楽的なイメージの喚起），「知的刺激」（興奮させる），「社会的承認」（得意げ，誇り）など，受け手が何らかの意味で「変換（transformation，商品の入手・使用で別の状態に変化すること）」を示唆する類型である。有名映画俳優が登場したり，その商品を持ったりすることで評判が獲得できる，といった表現類型である。この２区分という単純な広告表現の類型が，各々課題に対する態度別に効果的な場合が異なるのだ，とする場合分けは（関与度や動機も加え）「ロシター・パーシー・グリッド」と呼ばれその後著名となる。

目的の詳細化が，製品市場や受け手の状態の区分とセットになっているから，いわば「広告計画の定石集」がはじめて成立した，と評され，以来改版を経つつ，これらの考え方は世界的に高い評価を得たのである。

むろん，定石はそのままでは実際の状況にフィットしない。知名もイメージも購買意向も実際には順序立てては起きず，あたかも「スクランブル・エッグ」のように生起することもロシターとパーシー（Rossiter and Percy 1997）は認める。ただし定石は，それを破るためにも実務家にとって知る価値がある。

[4]　仁科貞文の「広告心理」：効果が可能にさせた計画の記述力

そもそも，広告の効果は「操作的に定義しないと測ることができない」。モノが売れること，はひとつの結果であって，広告効果はその結果を導く何らかの変化を促したからなのである。ロシターとパーシーの一連の定式化は，何が課題か，を海図のように記述する「効果プロセス・マップ」（の一部）でもあったが，やはり知識の体系の全体が見通しにくいうらみがあった。全体をざっくり見つつ，個々にも焦点を合わせる日本的な「ホリスティックス」がなかったのである。知識創造において名高い野中郁次郎（マーケティング研究者でもあった）の著書にも，「山の頂までのルートが見えなければ登山しない欧米的な知」と「頂きさえ見えれば，途中が雲に覆われていてもかまわず登ることができる日本的な知」が対比されていたことがあった（Johansson and Nonaka 1996）。その日本的な「ホリスティクスさ」のある「効果プロセス・マップ（何が課題か）」を指し示す最新ツールに図 17-3 の統合モデルはあてはまる。

この統合モデル（当初インテグレーションモデルと名付けられていた）の意義は，①受け手の反応という能動性を情報処理的整理で記述し（広告に接したり，パッケージを見たりした際の心理的反応），②受け手の記憶（経験や既存知識）という個別性が，個々の広告情報への解釈や関与を決める，という認知心理学的な広告効果プロセスを示し，③広告のコミュニケーション効果（左側）と消費者行動効果（右側）をハイブリッドに把握しようとする広告効果と課題のありかを表す枠組みとなっている点にある。

具体的には，広告などの記憶要素が，受け手の生活のなかで，広告と接した際，

図 17-3　広告（IMC）効果プロセス（統合モデル）

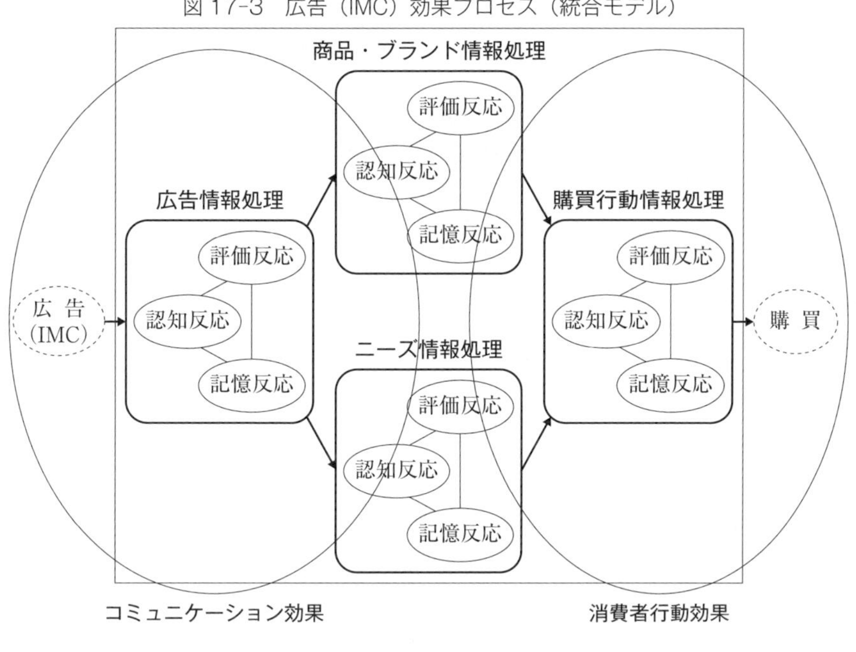

製品使用機会，購買時点など多層的に「どう思い出されるのか（思い出されていないのか，「知らない」とは思い出されていないことである）」「どう評価されているのか（要らない，関係がない，とはマイナス評価である）」を，ブランド連想調査などのさまざまな調査によって把握する。仮に「広告接触から購買まで『詰ま』らないで情報が流れればよい」と考えれば，効果プロセスのどこかで，流れが「詰まっている」のである，と考えてみる。それが「受け手の反応」の把握と「広告コミュニケーション課題」の記述を精緻に行う統合モデルである，とするのである。

表 17-1 はその課題記述の例である。広告表現への評価（たとえば「面白い」といった評価）や接触状況には問題がなくとも，競合ブランドがカテゴリー・ニーズと強く結びついていたら，やはり生活のなかで欲しいと思う機会や購買時点で，そのブランドは想い出されにくいだろう。また，そのブランドは充分に知られていても，競合ブランドなどに対して競争優位な連想を持っているのかどうかに課題がある場合もある。広告にも，ニーズ，ブランドにも問題はない場合でも，店頭で同定（その広告，ブランドであると他と区別して特定する）できる要素が乏しいパッケージ・デザインもあるだろう。このように統合モデルとは，単に「売れな

表 17-1　統合モデルによる「受け手の反応」の把握と「広告コミュニケーション課題」例

	受け手の反応(例)	広告コミュニケーション課題
広告情報	認知反応が乏しい	受け手とりわけターゲット層の経験や既存知識にフィットした適切な訴求，説得性向上（伝達媒体や手法を含む)，興味関心を引く表現演出要素への路線転換
ニーズ情報	評価反応が低い	当該製品カテゴリー・ニーズの価値を，その有無のギャップを認知させる
ブランド情報	記憶反応が乏しい	ブランド連想のなかで「思い出されやすい」競争優位な要素の強化・追加や，ニーズ情報との結びつきの程度を競合ブランドとは別の方法でいかに高めるか
購買情報	記憶反応が乏しい	競合ブランドよりも購買時点（あるいは検討時点）で適切な記憶が，いかに思い出されやすいような体制にブランド記憶を修正・再構築するか

い」という状況をいわば「顕微鏡的」に見，「課題構造的」に図示・把握する道具なのである。

仁科は一般に「広告効果の研究者」と思われているが，このようにその成果とは「広告課題（目的，objectives，つまりは「何をおこなうのか」)」を記述させ，計画の合理性を高める点にも貢献があったのである。

こうした成果である「統合モデル」は，先に見た「記憶や情報処理モデルといった認知心理学的な研究成果」とDAGMARの通用しにくい広告の「相互ノイズ化」状況などによって，同時多発的に考えられた。ロシターとS.ベルマン(Rossiter and Bellman 2005＝2009）においては，記憶の多層的な利用を前提に，広告プロモーション処理，ブランドコミュニケーション効果，顧客意思決定段階の3つが「雁行的にモデル化」される。これは統合モデルの広告情報，ブランド情報（+ニーズ情報)，購買情報の3つの情報処理が独立し，それぞれの処理結果の記憶が多層的に働く認識と同型である。DAGMARの相対化が世紀の替わるタイミングで全世界的に同時に考えられた事例である。

送り手の意図が理解できる，ということが，「広告計画のマネジメント」理解の補助線である。送り手の意図がわからない，その原因には，市場や業界の状況，つまりは「ビジネス・コンテキスト（文脈)」がわからないからである。学生の理解は，そのコンテキストのなかで「送り手が課題と考えたこと」をわかった際に進む。このことは学生に限ったことではない。

図 17-4　広告（IMC）による課題解決

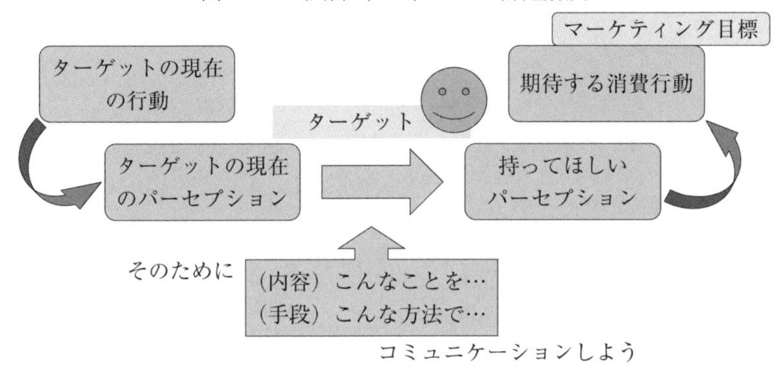

（出所）　仁科編（2001：96）を修正して作成。

統合モデルは，そのコンテキストのうち，消費者という「送り手が働きかける相手」について「どのような課題がありうるのか」を指し示すマップである。

［5］　シュルツ：「受け手の認知への働きかけ」を行う IMC

20 世紀末，シュルツらの IMC が，マーケティング・コミュニケーションの多媒体，多手法を目的によって統合する認識を唱えた。その目的の枠組みが，「パーセプション・チェンジ」である。図 17-4 がその骨子である。

製品カテゴリーやブランド，あるいは消費についての知識全般に広がる記憶の結びつきを広くパーセプションとシュルツらは示した（この点でパーセプションはブランド態度より広い概念である）。広告などのコミュニケーションが受け手であるターゲット層にできることとは，こうした「認識の変更」である。ダイヤモンドの硬度が硬いことと，愛情の長さが長いことは本来無関係だが，「ダイヤモンドは永遠」というスローガンによって，婚約指輪として他のいかなるモノよりも相応しいものと（とりわけ日米では）なったのだった。同じモノでもコミュニケーションによって，価値が変わりうる（水野〈2004，2014〉の言い方では「認知（・記憶）の構造の変化」である）。

個人的な体験や部分的・断片的にせよマーケティング・コミュニケーションの記憶の痕跡がこの「パーセプション・チェンジ」に寄与すること，これが IMC の効果であり，IMC の狙い（つまり計画）なのである。

こうして，いかに課題に働きかけるのか（広告計画の骨子）を記述・理解する体

表 17-2　送り手の広告計画の論点

20 世紀的	経済合理性 マス・メディアの利用のしかた（メディア・ミックスの考え方，媒体特性） メッセージの開発，接触効果，媒体効率
今日的	ターゲティング，ブランディング，コミュニケーション・デザイン クロス・メディア，コンテンツへの共感 企業の社会的責任（CSR）
将来的	生活者（の認知世界）への寄与 意図せざる結果の中心化 社会性・人間性への配慮

系がシュルツらによって構築され，現在に至る。「広告計画のマネジメント」に関する半世紀の進展によって，さまざまなマーケティング・コミュニケーションの目的と計画が統合的に把握され，21 世紀を迎えたのが「パーセプション・チェンジ」だったのである。

4　現代の状況とコミュニケーション・プランニング

以上，広告計画とは広告コミュニケーション計画にほかならないことをその知識の進展から概略辿った。とはいえ，現代の状況に照らしてみれば，また新たな課題がある。山積する課題だが，「広告計画のマネジメント」上，関連の深い残された論点に触れておく。表 17-2 がその一覧である。

［1］「社会性」

今や「広告活動も（もちろんマーケティング活動も）企業の社会的責任（Corporate Social Responsibilities: CSR）」のなかにある。ここでいう社会とは，その広告のターゲットである消費者やユーザーよりも広い，もっと多くの立場の人々の総体である。

広告が扱っている商品がはたして適切な消費を指し示しているかどうか。また，広告表現が特定の社会的ステレオタイプ（紋切り型のものの見方，問題となる場合は人権問題に通じる）を構築・助長し問題を孕んでいないかどうか。そういった個々の広告キャンペーンの「送り手と受け手」を超える「社会性」を取り込むことにはなかなか手が伸びていない。課題が経済原則（送り手の多くは営利企業），消費生活原則（受け手にとっての価値や意味）といういわば2つの次元に関心が終わって，広告計画を本来構成する3次元目の「社会性」（すぐには購買に至らない社会へのコミュニケーション）が等閑視され続けているのである。

その証拠に，広告が起因となる社会問題は，「送り手の問題」（悪徳商法，悪意のある広告など），社会規範の対応の遅れ（法制度や業界規制の新手法や新技術対応の遅れ），といった二項対立で捉えられがちであるが，最も正当化論理の弱い「受け手の自由や権利」（情報環境についての権利，情報弱者への対応）にこそ新たな問題領域が広がっている。ネットの閲覧履歴に基づくターゲット広告から，景観を享受する環境権に至るまで「情報環境」の議論が21世紀にはかたちを成しつつある。何分も続くテレビCMを飛ばす「CMスキップ」とはこの環境権の行使のひとつである。社会性，生活者の人間性への配慮が決定的に不足しているのである。

広告計画のプロセスに「社会的チェックのステップを」というために亀井（1978）は弁護士やHEIB（Home Economist in Business，家政学の知識を企業内で生かす認定資格）有資格者の参加をいった。そうしたCSR担保も「ここまでやれば充分である」というものでもない。JARO（日本広告審査機構）があるから広告の社会的責任は充分，などという実務家は，広告が起因となっている社会問題にあまりにナイーブである。個別の広告計画においても，こうした論点が視野に入れられるべきながら，その枠組みは残念ながらいまだ見えないのである。

消長急なアド・テクノロジーも個人情報保護や公正な取引，つまり社会性と人間性への配慮が，社会的受容のための前提である。

[2] コミュニケーション・プランニング

広告はむしろ昨今は「ブランディング」や「コミュニケーション」と言い換えられることの方が多くなってきたのかもしれない（たとえば田中・清水編〈2006〉では，広告という言葉が書名，章タイトルから避けられ，コミュニケーション戦略，マーケティング・コミュニケーション，メディアとメッセージなどの言葉が選択される）。したがってその送り手の計画である「広告計画のマネジメント」も，アカウント・プランニング（account planning），戦略プランニング，コミュニケーション・デザイニング（実務上の和製造語か），コミュニケーション・プランニング（communication planning）とさまざまに異なるキーワードで語られ，指し示されることもまた今日的な状況なのである。

ただし，「広告」を「ブランディング」に，「広告計画」を「コミュニケーション・プランニング」に，「多頻度露出」を「ヘビーなコンタクト・ポイント」に言い換えれば何かが済むかどうか。求められていることは，クリティカル・シンキング（あるいはロジカル・シンキング）にほかならない。

佐藤尚之（2011）は，情報供給過多の現代人の情報受容のプロセスを概念化しSIPS（Sympathy：共感，Identify：確認，Participation：参加，Share：共有）をいうが，その枠組みは，広範なリーチも多頻度の露出（まさにマス広告の象徴はこの積 GRP〈Gross Rating Point：「延べ視聴率」〉である）も，受け手にとって「共感」されなければそもそも情報処理の動機が湧かず，意味を持たないことの明言である。岸勇希（2008）には，選択肢の過剰，情報過多環境では，単なる露出（exposure）からエンゲージメント（engagement）を目指すコミュニケーション・デザイン（コミュニケーション創り）が広告の仕事となっている，という論理がある。高広（2012）には，メディア・ニュートラル，メソッド・ニュートラルなプランニングが求められ，2005年頃から，商品と消費者がいかに「コミュニケーション」するかを企てる職種として「コミュニケーション・デザイナー」が生まれたこと，などの指摘がある。こうした実践的な論理を持つ実務家の指摘は，旧来的なマス広告論理やメディアへの露出プランニングよりも，受け手を中心として関係性やコミュニケーションを中心課題とする点で，同種の認識といえる。

変化への対応が重要であるとはいえ，広告マネジメントの枠組みや事例を評価的に分析することとは，やはりクリティカル・シンキング（あるいはロジカル・シンキング）にほかならない。広告環境（メディア社会と生活者の情報行動の変化），広告目的の社会性，メッセージや手法の妥当性など，（多次元の）論理的な整合性が点検されるべきだからである。

その意味では「効果とは測定方法のこと」だとか，目的はその都度違うが「効果指標はいつも同じ」だとかいう実践的な問題点はむしろ変わらない。「広告を単なる手段と見る見方そのもの」のなかに課題があるともいえよう（水野 2014）。

過渡期にこそ考えなければならないのは，大学生だけでなく，実務家も見通せない広告の適切な実践のありようである。したがって，より適切で評価に値する広告キャンペーンを見る眼を培うために，アクチュアルな情報環境享受者である大学生が広告を研究対象として扱う意義が高いのである。

■ 注

1) 近年の数理的広告効果の実証研究の集成には，ビデオリサーチ編（2009）『広告効果の科学』（日本経済新聞出版社）がある。ここには，テレビCMの出稿量（本数，延べ視聴率等）をまず独立変数とし，広告認知率，購入喚起度，そしてWebサイト接触者数等までを従属変数として説明する回帰分析，共分散構造分析，パス解析などの説明・予測モデルの紹介が多数ある。筆者（水野）の立場からは，20世紀末の安定的なテレビ視聴を前提にして，個別の広告目的や広告効果に注目するよりも，一般化をめざしてKPIを固定化した実務的な作業と見える。

■ 文献

青木幸弘・新倉貴士・佐々木壮太郎・松下光司（2012）『消費者行動論――マーケティングとブランド構築への応用』有斐閣。

石井淳蔵・栗木契・嶋口充輝・余田拓郎（2013）『ゼミナール マーケティング入門〔第2版〕』日本経済新聞出版社。

伊丹敬之・加護野忠男（2003）『ゼミナール 経営学入門〔第3版〕』日本経済新聞社。

柏木重秋編（1988）『広告概論〔新版〕』ダイヤモンド社。

片平秀貴（1999）『パワーブランドの本質――企業とステークホルダーを結合させる「第五の経営資源」〔新版〕』ダイヤモンド社。

亀井昭宏（1978）「広告管理システム――広告計画から評価まで」村田昭治編『現代の広告』同文館出版。

亀井昭宏・疋田聰編（2005）『新広告論』日経広告研究所。

川越憲治・疋田聰編（2007）『広告とCSR』生産性出版。

木戸茂（2004）『広告マネジメント』朝倉書店。

岸志津江・田中洋・嶋村和恵（2008）『現代広告論〔新版〕』有斐閣。

岸勇希（2008）『コミュニケーションをデザインするための本』電通。

栗木契・水越康介・吉田満梨編（2012）『マーケティング・リフレーミング――視点が変わると価値が生まれる』有斐閣。

小林太三郎（1963）『広告宣伝〔修正版〕』同文館。

小林太三郎（1968）『広告管理の理論と実際――広告コミュニケーションの効率化』同文館。

小林太三郎監修／嶋村和恵・石崎徹（1997）『日本の広告研究の歴史』電通。

小林保彦編（2004）『アカウントプランニング思考』日経広告研究所。

小林保彦（2007）「企業コミュニケーション（経営戦略）と広告」『〔平成19年版〕広告に携わる人の総合講座』日経広告研究所。

小林保彦・疋田聰・和田充夫・亀井昭宏（1997）『新価値創造の広告コミュニケーション――21世紀に向けての新たな広告の意味と戦略可能性を求めて』ダイヤモンド社。

佐藤尚之（2011）『明日のコミュニケーション――「関与する生活者」に愛される方法』（アスキー新書）アスキー・メディアワークス。

嶋口充輝・石井淳蔵（1995）『現代マーケティング〔新版〕』有斐閣。
嶋村和恵監修（2006）『新しい広告』電通。
高広伯彦（2012）『次世代コミュニケーションプランニング』ソフトバンククリエイティブ。
田中洋・清水聰編（2006）『消費者・コミュニケーション戦略』有斐閣。
電通総研（2015）『情報メディア白書 2015』ダイヤモンド社。
西尾忠久編（1963）『フォルクスワーゲンの広告キャンペーン』美術出版社。
仁科貞文（1976）『広告心理――消費者心理と広告計画』電通。
仁科貞文編（2001）『広告効果論――情報処理パラダイムからのアプローチ』電通。
仁科貞文・嶋村和恵監修（2000）『昭和・平成期の広告研究論文――助成研究成果の総括』吉田秀雄記念事業財団。
仁科貞文・田中洋・丸岡吉人（2007）『広告心理』電通。
日経広告研究所編（各年版）『基礎から学べる広告の総合講座』日経広告研究所。
水野由多加（2014）『統合広告論――実践秩序へのアプローチ〔改訂版〕』ミネルヴァ書房（初版 2004 年）。
ヤン，チャールズ（1973）『広告の科学――その発想と戦略』（中公新書）中央公論社。
Aaker, D. A.（1991）*Managing Brand Equity: Capitalizing on the Value of a Brand Name, illustrated edition*, Free Press.（陶山計介・中田善啓・尾崎久仁博・小林哲訳，1994『ブランド・エクイティ戦略――競争優位をつくりだす名前，シンボル，スローガン』ダイヤモンド社）
Aaker, D. A. and J. G. Myers（1975）*Advertising Management*, Prentice-Hall.（野中郁次郎・池上久訳，1977『アドバタイジング・マネジメント――広告意思決定の理論（上・下）』東洋経済新報社）
Barton, R.（1955）*Advertising Agency Operations and Management*, McGraw-Hill.（博報堂出版課訳，1960『広告管理――広告代理店の機能と組織』博報堂）
Colley, R. H.（1961）*Defined Advertising Goal for Measured Advertising Results*, Association of National Advertisers.（八巻俊雄訳，1966『目標による広告管理』ダイヤモンド社）
Dirksen, C. J. and A. Kroeger（1964）*Advertising Principles and Problems*, Revised ed., R. D. Irwin.
Dutka, S.（1995）*DAGMAR: Defined Advertising Goal for Measured Advertising Results*, 2nd ed., NTC Business Books.（八巻俊雄訳，1998『目標による広告管理――DAGMAR（ダグマー）の新展開〔新版〕』ダイヤモンド社）
Hotchkiss, G. B. and W. L. Doremus（1961）*Advertising*, Alexander Hamilton Institute.
Johansson, J. K. and I. Nonaka,（1996）*Relentless: The Japanese Way of Marketing*, Harper Business.
Jones, J. P.（1992）*How Much is Enough? : Getting the Most from Your Advertising Dollar*, Lexington Books.（亀井昭宏監訳，1994『満足できる広告効果と予算――広告の経済性をいかに高めるか？』日経広告研究所）

Kotler, P. and K. L. Keller (2006) *Marketing Management*, 12th ed., Prentice-Hall.（恩蔵直人監訳／月谷真紀訳，2008『コトラー＆ケラーのマーケティング・マネジメント〔第12版〕』ピアソン・エデュケーション）

Percy, L. and J. R. Rossiter (1980) *Advertising Strategy: A Communication Theory Approach*, Praeger.

Rossiter, J. R. and L. Percy (1987) *Advertising and Promotion Management*, McGraw-Hill.

Rossiter. J. R. and L. Percy (1997) *Advertising Communication and Promotion Management*, 2nd ed., McGraw-Hill.（青木幸弘・岸志津江・亀井昭宏監訳，2000『ブランド・コミュニケーションの理論と実際』東急エージェンシー出版部）

Rossiter, J. R. and S. Bellman (2005) *Marketing Communications: Theory and Applications*, Prentice-Hall.（岸志津江監修／東急エージェンシーマーコム研究会訳，2009『戦略的マーケティング・コミュニケーション―― IMC の理論と実際』東急エージェンシー出版部）

Schultz, D. E., S. I. Tannenbaum and R. F. Lauterborn (1993) *The New Marketing Paradigm: Integrated Marketing Communications*, NTC Business Books.（有賀勝訳，1994『広告革命――米国に吹き荒れる IMC 旋風：統合型マーケティングコミュニケーションの理論』電通）

第 V 部

広告論の新地平

第Ⅰ部から第Ⅳ部まで，一般的な「広告論の教科書」とは構成が大きく異なるとはいえ，これまでどのような研究が，広告に対して，ないしは，広告を通じてなされてきたかについて，議論が展開されていた。それに対して第Ⅴ部では，今後どのような点が広告コミュニケーションに関する研究に求められるかについて，議論の蓄積がそれほどない点を中心にラインナップを構築した。ここに挙げられる各章のみが今後の研究に値するというわけでは決してないが，とはいえ，第Ⅴ部で議論されている内容の理解なしに他の広告コミュニケーションに関する研究が立ちゆかないことも，また，明白である。

第 18 章では，現代の情報環境における広告の位置づけと把握方法について議論を展開する。現代の情報環境とは，インターネットなどの情報インフラのみではなく，意図せず漏れ出る情報をも含む複雑なメタ・コミュニケーションをも指している。この前提に立ったうえで，第 18 章では，広告が今後どうなるかについて，トリプル・メディアやコミュニケーション・デザインなどといった概念を手がかりに考察している。ペイド・メディア的アプローチだけでは現在の広告の「原理」を理解することはできず，したがって効果的な広告活動の探求も広告と社会との相互作用の理解もできない。では，どのようにすればその「原理」を理解することができるのか，この章ではこの点についての深い示唆を与えてくれるだろう。

第 19 章では，広告表現制作活動をコンテンツ産業での営為と見なしたうえで，文化政策学の見地から，創造性の発露がいかにすれば可能となりまた促進されるかについて検討を行う。文化政策学の観点は，これまでの広告研究ではあまり見られなかったものであり，かつ，広告の研究は，文化政策学のなかでもこれまでおもな対象とはされてこなかった分野である。第 19 章では，広告産業のビジネス構造やクリエイターのキャリア形成パターンなどの分析を通じ，この点についての議論を展開している。広告と密接に関わりつつもこれまで研究がそれほど進んでこなかった分野において，どのように研究を進めていけばよいのかについて，この章はその 1 つの例を示していると言えよう。

最終章となる第 20 章では，編者 3 人による共著として，広告コミュニケーションの研究とはいったい何者なのかについて，あらためて考える。21 世紀的コミュニケーション現象の成立は，「広告」がテレビ CM と新聞広告だけを指す用語ではなく，「効く」が金儲けの手段としての短期的な販売促進効果のみと定義するにはあまりにも狭いことを，白日のもとにさらすことに繋がった。第 20 章では，矮小化された広告概念からの決別と，それに伴う広告研究の進化・深化を，社会的遍在性と学際研究とをキーワードとして議論している。第 18 章で検討した新たな「広告原理」を受け，「広告研究原理」とでもいうべきものを考えることで，今後の広告コミュニケーションにまつわるさまざまな研究がより豊穣になることを，この章は明らかにしている。

第Ⅴ部の 3 つの章で取り上げた内容だけが，「広告論の新地平」なのでは，おそらくはなかろう。本書を通じてさまざまな観点からの研究を取り上げているが，そのほぼすべてが「文系」の学問である。そこにおいてもすべてが網羅されているわけではなく，たとえば消費者行政や消費者教育に関する研究も，一部関連した記述はあるとはいえ，本書で十分に取り上げているとは言えない。また，ニューロ・サイエンスの応用など，今後は「理系」の学問との融合も求められるであろう。ただ，一足飛びにそこまで進まなかったとして，この 3 つの章における議論を概観するだけでも，本書を通じて追い求めている「広告のホリスティック（全体論的）な理解」が広告の研究には必要不可欠であることは，読者諸氏に理解してもらえるだろう。

「ホリスティック」の対義語は「アトミスティック（原子論的）」あるいは「パーシャル（部分的）」である。それは，「党派的」でさえある。しかし，その「偏在」的な理解で，はたして「遍在」している広告を捉えきれるのだろうか。第Ⅴ部の各章が，そして本書が読者諸氏に問いかけているのはまさにこの点である。広告は，広告の研究は，だからこそおもしろいのである。

（伊吹勇亮）

第 **18** 章

現代の情報環境と広告のゆくえ

鈴木　謙介

はじめに：情報環境の発達

商品経済が発達する過程において，広告は「商品と消費者をつなぐ回路」のなかでも非常に重要な役割を果たしていた。どのような商品が存在するか，それが購買に値するものであるかということを知るための情報を，多くは広告から入手していた。また，そうした売り手側からの情報のみならず，クチコミやヒットランキングといったレビューからも商品の情報を手に入れることがあった。

本章で何度か触れるソーシャル・メディアのような新しいメディアも，その点で江戸時代には存在していた料理屋などの「名物番付」と，本質的には変わらないように見える。だが消費者を取り巻く情報環境という面から見れば，売り手と買い手，消費者と商品やサービスとの関係は以前より複雑化している。メディアの数も増えたし，売り手の側もそうしたメディアでの取り上げられ方を意識し，あらかじめさまざまな戦略を立てるようになっている。

社会学においてはそうした変化のことを「再帰性の高まり」という用語で説明するが，ここではより平易な説明を試みよう。池田謙一は，コミュニケーションに3つの位相があるということを述べている（池田 2000）。説得達成の相，リアリティ形成の相という，ある種の明確なメッセージを伴うようなコミュニケーションに対して，情報環境とは，それらのコミュニケーションを包含し，意図しないで漏れ出る情報も含むメタ・コミュニケーションである。

本章においても「情報環境」という言葉を，インターネットなどの情報インフラを指す言葉ではなく，消費者が商品やサービスについての情報を得るためのメタ環境として定義して話を進める。というのもすでに述べたとおり，近年のソーシャル・メディアの発達によって生まれた「クチコミメディア」のようなものは古くから存在していたのであって，むしろ重要なのは，それが果たす役割が，送り手にとっても受け手にとっても複雑なものになっているということだからだ。

送り手と受け手を結ぶ情報とコミュニケーションのあり方が複雑化するということは，その間で仲立ちをしていた広告の役割も，単純なものではなくなるということを意味する。どのような広告を企画し，表現するかということも，またそれをどうやって研究の対象として扱うかということも，広告がいかなる情報環境のなかで機能しているのかという前提に依拠しなければ考えることができない。本章で扱ういくつかの新しい現象も，そうした観点から論じられたものであることに注意してほしい。

1 トリプル・メディアの視点

[1] ネット広告の「成長」

インターネットの利用者の増加とともに，いわゆる「ネット広告」も成長を続けている。電通が毎年発表している「日本の広告費」のデータを見てみよう（電通 2014）。2013年のインターネット広告費は9381億円と前年から8.1%の成長で，2005年から8年連続のプラス成長となった[1)]。リーマン・ショック，そして東日本大震災の際にほかの多くの広告媒体の広告費が落ち込んだことを思えば，ネット広告だけが一貫してプラス成長を続けていることになる。

ただし，ここにはいくつか留保しなければいけないことがある。最も重要なのは，インターネットという媒体の性格だ。

テレビやラジオといった放送媒体の場合，広告には「枠」の限界がある。放送時間は限られており，またそのなかで広告に充てることが許されている時間にも規制がある。たとえば日本民間放送連盟の放送基準では，週間のコマーシャルの総量は総放送時間の18%以内とされている。さらにそのなかでも「ゴールデンタイム」と呼ばれることもある視聴者の多い時間帯を筆頭に「広告効果の高い枠」が存在している。また競合する企業が1つの番組で広告を打たないように配慮するなどの業界慣行もあり，どこでも好きなように広告を出すことができない。内容は異なるが，似たような限界は新聞や雑誌にもある程度まで見られるものだ。

それに対してネット媒体の場合は，そもそも原理的に「枠」の限界がない。むろん，ユーザーのアクセス数が多かったり，目につきやすかったりする「一等地」と呼ばれる領域は存在する。だが広告枠を含めてウェブページは無限に作成することができるし，そうした技術的な性格もあって，放送のような総量規制が存在しない。さらに後に述べるような個人向けのカスタマイズ機能を用いれば，同じ枠であってもアクセスする人によって表示する広告を変えられるので，原理上は無限の広告枠が存在しているとさえいえるのだ。

そうした無限の枠を持つインターネット広告では，「マス」ではなく，消費者個々人やその集合にターゲットを絞った広告展開が行われる（田中 2011）。そのため広告費の算出方法や形態もまた多様だ。そのすべてをここで網羅することはできないが，もはや「インターネット広告＝ウェブページに掲載するバナー広告」であり「クリック数に応じて広告料が発生する」などといった単純なモデルで考えることができないものになっているのは間違いない。

このことは，年々成長を続けるインターネット広告の「成長」の内実について，さまざまなことを考えさせてくれる。まず大前提として，この広告費の「成長」とは，クライアントからのウェブ媒体ないし広告制作会社への支払いが伸びていることを意味する。つまりネット広告が伸びているといっても，必ずしもそこで売られている商品やサービスが同じだけ伸びていることを意味するわけではないのだ。新たな広告モデルが開発され，広告出稿のバリエーションが増えることや，広告出稿枠が増えることによっても，広告費は伸びる。特にネット広告の場合は，そうした要因も大きいことに注意しておく必要がある。

さらに，伸び率という点で見れば，ネット広告が「急成長する分野」と言い切れなくなっていることもある。リーマン・ショック以前には 20% 以上の成長を見せていたものが，東日本大震災以降は 4～8% の伸びで推移している。それでも成長率としては十分すぎるほど高い数値だが，ネット広告産業が，成熟期を迎えつつあるという見方も可能だろう（図 18-1）。

ネット広告は今後も，広告産業の有力な分野として注目を集めるものになるだろう。だがその期待に応え続けるためには，新たな広告手法の開発を含めた，展開のバリエーションの増大が欠かせない。そうした背景のもとで起きているのが，ソーシャル・メディアの普及と，「トリプル・メディア」と呼ばれるネットメディアの媒体特性分類に応じた広告展開なのだ。

図 18-1　ネット広告費の総額と前年度比成長率

年	インターネット（全体）広告費（億円）	インターネット伸び率（%）
2005	3777	100.0
2006	4828	127.8
2007	6003	124.3
2008	6983	116.3
2009	7069	101.2
2010	7747	109.6
2011	8062	104.1
2012	8680	107.7
2013	9381	108.1

（出所）　電通（2014）より筆者作成。伸び率は 2005 年を基準に算出。

[2]　ソーシャル・メディアの普及と情報探索

では，そのソーシャル・メディアの普及はどのように進んでいるのだろうか。「複数の人とインターネットでやりとりできる情報サービス」という定義を採用している，総務省の「通信利用動向調査」のデータを見てみよう（総務省 2014）。それによるとソーシャル・メディアの利用率は 13〜39 歳で 50% を超えており，40〜49 歳においても 43.5% となっている。高齢層になるほど利用率は低くなるものの，インターネットやソーシャル・メディアは若者が使うものというイメージは正しくないことがわかる。

さらに，ネットにアクセスする機器にも変化が見られる。同じ調査における情報通信機器の普及状況のデータによれば，「自宅のパソコン」が 13〜59 歳までの間で 60% を超えている一方，「スマートフォン」という解答も 13〜49 歳で 50% を超えている。さらに「携帯電話」という解答も 50〜69 歳で 50% を超えているのである。もちろんそのすべてがネットにアクセスするためだけに利用されているわけではないと思われるが，情報通信機器の普及は，今後は全世代に拡大すると見て間違いない。

では，そこでインターネットはどのような目的で利用されているのだろうか。「ソーシャル・メディアの利用」や「動画投稿・共有サイトの利用」といったものでは世代差が大きいものの，よく利用される機能で，世代差による大きな違いはない。本章に関わる部分でいうならば，「商品・サービスの購入・取引」は，最も低い 60 歳以上の世代でも 40% ほどになっており，インターネットの利用目

図 18-2　AISAS と SIPS

AISAS：インターネット時代の消費者の行動プロセス

SIPS：ソーシャル・メディアに親しんだ消費者の行動プロセス

（注）　AISAS は（株）電通の登録商標。

的のなかでも大きなウエイトを占めていることがわかる。

また，そこで購入される商品も，割合が高くなっているのは書籍や音楽のほか，日用雑貨や趣味関連品，チケットなど。さらに平均最高購入額も 3 万円を超えており，インターネットが単なる情報通信の道具ではなく，商品やサービスの購入へと至る重要なチャネルになっていることは明らかだ。

さて，そこでソーシャル・メディアの普及は，商品の選択や購入にどういった影響を与えると考えられるか。総務省のデータでは，ソーシャル・メディアの利用目的として「従来からの知人とのコミュニケーションのため」についで「知りたいことについて情報を探すため」という解答が全世代で多くなっている。「知りたいこと」のなかにはさまざまなものがあるだろうが，そこに商品の情報が含まれるとすれば，ソーシャル・メディアも消費者の重要な情報探索ツールになっていると考えられる。

消費者の情報探索とは，消費者が受け身で商品に関する情報を受け取るだけではなく，知りたい情報を得るために主体的に行動するということだ。ソーシャル・メディアが普及する以前は，電通の提唱する「AISAS」モデルに見られるように「Search（検索）」が重要な情報探索行動だった。しかしソーシャル・メディアが普及した現在では，検索という主体的な行動をとらなくても，フォローしているユーザーからの情報のように，受動的に情報が届けられるチャネルも登場しているのである。

そのため，ソーシャル・メディアの普及を前提にした消費者との関係構築のモデルも，同じく電通の提唱する「SIPS」モデルのように，消費者の共感や参加が欠かせないものになっているのである（図 18-2）。

図 18-3　トリプル・メディアの概念

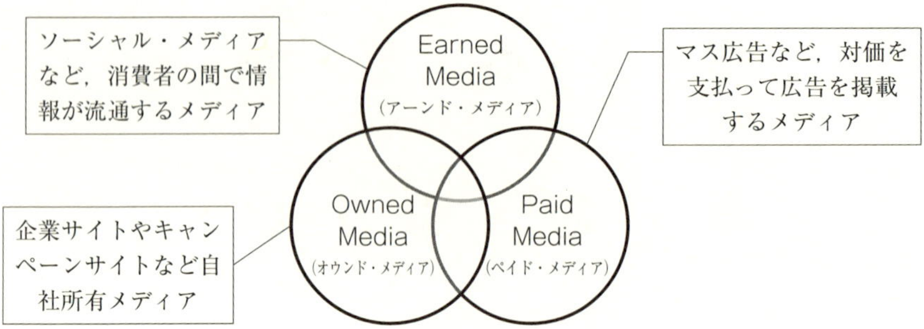

[3]　トリプル・メディア

もちろん，ソーシャル・メディアがインターネットのすべてではないし，インターネットが消費者を取り巻く情報環境のすべてでもない。さらにいうなら，企業にとっては消費者との関係構築のみならず，商品の大規模なプロモーションや商品購入者のフォローアップなど，マーケティングのプロセスにおけるさまざまな課題が存在しており，ここでいう新しい現象だけに力を割くこともできない。そこで近年では，企業と消費者の間をつなぐ媒体を，その機能，役割ごとに分類する見方が登場している。

トリプル・メディアと呼ばれている分類はその代表的なものだ。トリプル・メディアとは，従来のマス広告のように対価を支払って情報発信する「ペイド・メディア」，キャンペーンサイトや自社会員制サイトのような，自社で所有し情報発信する「オウンド・メディア」，そしてソーシャル・メディアのように消費者自身が発信する情報を中心とする「アーンド・メディア」の3つを指す（図 18-3）。2009 年にアメリカの情報サイト「CNET」で紹介されてから，日本でも広まり定着した概念だ（CNET 2009）。

もちろん，これらを分類するだけでは不十分で，それぞれを相互に連携させながら効果的なコミュニケーション戦略を設計することが重要なのである。たとえばマス広告であれば，決まった時期に多くの情報を流すことができるため，新商品の発売などに合わせた広告展開が可能である。他方でメールマガジンや広報誌のような自社媒体では，製品開発の裏話だとか商品の詳細な情報を発信することで，既に商品や自社に関心を持っている消費者との関係を密にすることができる。

両者を連携させ，テレビ CM の最後にキーワードを提示し，検索サイト経由で自社サイトへと視聴者を誘導すれば，媒体の特性を活かしつつ必要に応じて情報発信を行うことができるわけだ。この種のメディア連携は以前からも行われていたが，ソーシャル・メディアの登場や消費者の情報チャネルの多様化を背景に，その活用戦略のパターンも複雑化しているのである。

2 コミュニケーション・デザイン

［1］ アーンド・メディアの活用

では，具体的にそれらのメディアをどう連携させるのか。まず注目したいのは，SNSなどのアーンド・メディアの活用についてだ。アーンド・メディアにおいて目標となるのは，消費者に商品を宣伝したり，購買行動を促したりすることではない。そこで「稼ぐ」対象となっているのは，企業やブランドに対する評判だ。

なぜそうした活動が必要なのかを論じる前に，アーンド・メディアと企業の関係について整理しておこう。SNSに代表されるソーシャル・メディアとは，筆者の定義によれば「ユーザーの発信した情報が価値を生み出すメディア」ということになる（鈴木 2011）。デザインや機能などの要素ではなく，そこでどんなユーザーがどんな情報を発信しているかということが，そのメディアの価値になり，価値あるメディアではユーザーの情報発信が活発化する，というループがそこでは見られるのである。

ポイントは，ソーシャル・メディアにおいては企業もいちユーザーとして，ほかのユーザーと同等に扱われるということだ。企業といってもその実質は広報担当者であるわけだが，一般のユーザーから見れば「企業」と直接コミュニケーションをとるチャネルがウェブ上に存在していることになる。

もちろんそこではクレームや商品への質問を受け付けるだけではない。むしろ利用されているのは，ほかの一般ユーザーと同じような日常のちょっとした出来事の紹介だとか，話題にしたくなるような情報の提供だ。ときには他のユーザーからの質問や意見にユーモアのある返しをすることもある。こうしたコミュニケーションが，その企業アカウントをある意味「顔の見える」ものにしていく。むしろ企業が消費者の目線に寄り添うことが求められているのである（斉藤 2011）。

ウェブ上のコミュニケーションは匿名的で顔が見えないといわれる。だが「どこの誰だか分からない」ということと，「顔が見えない」というのは違う。大学生協に寄せられた要望に対して親切に回答する職員が話題になるように，匿名であってもどことなく人柄が感じられるコミュニケーションはありうるのだ。

アーンド・メディアで得られる評判の1つは，こうした企業アカウントによるコミュニケーションが生む，企業やブランドに対するポジティブなイメージだ。こうしたイメージづくりを日頃から行っておくことで，消費者のなかにブランドイメージを根づかせるのである。

[2]　消費者の情報探索行動とメディア

もう1つ，消費者どうしのコミュニケーションから生まれる評判も，アーンド・メディアにおける重要な要素だ。具体的には，家電品や書籍などの「カスタマー・レビュー」がそれに当たる。レビュー専門のサイトも含め，ネット上ではユーザー間のやりとりを通じて，製品やサービスの内容・感想が共有される場が増えている。ソーシャル・メディアもその1つだ。こうした場で高い評価を獲得することは，企業にとって非常にメリットが大きい。

というのも，近年の市場においては消費者の需要が複雑化しているため，新規に投入される製品も，競合から大胆な差異化を行うことが難しくなっているからだ。カタログや公式ウェブサイトに載せられる情報ではフォローしきれない消費者の声は，消費者が商品を選択する際に，また企業が自社の製品やサービスの改良を図る際にも重要な情報になる。

おそらくソーシャル・メディア以前であれば，ウェブ上での評判を獲得するためには，自社に対して批判的なレビューを削除するか，無視することが必要だと考えられていたはずだ。ウェブの利用者がまだ少なく，偏りもあった時代には，たしかにネットの声を「一部のもの」として切り捨てるのも致し方ないところがあったかもしれない。しかしながら前のデータで確認したように，ネットの利用者はもはや一部とはいえないところまで拡大しており，そうした切り捨てが許される状況ではなくなっている。

また，こうした利用者の拡大は，企業がネット上での消費者の声をコントロールすることを以前よりも困難にしている。消費者が発信する情報であっても「リツイート」のようなバケツリレー式の共有手段によって瞬く間に拡散してしまう。それがネガティブなものであった場合には「炎上」などと呼ばれるような非難の渦を巻き起こすことになる。こうした評判によって左右されるリスクのことを「レピュテーション・リスク」という。

こうしたリスクが企業にとって無視できないものになっている背景には，ネット利用の拡大のほか，ネットがまさにその「評判」を確認するメディアになっていることがある。ニッセイ基礎研究所が，生命保険加入の際に加入者が参考にした情報を分析したところによると，近年の加入者は保険加入の際にペイド・メディアと並ぶくらいにアーンド・メディアからの情報を参考にしているという（井上 2012）。また，そこで参考にされているのは「内容や価格」であることも示されている。すなわちアーンド・メディアが，サービスの価格妥当性を確認するための手段になっているのである。

実際，こうした「消費者の生の声」が活きるのは，その商品やサービスが価格に見合う質のものかどうかを確認するときだ。レストランの感想，家電品や本のレビュー，掲示板などでのクチコミは，企業によってコントロールされていないからこそ，それがお金を払うに値するものなのかを検討する材料になるのである。

アーンド・メディアの声が健全に機能するなら，消費者にとってのみならず企業にもメリットがある。消費者を騙したり，不当な手段で儲けたりしている企業が批判されれば，正しい企業努力が報われる適正な競争環境が生まれると考えられるからだ。アーンド・メディアにおける消費者の声は，企業にとっては自らを映す鏡になるといっていいだろう。

それだけではない。ソーシャル・メディアを介して企業と消費者，そして消費者どうしがつながることが，新たなビジネスを生み出したり社会課題の解決に役立ったりするという主張もある（Gansky 2010＝2011）。かねてから消費者どうしのコミュニケーションが，大衆社会における「マス」のイメージに代わるものを創造する可能性は指摘されてきた（鈴木 2007）。それがコンテンツ産業などを中心に展開しつつあり，その輪の中に企業が参加していかなければならないと主張するものもいる（佐藤 2011，阿久津ほか 2012）。

[3]　ソーシャル・メディアは今後も有効か

むろんそれは理想論だし，アーンド・メディアで消費者が活発にコミュニケーションしてくれるとは限らない。というのも，消費者にとって「商品やサービスの感想を書く」という行為は，書きたいから書くという以外に動機のないものだからだ。むろん，自分のレビューが別の誰かの参考になることに喜びを感じる人もいるだろう。だが多くの人にとってレビューは，何の得にもならないものでしかない。

さらに興味深いデータもある。2014年9月にフランスの調査会社が発表したデータによると，消費者は2012年と比較して，商品・サービスの認知から購買後に至るまでのプロセスで，ソーシャル・メディアを重要視しなくなっているという（Capgemini 2014）。また，その傾向は特に欧州で顕著であるという。これが一時的な現象であるのかは不明だが，2013年頃から複数のデータが「若者のソーシャル・メディア離れ」を示唆しており，ソーシャル・メディアが今後も利用され続けるかどうかは不透明な状況になっている。

ただしここで確認しておかなければならないのは，ソーシャル・メディアが利用されなくなったとしても，ネット上での消費者のクチコミのネットワークが途絶えてしまうわけではないということだ。いまやクチコミは対面だけでなく，オンラインでも拡散するものになっていることに変わりはない。それを無視することのリスクは，すでに指摘したとおりだ。

さらにいうなら「ソーシャル・メディア離れ」は，企業にとっては別のリスクになる可能性もある。1つは，ネット上で人々が活発なコミュニケーションを避けるようになると，そもそもレビューを書いてくれる人の数も減るうえに，その属性に偏りが生じるからだ。具体的には，その商品にどうしても文句が言いたい人や，熱烈なファンといった一般の消費者にとって参考になりにくい情報ばかりがレビューに並ぶことになる。消費者の声がコントロールできないことよりも，レビューを書いてくれないことがリスクになるのだ。

もう1つは，ソーシャル・メディアのような，ある程度オープンな場所ではなく，たとえばLINEのようなパーソナル・メッセンジャーでクチコミがやりとりされるようになると，ネット上での消費者の声を確認したり，測定したりすることが困難になるということだ。測定できなければ，「話題になっている」ということがぼんやりわかったとしても，その具体像までを把握することはできないし，消費者個人の見方ではなく，全体としてどのような意見があるのかを知ることもできない。消費者がオープンに自社の商品やサービスについて語ることができる環境を維持することは，企業にとっても大きなリスク・ヘッジの手段になりうるのである。

アーンド・メディアを取り巻く環境は，それが消費者の声に一番近いこともあって非常に流動的で，将来予測の難しい分野でもある。しかしながらアーンド・メディアにおける消費者の声は，消費者にとっても企業にとっても，商品の評価の内実を示す重要な指標であり，主要な情報環境であり続けることは間違いない。

3 境界を失う広告

[1] 進む広告とコンテンツの融合

次に，ペイド・メディアの状況を見ていこう。ネット上におけるペイド・メディアというと，これまで「バナー広告」が最も一般的なスタイルだった。だがバナー広告のクリック率が低下するなか，ネットの広告も多様化が進んでいる。

バナー広告に代わって近年最も普及しているのは，「リスティング広告」といわれる検索エンジンの検索結果に連動するかたちで表示される広告だろう。その仕組みや表示の仕方はさまざまだが，ユーザーが検索したキーワードに関する広告を表示するという点は共通している。どのようなキーワードと広告を関連づけるかは出稿者が決められるが，多くの場合，購入を検討している消費者が検索しそうなキーワードに関連づけて広告を表示し，自社のサイトへと誘導する目的で用いられる。

リスティング広告には，従来のマス広告やバナー広告と比較して，ターゲットを明確に絞り，柔軟な予算で運用可能だというメリットがある。他方で，キーワードとの関連を細かく調整したり，クリック率などの数字をつぶさに監視したりしながら運用しなければならない一方，設定したキーワードで検索してくれる潜在顧客のサイズはさほど大きくないため，必ずしも費用対効果が得られないというデメリットもある。商品と消費者との関係を常に意識しながら運用するという点では，広告というよりはマーケティングに近いという指摘もある。ただ，検索という行為がこれほど日常化している現在では，リスティング広告は，消費者に最も近い広告だといえるだろう。

もうひとつ，近年のネット広告の分野で急成長しつつあるのが「ネイティブ広告」といわれるような広告だ。これはたとえばニュースサイトの他の記事と同じ体裁で掲載される広告記事のことであり，「PR」といった表示で広告であることを明示する場合もあれば，他の記事とまったく変わらない扱いになる場合もある。

新聞などのマス媒体でも，こうした広告記事は存在した。それに対してネイティブ広告が特徴的なのは，ソーシャル・メディアの普及を背景に，個人の感想やクチコミになりやすい体裁をとることが多いところだ。

具体的な例としては，ソーシャル・メディアのタイムライン上に「おすすめの投稿」のようなかたちで，住宅や金融商品のPR記事へのリンクが表示される「インフィード広告」，タイトルだけを読むと，面白いネットの情報や個人の感想のまとめのように見えるが，実際は宣伝のために編集した記事であるという「コンテンツ広告」などがある。どちらのケースも，よく読まないと広告であることがわからない場合が多いのだが，この例からも見られるように，ネット広告はいまや，消費者のコミュニケーションのなかに分け入って話題を作る手段になっており，マーケティングや記事制作との区別がつきにくいものになりつつあるのだ。

[2]　バイラル・メディアの成長と「ステマ」批判

ネイティブ広告は，たしかに広告とコンテンツの境界線上にあるという意味では紛らわしく，批判を招きやすいところもある。だがうまく読み手のニーズにマッチすれば，広告ではあるが読み応えのあるものにもなる。たとえば東洋経済オンラインとスポーツウェア・メーカーのデサントが企画・制作した「拝啓，燃え尽きランナー様」という事例では，記事のタイトルに「ブランドコンテンツ」すなわち広告であることが示され，デサントへのリンクも貼られているが，内容としてはデサントの独自調査の結果をもとにライターが執筆したランニングに関する読み物だ。同記事はランニング・ブームを背景に，多くのアクセスを集めたとされている。

ネイティブ広告のよくあるパターンは，このような企業による調査データをもとにした記事広告であり，戦略PRと呼ばれている手法に分類される。新商品の歯磨き粉の宣伝のために，歯磨きに関するネット調査を行い，歯科医などの専門家のコメントを付けてコンテンツ化するわけだが，こうした手法が広告よりも重要な消費者アプローチの手段になると，PRの専門家たちは考えている（Ries and Ries 2002＝2003，本田 2011）。ネイティブ広告においても，記事の内容と商品が直接はリンクしていない点も含め，読み物として意義のあるものになっているのだが，そこで目指されているのはPRコンテンツによる消費者の間の「空気づくり」なのだ。

近年，ネイティブ広告を用いながらネット上で話題づくりを行う「バイラル・メディア」と呼ばれる媒体が注目を集めるようになったのも，ネット上で記事と広告の区別がつかなくなっていることを示す例だ。2014年8月には，アメリカのバイラル・メディア最大手「バズフィード」が，5000万ドルの資金を調達したことで話題になった。バイラル・メディアは，広告が嫌厭されつつあるネット上で，宣伝のための新たな手段とみなされるようになっている。

ただし，ソーシャル・メディアと同じくバイラル・メディアの行く末も不透明だ。1つは，これらのメディアのなかに，ほかのサイトや有料記事の無断転載，盗用記事が目立つことだ。日本国内でも，いくつかのバイラル・メディアが別のサイトからの記事の盗用，海外の記事の無断翻訳・転載を指摘されたり，バイラル・メディアの経営者が盗用を推奨するかのような発言を繰り返したりするなど，その運営のあり方に疑問が投げかけられている。

それだけではない。バイラル・メディアのなかには「続きを読むにはこちらをクリック」などの文句で読者を自社サイトに引き込むとともに，ソーシャル・メディアに登録した個人情報を取得するなど，プライバシーに関する問題のあるサイトも存在する。

こうした問題が起きる背景には，バイラル・メディアに限らない，ネット・メディア全体の収益性の低さがある。取材にもとづく独自記事を書いたり，海外のメディアの翻訳権を取得したりするために必要な費用を，記事の広告料だけでまかなうことができないのだ。

さらにいうなら，その広告料を得るために必要なのは，ネット上で共有され拡散する，話題性の高い情報だ。ソーシャル・メディアでは，動物や子どものかわいい仕草を捉えた動画，恋愛や性に関するトピックなどが，タイトルだけで読者の心をつかんで拡散されていく傾向が強い。第一印象さえ良ければそれでいいのだから，内容に手間暇をかける理由がなくなっていくのだ。

こうした盗用が横行すれば，コストをかけて記事を制作しているメディアがネットから撤退してしまうかもしれない。そうでなくても，著作権侵害を理由にした訴訟のリスクは高まっているといえるだろう。

問題は盗用だけではない。記事が広告であることを明示しないことによって，一見すると中立的な消費者の感想のように見えるケースなどでは，いわゆる「ステマ（ステルス・マーケティング）」に当たるのではないかという指摘がなされている。

ステマとは，飲食店や家電などのクチコミサイトにおいて，商品・サービスを提供する事業者がクチコミ投稿の代行を行う事業者などに委託して，クチコミを大量に投稿させることでクチコミサイトの評価を変動させるような手法をいう。いわゆる「サクラ」による評価操作ということになるが，いくつかの問題事例が発生したことを受けて，消費者庁は2011年にステマ的な行為に景品表示法の問題があることを指摘している（消費者庁 2011）。

バイラル・メディアにおけるネイティブ広告のなかにも，クチコミサイトのような明確な数字には現れないものの，特定の商品やサービスの価値を高める目的で，それとわからないように記事化されたものがあり，今後，批判や規制の対象になることが考えられる。

[3]　オウンド・メディアとビッグ・データの活用

最後に，オウンド・メディアの状況を見ておこう。ネットの普及以前から「広報誌」に代表される自社媒体は存在していたものの，ネイティブ広告の広がりと連動するかたちで，近年，自社のウェブサイトにも読み応えのある記事コンテンツを掲載するケースが目立ってきた。実際，商品の購入を検討する際に最初に参照されるのは企業ウェブサイトの情報なので，ここを充実させるのは当然のことだといえる。

だが，消費者の情報環境の変化とともに，オウンド・メディアのあり方も多様化しつつある。ここではそのなかから2つのパターンを紹介しよう。

1つは，自前で会員制のサイトを立ち上げ，消費者との直接のコンタクトをとる一方で，そこでのコミュニケーションや購買行動をデータとして利用するというケースだ。ソーシャル・メディアにおいてはコミュニケーションの主体は消費者であり，そこでどのような行動をとるかについては企業のコントロールが及ばない。またユーザーのデータを握っているのもソーシャル・メディアの事業者なので，データを活用するにも限界がある。そこで自社の会員サイトで，コンテンツ提供から消費者間コミュニケーション，そしてユーザー行動などのいわゆる「ビッグ・データ」の収集と解析まで一手に行ってしまおうというのである。

最近の事例としては，ライオンが立ち上げたオウンド・メディアである「Lidea」が特徴的だ。これはスマートフォンに最適化されたオウンド・メディアで，オーラル・ケアなどの専門家が発信するコンテンツが主軸となっている。会員登録をすると質問やコメントができるようになっているが，そうした行動を通じて顧客のインサイトを可視化し，1人ひとりに合わせたコンテンツを表示できるようにするといった運用が目指されている。

もう1つは，「O2O（Online to Offline）」と呼ばれる，リアル空間と連動した情報の活用だ。たとえばウェブ上でクーポンを発行して，リアル店舗での購入時に利用できるようにすることで来店を促すといったケースが多い。

このケースで近年とくに目立っているのは，メッセンジャー・サービスの「LINE」で利用できるスタンプを用いた例だ。たとえばロッテの人気商品「コアラのマーチ」の30周年を記念して配信されたスタンプの場合，配信開始から2週間後にはコンビニでの売上が前年度比116.7％まで上昇したという。LINEのスタンプには，リアル店舗で購入した商品に付いているIDを入力することで取得できるようなものもあり，リアル店舗との連動において大きな効果を上げることが示されている。

スタンプはどちらかというとペイド・メディアに近いが，よりオウンド・メディアに近いケースとしては，スマートフォンのアプリを利用するものがある。たとえば「Francfranc」の場合，実店舗において，スマートフォンのアプリをダウンロードし，会員登録するとクーポンが提供されることをアナウンスしている。これは店舗において実際に商品を触れないと購買に結びつきにくい家具・雑貨ブランドにおいて，オンラインとオフラインを連動させた消費者とのコンタクト・ポイントを構築する手助けをしていると考えられる。同社のアプリではクーポンの配信のほか，新商品の紹介やオンライン・ショップへの誘導も行っており，トータルなO2Oの取り組みになっている。

4　情報環境の変化と広告

ここまで見てきたように，現代のネット環境は，消費者という観点で見たとき，商品やサービス，企業，店舗といった購買につながるチャネルの全体において，以前よりも複雑な情報環境を形成する要因となっている。従来のように「ネット広告」というものを，インターネット上で，ブラウザの画面に表示される商品の情報というふうに考えるだけでは，この複雑なプロセスを客観的に把握し，研究することはできなくなっているのである。そこで最後に，このように複雑化した情報環境のなかでネットの広告を考えるために，研究としてどのようなアプローチが考えられるのかを示しておきたい。

何よりも重要なのは，広告が企業の戦略のなかで果たしている役割やビジネスモデルを経営学的な観点から追求することであろう。すでに述べたように，企業が媒体にお金を払って広告を掲載してもらうという，これまでのペイド・メディア的なアプローチでは，企業のビジネスも広告ビジネスも理解することができない。たとえばネイティブ広告の場合でも，企業側が媒体に記事制作費を提供するケースもあるし，情報提供と人の紹介だけを行って記事制作は媒体側が担うということもある。コンテンツと広告の境界線があいまいになる状況では，どこまでを「宣伝広告費」として計上するのかも考えなくてはならない。

次に重要になるのは，そうした「広告的なアプローチ」がもたらす消費者への影響を，心理学・社会学・メディア研究などの成果を用いながら精確に把握することだ。特にネイティブ広告やO2Oのケースでは，実際にどの程度購買につながるのかといった効果測定の手法が確立されておらず，単にコンタクト・ポイントを増やせばよいという発想から，消費者にとって迷惑なものになっている可能性もある。どのようなキーワードやコンテンツがよく読まれるのか，読まれたものは購買につながるのかといった点での検証は，企業内では始まっているものの，場当たり的で「なぜそうなるのか」といったことまで追求できていないケースがほとんどだ。

現代の広告において研究によってアプローチすることの最大の意義は，この「なぜそうなるのか」を原理的に突き詰め，明らかにすることにある。企業にとって広告は消費者を購買につなげるための手段であり，結果が出さえすれば原理の追求は不要だ。しかしながら「なぜそうなるのか」がわからないままに特定の手法に依存することは，環境の変化が生じた際に，その手法がまったく通じなくなるというリスクももつ。逆に，消費者の行動や広告の役割について原理的に追求しておくことは，技術動向がめまぐるしく変わる現代のネット環境において，普遍的に通用する手段を手にすることになるのだ。

また，研究という観点では，次から次へと登場する新しい広告手法に対し，法や制度がどのように対応するのかについても考えておかなければならない。残念ながら現実には，広告はある意味で「消費者をだます」手段ともなりうる。広告とコンテンツ，サービスと宣伝の区別がつかなくなりつつある現在，それをどのように法で規制し，どこを企業が自由に競争する領域とすべきかを考えるのは，法や制度の専門家の仕事だろう。

以上のように，現代の複雑化した情報環境のなかでは，広告を研究する立場からも，多角的かつ総合的なアプローチが求められている。本章ではそのことを示すためにさまざまな事例を紹介したが，表面のトレンドに注目するのではなく，その背後にある原理を探る必要性について，あらためて強調しておきたい。

■ 注

1) 2007年に広告費の推定範囲が変更されているため比較できるのは遡って推計され2005年からの数値だが，それ以前からプラス成長が続いている。

■ 文献

阿久津聡・谷内宏行・金田育子・鷲尾恒平（2012）『ソーシャルエコノミー——和をしかける経済』翔泳社。

池田謙一（2000）『コミュニケーション』東京大学出版会。

井上智紀（2012）「トリプルメディアと消費者——生保加入検討プロセスにおけるトリプルメディアの利用状況」（http://www.nli-research.co.jp/report/nlri_report/2012/report121129.pdf，2014年11月1日アクセス）

斉藤徹（2011）『ソーシャルシフト——これからの企業にとって一番大切なこと』日本経済新聞出版社。

佐藤尚之（2011）『明日のコミュニケーション——「関与する生活者」に愛される方法』（アスキー新書）アスキー・メディアワークス。

消費者庁（2011）「『インターネット消費者取引に係る広告表示に関する景品表示法上の問題点及び留意事項』の公表について」（http://www.caa.go.jp/representation/pdf/111028premiums_1_1.pdf，2015年7月1日アクセス）

鈴木謙介（2007）『わたしたち消費——カーニヴァル化する社会の巨大ビジネス』（幻冬舎新書）幻冬舎。

鈴木謙介（2011）「ソーシャルメディアを論じる前に」『IT批評』第2号，眞人堂，8-19。

総務省（2014）「平成25年通信利用動向調査の結果」（http://www.soumu.go.jp/johotsusintokei/statistics/data/140627_1.pdf，2015年7月1日アクセス）

田中敏行（2011）「わが国の広告流通市場とマス四媒体及びインターネット広告媒体の『質』の検証」『経済論集』第62巻第5・6号，大分大学経済学会，175-201。

電通（2014）「2013年日本の広告費——電通推定『日本の広告費』について」（http://www.dentsu.co.jp/knowledge/ad_cost/2013/about.html，2015年7月17日アクセス）

本田哲也（2011）『新版 戦略PR——空気をつくる。世論で売る』（アスキー新書）アスキー・メディアワークス。

Capgemini（2014）*Digital Shopper Relevancy Report 2014.*（http://www.capgemini.com/resource-file-access/resource/pdf/dsr_2014_report_final_06oct2014.pdf，2015年7月1日アクセス）

CNET（2009）*Multimedia 2.0: From paid media to earned media to owned media and back.*（http://www.cnet.com/news/multimedia-2-0-from-paid-media-to-earned-media-to-owned-media-and-back/，2015年7月1日アクセス）

Gansky, L.（2010）*The Mesh: Why the Future of Business is Sharing*, Portfolio Penguin.（実川元子訳，2011『メッシュ——すべてのビジネスは〈シェア〉になる』徳間書店）

Ries, A. and L. Ries（2002）*The Fall of Advertising and the Rise of PR*, Harper Business（共同 PR 株式会社翻訳監修，2003『ブランドは広告でつくれない――広告 vs PR』翔泳社）

第 19 章

コンテンツ産業として見た広告表現制作

河島　伸子

1　広告表現制作をコンテンツ産業として見る

[1]　文化政策学からの多様なアプローチ

私たちの日常生活は，広告表現に囲まれているといっても過言ではない。テレビ，新聞といった従来型マス・メディアに接触する時間が少ない人であっても，街に出れば街頭広告，電車内の広告，スマートフォンの無料アプリやインターネットのサイトに現れる広告など，現代メディア社会は広告に満ち溢れている。このような広告を煩わしいと感じる反面，なかには生活者の注意をひきつける，魅力的・創造的な表現もある。

筆者にとっての広告研究は，広告を映像，印刷物，音声，ウェブ・コンテンツといったさまざまなメディアを通したある種の表現活動，すなわちいわゆるコンテンツ産業の1つであるととらえ（河島 2009），文化政策学という分野からのアプローチ，視点をとっている。文化政策学という研究領域は，より創造性に富んだ表現活動とその多様性，そしてその普及を促すためには，どのような経済基盤や政策が必要・有効であるか，ということを明らかにしようとするものである。日本における文化政策学研究は，広い意味でこのような問題意識を共有する学術領域（たとえば経済学，行政学，社会学，経営学，歴史学，美学など）における知見を結集しながら学際的領域として発展してきた。このような研究上の関心・手法を有する立場から，本章では，広告表現制作を一種のコンテンツ産業ととらえ，広告表現における創造性を可能とする，あるいは促進する外部環境，経済基盤，ビジネスの仕組み，組織構造などに焦点をあてて論じていく。

ここで断っておきたいが，残念ながら広告に対してこのような研究上の関心を持つ研究仲間は少ない。文化政策学においては伝統的に非営利芸術活動や文化遺産が分析対象として中心であり，営利的なコンテンツ産業に対する関心はそれほど高くない。広告となるとさらに少数派にならざるをえない。一方，広告研究に多様な視点・アプローチがあることは，本書が示すとおりではあるが，その表現制作活動に対する経済的関心，産業組織への分析は，研究上あまり重要な地位を占めているように思われない。もちろん，広告表現の創造性についての研究（advertising creativity）は，とくに心理学的アプローチをとる広告研究者の間で発展している（このレビュー論文として El-Murad and West 2004[1]）が，筆者が持つ視点とはまた異なる。広告表現の分析においては，その内容＝テキスト分析，価値評価をするものや，ジェンダーなどの社会的・文化的文脈との関連からの解読が，一定の研究蓄積を有していることは本書内でも詳説されているとおりであるが，筆者の専門としては表現の中身に立ち入らない。

本章は，広告表現の分析には深く関与しないまま，およそ創造的だといわれる広告表現を生み出す外部要因とはどのようなものかを論じていく。外部要因といっても，ある国の GDP 規模や政治社会状況，一般的文化状況などマクロな環境をとらえるものではなく，広告産業そのものの形態，ビジネス・モデル，クリエイターのキャリア構造など，広告表現活動に，構造的に影響する要因に注目するものである。個々のクリエイターの心理・能力，上司との関係，各社の方針・労働環境などの個別事情よりも上位レベルでの構造が，本章の分析の対象である。広告表現制作は商業的な文脈におかれ，広告主の要求，広告会社の社内事情などの制約条件が多いなか，どのような組織・制度・経済的条件のもとにおいて，創造的表現が生まれうるのかを論じていきたい。

[2] コンテンツとしての広告表現

広告表現制作は，創造的・文化的商品を生産する，音楽や映画などの「典型的なコンテンツ産業」とは若干異なる性質を持つ。第一に，広告表現（たとえばテレビ CM）自体がコンテンツであるものの，映画や音楽といったコンテンツのように，作品を消費者に販売する，あるいは著作権の活用により二次利用を進めて収益を得るものではなく，創作的表現を通じて，マーケティング・コミュニケーション上の何らかの課題解決に役立たせることに目的がある，という点である。すなわち，アーティストが自らの発意で自由に表現活動を行うものではなく，広告表現制作においては，クリエイターが，広告主からの依頼に応じて，商品やブランドなどを生活者，社会一般に対して伝えていく・好感を持ってもらう・購買意欲を刺激する，といった企業行動としての目的に沿ったかたちで表現をする。

第二に，広告産業は，放送などのメディア産業を支える広告費をもたらすものである。逆にいえば，メディア産業あってこその広告であり，広告産業自体が独自に商品の企画開発を行い，その販売を行っていくわけではない，という点である。

もっとも，広告制作で表現したいことが商品・サービスの際立った特性であったとしても，その表現自体に創造的な要素がないとはいえない。作品の創造性が高い場合には，業界内での評価は高まり，作品が賞を獲ることもある。冒頭に述べたように，実際，私たちのメディア文化社会は広告表現に満ち溢れており，この存在感が大きいことを考え，広告表現制作活動をコンテンツ産業の１つとしてとらえることには，それほど無理がないといえる。

次節に入る前に，本章でいうところの「創造性」とはどのようなものかを簡単に説明する必要があるだろう。「創造性」とは，既存のものとは異なる新奇の作品を生み出すことである。広告表現においては，何らかの新奇性をもった表現であることがまず必要である（El-Murad and West 2004: 189）。すなわちアイロニーやユーモアを盛り込み新たな物語（narrative）を構築するもの，アニメーション，映像表現，グラフィックとして優れて洗練されていることなどを具体的には指している（Pratt 2006: 1884）。広告の創造性研究者たちの間では，さらに，与えられたタスクに対して適切・有効であること，という有用性も創造性の一要素として含める考え方もある（El-Murad and West 2004: 189-190）。本章では，有用性を持つことと文化的に優れていることとを対立的にはとらえず，文化的に興味深い表現は，結局，人々の記憶に残りやすいからマーケティングにも役立つと考えることにする。

2　文化的創造性に影響をおよぼす構造的要因

先述したように，文化政策学は，文化的な創造性を生み出す外部環境，産業構造などの条件に注目する研究として代表的である。もっとも，「X という特定の環境が整えば創造的な活動が生まれる」という因果関係を発見しようとするものでは必ずしもなく，むしろ，さまざまな政策的介入，政策プログラムが，対象とする分野にとってどのような効果を生み出しているかを検証する研究が中心的である。また逆に，世に出される作品の創造性に変化が生まれているとすれば，その原因は何であるのか，それをアーティスト，クリエイターの個人的才能の問題に帰さず，より構造的な要因を探し求めるという研究スタンスもありうる。

[1] 構造的要因をとらえる諸研究

このように，必ずしも広告に特化したものではないものの，文化の生産に影響する要因を分析し，それらと生産される文化の特質（創造性を含む）との関係を論じる学術領域，あるいは個別の著作などからは，いくつかの興味深い実証的な研究が見つかる。大きなまとまりとして挙げられるのは，「文化生産の社会学」と呼ばれる社会学内の一学派の著作である。ここで社会学者は，文化的創造行為は，芸術家個人の内部から湧き出た才能の結実したもの，と見るのではなく，クリエイターがおかれた組織，経済的・法的・社会的環境などの影響を受けるものである，という見方をとる。広告表現のような「依頼主発注型」の文化活動においては，これはとくに顕著かもしれないが，そうではない「自発的な表現型」の文化活動であっても，同様のことがいえる。この学派の指導的立場にあるアメリカの社会学者 R. A. ピーターソン（Peterson 1994: 165）によれば，文化・芸術の中味は，それがどのような場・環境で創作・流通・評価されたり，教えられたり保存されたりするか，ということに影響されるという。この学派の代表的著作とみなされる H. S. ベッカー（Becker 1982）は，芸術作品とは天才的な個人単独の作業ではなく，それを扱う画廊，編集者などの中間媒介者，批評家，消費者に至るまでの数多くの人々による，目に見えないかたちでの連携，芸術としての認知の広まりなどがあってはじめて生まれることを明らかにした。19 世紀末のフランスに印象派絵画が登場し画壇を席捲するようになった最大の理由は，モネなど一連の画家の個人的才能が素晴らしく誰もがそれを認めたからではないとする分析がその一例である（White and White 1965）。この著者らは，当時のフランス社会で，古いアカデミー画壇が内部崩壊しつつあり，かつ自宅に絵を飾りたがっていたブルジョワジーの興隆，それに伴った画廊システム・評論家の登場などがあったからだという。

その後，美術，音楽，小説，テレビドラマなど多岐にわたる分野における実証的研究が積み重ねられてきた。ピーターソンが「文化生産の社会学」宣言をした1994年から10年後のレビュー論文（Peterson and Anand 2004）では，文化的表現，作品が生まれる過程に注目し，特に組織・キャリアと労働市場・ネットワーク，共同体に関する社会学的視点を活かした研究の蓄積が確認された。これらをまとめ，①技術，②法と規制，③産業構造，④産業内の組織構成，⑤キャリアのあり方，⑥市場，の6つの要素が文化生産の外部要因として重要であると述べられている。経済学的にも関心を持たれる③については，その産業が大企業の寡占であるのか，それとも参入が容易な競争的市場であるのかにより，革新が起こる可能性が変化することを主張している。④は，組織的に成熟した文化産業の大企業では，多額をかけて作品を制作・販売し，マルチに展開させる実力もあるが，それだけにリスクをとらなくなる。これに対して小規模の企業では動きが機敏で，革新的な作品を世に送り込むこともできる。大企業はこれを取り込むか，自らのなかに小さなユニットを作るか，といった戦略をとる。⑤については，各クリエイターや文化生産に関わる人たちが誰からどのように評価され，それがどのように次の仕事に結びつくシステムなのかが文化生産の結果に影響するという。作品の売上など，数字で表される評価がものをいうこともあれば（小説家など），権威ある賞[2]を授与されたり，国際的なフェスティバル等に招聘されたりすることが重要である仕事もある（純粋美術家など）。⑥の市場とは，ここでは「消費者の好み，需要」のことを指している。ある種の画期的な作品群が生まれているときに，これらをまとめてネーミング，ブランディングして売り出すことで消費者がその面白さに気づき需要が喚起される，という現象がある。絵画の世界でも，1人の天才の作品だけでは不十分で「○○派」と命名されてはじめて，ともに価値を増すことがある。音楽でも新たな「ジャンルが生まれる」のは，全く同様の事情であり，ジャンルは文化産業の中間媒介者たち（たとえば批評家，出版社，レコード会社）により「生み出される」ものである。

同様の視点から文化を取り巻く制度面，社会経済環境に注目して文化の質的変化を論じる先行研究は他の学術領域にもある。たとえば，文化経済学者として著名なT.コーエン（Cowen 2002）は一般読者を対象とする興味深い著作において，古今東西の豊富な事例を多用しながら，マーケットが開放的，競争的で，さまざまな文化の交流が活発であればあるほど，新たな文化が創造されるものであると主張している。一般に経済社会のグローバル化が進む今日，アメリカ・ハリウッドを中心とする商業的文化が世界を席捲し，それぞれの国・民族に固有な文化が廃れるという危機感が強いなか，文化の持つ強靭性（resilience）を認め，また異種なものの交流・衝突があってこそ，文化的発展はあるのだと論じている。

［2］ 日本の文化生産に影響する構造的要因

筆者が編集した書籍（河島・生稲編 2013）においては，日本のコンテンツ産業に焦点をあて，文化生産を取り巻く構造的要因に注目することから，今日の日本の音楽，映像，ゲームなどの産業の閉塞的状況を解き明かそうとした。同書には，経済学，経営学，経済地理学，法学といった多様な分野の知見に立つ研究論文を所収してある。残念ながら，広告産業は取り上げなかったが，ピーターソンのように創造性に影響するいくつかの要因を指摘した。そのなかには近年のデジタル情報文化時代の特性に由来する新たな要素も加わっている点が特徴的といえる。同書で注目した要素とは，①市場構造，②グローバル化の進展，③技術変化，④法制度（とくに著作権），⑤消費者行動の特性，⑥ユーザーの創作への参加，⑦産業の「厚み」である。このうち，①，⑦は市場参入が容易で競争的か，リスク・テーカーとしての小企業が活躍する場があるのか，といった市場の状況に注目する。これらは，ピーターソンにも指摘されているとおりである。②，③，④は，どの時代においても重要な要素であるが，今日のグローバル化は文化作品が国境を越えることにとどまらず，制作プロセスの海外外注化も含めて考えている。また，特に2000年代後半からのインターネット，デジタル文化の隆盛を反映し，消費者自らの創作・改変活動がどのように「プロの」作品制作に影響するかという要素（⑥），も加えた。消費者において作品の視聴スタイルが場所・時間・デバイスを選ばずカジュアルな方式を好むようになってきており（スマートフォンでゲームを楽しむことが典型），それだけにプロ作品の質への要求水準が以前より低くなっているように思われることも，特に現代的要素として挙げた（⑤）。

3 広告表現制作における創造性——日本とイギリスの比較から[3)]

第2節においては，広くコンテンツ生産に影響する要素を論じた先行研究を紹介してきた。ここで再度確認しておきたいのだが，これらの先行研究が示唆しているのは，文化的創造行為を，天才的なクリエイター個人の内部から湧き出る才能の結実したものと限定せず，クリエイターがおかれた組織，経済的・法的・社会的環境などの影響を受け，その文脈のなかで生まれるものであると捉える視点の重要性である。「イギリスの広告にはイギリス独自の政治状況が映されている」という場合の，マクロ的な要因を指しているわけではない。あるいは「欧米の広告主には哲学と理念がある。それが広告制作への寛容と大胆さにつながる」といった企業文化論も主眼においていない。広告について W. K. ライスたちが述べるように（Leiss et al. 1997: 176），広告キャンペーン（そして，そのなかで生まれる広告表現も）は，誰か1人の才能や感性によって決まるものではなく，組織内そして組織をまたがった複雑な意思決定と問題解決のプロセスから生まれるものと考え，その要素を明らかにしていきたい，というのが，第2節で紹介した先行研究を広告研究に応用した筆者の考えである。

そこで本節では，おもに筆者自身の著作（河島 2005，Kawashima 2006, 2009）およびイギリスの経済地理学者 A. プラットの論文（Pratt 2006）[4] を利用し，第2節で掲げた文化生産に影響を与える要因が広告表現制作とどのように関係するかを検討していく。河島（2005）では，なぜ，1990年代より，日本のテレビ CM がどれも似たような，商品特性の直接的訴求型になり，創造性にも欠けているように見えるのかを分析した。実際，カンヌ国際広告祭においても日本からのとくにテレビ CM は出点数が多いわりに受賞に乏しく，質的低下があることは専門家たちからも指摘されてきた（河島 2005：31-33，伊藤 2008：第2章）。一方，プラットは，なぜイギリスの広告表現が1980年代になって急速に創造的なものになり，世界的に評価が高まったのか，ということを論じている。このようにちょうど逆の立場からの分析ではあるが，共通していくつかの要素を取り出すことができる。

[1] 広告産業のビジネス構造

第1に，河島とプラットが共に最も重要視しており，とくに日英で対照的な結果を生み出しているのは，広告産業のビジネス構造である。

日本の広告会社は，伝統的に，広告主（企業など）が新聞やテレビなどのメディアに対して支払う出稿料の一部を，手数料としてメディアから受け取ることで生存している。だからこそ，「広告代理店」という一般名称が従来は使われていた。そして，この手数料は，出稿料の15% という高率のものを基本としてきたため，とくにテレビ CM のように出稿費が高額になるものを扱う場合，広告代理店（広告会社）には大きな収入がもたらされることになる。今日ではこのパーセンテージが削られる傾向にある一方，広告会社の業務が多角化しており，収入源も多様になってはいる。しかし，依然として，広告会社にとってメディア出稿手数料は最も重要な収入源である。

この一方，広告表現制作という，広告の中身そのものを作る業務や，マーケティング調査などの業務は，高額の手数料をとる広告会社が広告主に対していわば付加サービスとして提供しており，これら単体で収益をあげることは難しい。広告表現制作においては，制作費実費に何パーセントかを「制作管理費」などの名目でのせているが，クリエイターたちの人件費をカバーするほどにもならない。CM プランナー，アート・ディレクター，デザイナーといった社内の人材が生み出す創造的なプロダクトである広告表現，「企画，アイデア」への支払いは，商慣習として定着していない。すなわち，広告会社が収入源としてメディア手数料に依存するかぎり，広告表現制作の創造性を促すインセンティブが構造的に仕組まれているとはいえないのである。もちろん，各社は，広告主の特定キャンペーンを獲得するためのプレゼンテーションを行う際には，キャンペーンの企画とともにクリエイティブ表現の見本を示し，クリエイティブ人材の優秀さを強調するが，これらが競合他社を負かすための最重要要素であるとは限らないのである。

このように，ビジネス構造が広告表現の創造性に大きな影響を持つことは，イギリスに目を転じることにより，いっそう明らかになる。イギリスでも広告会社は，もともとは日本と同様に，メディア・ブローカーとして発達したが，1980年前後に，独占禁止法との関係から「15% 手数料制」が崩れていき，出稿手数料率の引き下げ競争が始まった。このような動きのなかで広告会社はメディア購入部門を切り離し，広告戦略の立案，表現制作に特化し，サービスを提供することに対する報酬としてはフィーを請求する方向に変化していった。このような，メディアの「アンバンドリング現象」はヨーロッパ諸国，アメリカにも広まっていった。

こうしてイギリスの広告業界においては，一方では，サーチ＆サーチ社，WPP グループの事例に代表されるように，グローバル化が進んだが，その一方で，小さいながらクリエイティブ力で新規性，独自性を打ち出す「クリエイティブ・エージェンシー」が次々と生まれた。これらの会社は，ある程度成功すると，大きな広告会社に売却され，創立者は莫大な利益をあげる。いわば一時期のドットコム業界のように，広告業界では才能とアイデアのある数人が集まり会社を設立し，会社の売却・撤退を繰り返してきている（Grabher 2001）。

生存競争が激しく勢力地図の書き換えが頻繁ななか，クリエイティブ・エージェンシーはメディアへの広告仲介手数料という収入源を欠くため，広告戦略の立案，企画，制作に対する報酬を，広告主に対して請求することになる。すなわちプランニング能力，クリエイティブの力がなければビジネスが成立しないのである。このような構造にあって，イギリスの広告表現は新たな表現手法を開発し，この20〜30年間次々と革新を起こした（Jackson and Taylor 1996）。その結果，広告は単なる「宣伝」から，一種のポピュラー文化，あるいは芸術の地位にまで上がったのである（Lush and Urry 1994: 138-142）。

［2］ クリエイターのキャリア形成パターン

上述したビジネス構造は，第2に，広告業界におけるクリエイターのキャリア形成パターンにつながり，広告表現の創造性に影響する。とくにここで取り上げたいのは，テレビCMの企画をするCMプランナーという職種である。イギリスを含む諸外国では，アート・ディレクター（ビジュアル部分を担当するクリエイター）とコピーライター（言語表現を担当するクリエイター）がコンビを組むのが通常であるが，日本ではCM表現の企画，制作の管理運営全体はCMプランナーが1人で担う。このCMプランナーという仕事は，基本的に大手広告会社に特有のものであることに留意したい。小規模の広告会社ではテレビCMのメディア・バイイング・パワーが不足しており，大手数社の寡占的状況があるからである。仮に，大手広告会社で売れっ子になったCMプランナーが，退社して独自にプランニングの会社を設立したとしても，広告主側に企画への支払いの習慣がなく，テレビ放映枠を取れない限りは，収入が確保しにくく，そもそも，現実にテレビ放映枠の最も競争的な部分は大手広告会社が押さえている。イギリスでクリエイティブ・エージェンシーが活躍する状況とは異なるわけである。

イギリスでは，クリエイティブ・エージェンシーを起業する風土があるが，そこで生き延びるためには，創造性溢れる広告表現が制作できること，そして広告主を獲得すること，の2つが必要である。ここで，情報と人的交流が集中する場に実際にいることは大きな意味を持つため，ロンドンのソーホー地区にクリエイティブ・エージェンシーは密集している。プラットによれば，この狭い地区（徒歩圏内）では，社の垣根を越えクリエイター同士が交流し，人材の移動が繰り返されるという。プラットはこのコミュニティが，イギリスの広告表現業界における創造性を定義する基準，価値観を形成する重要なメカニズムに相当すると見ている。広告表現制作のように日々流行を追い，何が「創造的」であるかを決めることが難しい業界においては，業界内部でのコンセンサス形成が最も重要な意味を持つ。この価値観は公の場では，業界誌における評価，そしてさまざまな賞の授与として体現されている。もちろん日本においても，東京都心部に広告産業関連企業・人材は集中しており，クリエイターは，互いに知り合いであることが多い。しかし，プラットが描くような，人材流動性のため，あるいは広告主獲得のために，広告主のマーケティング部門とクリエイティブ・エージェンシーがソーホーのように狭い地区に密集し，頻繁に顔を合わせている状況とはだいぶ異なるのである。CM プランナーはあくまでも各社の人材であり，社内の営業やマーケティング担当者，あるいは社外の制作プロダクションと密接にコンタクトをとっているとしても，社を超えて同職種のクリエイターたちと情報交換する時間はあまりない。

イギリスでは，広告クリエイティブという仕事は，もともとは大学卒の人たちが就く職業ではなかったが，今では大分状況が異なってきた。大学改革が進み，純粋な学問ではない職業訓練的な教育も増え，広告表現制作への道もできた。現場で経験を積みながら，同業者との情報交換，ネットワーク化を通じてキャリア形成するパターンがおおむね定着した（McLeod et al. 2011）。この点，日本では一流大学を卒業して大手代理店にとにかく就職することがとくにテレビ CM のクリエイターになるためのルートである。もっとも，大手広告会社に入れたとしても希望通りクリエイターになれるかどうかは未確定であること，独立はグラフィック・デザインやコピーライティングなどの仕事にほぼ限られていること，など日本の広告表現制作におけるキャリア形成はイギリスとは相当異なり，金銭的成功度にも大きな差があるから，ここに創造性の高い人材が集中するかどうかは未知数である。また，大手広告会社で活躍するクリエイター間では，互いの仕事についてもちろんよく知っているには違いないが，転社は頻繁ではない。さまざまなクリエイター向けの賞は業界内での評判形成に役立つが，イギリスほどに，それが労働市場の流動性を高めたり，起業を促す機能を果たすわけではない。

なお日本においても，近年は CM の企画を専門とする会社がいくつか生まれてきて，業界での話題を呼んでいる。コピーライターやデザイナーが広告会社から独立して事務所を設立することは以前より盛んであったが，CM プランナーの場合には，先述したように，大手広告会社からは独立しづらい状況が長く続いていた。現在でも広告主に「アイデア」に対する報酬を請求することが商慣行上難しいため，近年生まれた会社のほとんどは，大手広告会社から仕事を受注し，そこに報酬を請求するという方式をとっている。これらのクリエイティブ・ブティック（すなわち広告表現企画会社）の中心人物は，もともと大手広告会社でかなり成功したプランナーである場合がほとんどである。これらの「ブティック」が，メディア購入部門以外のすべての機能（営業，調査，トラフィックなど）を一通り備え，広告主のブランド戦略に徹底的に付き合う，海外で標準とされる「クリエイティブ・エージェンシー」というビジネス・モデルを確立し，持続的に成長していった場合，広告表現における創造性に大きな影響を及ぼすであろうことは，想像に難くない。しかし，現在のところ，そこまでのインパクトは持つには至らない。

[3]　メディア・バイイングの商慣習

広告表現に影響を及ぼす第3の要因は，とくに日本における，メディア・バイイングの商慣習である。日本のテレビ広告取引の1つの特徴は，テレビ局の側がスポット（番組と番組の間にあるCM放映枠）を，15秒という短い時間を1単位として販売することである。これに対して，欧米では30秒1単位を主とする（さらにこれより極端に長いもの，短いものもありうる）ので，そこに表現の幅・ストーリー展開の余地が生まれる。さらに日本では15秒のCMを，番組の合間に積み重ねる方式が定着しているために，全体としては非常に「混み合った」時間という印象が強くなる。

そのなかにあって視聴者の注意をひくため，訴求ポイントを絶叫したり，人気タレントを起用し，とにかく目立とうというCMが近年は多い。ブランド構築のための広告ではなく，プロモーションが大半を占めるばかりである。しかし，この「尺」という，表現への時間的制約は広告とメディアとの関係から生まれたものであり，クリエイターの力で容易に変えられるものではない。

日本では，スポット広告以外にも，番組スポンサーとなる「タイム広告」という手法がある。番組のスポンサーとなることは，広告主にとって重要なターゲットがおもな視聴者であると思われる番組に付属したCMタイムを，比較的長期間にわたり確保できることを意味する。広告主が高品質であると考えるタイプの番組の前後，および番組の途中で自社のCMを安定的に流せることは，商品イメージを高める意味でも効果的である。さらに番組提供を数社で分け合う場合には，同業種の他社が入ることは慣行上ないので，CM放映が広告主にとって好ましい環境で行われることになる（生田目 2000：33）。これに対してスポットの場合は，番組と番組の間の枠から「とにかく空いているところ」を買っていくわけであり，もちろん時間帯の指定はするが，自社 CM の周辺環境をコントロールすることはできない。このような質的差より，とくに人気番組のスポンサーになるための料金は，スポット広告と比べると高めに設定されることが多い[5)]。さらに番組スポンサーになるためには，上述の電波料に加え，「制作費」と呼ばれる，番組制作費の一部負担も伴い，少なくとも数カ月間の契約となるため，広告主は媒体予算・マーケティング目標に応じてタイムとスポットを使い分ける。ちなみにイギリスにはスポット広告しかないので，その意味では，これは日本の古きよき伝統であり，日本の広告表現制作にプラスに働くといえそうである。

しかしながら，残念なことに，平均視聴率×1週間の CM 放映回数×週数で得られる GRP（gross rating points）という，広告主が最も重視する CM の露出度合いを示す指標において，計算上，タイム広告は不利に働いてしまう。上述の番組制作費が出稿料に加わること，タイム広告は尺が長めであるため，費用がかかるわりに GRP は大きくならないのである。GRP を重視するのならば，尺の短いスポット広告を多く出すほうが数字上の効果が大きいため，1980 年代後半から，広告主が 15 秒スポット広告に流れるようになった。テレビ局の側もスポット販売に力を入れるようになり，80 年代末よりはこの 2 つがほぼ同等の比重を占めるようになった。こうして，今日では先述したような番組 CM の環境のよさは失われ，放映される CM の本数が増大することにより視聴者においては記憶が拡散する。スポットへのシフトにより，実は，個々の広告主にとっての広告効果は落ちている，広告費は無駄遣いされているともいえる（大竹 1998）。

こうして，視聴者においては，機能面での優位性を繰り返し叫ぶプロモーション型の CM が連続するという印象を持つことになる。この 20〜30 年にわたり，15 秒スポットが，テレビ局および広告主の事情により増加し続けたことは，広告の質に，間接的に大きな影響を与えたのである。

[4]　広告主側の組織体制

第 4 には，広告主側の広告に関する理解，態度，組織体制の問題がある。これはプラットの論文では取り上げられていないが，日本では，クリエイターたちにおける最大の悩み，不満の対象となっている。そもそも国内では，伝統的に，広告とは商品・サービスを売るためのもの，ととらえられてきた。広告論の英語文献を見ると，広告とは「商品」を「ブランド」にするための手段であると定義づけられており，商品を売るためのプロモーションとは一線を画して論じられている（Davidson 1992: 23)。そしてブランドとは「機能的な効用に加え，ある消費者達にとっては購入を動機づけるに十分な非機能的付加価値を持つ商品」（Jones and Slater 2003: 32-33）を指す。ブランド構築・維持にあっては，製品の機能的質そのものに加え，企業ロゴ，スタッフの接客態度など多様な要素が役割を果たすが，広告（advertising）はとくに非機能的な付加価値を消費者に対して直接的に伝えていくため，有効な力を持つと説かれている（ibid: 41)[6)]。

梶（2001：第1章）は，日本では，上記してきた「広告」を商品の「プロモーション」と単純化して理解してしまい，「商品を売るために広告はある」という“常識”を固定化するという大きな間違いを犯した，と鋭く指摘している。田中(2000: 132）が，「ブランド構築をベースとした広告戦略」を「従来の広告戦略」と対比し，後者が短期的な販売促進のためであることを示唆しているとおりである。日本の広告制作活動では広告主の短期的戦術に振り回され，その広告表現をより目立つものにすることに留意しがちである。ここに，本章でいうところの創造性というものは発揮されにくい。しかも，多くの広告主においては，複数の広告会社に同ブランドの違った業務（テレビCM関係，新聞広告関係など）を担当させ，これを頻繁に変えていくことで業者間の競争を促そうとするため，ブランド構築・維持のための一貫した長期的戦略というものが育たない。「広告」が「プロモーション」になり，その時々どのタレントを起用するか，ということに広告主の関心が集中しがちになってしまう。ブランド構築のための広告戦略立案にあっては，田中（2000）も指摘するように，理論的枠組みがないことはもちろんのこと，広告の目的という一見自明のように見える概念の整理，再理解から始めなければならないのが，日本の現状である。

4　今後の課題と展望

以上，第1・2節では，広告表現制作を一種のコンテンツ産業としてとらえ，そこにおける創造性を促す構造的要因，産業構造，ビジネスの仕組み，組織的要因などに目を向ける重要性を論じた。このような視点に基づき，第3節では，日本とイギリスの広告業界を対比しつつ，広告会社のビジネス構造，クリエイターの労働市場とキャリア構造，メディア・バイイングの商習慣，広告主における広告活動の位置づけなどが，創造性に正・負の影響を及ぼしていることを具体的に述べてきた。本章では紙幅の都合上述べることができないが，ほかにも表現活動に影響すると考えられる重要な要因はいくつもある。そのなかから3つを，ここで列挙しておこう。第1に，広告主の一業種一社制度の有無（一広告会社が競合する複数社の同種の広告活動を同時には扱えないという商習慣），第2に広告主における広告表現に関する意思決定プロセス，そして第3に広告産業・メディア産業のグローバル化の進展である（Sinclair 2012）。

今後の研究課題として最後に挙げたい点は，何といっても，インターネット，スマートフォン，テレビ放送と通信の多様化といった技術的変化，およびSNSやブログなどのコミュニケーション手段の多様化と急速な普及により，広告表現およびその制作活動にどのような影響が及ぼされるか，ということである。広告やコミュニケーション活動の実務家たちからは，すでにいくつもの興味深い視点，事例が提示されている（湯川 2007，湯川編 2007，須田 2010 など）。従来のマス・メディアが「発信者」から不特定多数の「受信者」に向けられたコミュニケーションであったとすれば，現在のソーシャル・メディアを利用したコミュニケーションにおいては，「マス・カンバセーション」（Spurgeon 2008）が同時多発的に起きているわけであり，広告主と生活者の間でも新たなコミュニケーション方法が求められている（佐藤 2008，2011）。

これらの技術変化と表現発信手段の多様化は，また，一般生活者における創造力を従来にないほど高いものに引き上げている。動画投稿サイトに見られる一般生活者のオリジナルなショート・フィルム，あるいはプロの制作による既存の作品（CMを含む）を一部改変するものは数え切れないほど多くあり，なかには目をみはるほどの創造性に富むものもある（河島 2013）。従来の広告表現においては，一流のクリエイターが全力を尽くして創造的な作品を提示しようとしていたが，今日では，視聴者が作り替えたくなるような，どこかに「引っかかり」があるもののほうが話題を呼び，広告としても効果的であることが多いという。

このような複雑な状況にあって，今後，広告会社にとって重要であるのは，創造性をできるかぎり幅広くとらえ直すことではないかと思われる。これは実はテレビCM出稿手数料を大きな稼ぎどころとしてきたこれまでの収益構造にも影響するため，当たり前のようでありながらなかなか難しい。本章においては，テレビCM表現における創造性に焦点をあててきたが，このような狭い意味での創造力の回復が最も重要とはいえない。メディアがいっそう多様化する今日，テレビCMがかつてのように大きな社会的影響力を持つことは，もはや考えにくい。新たな創造性とは，従来型メディアにおける広告表現に限らず，店舗デザイン，パッケージ・デザイン，会社ロゴ，社員バッジなどさまざまなアナログ・メディアやプロモーション的なメディアの活用まで含めた，「メディア中立的」かつ総合的なブランド構築のマネジメント・サービスのなかに見出される。この領域においては，ビジネス・コンサルティング会社との競争に直面する。しかしながら，日本の広告会社が，フル・サービス・エージェンシー制度という世界的には稀な好条件に恵まれていることを存分に活用し，真に統合されたマーケティング，ブランディング・サービスを提供する専門家集団となれるのであれば，いっそうのビジネス拡大，発展が期待できるであろう。

■ 注

1）「創造性研究（research on creativity）」自体，かなり進んでおり，独立した研究分野としてジャーナルや研究書，ハンドブックなどを刊行している。

2） 広告表現の世界で最も有名なものはカンヌライオンズ国際クリエイティビティ・フェスティバルにおける賞である。2011年に，カンヌ国際広告フェスティバルという名から改称された。このフェスティバルについては佐藤（2010），伊藤（2008：第2章）を参照。

3） 第3節は，河島（2005）の一部を書き換えたものである。

4） この論文は，筆者との共同研究として東京とロンドンでクリエイティブ・エージェンシーを調査し，その後独自の視点からまとめ直し，執筆された。

5） 1年以上にわたる長期間のスポンサーの場合には，その分の割引の恩恵を受けていることもある。一方，出稿料金が高い時期にスポンサー契約を結び，そのまま推移しており，後の安い時期にスポンサーになった企業より割高の料金を払い続けている企業の事例もある。

6） Percy et al.（2001）における「プロモーション」という用語は，いわゆるマーケティング・ミックスにおけるプロモーション（広告＝advertisingをも含む）ではなく，卸・小売業者へのインセンティブ付与や消費者向けのクーポン，景品の提供などを含めた短期的売上向上策を指している。ここに広告（advertising）は含まれない。

■ 文献

伊藤孝一（2008）『CMクリエイティブ論――テレビCMはどこへいくのか』風塵社。

大竹和博（1998）「15秒CMの魔力――テレビ広告費の見えざる浪費現象の進行」『月刊JAA』第496号，6-17。

梶祐輔（2001）『広告の迷走――企業価値を高める広告クリエイティブを求めて』宣伝会議。

河島伸子（2005）「広告表現の低迷――創造性を取り巻く構造と変化するビジネス環境への考察」『広告科学』第46号，30-45。
河島伸子（2009）『コンテンツ産業論――文化創造の経済・法・マネジメント』ミネルヴァ書房。
河島伸子（2013）「ユーザーの創作活動と著作権法の相克」河島伸子・生稲史彦編『変貌する日本のコンテンツ産業――創造性と多様性の模索』ミネルヴァ書房。
河島伸子・生稲史彦編（2013）『変貌する日本のコンテンツ産業――創造性と多様性の模索』ミネルヴァ書房。
佐藤達郎（2010）『教えて！カンヌ国際広告祭――広告というカタチを辞めた広告たち』（アスキー新書）アスキー・メディアワークス。
佐藤尚之（2008）『明日の広告――変化した消費者とコミュニケーションする方法』（アスキー新書）アスキー・メディアワークス。
佐藤尚之（2011）『明日のコミュニケーション――「関与する生活者」に愛される方法』（アスキー新書）アスキー・メディアワークス。
須田和博（2010）『使ってもらえる広告――「見てもらえない時代」の効くコミュニケーション』（アスキー新書）アスキー・メディアワークス。
田中洋（2000）「ブランド・コミュニケーションの戦略課題」青木幸弘・岸志津江・田中洋編『ブランド構築と広告戦略』日経広告研究所。
生田目常義（2000）『新時代テレビビジネス――半世紀の歩みと展望』新潮社。
湯川鶴章（2007）『爆発するソーシャルメディア』（ソフトバンク新書）ソフトバンククリエイティブ。
湯川鶴章編（2007）『次世代広告テクノロジー』ソフトバンククリエイティブ。
Becker, H. S.（1982）*Art Worlds*, University of California Press.
Cowen, T.（2002）*Creative Destruction: How Grobalization is Changing the World's Culture*, Princeton University Press.（浜野志保訳・田中秀臣監修，2011『創造的破壊』作品社）
Davidson, M. P.（1992）*The Consumerist Manifesto: Advertising in Postmodern Times*, Routledge.
El-Murad, J. and D. C. West（2004）"The Definition and Measurement of Creativity: What Do We Know?," *Journal of Advertising Research*, 44(2), 188-201
Grabher, G.（2001）"Ecologies of Creativity: the Village, the Group, and the Heterarchic Organization of the British Advertising Industry," *Environment and Planning A*, 33(2), 351-374.
Jackson, P. and J. Taylor（1996）"Geography and the Cultural Politics of Advertising," *Progress in Human Geography*, 20(3), 356-371.
Jones, J. P. and J. S. Slater（2003）*What's In a Name? Advertising and the Concept of Brands*, 2nd ed., M. E. Sharpe.
Kawashima, N.（2006）"Advertising Agencies, Media and Consumer Market: The Chang-

ing Quality of T. V. advertising in Japan," *Media, Culture and Society*, 28(3), 393–410.
Kawashima, N. (2009) "The Structure of the Advertising Industry in Japan: The Future of the Mega-agencies," *Media International Australia*, 133, 75–84.
Leiss, W., S. Kline and S. Jhally (1997) *Social Communication in Advertising: Products and Images of Well-being*, 2nd ed., Routledge.
Lush, S. and J. Urry (1994) *Economies of Signs and Space*, Sage.
McLeod, C., S. O'Donohoe and B. Townley (2011) "Pot Noodles, Placements and Peer Regard: Creative Career Trajectories and Communities of Practice in the British Advertising Industry," *British Journal of Management*, 22, 114–1341.
Percy, L., J. R. Rossiter and R. Elliott (2001) *Strategic Advertising Management*, Oxford University Press.
Peterson, R. A. (1994) "Culture Studies through the Production Perspective: Progress and Prospects," in D. Crane ed., *The Sociology of Culture: Emerging Theoretical Perspectives*, Blackwell.
Peterson, R. A. and N. Anand (2004) "The Production of Culture Perspective," *Annual Review of Sociology*, 30, 311–334.
Pratt, A. (2006) "Advertising and Creativity, a Governance Approach: A Case Study of Creative Agencies in London," *Environment and Planning A*, 38 (10), 1883–1899.
Sinclair, J. (2012) *Advertising, the Media and Globalization: A World in Motion*, Routledge.
Spurgeon, C. (2008) *Advertising and New Media*, Routledge.
White, H. C. and C. A. White (1965) *Canvases and Careers: Institutional Change in the French Painting World*, Wiley.

第 20 章

広告研究のアイデンティティ問題

妹尾俊之・水野由多加・伊吹勇亮

1 広告研究の現状と課題

[1] 広告は「効かなくなった」か

21 世紀的なコミュニケーション光景

21 世紀に入ると同時にインターネットが急速に普及・定着して，さまざまなソーシャル・メディアが生まれ利用が進んだ。携帯電話やスマートフォンを常時持ち歩き，各種の SNS を通じた生活者からの情報発信が日常化したことから，リアルな生活空間や店舗空間での話題作りの動きも活性化している。こうした環境に適応するために 20 世紀には見られなかったアプローチが広告コミュニケーションの送り手によって試みられ，たとえば次のような事例が生まれた。

ユニクロが企画・実行している「UNIQLOCK」。ユニクロの服を着て無表情にダンスを踊る女性たちの 5 秒間の映像と，時刻を表示する 5 秒間のアニメーションが交互に映し出されるブログパーツ。2007 年 6 月のオープンから最初の 1 年間で 212 カ国合計 1 億 3000 万のページビューを獲得した[1)]。

ロッテのガム，Fit's が 2009 年の新発売時に展開した「ダンス・コンテスト」。ダウンロードした CM ソングに合わせたオリジナルダンスを撮影して YouTube に投稿，再生回数が最も多い作品に賞金を授与する，という仕組みで，総再生回数は 2100 万回と企業のスポンサー・チャンネルとして世界一を記録した[2)]。

「ローソンクルー♪あきこちゃん」キャンペーンは，アルバイト店員という設定のキャラクターがさまざまなソーシャル・メディアを通じて店舗にまつわる情報を発信する。なかでもLINEでは，2013年8月，企業公式アカウントとして初めて，“友だち”が1000万人を突破した。[3]

ひこにゃんやくまモンはじめ「ゆるキャラ」は，地方自治体のシンボル・キャラクターとしてすっかり定着した。[4]

こうした21世紀的コミュニケーション現象が次々と誕生している。

クリシェからの示唆

一方で，おもにこうした事例との対比において，「広告が効かなくなった」という批判ないし嘆きがすっかり定着してしまった。このクリシェ（常套句）には示唆深いものがある。そこからうかがえるのは，一義的には狭く浅い広告観である。

それはまず，広告をマス・メディアを舞台とする活動に限定して捉えている。マス・メディアの社会的影響力の相対化は事実である。文脈は異なるが，テレビ番組の録画再生視聴の普及と，その際のCMスキップも，根拠としてよく取り上げられる。

次に，このクリシェは広告の機能・役割をセールス・プロモーションに限定して捉えている。1990年代以降の根深い消費不況による業績悪化のため，利益確保のために手段を選ばない（ないし選べない）企業の姿勢がそこには反映していよう（とはいえ，広告出稿が即座に売上拡大をもたらすという想定ないし期待は，マス・コミュニケーション研究における魔法の弾丸理論を思わせる。それはラジオが驚異のニュー・メディアだった1940年代のモデルである）。

しかし重要なことは，クリシェが逆説的に浮かび上がらせる「広告とは本来効くものだ」という認識である。少なくとも1980年代まで，総体としての広告の力に真正面から疑問を呈する者はいなかったであろう。それから30数年が経った今日，このクリシェは広告研究者に2つの問いを突きつけてくる。

「広告」とは何か。それはテレビCMと新聞広告などのマス広告だけを指す用語なのか。

「効く」とは何か。それは金儲けの手段に過ぎないのか。

[2] 30年間の広告論文タイトルから

ではこの30年間，日本ではどのような広告研究が行われてきたのだろうか。2つの広告研究誌に掲載された論文からこのことを考察する。

『広告科学』は日本広告学会が編集・発行するジャーナルである。1975年10

月に第1集を発行，最新号は2015年9月発行の第61集である（2015年9月現在）。

『日経広告研究所報』は，日本経済新聞社外の任意団体として広告研究を中立的に行う日経広告研究所の会員向け会報誌であり，研究活動の成果や研究者・実務家の論文が掲載される。創刊は同研究所設立直後の1967年，最新号は2015年6月発行の第281（第48巻第5）号である（2015年6月現在）。

1981年から2010年に至る30年間にこの2誌に掲載された817本の論文のタイトルを分析対象として観察した。内訳として『広告科学』の328本は全数だが，『日経広告研究所報』の489本は，あまりに時事的・ニュース的なものを除いた本数である。

広範囲に及ぶ研究対象

論文タイトルに含まれるキーワードの出現状況を見たのが表20-1である。広告研究の対象がきわめて広範囲に及ぶことがまず指摘できる。

キーワードとして「広告」が突出して多いことは当然だが，逆に，それでも全体の55%にとどまる点を強調することもできる。「広告」に次ぐ「効果」になると，比率は9%と大きく差がつく。続く5%以上は「ブランド」「マーケティング」「コミュニケーション」の3つ，以下，実数20以上に範囲を広げても，「表現」「テレビ」「消費者」「メディア」「CM」「社会」を付け加えるにとどまる。

ここからまず，広告研究の対象が「セールス・プロモーション」の「技術」に限定されるものではない事実を確認し，強調しよう。マーケティング関連の研究が比較的多いとはいうものの，「ビジネス・コンテキストの『送り手』研究であるマーケティング研究」と「ブランド選択を代表とする消費者行動研究（マーケティング研究の一分野）」に収斂はせず，拡散している。

現代社会の具体性を重んじた研究

さらに，社会とコミュニケーションに焦点を当てた研究が存在する。それらは，概観するだけでも，マクロ経済指標，地域，記号論，法，行政学，政治，異文化，ライフスタイル，経営，メディア研究，広報，イベント，ネット，SNSなど，多様な領域と関わり，そのなかでの広告のありようが記述され，研究されている。

また，研究の多くが具体的であることも見逃せない。具体性とは，たとえば，現実に社会に露出された広告活動であり，その社会心理学的な測定・分析であり，マーケティング的あるいは社会学的な考察が加えられる企業や人々の行動や傾向である。

表 20-1　広告研究論文のタイトルにおけるキーワード出現状況（1981～2010 年）

		『広告科学』		『日経広告研究所報』		2 誌計	
		実　数	比　率	実　数	比　率	実　数	比　率
論文数		328	100	489	100	817	100
1	広　告	193	59	259	53	452	55
2	効　果	34	10	43	9	77	9
3	ブランド	28	9	34	7	62	8
4	マーケティング	8	2	40	8	48	6
5	コミュニケーション	16	5	29	6	45	6
6	表　現	20	6	16	3	36	4
7	テレビ	13	4	21	4	34	4
8	消費者	14	4	19	4	33	4
9	メディア	11	3	15	3	26	3
10	C　M	8	2	16	3	24	3
11	社　会	8	2	14	3	22	3
12	ネット	7	2	12	2	19	2
13	IMC	13	4	5	1	18	2
14	広告会社	8	2	8	2	16	2
15	文　化	8	2	5	1	13	2
16	購　買	8	2	4	1	12	1
17	クリエイティブ	4	1	8	2	12	1
18	媒　体	4	1	5	1	9	1
19	心　理	4	1	5	1	9	1
20	新　聞	1	0	8	2	9	1
21	インターネット	2	1	7	1	9	1
22	広告主	4	1	4	1	8	1
23	経　済	1	0	7	1	8	1
24	プロモーション	1	0	5	1	6	1
25	制　作	4	1	1	0	5	1
26	エンゲージメント	2	1	3	1	5	1
27	インサイト	4	1	1	0	5	1
28	アカウント	4	1	1	0	5	1
29	リレーションシップ	3	1	1	0	4	0
30	オンライン	2	1	1	0	3	0
31	販売促進	1	0	1	0	2	0
32	ウェブ	1	0	0	0	1	0

（注）1つの論文が複数のキーワードを含む場合がある。たとえば「マーケティング・コミュニケーションと広告」というタイトルであれば，3つのキーワードが抽出される。

21 世紀に即した現代社会研究へ

このとおり，広告研究とはもともと，企業が実践する「広告活動」とそれが生活者や社会に及ぼす影響である「広告現象」を視野に入れた点においてのみ共通性を持つ，一連の研究群の呼称といえよう。それは，研究対象である広告そのものの特性を反映して，（良くも悪くも）幅広さと柔軟性を顕著な特色とする。

そもそも今日，マス・メディアに限定した広告の捉え方は矮小であり，その拡張ないし再定義が必要である。そうすれば，おのずと「効く」の意味も明らかになる。21 世紀を迎えて早や十数年が経過した現代社会には，20 世紀には想像できなかったさまざまな事象が出現し，広告研究にあらたなテーマを要請している。

2 広告研究のアイデンティティ再構築

［1］ 広告コンセプトの拡張，または広告の再定義

マス・メディア使用の有無で広告を定義しない

前述の，たとえば UNIQLOCK は広告なのだろうか。あきこちゃんやくまモンはどうだろうか。アメリカ・マーケティング協会による伝統的な広告の定義（序章参照）に当てはめれば，これらは広告ではない。なぜなら，有料のマス・メディアを用いていないからである。

しかし，広告をマス・メディアに限定するなら，屋外広告も交通広告も折込広告も POP 広告も（「広告」を呼称に含むにもかかわらず），広告ではなくなってしまう。この事情を捉えて，『電通広告事典』（電通広告事典プロジェクトチーム編 2008）は屋外広告以下を「SP 広告（セールス・プロモーション広告）」と名づけ，広告はマス・メディアを用いたものに加え，それを補完する SP 広告に大別されると捉えることが「実際的」と指摘している。

このように，広告をマス・メディアと結びつけて定義することは，もともと日本の実情にはそぐわない。

それは直接的には，広告ビジネス構造の日米の違いに起因する。アメリカの広告会社が業務をマス・メディアに限定するのに対して，日本の大手総合広告会社のサービスはセールス・プロモーション（SP）やパブリック・リレーション（PR）など，below-the-line（枠外の費用）にまで及ぶのである。しかし，ではなぜ日本の広告会社がそうした幅広い業務をミッションとするかといえば，日本では

「広告」のコンセプトがもともと広かったから，という，より本質的な問題が立ち現れてくる。

日本に広告会社が誕生したのは19世紀末（1887〈明治20〉年前後）であり，アメリカにおけるマーケティングの体系化に先行する。さらに日本にはそれ以前から「ひろめ（広目）」という商いにまつわるコミュニケーション文化があり，今日のIMCを実践してきたことは序章で触れたとおりである。

戦前の新聞広告・雑誌広告，戦後のテレビCMが大きな威力を発揮したことはもちろん事実だが，社会的現実の構築に関わる主力メディアは時代とともに変化する。手段に過ぎないメディアによって広告の本質を定義することはできない。

社会的コミュニケーション行為としての広告

広告は，ある特異な社会的コミュニケーション現象である。その特異性は，広告がセールス・プロモーションの目的を持つ，まさにその点に由来する。テーマに無関心な人々を対象に偶然の出遭いを創出し，態度変容から行動喚起を促そうとするエネルギーが，一般のメディア・コンテンツ，さらには芸術やエンタテインメントに比べてもシンボリックに凝縮したパワーを発揮する源泉となる。

さらに，セールス・プロモーションの目的は，生活者の受容によって達成される。そのために必要なものは何か。かつて，需要が充足していない時代であれば，製品情報の伝達がこれに該当した。では，コモディティ化した製品が充ち溢れ，情報もまた「爆発」と形容されるまでに増大した，今日の環境ではどうだろうか。UNIQLOCKなどは困難なこの課題の解決に成功した，21世紀的な「広告」といえるだろう。

広告は生活者の気持ちをつかみ，その認知や記憶の構造を変化させるべく，さまざまな創意工夫を凝らす。広告が「効く」ことの考察には，売れた／売れなかったのレベルを超えて，この局面の理解が欠かせない。

こうして，広告研究の今後に向けて，2つの方向性が示唆される。

①「マス・メディア広告」からの研究領域拡大

②「広告活動」から「広告現象」への研究領域拡大

以下，それぞれについて吟味しよう。

図 20-1　ホリスティックな日本型広告とマス・メディアに限定したアメリカ型広告

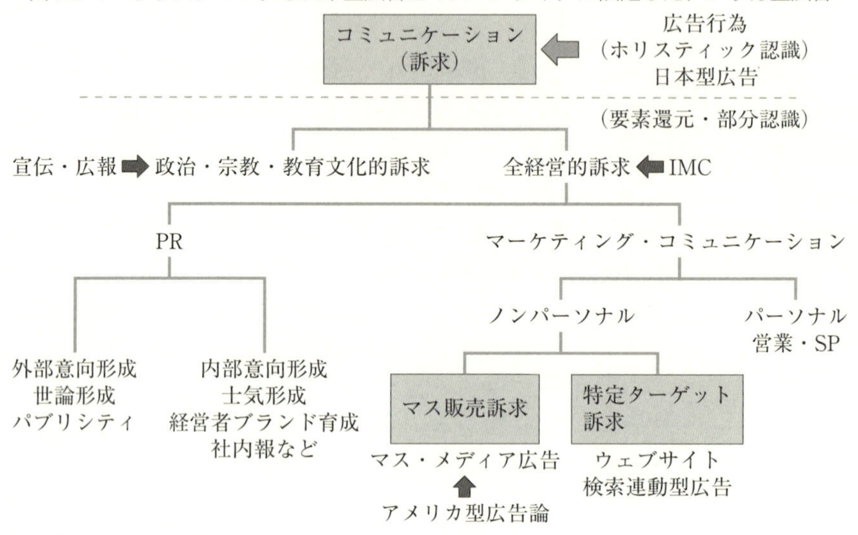

（出所）　小林（2010: 13）。

[2]　「マス・メディア広告」からの研究領域拡大

「日本型広告」の見直し

先述のとおり，日本の広告はもともとマス・メディアに限定されない広がりを持つ。小林保彦は，日本の「広告」はアメリカの advertising と同等でないことを強調している（図 20-1)。すなわち，アメリカの advertising は，アメリカ・マーケティング協会の定義に典型的なように，マス・メディアを用いた大量販売訴求に範囲を限定する。これに対して日本の広告は，セールス・プロモーションやウェブを含むマーケティング・コミュニケーションはもとより，組織の内部，および外部を対象とする PR，さらには企業以外の政治・宗教・教育に関する宣伝・広報までも包含する，ホリスティックなコミュニケーション行為なのである。

このことの傍証として，「宣伝」という用語の活用方法が挙げられる。それは原理的には propaganda の訳語として，政治や宗教上のコミュニケーション活動を指す。しかし実際には，広告主内部で広告に関する意思決定を行う専門部局名として「宣伝部」が多く採用されている，代表的な広告専門誌が『宣伝会議』を名乗っている，といった例が示すとおり，「宣伝」は広告界でも広く用いられている。厳密に定義された使い分けではないが，日本の広告活動が advertising の訳語としての「広告」には収まりきらない広がりを持つ事実の反映と考えられる。

アメリカにおける広告研究と広告教育の割り切りと限界

一方，アメリカにおける広告研究は，基本的にマス広告に関するオペレーショナルな次元に限定されるとともに，広告教育と密接に連動し，循環する。すなわち，スキルに基づいてスペシャリストを育成して広告界へと送り込むことによって，今度は彼らの実務活動が次の研究テーマとなるのである。AAA（American Academy of Advertising）に典型的な，専門分化したこの方法は，海外では広く受け入れられている。

しかし，マス・メディアの社会的影響力が相対化されつつある今日，研究範囲の限定は矮小であることを自ら任じざるをえなくなる行きづまりを見せている。

広告近視眼

T. レビットはかつて，アメリカにおける鉄道産業の衰退を例に，事業の定義を顧客中心ではなく，製品中心に行う経営者の近視眼を批判した（Levitt 1962＝2006）。この警告は，現在の広告にも当てはまる。手段に過ぎなかったマス・メディア使用が，いつのまにか目的化してはいないか。眼鏡をかけて視力が回復すれば，マス・メディアを用いたセールス・プロモーションに限定されない「広告」の全貌が見えてくるであろう。

[3] 「広告活動」から「広告現象」への研究領域拡大

主体的生活者とのコミュニケーション

製品のコモディティ化と並んで広告に影響を及ぼしている要因に，生活者の主体性確立とその拡大・深化が挙げられる。

今日の広告の対象は，史上最強の受け手（難波 2000）であり，生活者主導社会（博報堂 DY グループエンゲージメント研究会 2009）である。彼らは経済人の前提に当てはまらない情緒的・感覚的で非合理な存在であり，さらに SNS や CGM など情報発信のツールを自家薬籠中のものとして，企業の思惑どおりには動かない。したがって，コミュニケーションの意義がかつてなく高まっている。

メディアを介したコミュニケーションは，社会的に現実を構築する（吉見 2012）。それはマス・メディアだけの特権ではなく，プロモーション・メディアないし OOH（Out of Home，自宅以外の場所で接触する広告メディアの総称）やソーシャル・メディアをも含む。むしろスマートフォンとパソコンなしに成り立たなくなった現代生活では，物理的現実のほうが例外的存在でさえある。

今日，メディア表象，あるいはコミュニケーション表象が構築する社会的現実が，共有されたり，無視されたり，批判に晒されたりと，さまざまな反応を引き起こしながら，人々の生活行動や価値規範，文化や時代との相互作用をもたらしている。ビジネス目的から出発する広告は，その独特の創意工夫を通じて，ビジネスを超える社会現象をも創出する。

広告コミュニケーションの研究へ　社会的コミュニケーション・プロセスとしての広告が，主体的生活者である受け手の認知・記憶の構造変化に影響を及ぼす，そのメカニズムはどのようなものか。ここにもう1つ，重要な研究テーマを見出すことができる（表20-2）。

マス・メディア（とくにテレビ）が絶大な社会的影響力を発揮した20世紀後半の広告は，換言すればメディア・プランニングが定型化され，創意工夫がもっぱらクリエイティブに委ねられる，偏頗（へんぱ）な状態であったと見ることもできる。これに対して今日要請されるコミュニケーション・デザインは，より立体的，かつ継続的なものである。

こうして広告は，金儲けのための技術を超えて，探究に値する特異な社会現象としての相を表す。そこには観察容易な共通基盤を率先して創出することに由来する公共的な性格があり，そのうえに経済的，社会的，心理的，あるいは芸術的なさまざまな課題が交錯する。しかも課題の解決策は，広告主と生活者のいずれかに偏ったものではなく，両者のインターフェイスとして止揚したものであることが求められる。

21世紀の広告研究はこのように，「コミュニケーション」に焦点を当てたホリスティックなものであることが期待される。

[4]　広告研究における社会的遍在性の意義

遍在する社会的コミュニケーション　重要な議題は社会にあまねく広がり，論じられる。地球温暖化やジェンダー，日本の国家財政の累積債務，少子高齢化，非正規雇用，東京一極集中など，事例は枚挙にいとまがない。誰もが関係することだから，遍在するのである。

社会的遍在性は，広告の特性でもある。いや，広告こそ社会に最も遍在する現象であるともいえよう。このことは，共通のコミュニケーションの前提や基盤が容易に失われるポストモダン状況において，きわめて稀有なことである。

それは広告研究の特性でもある。広告と広告研究がほかの問題にも増して社会的遍在性を特性として持つことの重要性は，それ自体が社会的コミュニケーショ

表 20-2　広告研究の新たなパースペクティブ

	20 世紀的広告観	21 世紀的広告観
範　囲	送り手のマネジリアル（経営的）な範囲	一連の社会的コミュニケーション・プロセス
視　点	受け身のターゲット・オーディエンスへの効果・影響	コミュニケートし環境を意味づけていく人間中心
中　心	管理可能な「メディアと制作」の計画と実施	受け手の認知・記憶の構造の変化結果にいかに広告が寄与し得るか
論　点	宣伝ではなく広告	広告（物）よりも広告コミュニケーション

（出所）水野（2014）。

ンだ，という点に関わる。北田暁大がかつて『広告都市・東京』で強調したように（北田 2011），広告は資本と権力と目される送り手が資金と組織と技術をもって遍在性を追求し続ける社会的コミュニケーションなのである。広告の遍在性は，マス・メディアが相対的に退潮した後にあっても健在である。

メッセージの伝達，アイデアの受容，イメージの転換そのものを目的として存立する広告は，テレビ放送，新聞ジャーナリズムなどのコンテンツより遍在性を高める。そのための手練手管は良くも悪くも，ほかのコミュニケーションより抜きん出る。

教育上の意義

したがって，多くの専門分野において，「広告ほど教育上便利な素材はない」ということができる。新聞はもちろん地上波テレビにもろくに接触しない 21 世紀の学生も，LINE のスタンプという広告にはくわしいし，芸能人が仕事として関わる広告関連の話をリツイートする。google の検索連動型広告・内容連動型広告がわからない学生はいない。認知経路は自覚しなくとも，ゆるキャラは知っている。数多の文系の専門分野において，間口の広さを社会的遍在性はもたらす。

このことの意義は，講義冒頭のエピソードとして効果を発揮するレベルにとどまらない。学生の理解や納得は，学問的な体系や順序から直接には得られない。それは，自己の既存の知識や経験に照らし合わせて，ピンと来たり，関係づいたり，統合したりした結果，実現する。このため，たとえば「あのソフトバンクの犬のお父さんのような『父の不在』が」と具体的に話題にできることの意義は大きい。

研究上の意義

広告の遍在性の意義は，学生への教育効果だけにとどまらない。

ポストモダン状況は，専門分野においても深まっている。専門の分化・細分化・深化は学の成果でもあるが，その半面，専攻が少しでも違えば，研究や研究者のどこに新味があり，何が優れているのか，判断がつかなくなってしまう状況が生まれている。まして，専門外の高度なシミュレーションや緻密な実験結果などになれば，理解の手がかりを得ることさえ困難なこともある。

そうしたなかにあって，「多くの人が何かによって動かされている」ことを示す広告事例は，既存の説明の枠組みを超えたところで人の心の琴線に触れることがある。社会的信頼を扱う数理社会学者も，文化政策を扱う経済学者も，たとえば「伊右衛門の広告メッセージがえぐる『仕事を経て幸福に至る』made in Japan の大切な職人の誇りの部分をないがしろにした平成の非正規雇用批判」といった説明に触れたとき，いかに多くの人が，「気づいていないことを（なかば自覚を伴わずに）言うがゆえに動かされている」ことに気づくであろう。

広告と広告研究のホリスティックな価値とは，こうした社会的に遍在するコミュニケーションに，それが何なのかという分析に先立って棹差す点であろう。広告は「多くの人が何かによって動かされている」ことの息吹や交通，共有性，共同性を具体的に可視化することによって，カタルシスをもたらす。この作用は映画や演劇など20世紀的な社会的効果を持つコミュニケーションと同様であるが，広告はこれらを凌駕する遍在性を特性とする。

したがって，広告研究の社会的遍在の効果は，タコツボ化した学の専門を交通する手段として，威力を発揮する。

[5] 「広告は大人の学問」説

社会的共感の研究

換言すれば，広告研究とは大衆社会の社会的共感の研究である，とも要約できよう。しかし，それは現代的な心理学の操作的な定義や構成概念とは隔たりがある。すなわち，事例や事象がなければ語りづらく，理解も困難になるのであり，このことは前項のソフトバンク・伊右衛門の事例が示すとおりである。

広告のようにコンテキスト依存度が高く，一般化しづらいことについての研究には，やはりなにがしかの勘所が存在する。

大人の学問

こうした事情を捉えて，ある広告人は「広告は大人の学問だから」と語った。この言葉はなかなか含蓄に富む。

アメリカの大学での広告に関するポストの教員募集には，industrial experience and Ph. D. required（広告実務経験と博士号が要求される）と記載される。このことは，実務経験だけでも，（たとえば）社会心理学の学識だけでも，広告教育と広告研究は成し遂げられない，とする見識を示していて，「大人の学問」に通じるものがある。

たしかに，広告会社という，企業間取引やサービスを提供する社会的文脈には，経営学の優秀な学位取得者であっても容易には理解できない暗黙知が蓄積されている。このことは，機能的に分化されたアメリカより，ホリスティックなコミュニケーション・サービスを実践する日本に，より該当するであろう。広告という社会現象は，当該の事例が送り手のどのような期待によって実現したのか，の理解なしには語れない。それを，誰が，いつ，何のために，ほかの何でもなくいかにそのような広告として実施したのか。コミュニケーションの理解の深度は，まさにここに関わる。

しかしながら一方で，広告研究は眼前の広告活動の分析にとどまらず，たとえば，①関わる研究者に社会の欲望をホリスティックに理解させること，②判明していなかったことをいかに解明しなければならないかを理解させること，さらに③何がわかっていて何がわからなかったのかを理解させること，といった複雑な性格をも併せ持って立ち現れる。

「大人の学問」である広告研究は，このように非常に困難ではあるが，あるいは困難であるがゆえに，特有の面白さを持っている。この両義的な関与こそ「広告研究のアイデンティティ」と呼びうるであろう。

3 広告における学際研究への展望

[1] 広告コミュニケーションの学際性

複雑さを増す課題を解決するコミュニケーションのダイナミズム

広告は広告主の課題と生活者の課題を結びつけ，双方にとって意義ある解決を提案するコミュニケーション行為である。本来無関係であった両者をつなぎ，絆を樹立するそのコミュニケーションには，独特のダイナミズムが備わっている。無関心な人をも振り向かせる創造性が広告の生命である。

新鮮なアイデアは，異質のもの同士の新しい組み合わせから生まれる。これを実現するために製品についての知識と人生や生活についての知識を深めることは広告実務の古典的実践であり（Young 1965＝1988），今日なお基礎的訓練として引き継がれている。

また広告ビジネスが，科学と芸術という，本来相容れない両側面から成り立つことは，日本では電通第4代社長であり「広告の鬼」と称された吉田秀雄の信念と実務経験に基づいて，早くから論じられてきた（植条 1969）。興味深いのは，アメリカの広告業界がこの点を捉えて，広告会社の経営方針を「科学派」「芸術派」，さらに「ビジネス派」と特化させて対応する（西尾 1967）のに対して，吉田は両者の融合を主張し，電通の経営で実践したことである。ここにも日米の違いが反映している。

広告コミュニケーションのダイナミズムの背景にはこのように異質の側面の複合・統合プロセスがあり，専門分化とは正反対のベクトルを持つ学際性に多くを負っている。

広告ビジネスにおける学際的実践

広告ビジネスの顕著な特徴であり本質である学際性は，（それ自体が知識創造ゆえ）さらに拡大と深化を遂げてきた。

広告人特有の「広告知」について詳細な考察を試みた青木貞茂は，その特性の1つに「閉鎖系」と「開放系」の複合を挙げた。戦略プランニングの段階では実証科学で正解を追求する一方，クリエイティブやメディアの企画段階では芸術に通じる飛躍を試みる。本来無関係のものを結びつける「文脈創造力」はこうして形成される（青木 2010-2011）。

広告の 2 つの側面について，科学的側面はマーケティングとメディア・プランニング，芸術的側面はクリエイティブ，という役割分担に終わっては意味がない。コミュニケーション・パワーは両者の融合のうえに初めて生まれる。

[2] 広告実務の学際性から広告研究の学際性へ

学際研究への注目

広告に限らず，近年，学際研究が注目を集めている。それは今日の社会的課題が複雑に錯綜するようになり，単一の学問体系による知見だけでは解決が困難になってきたからである。そのプロセスと理論について大部の研究書をまとめた A. F. レプコは，学際研究は，①複雑な課題を，②専門分野の知見を利用し，③統合する研究，と規定し，知見を統合しない「多専門性」や，全専門分野を超える「専門横断研究」とは異なることに注意を促している（Repko 2012＝2013）。厳密な定義は次のとおりである。

> 学際研究とは，疑問に答え，課題を解決し，単一の専門分野で適切に扱うには広範すぎるもしくは複雑すぎるテーマを扱うプロセスである。より包括的な理解の構築のために知見を統合するという目標を持ち，学際研究は専門分野を利用する。（同書: 14）

同書によれば広告は「コミュニケーション」の下位分野であり，「ビジネス」の下位分野であるマーケティングとともに「応用分野」に位置づけられる。「伝統的専門分野」には次がある。

①自然科学：生物学，化学，地球科学，数学，物理学。
②社会科学：人類学，経済学，政治学，心理学，社会学。
③人文学：美術・美術史学，歴史学，文学，音楽・音楽教育学，哲学，宗教学。

そしてレプコは，学際研究の推進力を 4 点挙げている（同書: 32）。

①自然と社会に本来備わっている複雑さ。
②単一の専門分野に制限されない課題や問題を探究したいという欲求。
③社会的課題を解決する必要性。

④革命的知見と生産的科学技術を生み出す必要性。

これらは多く，青木の「広告知」と重なり合う。

制約と競争が厳しい広告ビジネスは「何でもあり It's wide open」(Steel 1998＝2000）であるから，学際的実践も当初から自覚したものではなく，必要に迫られて取り組んだ結果と思われる。しかし，人の心をつかんで離さない広告特有の生命力には，異質の価値の融合を欠かすことができない。

学際的広告研究の提唱

広範かつ複雑な課題解決を目指して学際的に実践される広告ビジネスが作り出す活動や現象を素材とする広告研究もまた，狭く硬直した枠に閉じ籠らず，学際的にアプローチすることが求められよう。

かつて，異色の教科書『広告を学ぶ人のために』巻頭で，山本明は広告の社会的機能と経済的側面を挙げ，社会学・社会心理学，および経済学を中心とする広告研究の学際性を強調した（山本 1983)。この見解を敷衍すれば，広告研究を深めるうえでさらに広範囲な専門分野の洞察を活用することが求められる。とくにクリエイティブ研究には，文学・美術・音楽など人文学の知識が不可欠である。自然科学を活用する課題が出現することもあろう。

この 30 年間の日本の広告研究が非常に多岐にわたり，かつ具体的に行われてきたことを先に見たが，これを裏返すと，散漫でまとまりがなく，「多専門性の研究」「専門横断研究」のレベルにとどまっている，とする批判も成り立つ。学際的統合へ向けて課題も多い。

広告実務と連携した「事例」の探究

事例は実務と研究の接点である。ところが，生きた事例が記述され，活用されることは現実にはなかなか少ない。たとえば，広告効果や広告取引について実証を試みようとすると，企業秘密の問題に直面する。広告表現物は，とくにタレントや音楽をめぐる肖像権・著作権が障害となってデータベース化・アーカイブ化がなされていない。メディア・バイイングの詳細は，いつまでも暗黙知の領域にとどまっている。

もともと実証しづらく，文化的差異が顕著な広告が，こうしたタブーによってさらに秘匿されてしまっている。各領域における具体的事例の充実が，学際研究実現への第一歩である。

共通メタ理論の構築　日本広告学会の会員にはもともと実務家や実務経験を持つ研究者が多い。このことは実践的である半面，関心が「売りにつながる」という即時的・道具的側面に集中しがちな弊害を併せ持つ。この点で，テーマを深める仕組みづくりが求められる。

広告を（金儲けの手段ではなく），「人の態度・行動を変える社会的コミュニケーション行為」と捉えると，そのメカニズムを解明する理論の構築が要請される。それは，経済学や社会学，心理学，芸術学をはじめとする専門分野の知を広く参照したうえで統合する，まさに学際的なものとなろう。

広告研究は，送り手論理からだけでもこのように展開がなされることを確認する。

■ 注

1）「世界のテレビCMを超えたWEB広告『UNIQLOCK』ウェブ開発物語」『日本経済新聞』ウェブ版，2008年7月23日。UNIQLOCKの映像は，ユニクロのウェブサイト（http://www.uniqlo.jp/uniqlock/）を参照。
2）「上半期のヒット商品はこれだ・フィッツ」『日経TRENDY』2009年7月号，14-15頁／「『Fit's ダンス・コンテスト』キャンペーン　ロッテ」『朝日新聞広告局@ADV Web広告月報』2010年9月16日。
3）「『ローソンクルー♪あきこちゃん』の友だちが1000万人を突破しました」ローソンニュースリリース，2013年8月2日。
4）当該自治体のウェブサイトを参照。くまモンについては，熊本県庁チームくまモン（2013）も参照。

■ 文献

青木貞茂（2010-2011）「〈広告知〉あるいは人間学としての広告学」『日経広告研究所報』第254〜259号。
植条則夫（1969）『裸の電通――世界第4位を行く広告代理店の全貌』（ブレーン・ブックス）誠文堂新光社。
北田暁大（2011）『広告都市・東京――その誕生と死〔増補版〕』（ちくま学芸文庫）筑摩書房（初刊2002年，廣済堂出版）。
熊本県庁チームくまモン（2013）『くまモンの秘密』（幻冬舎新書）幻冬舎。
小林保彦（2010）「広告の根源機能とゆくえを考える」日経広告研究所編『基礎から学べる広告の総合講座2011』日経広告研究所。
電通広告事典プロジェクトチーム編（2008）『電通広告事典』電通。

難波功士（2000）『「広告」への社会学』世界思想社。
西尾忠久（1967）『No. 2 主義宣言――広告界の新しい波 芸術派宣言』講談社。
博報堂 DY グループエンゲージメント研究会（2009）『「自分ごと」だと人は動く――情報がスルーされる時代のマーケティング』ダイヤモンド社。
水野由多加（2014）「くまモンは広告か？」『日経広告研究所報』第 276 号，10-17。
八巻俊雄（2006）『広告』（ものと人間の文化史 130）法政大学出版局。
山本明（1983）「広告研究とは何か」山本明・天野祐吉編『広告を学ぶ人のために』世界思想社。
山本武利・津金澤聰廣（1992）『日本の広告――人・時代・表現〔改装版〕』世界思想社（初刊 1986 年，日本経済新聞社）。
吉見俊哉（2012）『メディア文化論――メディアを学ぶ人のための 15 話〔改訂版〕』有斐閣。
Levitt, T.（1962）*Innovation in Marketing: New Perspectives for Profit and Growth*, McGraw-Hill.（土岐坤訳，2006『マーケティングの革新――未来戦略の新視点』ダイヤモンド社）
Repko, A. F.（2012）*Interdisciplinary Research: Process and Theory*, 2nd ed., Sage.（光藤宏行ほか訳，2013『学際研究――プロセスと理論』九州大学出版会）
Steel, J.（1998）*Truth, Lies and Advertising: The Art of Account Planning*, Wiley.（丹治清子・牧口征弘・大久保智子訳，2000『アカウントプランニングが広告を変える――消費者をめぐる嘘と真実』ダイヤモンド社）
Young, J. W.（1965）*A Technique for Producing Ideas*, McGraw-Hill.（今井茂雄訳，1988『アイデアのつくり方』TBS ブリタニカ）

広告研究のための情報源

(1) 広告環境

日本の広告費

暦年（1～12月）の総広告費，およびメディア別・業種別広告費の推定値。電通が毎年2月末にプレスリリースとして公表する。メディアの内訳は次のとおり。

- ・マスコミ4媒体広告費（新聞，雑誌，ラジオ，テレビ）。
- ・プロモーションメディア広告費（屋外，交通，折込，DM，フリーペーパー・フリーマガジン，POP，電話帳，展示・映像ほか）。
- ・インターネット広告費（インターネットサイトやアプリ上の広告）。
- ・衛星メディア関連広告費（衛星放送，CATVなど）。

（http://www.dentsu.co.jp/books/ad_cost/）

電通広告景気年表

広告を中心に，マスコミやマーケティング，経済をめぐる1945年以降の年表。「日本の広告費」は，推計を始めた1947年以降の分がすべて掲載されている。

（http://www.dentsu.co.jp/books/ad_nenpyo/index.html）

(2) 年鑑類

『電通広告年鑑』電通コーポレート・コミュニケーション局企業文化部編，電通。

広告活動全般について，各年度のトピックスや動向，統計・基礎資料を網羅する。編集に携わる組織の名称は年度によって変化がある。1956年創刊。2009年11月発行の『電通広告年鑑'09-'10』以降，休刊中。

『コピー年鑑』東京コピーライターズクラブ（TCC）編，宣伝会議。

同クラブは，コピーライターやCMプランナーが運営する団体。1958年，「コピー十日会」として発足。1962年，現名称に変更。毎年4月，前年度に実行された広告のなかから優秀作品を選出し，そのクリエイターを「TCC賞」受賞者として顕彰している。『コピー年鑑』はその作品集。1963年創刊。（http://www.tcc.gr.jp/yearbook/index.html）

『ACC CM 年鑑』全日本シーエム放送連盟（ACC）編，宣伝会議。

ACC（All Japan Radio & Television Commercial Confederation）は，CM 関係事業者が運営する非営利の社団法人。1960 年，日本広告主協会・日本民間放送連盟・日本広告業協会の「CM 合同研究会」（Allied CM Council，略称 ACC）として発足した。1961 年以降，年 1 回，前年に実行されたテレビ CM・ラジオ CM を対象に優秀作品を顕彰する「ACC CM FESTIVAL」を開催している。『ACC CM 年鑑』はこれに入選した広告表現物の記録。1964 年創刊。（http://www.acc-cm.or.jp/festival/index.html）

(3) 事典類

『電通広告事典』電通広告事典プロジェクトチーム編，電通，2008 年。

編者は 1985 年に『広告用語事典』を刊行後，1998 年に『新広告用語事典』，2001 年に『改訂新広告用語事典』と改訂を重ねてきた。本書には 3304 項目を収録。

『マーケティング・コミュニケーション大辞典』宣伝会議編，宣伝会議，2006 年。

宣伝会議は専門誌『宣伝会議』や『販促会議』を刊行する出版社。1971 年に『広告大辞典』を刊行した実績をもつ。本書には広告を中心にマーケティング・コミュニケーション全般にわたる 2899 の用語を収録。

『広告用語辞典（第 4 版）』日経広告研究所編，（日経文庫）日本経済新聞出版社，2005 年。

日経広告研究所については後述。1978 年の初版以降，92 年（第 2 版），97 年（第 3 版）と改訂を重ねてきた。1200 語を収録。

(4) 関連団体

日本広告学会

①広告に関する理論的・実証的研究，②広告に関する内外諸学会ならびに諸団体との連絡，を目的として設立された学会。1969（昭和 44）年 12 月設立，1978（昭和 53）年 5 月，日本学術会議登録団体として認可。会員数は個人正会員 539 人，個人準会員 10 人，法人の賛助会員 29 社（2015 年 1 月 31 日現在）。関東・中部・関西・九州の 4 部会があり，年 1 回，10 月から 12 月ころ全国大会を開催する。機関誌は『広告科学』。第 1 集発行は 1975 年 10 月，最新号は第 61 集（2015 年 7 月）。（http://jaaweb.jp/）

日経広告研究所

日経広告研究所は1967年創立。日本経済新聞社外の任意団体として活動する中立的な広告研究機関。次の定期刊行物を刊行している。

・『日経広告研究所報』（隔月刊，1967年〜）
・『広告白書』（年刊，1977年〜）
・『広告に携わる人の総合講座』（年刊，1989年〜2007年）
・『基礎から学べる広告の総合講座』（年刊，2008年〜2014年）
・『広告コミュニケーションの総合講座』（年刊，2015年〜）
・『広告動態調査——主要企業の広告宣伝活動と意識』（年刊，1977年〜）
・『有力企業の広告宣伝費』（年刊，1968年〜）

（http://www.nikkei-koken.gr.jp/guide/outline.php）

吉田秀雄記念事業財団とアド・ミュージアム東京（ADMT）

電通第4代社長・吉田秀雄を記念する文部科学省認可の研究助成財団（公益財団法人）。1965年創設。研究者に対する各種の研究助成活動，研究委託，広告関係資料や文献の収集などを行っている。

アド・ミュージアム東京は同財団が運営する広告の総合資料館。東京・汐留の「カレッタ汐留」内にあり，常設展と企画展が常時開催されている（入場無料）。内部には広告図書館があり，15000冊余の広告関係図書の閲覧と，ADMT収蔵資料の検索・視聴ができる（貸し出しは行っていない）。

研究広報誌『AD・STUDIES』は2002年の創刊以降，年4回発行されている。非売品ではあるが，財団のホームページからPDFファイルで閲覧することができる。

（http://www.yhmf.jp/index.html）

日本アドバタイザーズ協会（JAA）

広告主企業・団体が構成する協会（公益社団法人）。1957年，「日本広告主協会」として創立。機関誌は『月刊JAA』。（http://www.jaa.or.jp/）

日本BtoB広告協会

産業広告分野に特化した広告主を中心とする協会（一般社団法人）。1969年設立。専門誌『BtoBコミュニケーション』を月刊で発行。（http://www.bbaa.or.jp/index.html）

日本広告業協会（JAAA）

153社の広告会社が加入する業界団体（一般社団法人）。1950年設立。月刊の機関誌『JAAAレポート』は，臨時増刊号として，懸賞募集「論文」と「私の言いたいこと」の入賞・入選作品集や，海外広告研修の報告書を発行する。（http://www.jaaa.ne.jp/）

大阪アドバタイジングエージェンシーズ協会（OAAA）

大阪府内の広告会社が加盟する協会（一般社団法人）。(http://www16.ocn.ne.jp/~oaaa/)

日本広告審査機構（JARO）

広告主，媒体社，広告会社など857社が加盟（公益社団法人）。中心業務として，広告についての苦情・問い合わせなどの相談の受け付け，審査処理を行い，広告・表示の質的向上と消費者利益の擁護・増進を目指している。(http://www.jaro.or.jp/)

(5) 用語についての特記事項

同一ないし類似のコンセプトであっても，研究のコンテクストによって異なる用語で表わされることがある。逆に，特定の用語が異なる意味をもつこともある。本書に収録した論文では，以下の用語について，専門性を重んじてあえて統一を行わなかった。

広告とその隣接コンセプト

広告：広告の定義は「序章」参照。

宣伝：本来はpropagandaの訳語として，政治と宗教活動における説得的コミュニケーション行為を指すが，実際には「広告」と厳密に区別せずに用いられる（たとえば，広告主企業の組織名称では，「広告部」より「宣伝部」が広く採用されている）。ニュアンスとしては「宣伝」の方が広範囲を含意し，セールス・プロモーションに焦点を合わせた商品広告だけでなく，ブランド広告や企業広告なども含めて指示する場合に使用されることが多い。

PR（public relations）：企業を含む組織がそのステークホルダー（顧客や株主などの利害関係者）との間に良好な関係を樹立し維持するためのコミュニケーション活動。広報やコーポレート・コミュニケーション（CC）とほぼ同義に用いられる（伊吹ほか2014）。具体的には，広く社会に向けた企業広告，株主に向けたインベスター・リレーションズ（IR），報道機関に向けたメディア・リレーションズ，従業員に向けたインターナル・コミュニケーション，などが含まれる。

マーケティング・コミュニケーション（マーコム）はCCと対にして用いられ，広告をはじめ，セールス・プロモーション，製品・サービスに関するPR，人的販売といったプロモーション・ミックスに加えて，コンタクトポイントないしタッチポイントのさらなる拡張が取り上げられる。IMC（Integrated Marketing Communications）は，こうして領域が拡大したさまざまな活動を，顧客行動に焦点を当てて統合する意義を強調するコンセプトである。

メディア／媒体

「メディア media」は medium の複数形で，「情報やメッセージを媒介する手段」を意味する。「媒体」はその日本語訳である。両者は，たとえば「日本の広告費」の項目分類に「マスコミ 4 媒体広告費」「衛星メディア関連広告費」「プロモーションメディア広告費」と混在して用いられているように，明確には区別されていない。すなわち，「メディア・プランニング」と「媒体計画」は同義である。

媒介手段としてのメディアは非常に幅広い。マクルーハンはそれを「われわれ自身を拡張したもの」と捉え，衣服・住宅・貨幣・時計・自動車などもメディアに含めた（McLuhan 1964＝1987）。しかし 20 世紀以降の発展形態から，それはマスメディア，とりわけ広告メディアを指すことが多い（佐藤 2006）。

コンタクトポイント／タッチポイント

IMC のコンテクストにおいて，ブランドと生活者との間に生まれ，その評価につながるすべての接点を指す。特に製品そのもの（ネーミングとパッケージング）や人的販売，クチコミなど，伝統的な広告メディアから接点を拡大する意義を強調して用いられる。マクルーハンの定義に従えば「メディア」そのものなのだが，その用語が「イコール広告メディア」と誤解され兼ねない事情を斟酌したものであろう。

「コンタクトポイント」と「タッチポイント」の表記の違いはビジネス上の要請による。「コンタクトポイント・マネジメント」が電通の登録商標であるため，博報堂や他の広告会社は「タッチポイント」の語を用いるのであり，内容は同一である。

セールス・プロモーション／SP／販売促進／販促

生活者の消費購買行動を喚起する目的で期間を限定して働きかける施策の総称。アメリカマーケティング協会は “marketing pressure” と定義している。元の英語 “sales promotion” をカタカナ表記したり，略記したり，日本語に置き換えたり，日本語表記も略記したり，さまざまな表現が用いられる。

デザイン

狭義には，広告表現において視覚要素（写真，イラストレーション，タイポグラフィーなど）を用いて企画・制作する行為を中心に，ビジネス目的の美術行為を指す（ビジュアル・デザイン，プロダクト・デザインなど）。広義には，「コミュニケーション・デザイン」のように，計画そのものの意で用いられる。

広告取次業／広告代理店／広告会社

広告主企業の委託を受けて広告実務を推進する，広告専門企業の総称。3 つの呼称は歴史的発展過程に対応する。1987（明治 20）年前後，新聞の広告面の取次を新聞社に成り代わって行ったことが業態の発祥であり，戦前はもっぱら「広告取次業」として，広告メディアのスペースブローカー業務に従事した（クリエイティブ業務は広告主自身が担った）。

戦後，マーケティング・コンセプトの導入とともに，広告業者はAE（アカウント・エグゼクティブ）制によって，広告主のプロモーション業務を受けもつ「広告代理店」への近代化を果たす。さらに，マーケティングからクリエイティブ，メディアのトータル・サービスを実現する「広告会社」へと発展した。

日本の広告会社はアメリカと異なり，業務をマス・メディアに限定せず，セールス・プロモーションや広報・PR，ウェブ企画，さらにはダイレクト・マーケティングに至るまで，非常に幅広く展開する点に特色がある。

引用文献

伊吹勇亮・川北眞紀子・北見幸一・関谷直也・薗部靖史（2014）『広報・PR 論——パブリック・リレーションズの理論と実際』有斐閣。

佐藤卓己（2006）『メディア社会——現代を読み解く視点』（岩波新書）岩波書店。

McLuhan, M.（1964）, *Understanding Media: The Extensions of Man*, McGraw-Hill.（栗原裕・河本仲聖訳（1987）『メディア論——人間の拡張の諸相』みすず書房）

（妹尾俊之）

あとがきにかえて

——待たれる広告研究とはどのようなものか

以下，編者の１人として，「本書の刊行に至った経緯」の紹介と「大学生が行う広告研究」の検討を通じ，いかに「待たれる広告研究」が意義を持つのかについて若干のあとがきを記する。

本書は，大学の社会学部に籍を置きゼミ（最後は卒業論文を書く少人数の演習授業）を持つ教員の筆者が指導上，「広告研究」という範疇でさまざまな理論的な支柱を探そうにも，それ自体には単一の体系がなく，その際に「最も欲しいものは自分で作るしかない」という思いで編もうとした「広告を研究する大学生・大学院生のための研究ガイドブック」である。各章の書き手はそれぞれの専門分野で，広告をテーマとしても研究・教育を扱う，現在日本で望みうる最良の方々である。このような方々に，指導されている学生が「広告をテーマに書きたい」といった際に，どんな基本文献や研究コンテキストを示されますか，それをコンパクトにおまとめ願えませんか，と問うた筆者への温かい応答が本書の各章である。

本書の持つ大きな意義の１つは，おそらく，20世紀型のマス広告＝広告という時代が終わりを告げ，ひょっとすると10年後20年後にはどのように（本書が視野に収めようとした）広告が変容しているのかについては予断を許さない，そのタイミングでの公刊ということである。ビジネス的な言い方になるが，マス広告の総額はすでに頭を打って久しく，しかしネット広告が充分にその全貌を現した，とも思われない（2015年時点でのWOM＝Word of Mouth＝クチコミ広告とも呼ばれるアフィリエイト広告や，いっけん記事と見まごうような記事体のネイティブ・アドの延長線が今後のあるべき姿とは到底思われない）。一方，本書にもたびたび触れられているように，「広告」という言葉が20世紀後半に持った輝きを失いつつある（糸井重里氏が西武の広告を作っていた頃と録画再生視聴時のCMスキップが当然な今日を比べれば，といえば異論のある方にも一定の理解が得られよう）今日にこそ，「広告（の）研究」が，むしろようやくさまざまな制約から解放されつつあるのかもしれない。

かつて「商学・経営学部の専門科目のテキスト」としての『現代広告論』（岸ほか2000）を筆者がはじめて手に取った際に，「本当にこういうわかりやすくてレベルの高いテキストがなかったんですよ」と Amazon のレビューに書き込んだことを今も鮮烈に覚えているが，願わくば（同じ版元の）本書が，あって欲しかったけれども存在していなかった「さまざまな専攻のゼミでのガイドブック」として，好意的に受け止められることを願いつつ，21 世紀型の「広告（の）研究」の意味を以下，もう少し考えてみたい。

学生を見ていると，「オリジナリティのない，知識のない，本人のための学習でしかない学生の卒業論文」という見方は，必ずしも正しくない。情報のフラット化する今日的な状況では，たとえば「学生の考え」に「職業人が触れる」ことがもっとこれから増え，それが企業の「市民化」や「社会化」に役立ったり，新たな発想のヒントを提供することに（おそらく即時・短期にはならないだろうが）なるのかもしれない。

むろん，専門にもよるだろうが，今の社会と切り結ぶリアリティを学生は持っていて，（アカデミックな意味での）知識はないが，正義感には溢れている場合もある。知識がないだけに，的外れな「問い」も少なくはない。業界の知識の多くがそうだが，短期の表層的な経済合理性とこのことは「相性が悪い」。しかし，適切な「問い」が素朴な疑問から生まれることを，多くの方は知っているだろう。

しかしながら広告，とりわけマス広告は，20 世紀型形式のピークを終え，いわば「存在理由」を模索している。テレビ CM が録画再生時に必ず飛ばされるのも，ステマ（stealth marketing）が忌み嫌われるのも，ネット広告がボット（robot）によって詐欺的なクリックを疑われる[1]のも，21 世紀的な広告手法がいまだ確立せず，そっぽを向かれて「市民権」を得ていないからではないか。市民権とはその広告手法が持つ適切な「社会性」「公正性」であり，受け手から「あってよかった」「接してよかった」とされることであり，広告主からも「マーケティング・ツール」としてインフラ的扱いがなされ，積極的な広告実施時には安心して利用される広告手法である。多くのメディアや手法が「市民権」を失っている状況はもはや明らかではないだろうか。そのような時機だけに，その正義感や問題意識は正しく示唆に富むものではないだろうか。

奇しくも，広告研究にとっては（見方によっては）長年宿主的な隣接領域でもあるジャーナリズムの世界では「public journalism」が，また巨大な基礎理論領域でもある社会学の世界では「public sociology」が，各々別々のアメリカ発のムーブメントを契機に近年論じられている。「パブリック・ジャーナリズム」とは，一言でいうと，ジャーナリズムの自己規定を「社会の木鐸」から「良き隣人」へシフトするべきである，という主張で，日本ではとくに地域ジャーナリズムに結びつく（畑中 2014）。社会学のそれは「公共社会学」と訳され，では「いったいそうではない社会学とは何だったのか」という反省的な思考がなされるようである（土場・盛山編 2006）。各々の時代や社会からの期待とのズレ，高度な専門化や制度化が，結局（よくも悪くも）努力の方向を自己目的化させるような硬直性を示していなかったか，といった反省に立つのである。

では，こと public advertising は，と考えれば，「そりゃパブリックは公共だから，AC などの公共広告のことだろう」となる（正確には英語では public service advertising: PSA という）。

ここで期待されることはそうではなく，public advertising research（公共性のある広告研究）である。

1 つには，広告の知識とは「誰のための知識だったのか」という問いを立てることは可能だろう。こと狭義の広告関係の知識は「送り手のため（だけ）の知識」だった，といって過言ではないだろう。あるいは，広告の知識とは「何のための知識だったのか」という問いもありえる。経済合理性，効率性のため（だけ）の知識だと考える人も少なくないのではないか。そういう人にとっては，広告研究とは operational efficiency（手段的効率性）の研究以外は余計なものと映るだろう。メディアが，広告手法が大転換している際に，efficient（効率）の前提である何をもって effect（効果）とするか，の議論が成り立つための条件が「市民権」であり「公正性」である。ボットのような詐欺的なカラクリが事実ならば，またステマの市民権問題抜きに，efficiency を論じるようなネット広告とは反社会性を追い出せず，あだ花として衰退するだろう。不特定多数アドレスへの「未承諾メール」が，その短い生命（合法性）を失ったことは記憶に新しい。

翻って，専門の（いっけん）没価値な知識技術の修得に「広告研究」を限定することの陥穽（かんせい）を指摘できよう。知のフラット化が進行する 21 世紀的な広告研究は，各種の特権・権力（慮り）から，もっと自由で，「誰ものためである『広告知識』」（市民的・民主的）を目指さなければ，現代では陳腐であることはいうまでもないだろう。

さらに，広告という素材がむしろ 20 世紀型の大衆社会研究をより深める可能性もある。（かなり大げさにたとえると）エリア・スタディーズ（地域研究）が地域を素材にしつつも，むしろその地域を当然視させた政治や文化の相対化をなしえることにも似ている。

哲学者の中村雄二郎は，普通の「科学的な知識」が，体系的な枠組みをもって現実を見ることに対して，現実の体験がまずあって生成される知識を「臨床的知識」として区別した（中村 1992）。学生の書く論文として，遍在する体験を与え，アクチュアルな知識を生む。その素材，テーマとして，広告は皆のものであり，21 世紀初頭，その揺らぎゆえに考察するべき時機にもある。

「教養とは一見関係のないものを関係づける力（チカラ）である」と聞く。一つの学問領域だけで済む問いと答えを「関係がある」とすれば，その広告についての書き手の体験が「関係づけられない」状態にある場合，何かが「腑に落ちない」「亀裂」を示しているのである。その時の広告は未分化であるからホリスティックに捉えるべきこととなるのである。そのアクチュアルな体験が一言では説明できないとすれば，そのテーマは，もうすでに学生に書かれるべき「広告研究」の論文にふさわしい何かを含んでいるのかもしれない。

混沌とした「臨床的知識」からのホリスティックな広告理解によって，新たな知識が生まれること，それを後進に期待し，また編著者として「新たな知識」を生み出すことについて，自戒の念を新たにしつつ，2015 年 9 月末，本書のほとんどが三校まで至り，索引付けも終わった。

そのとき，編者のひとり妹尾俊之先生の訃報に接することとなった。お亡くなりになった日の前日が第 20 章の索引付けのメールをいただいた日だった，と後で確認し慄然とした。そのくらいまったく突然のことだった。ご病気のことも周囲に詳しくはおっしゃらず，「急な検査が入ることがある」と，会合参加にも「行くつもり」とつい最近まで仰っておられた。日ごろから接する機会の多かった日本広告学会関西部会メンバーには，今もなお信じられない気がしている。享年 61 歳，まだまだ一仕事，二仕事，ご一緒させて頂けるのでは，と思っていた。

共編の本書の企画以来丸 2 年，美辞麗句ではなく，いつも的確なマネジメントを，とりわけ行動の遅い 2 人の共編者に対して示された妹尾先生なくしては，この書は世に出ることはなかった。会合のたびに議題と，終わるやいなや議事録が送付され続けた 2 年だった。この書は，少なくとも妹尾先生にとっては，広告コミュニケーション研究への強い信念と情熱のこもった「遺作」である。

再度言う。

「臨床的知識」からホリスティックな広告理解によって，新たな知識が生まれ，受け手にとって新しい意味を持ち，送り手に経済的な価値を生み，社会をわくわくさせ，ものを見る目を一変させるカタルシスを持つ，そうした適切な広告実践が増えること。その理解と実践を後進に促し，重ねて自戒の念を新たにするものである，と。

合掌

2015年10月

水野 由多加

■ 注

1） 全米広告主協会（Association of National Advertisers）が2014年12月に発表した“The Bot baseline: Fraud in digital advertising”と題する調査結果によれば，動画インプレッション広告の23%がねつ造（機械的な閲覧によるアクセスの水増し）で，仕組み自体が詐欺的であるとされ，世界的にショックを与えた。

Association of National Advertisers “ANA/White Ops Study Reveals Extent of Advertising Bot Fraud”（http://www.ana.net/content/show/id/32948〈2015年3月27日アクセス〉）

■ 文献

加藤普章編（2000）『〔新版〕エリア・スタディ入門――地域研究の学び』昭和堂。
岸志津江・田中洋・嶋村和恵（2000）『現代広告論』有斐閣（新版2008年）。
土場学・盛山和夫編（2006）『正義の論理――公共的価値の規範的社会理論』勁草書房。
中村雄二郎（1992）『臨床の知とは何か』（岩波新書）岩波書店。
畑中哲雄（2014）『地域ジャーナリズム――コミュニティとメディアを結びなおす』勁草書房。

索　引

◉事項索引◉

●アルファベット

●あ　行

●か　行

●さ　行

●た　行

◉人名索引◉

● 編者紹介

水野　由多加（みずの　ゆたか）

関西大学社会学部教授

妹尾　俊之（せのお　としゆき）

元近畿大学経営学部教授

伊吹　勇亮（いぶき　ゆうすけ）

京都産業大学経営学部准教授

広告コミュニケーション研究ハンドブック

The Handbook of Advertising Studies　〈有斐閣ブックス〉

2015年11月20日　初版第1刷発行

編　者　水野　由多加
　　　　妹尾　俊之
　　　　伊吹　勇亮

発行者　江草　貞治

発行所　株式会社　有斐閣

郵便番号101-0051
東京都千代田区神田神保町2-17
電話(03)3264-1315〔編集〕
(03)3265-6811〔営業〕
http://www.yuhikaku.co.jp/

印刷・大日本法令印刷株式会社／製本・株式会社アトラス製本

ISBN 978-4-641-18427-5